질적연구총서 03

질적연구자-되기와 자문화기술지

질적연구총서 03

질적연구자-되기와 자문화기술지

초판 인쇄 2026년 1월 2일
초판 발행 2026년 1월 11일

지은이   김영순 백우인 추미현 최영미 한영배 황상희 김태훈
          정화정 김혜미 정연주 강번영 김란휘 최은하 송춘희
펴낸이   박찬익
편집   정봉선
책임편집   권효진
펴낸곳   패러다임북   ▌주소 경기도 하남시 조정대로 45 미사센텀비즈 F827호
전화   031-792-1195   ▌팩스 02-928-4683
홈페이지   www.pijbook.com   ▌이메일 pijbook@naver.com
등록   2015년 2월 2일 제2020-000028호
ISBN   979-11-92292-27-4 (93370)

가격   28,000원

질적연구총서 03

질적연구자-되기와
자문화기술지

되기는 혁명이다. 왜냐하면 그것은
기존 질서와 동일성의 논리를 해체하기 때문이다.
(Deleuze & Guattari, 천 개의 고원)

김영순 백우인 추미현 최영미 한영배 황상희 김태훈
정화정 김혜미 정연주 강번영 김란휘 최은하 송춘희

패러다임북

'질적연구자-되기'와 학문 수행의 의미

> 되기는 혁명이다. 왜냐하면 그것은 기존 질서와 동일성의 논리를
> 해체하기 때문이다.(Deleuze & Guattari, 『천 개의 고원』)

질적연구자의 길을 걷는다는 것은 그저 '질적연구를 수행한다'라는 뜻이
아니다. 그것은 자신을 낯설게 바라보고, 타자와 세계를 새롭게 경험하며,
끊임없이 '질적연구자-되기'의 과정을 살아가는 일이다. 여기서 '되기'란 어떤
의미이며 그것이 왜 혁명일까? 지금부터 '되기'의 의미 속으로 들어가 보자.

문득 이런 생각을 해본 적이 있는가? 아침에 눈을 뜨면 같은 방, 같은 몸,
같은 이름을 가지고 있지만, 어딘가 미세하게 다른 느낌. 전날의 말 한마디,
만난 사람, 혹은 아주 사소한 사건 하나가 나도 모르게 나를 조금 바꿔놓았다
는 느낌. 들뢰즈(Deleuze)의 철학은 이 '미세한 변화'에 주목한다. 들뢰즈는
"존재란 고정된 무엇이 아니고 끊임없이 바뀌는 운동이다."라고 말하면서 존
재는 곧 되기라고 일갈한다. 이때의 '되기(becoming)'는 우리 삶의 깊은 곳에서
벌어지는 느리고, 섬세하고, 때로는 폭발적인 변화 과정을 가리킨다. 우리는
이 '되기'를 추상적인 철학 개념으로만 배우곤 한다. 하지만 들뢰즈가 말하는
'되기'는 일상에 숨어 있다. 산책하는 길에서, 새로운 책 한 페이지에서, 누군
가의 말에 상처받고 다시 회복하는 과정에서, 그리고 연구실에서 참여자와
마주 앉아 대화하는 순간부터 우리는 되기의 사건을 겪는다.
인터뷰를 하던 연구자가 참여자에게 다음과 같은 말을 들었다고 해보자.

"선생님, 저는 한국어 어려운 것보다... 남들 앞에서 작은 목소리라도 내는 게 더 힘들어요."

연구자는 프로그램의 효과를 묻고 싶었지만, 이 말 앞에서 멈칫할 것이다. 그러면서 연구자는 '내가 중요하다고 생각한 것이, 이 사람에게도 중요한 걸까?'라는 질문이 생길 것이다. 이 물음은 연구자 안에서 아주 작은 균열을 만들고, 이 균열이 바로 차이의 잉태이다. 이 물음이 던져진 이상 연구자는 이제 자신의 경험과 선이해와 지식에 괄호를 치게 되고 그럼으로써 다르게 보기를 시도하면서 변화한다. 들뢰즈는 이 순간을 '마주침'이라고 표현한다. 마주침은 기존의 앎과 충돌하거나 나를 흔들어 깨우는 사건, 대상, 감각, 타자 등과의 충격적인 만남이다. 이 지점에서 비로소 사유가 새롭게 발생한다. 되기는 마주침에서 시작되며 되기의 중심을 이루는 개념에는 '리좀', '탈영토화', '재영토화'가 있다. 필자는 질적연구자에게 이 개념이 하나의 의미를 갖기 이전에 이미 어떻게 생활 속에서 실천되고 있는지를 지금부터 마주침으로 말해 볼 것이다.

이를테면, 학교 안에서 벌어지는 다문화교육을 살펴보고 있던 연구자가 있었다. 그는 학생과 교사, 수업 방식, 학교 문화 등 비교적 익숙한 범위 안에서 자료를 수집하고 있었다. 그런데 어느 날 한 참여자가 인터뷰에서 이런 말을 했다.

"요즘 부모님 고향이 있는 지역이 가뭄 때문에 힘들고, 그래서 친척들도 계속 다른 나라로 옮겨 간대요."

이 마주침은 연구자가 예상하던 범위를 한순간에 넓혀 놓는다. 그 말 한마디를 따라가다 보면 연구자는 먼저 학교를 넘어 지역사회를 보게 된다. 그 지역사회에는 이주 가정의 생활 조건, 가족센터, 경제적 상황 등이 놓여 있기 때문이다. 조금 더 가면 정책 문서와 연결된다. 왜냐하면 그 지역사회의 지원 체계나 학교의 프로그램은 대부분 교육청이나 정부의 정책에 따라 움직이기 때문이다. 그 다음에는 국제 이주 구조가 등장한다. 참여자의 가족은 '우리 지역의 이주민'이면서 동시에 국제적인 이동과 노동 시장, 비자 제도, 가족 재구성 등 더 큰 차원의 구조 속에서 살아가고 있다. 그리고 마지막에는 기후 위기가 나온다는 사실을 연구자는 깨닫게 된다. 왜냐하면, 참여자가 언급한 가뭄은 한 개인의 이야기에서 전 세계적 기후 변화가 특정 지역의 생계를 어렵게 만들고, 그 결과 이주를 촉발하는 더 넓은 흐름과 연결되어 있기 때문이다. 이렇게 한 참여자가 한 말과의 마주침은 학교-지역사회-정책-국제 이주-기후 위기와 얽혀 예상 밖의 연결을 만들어 낸다. 처음에는 '학교 안의 다문화교육'을 보려 했는데, 이제 연구는 다문화교육에서 예상치 못한 방향으로 계속 뻗어나가는 리좀(rhizome)의 지도가 된다.

리좀은 중심이 없이 사방으로 뻗어나가는 연결의 방식이다. 나무처럼 굵은 줄기를 중심으로 위로 자라거나, 길처럼 일직선으로 이어지는 구조와는 달리 오래된 도시의 골목길처럼 어디서든 시작되고 어디로든 이어질 수 있는 관계 망이다. 한 지점에서 다른 지점으로 갈 수 있는 길이 여러 방향으로 열려 있고, 막다른 골목처럼 보이는 곳에서도 옆으로 난 작은 통로를 통해 새로운 길이 다시 나타난다. 인터넷의 네트워크처럼 특정 지점이 특별히 더 중요한 중심이 되지 않고 각 연결이 독립적으로 존재하면서도 동시에 다른 연결늘을 만들고 확장한다. 연구자는 이 연결들을 따라가면서 연구 질문이 바뀌고, 바라보는 관점이 넓어지고, 자료를 읽는 방식도 달라지고, 자신이 무엇을 중요하게 여기는가에 대한 감각까지 변한다. 이 변화의 과정이 들뢰즈가 말한 되기(becoming)이다. 연구자는 연결을 통해 끊임없이 관점과 사고를 바꾸며 연구자-되기의 길로 들어선 것이다.

한편, 다문화교육을 학교 안에서 연구하던 연구자가 한 참여자의 말 한마디를 통해 학교-지역사회-정책-국제 이주-기후 위기까지 확장되는 연결을 따라갔다고 했다. 여기서 일어난 변화가 바로 탈영토화이다. 영토(territory)란 익숙한 틀, 안정된 자리, 내가 머물던 범위다. 연구자에게 처음의 '영토'는 학교라는 공간, 다문화 수업이라는 주제, 교육현장이라는 안정된 틀이었다. 그 안에서는 연구 질문도 명확하고, 경계도 뚜렷하고, 무엇을 보면 되는지도 분명했다. 그런데 참여자의 말이 이 경계를 흔들었다. 탈영토화는 이 익숙한 자리에서 밀려나 새로운 장소로 이동하게 되는 것을 말한다. 연구자는 참여자의 발화가 던진 실마리를 따라가면서 학교라는 익숙한 범위에만 머물 수 없게 된다. 그는 연구의 지도를 다시 그리기 시작한다. 지역사회라는 더 넓은 환경으로, 정책과 제도라는 구조로, 국가 간 이동이라는 세계적 흐름으로, 기후 위기라는 지구적 조건으로 점점 더 넓고 낯선 영역으로 이동하는 것, 이것이 탈영토화의 경험이다.

그러나 오해하지 말아야 하는 것은 탈영토화란 연구 범위가 확장되는 것을 의미하지 않는다. 그보다는, 기존의 가정이 흔들리고 분석 범주가 무너지고 내가 무엇을 연구하고 있었지?라는 질문이 다시 생기고 익숙함 대신 낯선 문제들이 눈앞에 펼쳐지는 사고와 위치의 근본적인 전복을 말한다. 즉, 연구자는 원래 자신의 자리(학교 중심의 연구)에서 밀려나 새로운 사유의 지형으로 떠밀려 들어간다. 이러한 탈영토화는 연구자를 변화시키는 힘이다. 탈영토화를 경험한 연구자는 더 이상 예전의 연구자가 아닐 것이다. 그의 시야는 확장되고, 문제 설정 방식이 달라지고, 연구 대상과의 관계도 새롭게 재구성된다. 이것이 연구자-되기의 과정이며, 되기는 바로 이렇게 낯선 영역으로 이동하며 새로운 연결을 만들어내는 흐름 속에서 일어난다.

그러면 재영토화는 무엇일까? 탈영토화는 기존의 익숙한 연구 영역(학교 중심 연구)을 깨뜨렸다. 그 과정에서 연구자는 혼란스럽고, 방향을 잃은 느낌이 들 수 있다. 재영토화는 이 혼란 속에서 새로운 '자리'와 '질서'를 만드는 과정이다. 연구자는 이제 학교만 보는 시선에서 벗어나 지역사회, 정책, 국제 이주, 기후 위기 등 다양한 요소가 얽힌 새로운 연구 구조를 받아들이고 그 안에서 다시 의미 있는 연구 질문과 분석 틀을 설정한다. 즉, 새로운 연결망 위에 연구의 중심과 방향을 다시 세우는 것이다. 그러니 들뢰즈가 '되기'를 혁명이라고 한 것은 질적연구자에게 얼마나 적확한 표현인가.

우리는 이 책 『질적연구자-되기와 자문화기술지』에서 자문화기술지를 질적연구자의 학문수행 과정에서 수련과 통과의례로 이해한다. 자문화기술지는 자기 경험을 사회·문화적 맥락 속에서 성찰하고 재해석하는 연구 방법이다. 이때 '자기'는 고립된 개인이 아닌 특정한 시대와 관계, 담론 속에서 구성된 존재로서의 자기이다. 따라서 자문화기술지는 자기 자신을 서술하면서 동시에 사회적 세계를 탐구하는 이중적 글쓰기이며, 연구자가 자신의 삶을 텍스트로 삼아 사유하는 철학적 실천이라 할 수 있다. 질적연구의 초입에 선 연구자는 먼저 자신이 누구인지를 물어야 한다.

나는 왜 이 주제에 끌리는가?
내가 보는 세계에 관한 렌즈는 무엇으로 구성되어 있는가?
나는 이 연구에서 무엇을 감추고 무엇을 드러내고 있는가?

이러한 질문은 학문적 호기심에 머물지 않고 존재론적 성찰의 행위로 이끈다. 그래서 저자들은 자문화기술지가 연구노트 작성, 연구윤리 숙고, 현장기록의 성찰과 더불어 질적연구자의 '수련록'이자 '연구자-되기'의 예비 단계라 여긴다.

문화기술지가 타자의 문화를 탐구하는 사회과학적 전통을 지닌다면, 자문화기술지는 연구자 자신의 문화를 내면에서부터 해석하는 자기-성찰적 인문학의 형식이다. 양자를 구분 짓는 실질적 차이는 연구참여자가 연구자 자신이라는 점 외에는 분명하지 않다. 그럼에도 필자는 자문화기술지를 문화기술지로 나아가기 위한 문턱으로 이해한다. 자문화기술지는 타자의 이야기를 윤리적으로 서술하기 위해 반드시 통과해야 할 자기 이해의 의례이기 때문이다.

연구자가 자신의 삶을 내러티브로 성찰하지 못한다면, 타자의 이야기를 진정성 있게 서사화하기는 어렵다. 자문화기술지는 이 문제의식에 대한 윤리적 응답으로서, 타자를 이해하기에 앞서 자신을 탐색하려는 연구자의 출발점이다. 이는 문화기술지로 나아가기 위한 수련의 과정이자, 연구자로서의 감수성과 윤리를 길러주는 예비적 훈련의 장이다.

이 책은 자문화기술지를 질적연구의 방법론이자 윤리적 수행으로 재조명하고자 한다. 질적연구자는 타자의 삶을 수집하고 해석하는 존재이기 이전에, 자신의 삶과 사유를 성찰하는 존재이기 때문이다. 이러한 의미에서 자문화기술지는 '좋은 질적연구자'로 성장하기 위한 자기 성찰의 기록이자 필수적인 연구자의 자기 보고서라 할 수 있다. 이 책에 실린 13편의 자문화기술지는 각기 다른 연구자들이 '질적연구자-되기'의 길에서 마주한 내면의 갈등과 깨달음을 담고 있다. 각 장마다 연구자라는 존재가 생성되고 변화하는 과정이 손에 닿은 체온처럼 생생하게 전해온다.

이 책은 모두 4부 13장으로 구성되어 있다. 1부 「질적연구자-되기의 즐거움」에서는 연구 수행의 길 위에서 마주한 도전과 모험, 성장의 이야기가 펼쳐진다. 다문화교육 수업 속 협동학습의 경험, 팬데믹 속 자기 내러티브의 발견, 상담자로서의 존재 혼란과 치유, 그리고 질적연구방법론의 탐구 여정을 담은 네 편의 글은 연구자로 '되어가는' 과정이 곧 삶의 재구성과 사유의 확장임을 보여준다.

1장 '다문화교육 수업에서 협동학습과 교호작용을 경험하다'는 예비 연구자들, 멘토들과의 협동학습과 이에 따른 교호작용 속에서 피어나는 다문화교육 연구자의 성장 이야기이다. 연구자이자 연구참여자라는 이중 정체성을 지닌 연구자가 박사과정 중 '다문화교육론' 수업에서의 학습경험과 그 의미를 바탕으로 학문적 자아와 실천적 태도의 변화를 기록했다. 연구자는 강의와 조별 토론, 성찰 메모 등을 통해 경험을 수집하고, 듀이(Dewey)의 경험 이론 (계속성, 교호작용, 성장)을 바탕으로 분석했다. 성찰을 통해 수업은 비판적 사고와 실천을 강조하며 다문화교육 전문가로서의 정체성 형성을 촉진한다 고 기술했다.

2장 '자기 내러티브를 말하다'는 코로나 19 시기의 비대면 수업에서 연구자 를 지탱해 준 자기(Self) 내러티브의 힘을 보여주었다. 팬데믹으로 인해 연구 참여자와의 만남이 제한된 연구 환경 속에서 연구자는 자기 문화를 기술하는 자문화기술지 방법에 입문하여 자신의 비대면 수업 참여 경험을 탐색했다. 그 결과, 비대면 수업에서 타자와 상호작용을 하며 서로 다름을 인식하고 학 문공동체를 형성해 가는 과정, 질적연구자에게 필요한 태도와 역량의 체득, 한계 인식, 그리고 목표 설정에 이르기까지의 여정을 생생하게 기록했다.

3장 '길 잃은 이방인에서 인문융합치료사로의 성장'은 인문융합치료학 박 사 과정생인 연구자의 자문화기술지를 통해 상담자로서의 학문적 성장과 자 기성찰의 과정을 탐색했다. 연구자는 상담 현장에서의 한계와 위기를 겪으며 박사과정을 선택했고, 수련 과정에서 자발성과 창조성의 위기, 질투와 좌절, 자기 존재에 대한 혼란을 경험했다. 그러나 철학적 성찰과 인문융합치료학의 통합적 접근은 타자성과 공존의 가치를 배우고 상담자로서의 정체성을 재구 성하게 했다

4장 '뻐꾸기가 올 때: 질적연구 방법론 탐구를 향한 모험을 시작하다'에서 책 속 '뻐꾸기 노래'는 양구에서 참깨 심는 시기를 알리는 계절 신호다. 저자 는 이 신호에 레비-스트로스(Lévi-Strauss)의 '야생의 사고'를 적용해 미시(뻐꾸 기 소리)와 거시(인간-자연 상호작용)를 연결한다. 그러면서 질적연구자는 '알아차림의 기술'을 통해 현장의 서사, 감정, 침묵을 따라가며 감응의 윤리로 의미를 길어 올린다는 것을 기술한다. 또한, 포스트휴머니즘에 기반한 연구

방법으로 브뤼노 라투르(Bruno Latour)의 ANT에 관한 내용을 주요 성찰로 다루고 있다.

2부 「공동연구에서 협동과 갈등의 이중주」는 협동적 질적연구 세미나 경험을 자문화기술지로 재구성한 세 편의 기록이다. 교육 실천가, 사회인, 음악인이라는 각기 다른 배경의 연구자들은 학문공동체 속에서 협력과 갈등을 겪으며, 연구자-되기의 집단적 리듬을 형성해 간다.

5장 '교육 실천가에서 다문화교육 연구자로'는 수학 강사이자 교육 실천가인 연구자가 박사과정에 진입하며 겪은 전환의 여정을 자문화기술지 방법론으로 탐색한 것이다. 연구자는 다문화가정 아동 및 부모들과의 현장 경험을 바탕으로 교육적 실천의 한계를 인식하고, 이를 학문적으로 재구성하고자 박사과정을 선택했다. 연구 자료는 성찰일지, 연구 노트, 세미나 기록 등을 중심으로 수집되었으며, 주제 중심의 의미 코딩을 통해 세 가지 범주—'강사로서의 삶과 배움', '연민에서 실천으로', '실천가에서 연구자 되기'—로 분석되었다.

6장 '참관자-참여자-협력자: 질적연구자로 되어가는 학습경험'은 연구자의 박사과정 1년 동안의 질적연구 학습경험을 자문화기술지 형식으로 성찰한 자전적 서사이다. 나는 어떤 연구자로 성장하고 있는가?라는 질문에서 출발한 이 글은, 연구자가 사회인과 연구자 사이에서 느꼈던 혼란과 긴장, 학문공동체 속에서의 만남과 배움을 통해 질적연구자로서 정체성을 세워가는 과정을 담고 있다.

7장 '질적연구를 노래하다: 음악인에서 질적연구자로'에서 음악가인 연구자는 질적연구 수행을 통해 흥미로운 사실을 발견하게 되었는데, 바로 질적연구가 음악과 닮았다는 연관성이었다. 이 장에서 연구자는 질적연구의 수행과정에서 발견되는 음악적 특징들을 연구자 자신의 기록인 '성찰일지'를 통해 제시했다. 더불어, 질적연구와 음악의 연관성에 대한 이해를 돕고자 음악 작품을 예시로 제공했다.

3부 「아상블라주: 현실과 이상의 조화」는 지도교수와의 관계, 학문적 소명, 상담 현장에서의 실천이 하나의 '되기'로 엮여가는 과정을 다룬다. 여기에서 질적연구자는 타자와의 관계 속에서 자기 자신을 다시 쓰는 존재로 나타난다.

8장 '스승과의 길 위에서, 삶을 성찰하다.'는 연구자의 지도교수가 저술한 자기문화기술지 「양구일지」를 바탕으로, 필자가 학문과 삶을 성찰하며 성장해 가는 과정을 담고 있다. 필자는 한때 자신을 실패자로 여기며 움츠러들었으나, 양구의 자연과 사람들을 통해 자신을 이해하고 받아들이는 법을 배운다. 시각장애인, 노인, 외국인을 돕지 못한 경험을 반성하며, 공존은 이론이 아닌 실천임을 깨닫고, '산다는 것'이 타자와 내일을 만날 수 있는 소중한 시간임을 인식한다.

9장 '소명을 수행으로, 삶을 실천으로'는 연구자의 자전적 이야기를 담고 있다. 연구자는 처음 상담을 공부하게 된 계기는 크지 않았지만, 누군가의 마음을 이해하고 돕는 일이 의미 있어 보여 시작했다. 그러나 학교라는 구조 안에서 전문 상담사는 교사도, 행정직도 아닌 모호한 위치에 놓이며, 눈에 보이지 않는 성과로 인해 상담의 중요성이 간과되기도 한다. 이 장은 Wee 클래스 전문 상담사로서 연구자의 소명과 그 소명을 실천해 온 시간에 대한 성찰이다. 상담자로서 나의 이야기를 통해, 상담이라는 전문성과 인간적인 진심 사이에서 독자와 따뜻한 공감의 길을 함께 나누고자 한다.

10장 '인생의 거친 파도가 몰아칠 때 의미를 찾는 방법'에서 필자는 상담사에서 질적연구자로 전환되는 과정을 그리고 있다. 상담의 현장에서 그는 내담자로서 연구참여자를 '호소 문제'를 지닌 존재로 보지 않았다. 연구자가 진정 그들의 이야기에 초대받는 '따뜻한 동행자'가 되기로 결심한 순간, 새로운 의미들을 발견할 수 있었다. 이러한 과정에서 의미는 완벽한 순간이 아니라 불완전함과 혼란 속, 관계와 교감 속에서 피어났다.

4부 「학문 수행의 길 위의 나」에서는 전문직 종사자들이 연구자로 전환되는 여정을 그린 세 편의 글을 통해, '연구자-되기'가 직업적, 영적, 실존적 변화를 포괄하는 총체적 성장의 과정임을 보여준다. 색채와 철학, 타로와 청소년 상담이라는 다채로운 소재들은 질적연구가 얼마나 확장적인 인간 이해의 실천인지를 증언한다.

11장 '호모 비아토르, 상담사에서 연구자로의 학문적 여정'은 필자가 상담사에서 질적연구자로 나아가는 여정을 그리스 신화 속 네 인물—아폴론, 헤라클레스, 아테나, 오디세우스—의 상징과 연결해 풀어낸 성찰적 자문화기술지 형식의 글이다. 필자는 이 여정을 '완성되어 가는 실존적 존재'의 과정으로 이해하며, 자기돌봄과 타자돌봄의 윤리를 실천하는 공존인문학의 정신을 중심에 두고, 학문과 삶이 서로를 비추며 성숙해 가는 길 위에 서 있음을 고백한다.

12장 '광고장이에서 질적연구자로: 나의 색 이야기' 는 광고 기획자이자 색채전문가로서 필자가 질적연구자로 전환해가는 학습 생애사를 색채상징과 결합하여 서사적으로 풀어낸 자기성찰적 텍스트이다. 이 장은 노랑, 초록, 빨강, 파랑 색채의 상징성을 통해 '나'를 구성하고 재발견하는 여정을 기록한다. 색채는 내면의 심리와 철학적 사유를 비추는 매개체로 작동하며, 필자의 글쓰기는 이 매개를 통해 실천과 이론, 신앙과 학문, 상처와 성장을 하나의 길로 통합해 간다.

13장 '타로: 타자에게로 가는 길에 서 있는 학교밖청소년상담사'는 필자가 상담사로서 만난 위기 청소년들과의 만남이 돌봄과 환대, 인간 존엄성에 대한 본질적인 질문을 안겨주었다고 고백한다. 타로 '0' 번 카드 'The Fool'처럼, 필자는 불확실성 속에서도 열린 태도로 세계를 응시했고, 학문공동체의 집단지성과 철학적 사유는 실천과 연구를 잇는 다리가 되었다. 이 글은 상처 입은 존재가 타자를 이해하고, 삶과 연구, 고통과 회복, 돌봄과 철학이 교차하는 지점에서 어떻게 새로운 의미를 만들어가는지를 담은 여정이다.

자문화기술지는 '되기'의 기록이다. 그 속에서 연구자는 매 순간 자신을 다시 쓰고, 타자의 목소리와 공명하며, 학문과 삶의 경계를 넘나든다. 이 책은 그 '되기의 흔적들'을 담고 있다. 연구자들의 자문화기술지는 모두 다르지만, 그 안에는 공통의 리듬이 존재한다. 자신의 경험을 성찰하고, 타자와 마주하며, 학문과 실천을 잇는 윤리적 책임감이 그것이다. 독자인 여러분은 어떤 마주침에 있는가? 마주침이 항상 긍정적인 것은 아니다. 무력화되는 감정, 고통스러운 트라우마, 나를 위축시키는 만남 등 오히려 힘을 약화시키는 마주침도 있다. 하지만 이 모든 마주침이 새로운 사유를 생산한다는 점에서 중요하다. 이 책과 마주침을 통해 '자문화기술지'라는 글쓰기가 질적연구자로 살아가는 방식, 즉, 질적연구자-되기의 철학적 여정임을 느끼시길 바란다.

이 책의 저자들은 대학원 박사과정 입학과 더불어 질적연구 수련을 시작하고 성찰일지를 적었다. 그런 성찰일지를 모아 책의 원고를 만들기 위해서 많게는 3년, 적게는 1년여간의 시간이 소요되었다. 서문을 마무리하는 이 자리에서 격주로 진행된 〈질적연구 세미나〉의 '즐겁지만' '무거운' 기억들이 소환된다. 세계로부터 나를 향한 질문들에 대해 답하고, 타자들에 대한 윤리를 준수하기 위해 자기를 성찰하는 행위가 '의례'로 자리잡히길 희망한다. 끝으로 질적연구를 수행하는 이 땅의 모든 연구자에게 우리는 과연 탈영토화된 대지 위에서 걷고 있을까?라는 질문을 던지고 싶다.

저자들을 대표하여
인하대학교 다문화융합연구소 소장
김영순 교수 씀

| 차례 |

서문

질적연구자─되기의 즐거움

0

총론: 질적연구자의 통과의례로서의
자문화기술지

1. 자문화기술지의 개념과 흐름

신이 인간에게 준 가장 위대한 선물 가운데 하나는 '이야기'이다. 우리는 이야기를 통해 세상을 이해하고 타인과 소통하며 나아가 자신을 성찰한다. 이야기는 곧 삶의 형식이자 공동체를 엮는 그물망이다. 나의 이야기, 너의 이야기, 그리고 우리의 이야기가 교차하며 역사가 되고, 또 미래를 향한 길을 연다. 이러한 맥락에서 본 글은 '나'의 경험을 중심으로 한 자문화기술지 (autoethnography)를 논의하고자 한다. 자문화기술지는 자기 서술에 머물지 않고 개인의 체험 속에 스며든 사회적, 문화적 맥락과 관계망을 드러내는 글쓰기다. 즉, '나'의 이야기는 '우리'의 이야기로 확장되며, 그 지점에서 자문화기술지의 학문적 의미와 가능성이 드러난다

김영순·염지숙 외(2003)는 이야기는 인간에게 어떤 의미가 있을까라는 질문을 던지며, 이야기를 사회과학 연구의 범주로 포함시키고 그 방법론을 기술했다. 내러티브(narrative)는 자문화기술지의 핵심을 이루는 개념으로, 문화기술지 연구의 흐름과 내러티브 연구방법론은 학문사적으로 서로 맞물려 발전해왔다. 특히, 자문화기술지의 내러티브는 개인을 주체로 하여 그 경험이 타자와의 관계 속에서 '우리'를 구성하는 과정을 보여준다.

자문화기술지는 문화기술지(ethnography)의 한 유형이자, 문화기술지 연구를 수행하는 과정에서 필수적으로 작성되는 연구 결과물이다. 연구자는 자신의 경험을 문화적, 정치적, 사회적 맥락과 연결하고, 그 경험의 의미를 탐색하는 과정에서 자문화기술지를 작성한다. 그러나 많은 질적연구자들은 자문화기술지 연구의 정의에 합의하기 어려워했다. 일부 학자들은 이를 서사적 연구 방법론의 한 분야로 간주하는 반면, 다른 학자들은 민족지학적 전통 내에 위치시키기도 한다(Cooper & Lilyea, 2022). 그럼에도 불구하고 정통적 질적연구자들은 자문화기술지를 개인의 삶의 경험을 비판적으로 관찰하고, 이를 더 넓은 문화적, 정치적, 사회적 개념과 연결하는 연구로 정의한다(Ellis, 2004; Leavy, 2020).

자문화기술지는 연구자가 자신이 속한 집단이나 주관적 경험을 성찰적으로 연구하는 과정과 결과를 모두 포함한다. 1970년대에는 연구자가 속한 집단의 문화를 탐구하는 '내부자 문화기술지(internal ethnography)'로 좁게 정의되기도 했다(Cooper & Lilyea, 2022). 애덤스(Adams) 외(2015)가 자문화기술지의 특징을 여섯 가지로 정리했다. 첫째, 연구자는 자신의 개인적 경험을 활용하여 문화적 신념, 관행, 경험을 기술하고 비판한다. 둘째, 연구자와 타인의 관계를 인정하고 존중한다. 셋째, 깊이 있는 자기 성찰을 통해 자아와 사회, 특수와 일반, 개인적 및 정치적 측면의 교차점을 탐구한다. 넷째, 무엇을 해야 하고 어떻게 살아야 하는지, 자신의 투쟁이 어떤 의미를 지니는지를 탐색하는 사람들의 모습을 보여준다. 다섯째, 지적·방법론적 엄격성과 감정, 창의성의 균형을 유지한다. 여섯째, 사회정의를 지향하며 더 나은 삶을 창조하려는 실천적 의지를 담는다.

이처럼 애덤스와 보크너와 엘리스(Bochner & Ellis, 2016)가 자문화기술지의 실천적이고 윤리적 지향을 부각했다면, 보크너와 엘리스(2016)는 이를 글쓰기와 연구의 형식적 차원에서 설명했다. 전자가 왜 자문화기술지가 중요한지를 보여주었다면, 후자는 어떻게 그것이 표현될 수 있는지를 정리한 셈이다. 그들은 자문화기술지를 개인적 경험과 문화적 경험을 연결하는 다층적 의식을 보여주는 자서전적 글쓰기이자 연구 장르로 규정하며, 자문화기술지가 연구 방법을 넘어 글쓰기의 형식적 실험이기도 하다는 점을 부각했다. 또한 자문화기술지는 일반적으로 1인칭 시점으로 서술되며, 단편 소설, 시, 장편 소설, 포토 에세이, 개인 에세이, 일기 등 다양한 형식으로 구현될 수 있다고 보았다. 이러한 풍부한 형식적 가능성은 자문화기술지가 개인적 경험과 문화적 의미를 동시에 탐구할 수 있는 개방적이고 유연한 장르임을 보여준다.

그렇다면 자문화기술지는 어떻게 등장하게 되었을까? 이를 이해하기 위해서는 먼저 인류학의 뿌리 깊은 문화기술지 전통을 살펴볼 필요가 있다. 인류학자들은 1800년대 중반부터 자신들이 '이국적' 혹은 '원시적'이라 규정한 집단을 연구하며 문화기술지라는 학문적 기획을 시작했다. 초기 문화기술지학자들은 주로 관찰과 기록에 집중하여, 가능한 객관적인 설명을 통해 다른 사회의 문화를 이해시키는 데 주력했다. 그들은 문화적 관습에 대한 명확하고 풍부한 설명을 제공하고, 이를 어떤 방식으로 서술할 것인가에 대해 깊이 고민했다. 다시 말해, 인류학자들은 문화다양성을 전파하는 전도사이자 동시에 다양성을 추구하는 신념의 수호자였다.

그러나 1900년대 초중반에 이르러, 인류학자들은 중요한 깨달음에 도달한다. 현지조사(field work)와 관찰 자체가 연구 대상 집단의 행동에 영향을 끼친다는 사실을 인식하기 시작한 것이다. 이 과정에서 문화에 대한 '순수하게 객관적인 설명'이 과연 가능한지에 대한 근본적 회의가 제기되었다. 이러한 문제의식을 해결하기 위해 문화기술지학자들은 영국 철학자 길버트 라일 (Gilbert Ryle, 1968)이 제시한 '두꺼운 설명(thick description)'을 도입했다. 라일은 눈 깜빡임과 윙크를 예로 들어 '얇은' 설명은 신체적 행동에 초점을 맞추는 반면, '두꺼운' 설명은 그 행동 이면에 숨겨진 맥락, 의도, 그리고 문화적 의미를 탐구한다는 것을 보여주었다. 이 예는 인간 행동에 대한 피상적인 설명과 상세한 설명을 구분하는 방식이다. 이런 두꺼운 설명에 대해 문화기술지 연구자는 인간의 사회적 행동을 묘사하는 데 있어서 행동에 대한 해설, 맥락, 그리고 해석을 텍스트에 제공하는 기법으로 활용했다. 이 기법을 통해 연구자는 문화적 장면을 생생하고 상세하며 세심하게 불러일으키는 것을 목표로 한다(Witkin, 2022: 7)

이러한 흐름 속에서 시카고 학파의 학자들은 자전적 요소, 즉 자신의 생애사를 연구에 적극적으로 통합하기 시작했다. 이들은 선행 연구자들보다 어떤 주제에 대해 더욱 생생한 표현을 만들고 해석을 서술적으로 묘사했다. 이를테면, 전형적으로 고전적 도덕 이야기의 세 단계, 즉 '은총의 상태에 있음', '악에 유혹되어 은총에서 멀어짐', 그리고 '마침내 고통을 통해 구원을 얻음'을 담은 내러티브를 구성하여 개인적 경험과 문화적 의미가 교차하는 이야기를 만들어냈다. 이 시기에 페미니즘과 같은 새로운 이론적 패러다임이 등장하기 시작했고, 이와 함께 질적연구가 성장일로에 놓이게 되었다.

1900년대 중반 이후 질적연구가 본격적으로 확산되면서, 연구자들은 일상생활의 세부적인 맥락에 주목하고 기존의 실험 연구가 지닌 인위성과 윤리적 한계를 비판하기 시작했다. 하지만 여전히 다수의 사회과학자들은 연구자의 위치성, 언어의 한계, 그리고 성찰의 필요성을 간과했다. 바로 이 지점에서 자문화기술지가 태동하게 된다.

'자문화기술지(autoethnography)'라는 용어는 하이더(Heider, 1975)가 처음 사용했다. 그는 개인적 경험을 더 큰 문화적 신념 및 전통과 연결하는 연구를 지칭하면서, 연구 대상자들이 자신의 이야기를 직접 제공하는 방식을 자문화기술지로 규정했다. 이후 1970년대 후반에 이르러 연구자들은 연구자로서의 위치성을 더 분명히 드러내기 시작했다. 연구자의 존재 자체가 연구 집단의 행동을 바꾸며 그 과정에서 연구자는 내부자일 수도, 외부자일 수도 있다는 점을 인식한 것이다. 이 시점부터 자문화기술지는 연구자가 내부자의 시선을 통해 수행하는 문화기술지의 한 형태로 자리 잡기 시작했다.

1970년대 후반과 1980년대에 걸쳐, 골드슈미트(Goldschmidt, 1977)는 모든 문화기술지는 대체로 자전적 성격을 띤다고 주장했다. 연구자의 신념, 관점, 경험이 배제될 수 없기 때문이다. 하야노(Hayano, 1979) 역시 연구자의 정체성이 연구 과정에서 차지하는 의미를 강조하면서, 연구자가 자신의 민족과 문화를 연구하는 것에 학문적 가치를 부여했다. 이러한 흐름 속에서 연구자들은 점차 개인적 경험의 중요성을 전면에 내세우기 시작했다.

1980년대 들어 사회과학 전반에서 연구자의 역할에 대한 근본적 질문이 제기되었다. 연구자들은 기존의 '객관적 관찰자' 모델보다 성찰적이고 반성적인 글쓰기를 시도했다. 특히 성별, 계급, 인종 문제를 연구에 통합하는 시도가 활발히 전개되었고(Denzin, 2008), 그 결과 연구자는 자신을 문화기술지 텍스트의 등장인물로 의도적으로 삽입하기도 했다. 반 매넌(Van Maanen, 2011)이 정리한 세 가지 글쓰기 방식—현실주의 이야기, 고백 이야기, 인상주의 이야기—는 이러한 전환을 잘 보여준다. 1980년대 후반부터는 특히 '고백 이야기'와 '인상주의 이야기' 형식이 자문화기술지라는 이름으로 주목받게 되었다.

1990년대에 접어들면서 연구자들은 오랜 기간 제기되어 온 정당성과 신뢰성 문제를 극복하고자 했다. 그들은 연구자의 위치성을 인정하면서 연구 서사에 직접 참여했고, 경우에 따라 참여형 행동 연구를 통해 프로젝트의 몰입도를 높였다. 이 시기 자문화기술지는 개인적 경험과 성찰을 활용하여 문화적 경험을 탐구하는 방법으로 점차 자리 잡았다. 엘리스(2004)의 『The Ethnographic I』, 보크너(2014)의 『Coming to Narrative』와 같은 저서가 이어졌고, 애덤스, 존스, 앨리스가 공동으로 펴낸 『자문화기술지 핸드북』(2013, 2022)과 학술지 Journal of Autoethnography(2020), 문예지 『The Autoethnographer』(2021), 『Autoethnography Certificate』 프로그램(2023) 등은 자문화기술지의 제도적 기반을 더욱 공고히 했다.

2000년대에는 주요 학회들이 자문화기술지 연구 논문을 자신의 학술지에서 수용하기 시작했다. 2005년 〈International Congress of Qualitative Inquiry〉를 필두로 질적연구를 수용하는 학술지에서 자문화기술지 논문을 게재하기 시작했다. 자문화기술지 연구를 중점적으로 다루는 학회로는 'International Symposium on Autoethnography and Narrative'(이전 명칭: International Conference of Autoethnography) 그리고 'Critical Autoethnography'가 있다.

오늘날 전 세계의 문화기술지 연구자들은 사실을 객관적으로 보고하는 언어에서 자신의 경험과 감정을 드러내는 고백적 글쓰기를 적극적으로 활용하고 있다. 이들은 수행적이고 시적인 언어, 인상과 상징, 서정적 표현을 통해 연구자의 삶이 지닌 결을 이야기 속에 담아내며, 자기 경험 그 자체를 중요한 탐구의 자료로 삼는다. 이러한 글쓰기는 연구자가 자신의 내면에 깃든 기억과 감정, 몸의 감각을 세심하게 들여다보는 과정이며, 문화기술지가 하나의 학문적 방법일 뿐 아니라 살아 있는 윤리적 실천임을 보여준다(Witkin, 2022).

이렇게 자문화기술지는 문화기술지 영역에서 독자적인 행보를 하고 있으며, 일부 학자들은 아예 자문화기술지학을 질적연구방법의 한 가지 유형으로 설정하자는 주장을 내놓고 있다. 그렇지만 질적연구가 지니는 분류의 세분화 지양이라는 측면과 통합적 구상적인 차원에서 보자면 자문화기술지학을 질적연구 유형으로 설정하는 것은 상당히 진보적인 주장임에 틀림없다. 자문화기술지를 독립적인 위치에 놓는다면 과연 문화기술지는 버릴 것인가? 이것이 이번 장의 화두이며, 이 질문에 대한 해답 찾기가 이 책의 묘미일 것이다.

2. 자문화기술지의 이론적 토대

인류학자들이 문화기술지 연구자로 자처할 수 있는 점은 현지연구를 통해 사회적 맥락을 이해하는 방식을 택해 현지인과 관찰과 대화를 활용한다는 데 있다. 인류학자는 그들의 생각, 감정, 이야기, 그리고 관찰을 수용함으로써, 모든 감정과 생각을 독자에게 드러내고자 한다. 이를 위해 연구자는 관찰 지역이나 집단과 그 사회적 맥락과의 전체적인 상호작용을 조명한다. 이는 실증주의적 인식론에 기반한 이론 중심적이고 가설 검증적인 연구 방법과는 반대 입장이라고 볼 수 있다. 이러한 맥락에서 엘링슨과 엘리스(Ellingson & Ellis, 2008)는 자문화기술지학을 연구자와 연구 대상, 객관성과 주관성, 과정과 결과, 자아와 타인, 예술과 과학, 그리고 개인적인 것과 정치적인 것 사이의 이분법적 대립을 거부하는 사회구성주의적 연구로 간주한다. 문화기술지 연구자들은 어떤 사회에 관한 연구가 과학적 방법을 통해 산출되는 객관적이고 중립적인 지식이라는 개념을 거부하는 경향이 있다. 이러한 지식은 연구자가 연구 대상으로부터 분리됨으로써 확인되고 달성될 수 있기 때문이다(김영순, 2022).

데보라(Deborah, 1997)는 자문화기술지가 포스트모더니즘적 구성물이고 주장한다. 자문화기술지학이라는 개념은 표준적인 문화기술지학의 현실주의적 관습과 객관적 관찰자적 입장에 의문을 제기하는 포스트모던 문화기술지학과, 일관된 개인적 자아라는 개념에 마찬가지로 의문을 제기하는 포스트모던 자서전 연구를 모두 통합한다고 했다. 그에게 문화기술지란 용어는 이중적인 의미를 지니는 것이다. 자문화기술지는 자기 집단의 문화기술지학을 지칭하거나 자문화기술적 관심을 갖는 자서전적 글쓰기를 의미한다. 따라서 자기 문화기술지학이든 자서전적 문화기술지학이든 '자문화기술지학'으로 나타낼 수 있다(데보라, 1997:26)

자문화기술지는 일반적인 자서전과 문화기술지의 특징을 결합한 연구 방식이다. 문화기술지의 자서전적 측면을 구성하기 위해 연구자는 자신의 경험을 선택적으로 기록한다. 다른 형태의 질적 연구와 달리, 자문화기술지는 처음부터 발표나 출판을 목적으로 기획되지 않는 경우가 많다. 연구자는 학문 수행 과정에서의 일상을 기록하고 기억하기 위해 이를 문서화한다. 이러한 연구자의 개인적 경험은 때로 문화적 경험을 생생하고 구체적으로 전달하기 위해 문학적 요소와 결합되며, 이를 통해 청중은 경험 속에 있는 것이 어떤 느낌인지 감각적으로 이해하게 된다. 한편, 문화기술지는 문화공유집단을 대상으로 참여관찰과 기록을 수행하고, 집단 구성원에 대한 관찰과 인터뷰, 그리고 상세한 현장 노트 작성을 통해 자료를 축적한다.

문화기술지학자들은 귀납적 접근을 통해 연구 결과를 찾아낸다. 즉 문화기술지학자들은 구체적인 답을 찾기 위해 현장에 직접 나갈 뿐만 아니라 관찰, 기록, 현장 노트를 통해 연구 결과를 도출한다. 종합하면 자전적 자문화기술지의 자서전적 측면(예: 개인적인 경험과 회상)과 문화기술지학적 측면(예: 인터뷰, 관찰, 현장 노트)을 활용하여 개인적인 면과 문화적인 면을 연결하는 생생한 서술을 구성한다.

대부분 문화기술지 연구자는 자문화기술지 연구를 수행한다. 자문화기술지는 다양한 실천을 포괄하는 광범위하고 모호한 범주이기 때문에 집필 및 연구 과정(graphy), 문화(ethnos), 그리고 자아(auto)에 중점을 두는 방식이 다양하다(Ellis & Bochner, 2000). 최근 자기문화기술지 연구계에서는 자문화기술지를 ①분석적 자문화기술지, ②연상적 자문화기술지 이렇게 두 가지 하위 유형으로 구분한다. 엘링슨과 엘리스(2008: 445)에 따르면, 분석적 자기문화기술지 연구자들은 더 광범위한 사회 현상에 대한 이론적 설명을 개발하는 데 중점을 둔다. 반면에 연상적 자기문화기술지 연구자들은 대화를 시작하고 감정적 반응을 불러일으키는 서사적 표현에 중점을 둔다고 했다.

분석적 자기문화기술지는 연구방법 형태상 다섯 가지 주요 특징을 가지고 있다. ①완전한 구성원 연구자(CMR) 지위 ②분석적 성찰성 ③연구자 자신의 서사적 가시성 ④자기 자신을 넘어서는 정보 제공자와의 대화 ⑤이론 분석에 대한 기여 등이다. 이를 자세히 기술하면 다음과 같다. 첫째, 모든 형태의 자기문화기술지학에서 연구자는 연구 대상 문화 집단의 구성원이어야 한다. 이에 따라 완전한 구성원 연구자(CMR) 지위를 가져야 한다. 이 문화 집단은 서로에 대한 지식 없이 느슨하게 연결될 수도 있고, 또는 긴밀하게 연결될 수도 있다. CMR 지위는 연구가 연구 대상 사람들의 감정적 입장에 근접하도록 도움을 준다(Adler & Adler, 1987: 67).

CMR 지위 유형은 대체로 기회주의적 CMR과 전환적 CMR 이렇게 두 가지로 구분된다. 기회주의적 CMR은 집단을 연구하기로 결정하기 이전에 연구 대상 문화 집단의 일부로 존재한다. 이를 내부자 지위라고 하는데, 이를 획득하기 위해 연구자는 집단에 태어나거나, 우연한 상황(예: 질병)으로 집단에 속하게 되거나, 직업적, 향유적, 또는 생활 방식 참여를 통해 라포 관계를 형성할 수 있다. 이에 반해 전환적 CMR은 처음에는 해당 환경에 대한 순전히 데이터 중심적인 연구 관심으로 시작한다. 그렇지만 연구 과정에서 완전히 몰입하고 소속감을 느끼는 것으로 전환된다. 여기서 연구자는 문화 집단을 연구하기로 선택한 후, 연구 과정 전반에 걸쳐 해당 문화에 깊이 개입하고 연구지로 생활세계를 재설정하기도 한다.

둘째, 분석적 자기문화기술지 연구를 수행할 때 연구자는 분석적 성찰성을 활용해야 한다. 즉, 연구자는 연구 상황과의 필연적인 연결, 그리고 그에 따른 연구 상황에 미치는 영향에 대한 인식(Davies, 1999: 7)을 표현하여 텍스트 안에서 눈에 띄고, 적극적이며, 반사적으로 참여해야 한다(Anderson, 2006: 383).

셋째, 분석적 자기문화기술지 연구자는 내러티브 전반에 주목하고, 이에 몰두해야 하며 자신의 경험과 생각뿐 아니라 타인의 경험과 생각을 이야기함으로써 분석적 통찰력을 제시해야 한다(Anderson, 2006: 384). 이 외에도 분석적 자문화기술지 연구자는 현장 조사 과정에서 자신의 신념과 관계의 변화를 공개적으로 논의해야 한다. 이를 통해 연구자는 정적인 사회 세계가 아니라 유동적인 사회 세계 속에서 구성원 자격과 참여의 문제를 끊임없이 고심하는 사람으로서 자신을 생생하게 드러낸다(Anderson, 2006: 384).

넷째, 텍스트는 '연구자 포화'를 방지하는 데 목적이 있다. 분석적 자문화기술지는 연구자를 분석의 중심에 과도하게 배치하기보다, 자기 경험을 출발점으로 삼아 문화적 맥락으로 확장되는 서술을 지향한다(Anderson, 2006: 386). 이러한 확장을 위해 연구 대상 문화에 속한 타인과의 인터뷰나 참여관찰이 포함될 수 있으며, 이로써 자문화기술지는 개인적 회고를 넘어서는 분석적 위상을 획득한다.

다섯째, 분석적 자문화기술지는 분석적 의제를 고수해야 한다. 즉, 분석적 자문화기술지는 단순히 개인적인 경험을 기록하거나, 내부자의 관점을 제공하거나, 독자에게 공감을 불러일으키는 것이어서는 안 된다. 오히려 경험적 데이터를 사용하여 데이터 자체가 제공하는 것보다 더 광범위한 사회 현상에 대한 통찰력을 얻어야 한다(Anderson, 2006: 386-387).

앤더슨(Anderson, 2006)은 분석적 자문화기술지와 연상적 자문화기술지를 함께 개념화했다. 그런데 그는 『자기문화기술지 핸드북』초판의 첫 장 '나는 가면서 배운다: 자문화기술지적 탐구 방식'에서 분석적 자문화기술지와 연상적 자문화기술지 사이의 잘못된 이분법을 비판했다.

연상적 자문화기술지는 대화를 시작하고 감정적 반응을 불러일으키는 서사적 표현에 초점을 맞춘다. 보크너와 엘리스(2016)에 따르면, 이 연상적 자문화기술지의 목표는 독자가 연구자의 입장에서 자신을 보고 개인적인 고민을 공적인 곤경으로 전환하여 강렬하고, 위안적이며, 위험하고, 문화적으로 필수적인 것으로 만드는 것이다. 이야기는 소설이나 전기처럼 제시되며, 따라서 일반적으로 문학과 사회과학을 구분하는 경계를 허물게 된다.

쇼우엔베르크(Schouwenberg)와 케틀러(Kaethler) 외(2021)에 따르면, 자문화기술지학적 전통과 그것의 연구 설계에서 수용되는 방식 사이에 단절이 존재한다. Auto-ethnography의 '그래피'에서 보고와 성찰의 행위는 창의적인 생산으로 대체된다. 연구 설계를 이해하려고 하면 바로 그 세계에 직접 관여하고 변화시킴으로써 지식 요소를 활성화한다. 다른 형태의 연구 설계와 달리, 자문화기술지학적 설계는 매우 개인적이며 예술적인 경향을 띠며, 자아를 이해하고 전달하는 방식으로 물질성을 활용한다. Auto-ethnography에서 자기와 문화기술지학을 구분하는 하이픈(-)은 자아를 이해하는 데 필요한 물질성을 나타낸다. 이는 지나치게 자기중심적이라는 비판을 받기도 한다.

소수 문학 자기문화기술지(MLA)는 들뢰즈와 가타리(Deleuze & Guattari)가 발전시킨 '소수 문학' 개념에 기반을 두고 있다. 이는 소수자의 관점에서 주요 언어를 사용하여 지배적인 문화적 서사에 도전하는 것을 의미한다. 드용(De Jong, 2014)에 따르면, 이러한 유형의 자문화기술지는 소외된 집단과 다수의 언어를 사용하여 고유한 문화적 입장을 표현하고 새로운 표현 방식을 창조하는 개인의 경험에 초점을 맞춘다. 이를 통해 소수 문학 자문화기술지는 권력 구조를 해체하여 드러내고 비판하며, 종종 침묵되거나 간과되는 관점에 목소리를 부여하는 것을 목표로 한다.

애덤스, 엘리스, 존(2017)은 자문화기술지 연구를 수행하는 두 가지 주요 목적을 제시하였다. 이들은 문화기술지학의 복잡한 역사를 고려할 때, 자문화기술지 연구자들이 지배적이고 당연시되며 때로는 해로운 문화적 대본, 이야기, 고정관념에 맞서거나 그에 대한 대안을 제시하기 위해 개인적 경험을 활용한다고 보았다. 또한 자문화기술지는 기존 연구를 보완하거나 그 빈틈을 메우는 역할을 수행한다. 더 나아가 다른 형태의 질적 연구와 마찬가지로, 자문화기술지 연구는 연구 수행 과정에서 일반화에 대한 욕구와 관행이 문화적 문제의 중요한 뉘앙스를 어떻게 가릴 수 있는지를 드러낼 수 있다고 지적하였다.

이와 함께 애덤스, 엘리스와 존(2017)은 자문화기술지학의 또 다른 목표로 문화 경험에 대한 내부 지식을 명확히 표현하는 것을 강조했다. 여기서 말하는 내부 지식은 연구자가 다른 연구자들이 쉽게 접근하지 못하는 문화적 생활의 측면을 독자에게 드러낼 수 있다는 가정에 기초한다. 그러나 이것이 자문화기술지 연구자가 외부인보다 더 진실되거나 정확한 지식을 제공한다는 의미는 아니다. 오히려 연구자이자 글쓰기 주체로서, 기존과는 다른 방식으로 경험을 서술하고 이야기를 전달할 수 있다는 점을 뜻한다.

자문화기술지학은 다양한 분야에서 활용되며 단편 소설, 시, 소설, 장편소설, 사진 에세이, 개인 에세이, 일기, 단편적이고 다층적인 글쓰기, 사회과학 등을 포함하고 있으며, 최근에는 학제적 융합연구에도 활용되면서, 어느 특정 분과 학문 영역에 국한되지 않은 다양한 형태로 제시되어 왔다.

최근 자문화기술지 연구는 질적연구학계에서 높은 관심을 불러일으키며 혁신적인 방법으로 인기를 얻고 있다. 이러한 논의의 흐름 속에서 자문화기술지의 이론과 실천을 통합하는 새로운 '공생적' 접근이 부상한다. 비티(Beattie, 2022)는 자신의 책 『Symbiotic Autoethnography』에서 기존 자문화기술지 논의의 다양성을 종합하고 자문화기술지 연구의 핵심 특징에 대한 새로운 통찰력을 제공한다. 이 책에서는 '공생'이라는 개념을 활용하여 시간성, 연구자의 편재성, 연상적 스토리텔링, 해석적 분석, 정치적(변혁적) 초점, 성찰성, 그리고 다성성 등 제시된 일곱 가지 속성 간의 긴밀한 상호의존성과 상호관계를 포괄한다. 비티는 모든 특징이 확장되고, 축소되고, 서로 중첩되며, 특정 연구 맥락과 고유한 주관적 경험의 다양한 차원을 넘나드는 유연한 조합을 제시한다. 즉 공생적 자문화기술지는 혁신적인 공생적 접근방식을 제시함으로써 다양한 유형의 자문화기술지의 차이점을 조화시킨다.

3. 자문화기술지 평가와 전망

자문화기술지와 아울러 질적연구 전반에 걸친 비판점은 사회문화현상 연구의 객관성을 강조하는 양적연구 방법론에서 비롯되었다. 덴진(Denzin, 2000)은 자문화기술지를 포함한 질적연구가 종종 비과학적이거나, 단지 탐구적이거나, 전적으로 개인적이고 편향적이라는 평가를 받아왔다고 지적한다.

마레샬(Maréchal, 2010) 역시 인류학에서 자전적 방법이 대표성이 없고 객관성이 부족하다는 이유로 초기부터 타당성을 인정받지 못했다고 설명한다. 그는 더 나아가 연상적이고 감성적인 자문화기술지 장르가 지나치게 개인적이라는 이유로 민족지학적 관련성이 부족하다는 비판을 받아 왔다고 지적한다. 이러한 비판은 경우에 따라 자문화기술지가 편견적이고 자기중심적이며 감정적으로 전제력이 부족하다는 평가로 이어졌고, 나아가 전통적인 문화기술지학의 목적과 학문적 기여를 훼손한다는 비난까지 동반해 왔다. 이처럼 자문화기술지는 오랫동안 객관성과 학문적 정당성의 문제를 둘러싼 비판에 직면해 왔다. 이러한 비판적 맥락 속에서, 지금부터 자문화기술지 평가의 역사를 검토하고자 한다.

스파크스(Sparkes, 2000)는 자문화기술지와 자기 내러티브의 등장은 순조롭지 않았으며, 제대로 된 연구로서 그 위상을 유지하는 데 여전히 문제가 있다고 지적했다. 자문화기술지학에 대한 가장 빈번한 비판은 자아에 대한 과도한 강조이며, 이는 자문화기술지학을 가치 있는 연구 방법으로 받아들이는 데 저항의 핵심 요인으로 작용한다. 그 결과, 자문화기술지학은 종종 자기만족적이고, 자기애적이며, 내성적이고 개인주의적이라는 비판을 받아왔다.

또 다른 비판은 개인 서사 또는 자기 민족지학이 드러내는 현실에 대한 신뢰 문제와 관련된다. 월퍼드(Walford, 2004)는 사람들이 허구를 쓰고 싶어 한다면 그럴 권리는 있지만, 그것을 연구라고 부를 권리는 없다라고 혹평하며, 자문화기술지 연구의 신뢰성을 문제 삼았다. 이러한 비판은 엘리스와 보크너(2000)가 제시한 자문화기술지는 항상 과거에 대한 이야기이지 과거 자체가 아니다라는 논의와 맥을 같이한다. 더 나아가 월퍼드(2004)는 연구의 목표는 확실히 왜곡을 최대한 줄이는 것이라고 강조하여, 자문화기술지로 제시된 설명이 실제를 얼마나 정확히 반영하는지 검증할 필요성을 제기했다.

보크너(2000)는 자문화기술지 평가 기준에 지나치게 집중하는 것이 방법론적 감시로 회귀하게 만들고, 상상력, 쓰기의 윤리적 문제, 그리고 더 나은 삶을 창출하려는 연구의 본질적 목적에서 벗어나게 할 것이라고 우려한다. 자문화기술지 연구자는 자신의 연구 질을 내부적으로 판단하며, 그 근거는 암묵적 지식에 기반하고 개인적이며 주관적이다(Ellis & Bochner, 2003). 연구의 질은 공식적인 증거 제시보다는 실제 연구 경험 자체에 의해 평가된다. 보크너(2000:270)에 따르면, 자기 서사는 학문적이기보다는 실존적인 것이며 의미를 포착하려는 욕구를 반영한다. 이는 삶에 상상력과 시적 특성을 부여한다. 시적 사회과학은 좋은 서사와 나쁜 서사를 구분하는 문제를 제시하지 않는다. 다만 좋은 서사는 독자나 청취자가 현상을 이해하고 느끼는 데 도움을 준다.

일부 연구자들은 자문화기술지 평가 기준이 다른 질적연구를 평가하는 전통적 기준과 반드시 동일하거나 유사할 필요는 없다고 주장한다(Garratt & Hodkinson, 1999). 그들은 자문화기술지가 특정 질적연구 전통과 달라 학문적 의심을 받아왔다고 지적한다. 자문화기술지 논란의 일부는 연구 산출물에서 자기 자신만을 독점적 자료원으로 사용하는 문제와 관련된다(Denzin & Lincoln, 1994; Sparkes, 2000; Beattie, 2022). 이 때문에 자문화기술지학은 지나치게 자기만족적이고 자기애적이라는 비판을 받았다. 스파크스(2000)는 자문화기술지가 전통적 질적 탐구 기준과 일치하지 않기 때문에 학문적 연구의 경계에 놓여 있다고 주장한다. 자문화기술지 텍스트 자체와 마찬가지로, 연구의 경계와 그 유지 역시 사회적으로 구성된다. 자문화기술지를 적절한 사회과학

연구로 정당화하는 과정에서, 문화기술지 연구자들은 이전에도 자전적 방식으로 행동하고 이를 텍스트화했기 때문에 자신의 연구 분야로서 이를 당연하게 여겼을 수도 있다(Coffey, 1999). 그러나 자문화기술지는 검토자들에게 어려움을 주기도 한다. 표현 방식 때문에 해당 기록이 적절한 연구인지 확신하기 어렵고, 평가에 적용하고자 했던 기존 검증 기준이 적절치 않아 보일 수도 있다.

엘리스(2004)는 자신의 저서 『The Ethnographic I』에서 다른 저자들의 대안적 질적연구 방식을 평가하기 위한 아이디어를 제시하고, 이를 바탕으로 자기문화기술지 프로젝트를 평가하는 방법을 논의한다. 그녀는 '좋은 자기문화기술지'를 위한 몇 가지 기준을 제시하고 이러한 아이디어들이 서로 어떻게 공명하는지를 제시한다. 그는 리처드슨(Richardson, 2000)이 개인적인 내러티브 논문을 검토할 때 사용한 다섯 가지 요소를 언급했는데, 여기에는 평가 타당도와 구성 타당도 기법 분석이 모두 포함된다.

그 기준은 다음과 같다. ①실질적 기여: 이 글이 사회생활에 대한 우리의 이해에 기여하는가? ②미적 가치: 이 글이 미학적으로 성공했는가? 텍스트가 예술적으로 구성되었고, 복합적이며 지루하지 않은가? ③성찰성: 연구자는 어떻게 이 텍스트를 쓰게 되었는가? 연구자의 주관성은 어떻게 이 텍스트의 생산자이자 산물이었는가? ④영향력: 이 텍스트가 연구자 자신에게 감정적으로 그리고/또는 지적으로 영향을 미치는가? 새로운 질문을 던지거나 행동으로 옮기게 하는가? ⑤실재의 표현: 이 텍스트는 생생한 삶의 경험을 담고 있는가? 자문화기술지학적 원고에는 극적인 회상, 특이한 표현, 그리고 강렬한 은유가 포함되어 독자가 저자와 함께 사건을 다시 경험 하도록 유도할 수 있다. 이러한 지침은 조사자와 검토자 모두에게 지침을 제공하는 프레임워크를 제공할 수 있다.

더 나아가 엘리스(2004)는 리처드슨(2000)의 기준이 보크너(2000)의 기준과 어떻게 부합하는지를 제시했다. 그는 ①구체적인 세부 사항(삶의 경험 표현과 유사) ②구조적으로 복잡한 서사(미적 장점) ③피상적인 것에서 벗어나 취약성과 정직성에 도달하려는 작가의 시도(성찰성) ④윤리적 자의식의 기준(실질적인 기여) 그리고 ⑤감동적인 이야기(영향력)를 탐색했다(Ellis, 2004:253-254).

애덤스, 존스와 엘리스(2015:102-104)는 자문화기술지학 평가를 위한 목표 목록을 작성하기 위해 협력작업을 했다. 이 목록에는 자문화기술지학 연구 평가를 위한 기술적, 규범적, 실용적, 이론적 목표를 포함하고 있다. 목표 목록은 다음과 같다 ①지식에 기여한다 ②개인적이고 경험적인 것을 소중히 여긴다 ③이야기와 스토리텔링의 힘, 기교, 그리고 책임을 보여준다 ④연구 실행 및 표현에 대해 관계적으로 책임감 있는 접근 방식을 취한다 ⑤지식에 기여한다. 애덤스, 존스와 엘리스(2015)는 자문화기술지학의 첫 번째 목표를 지식은 상황에 따라 존재하며 논쟁의 여지가 있다는 것을 인식하면서 기존 지식과 연구를 확장하려는 의식적인 노력으로 정의한다.

비평가들이 내러티브를 나르시시즘으로 규정하는 일반적인 견해에 따라, 애덤스, 존스와 엘리스(2015)는 자문화기술지 평가의 첫 번째 목표를 사용하여 개인적인 경험과 기존 이론을 결합하는 노력의 중요성을 설명했다. 동시에 자문화기술지가 연구자, 연구참여자, 그리고 독자/청중에게 제공하는 내부자적 통찰력을 염두에 두어야 한다고 주장했다. 애덤스, 존스와 엘리스(2015)에서 엘리스가 집필한 〈모성적 연결(Maternal Connections)〉은 돌봄을 사랑과 의미를 만들어내는 관계로 묘사하는 대신, 돌봄을 부담으로 여기는 개념에 의문을 제기한다. 이 점에서 첫 번째 목표를 성공적으로 통합한 것으로 볼 수 있다.

애덤스, 존스와 엘리스(2015)의 자문화기술지 평가의 두 번째 목표 '개인적이고 경험적인 것을 중시하는 것'은 네 가지 요소로 정의된다. ①맥락과 문화 속에서 자아의 관점을 제시하고 ②경험을 사회생활에 대한 통찰력의 수단으로 탐구하고 ③연구에서 취약한 자아를 드러내는 데 따르는 위험을 감수하고 ④감정과 신체적 경험을 이해의 수단과 방식으로 활용하는 것이다. 이 목표는 학술적 글쓰기에서 '나'를 온전히 인정하고 존중하며 주관적인 경험에 대한 분석을 요구한다. 존스는 자신의 에세이 〈잃어버린 것과 찾은 것(Lost and Found)〉에서 입양아로서의 정체성, 입양하지 않기로 한 아이의 위치, 그리고 할머니와의 관계 속에서 느낀 슬픔과 기쁨을 전달한다. 그는 특히 할머니를 잃고 애도하는 과정에서 경험한 감정과 신체적 감각에 초점을 둔다고 밝힌다. 이와 같이 자아 연구에 신중하고 의도적으로 통합하는 것은 자문화기술지학 과정의 가장 중요한 측면 중 하나이다. 애덤스는 취약한 자아를 드러내는 윤리와 배려에 대한 탐구를 자신의 파트 〈서사 윤리 고찰(A Review of Narrative Ethics)〉에서 자세히 다룬다.

자문화기술지는 의미 형성과 연구자의 성찰을 통해 문화에 대한 기술과 비판을 만들어내는 수단으로서 이야기를 제시한다. 애덤스, 존스와 엘리스(2015)는 성찰성에는 사회에서 우리의 위치와 특권을 인정하고 비판하는 것, 그리고 우리가 하는 이야기를 통해 권력, 관계, 문화적 금기, 그리고 잊히거나 억압된 경험에 대한 오랜 침묵을 깨는 것이 모두 포함된다고 했다. 자문화기술지는 연구자의 글쓰기 및 표현 능력을 다른 분석 능력과 함께 개발하는 능력에 초점을 맞춘다. 애덤스는 〈옷장 안에서: 옷장 속의 시간〉에서 1인칭과 2인칭 서술을 번갈아 사용하며, 독자들을 내 이야기 속으로 끌어들여, 그들이 나와 함께 내 경험을 살아가도록 초대하고, 내가 느낀 것을 느끼고, 비슷한 상황에서 내가 했던 것처럼 행동할 수 있는 방법을 제시한다. 마찬가지로 엘리스는 〈모성적 연결〉에서 연구 문헌이나 이론에 의존하기보다 감각적 세부, 신체의 움직임, 감정, 대화, 그리고 장면의 구성 등을 활용하여 부모를 돌보는 경험을 생생하게 전달한다고 설명한다.

자문화기술지는 연구자가 자신의 개인적 경험을 이해하도록 돕는 것 이외에도, 독자로 하여금 정치적 문제에 참여시키는 앙가주망을 독려한다. 장(Chang, 2008)은 자문화기술지학이 연구자와 독자 모두에게 상호친화적인 연구 방법을 제공한다고 주장한다. 자문화기술지 텍스트는 매력적이고 연구자들이 타인과의 관계 속에서 자아에 대한 문화적 이해를 얻을 수 있도록 해주며, 이를 바탕으로 주체와 타인 간의 문화 간 연대를 구축할 수 있기 때문이다. 자문화기술지학 장르는 우리가 전통적인 글쓰기 방식 외에 서사 및 시적 형식, 유물 전시, 사진, 그림, 라이브 공연 등을 장려할 수 있도록 해준다. 이런 맥락에서 덴진(2000)은 자문화기술지학이 문학적이어야 하고, 문화적, 정치적 문제를 제시하며, 희망의 정치를 표현해야 한다고 말한다. 그가 언급한 문학적 기준은 리처드슨(2000)이 주장하는 미적 가치에 포함되어 있다.

일부 연구자들은 자문화기술지학의 가치를 옹호하면서도 몇 가지 우려 사항도 있다고 주장한다. 장(2008)은 자문화기술지학자들이 자문화기술지를 연구할 때 회피해야 할 몇가지 사항을 권고했다. ①타인과 고립된 채 자기에게만 지나치게 집중하는 것 ②분석과 문화적 해석보다는 서술에 지나치게 치중하는 것 ③자료 출처로서 개인의 기억과 회상에만 의존하는 것 ④자기서술에서 타인에 대한 윤리적 기준을 무시하는 것 ⑤자문화기술지학이라는 명칭을 부적절하게 사용하는 것이다.

또한 일부 질적연구자들은 자문화기술지학의 가치와 타당성에 대한 우려를 표명했다. 크리젝(Krizek, 2003)은 〈문화기술지학의 표현들(Expressions of Ethnography)〉에서 '개인 서사의 발굴로서의 문화기술지학'이라는 장을 기고하며, 자문화기술지가 나르시시즘으로 전락할 가능성에 대한 우려를 제기했다. 그는 아무리 개인적 서사라 하더라도 항상 삶의 더 큰 요소와 연결되어야 한다고 강조했다. 개인 서사의 주요 장점 중 하나는 학습자의 사적인 세계에 접근할 수 있게 해주어 풍부한 데이터를 제공한다는 점이다. 또 다른 장점은 연구자가 특정 현상을 조사할 때 자신의 경험을 데이터 출처로 삼아 연구 접근성을 높일 수 있다는 점이다. 그러나 개인 서사에 기반한 분석은 연구 결론 또한 제한할 수 있다는 한계를 가진다.

한편, 보크너와 엘리스(1996)는 이러한 자아 중심적 제한이 타당하지 않다고 주장하며, 문화가 우리 모두를 통해 순환한다면, 어떻게 자문화기술지학이 자기 너머의 세계와의 연결에서 자유로울 수 있겠는가?라는 질문을 제기했다. 이 질문은 자문화기술지가 개인적 경험의 기록에 그치지 않고, 더 넓은 문화적 맥락과 연결될 때 학문적 타당성을 확보할 수 있음을 시사한다. 즉, 자문화기술지 연구자는 자신의 서사를 통해 개인과 문화, 자기와 타자를 잇는 다리 역할을 수행해야 하며, 이러한 연결이 이루어질 때 비로소 연구의 가치가 완성된다.

자문화기술지적 방법의 활용은 점점 증가하고 있지만 이를 평가하고 개선을 위한 피드백을 제공하는 체계적 지식은 여전히 미흡하나. 검토사들이 사문화기술지 평가 방식을 개발할 때, 한 형태의 도그마가 다른 형태의 도그마를 대체하지 않도록 보편적인 기초 기준을 추구하려는 유혹을 이겨내야 한다 (Sparkes, 2002:223). 그럼에도 불구하고 개인적 글쓰기를 평가하기 위한 구체적 기준은 거의 개발되지 못했다. 이것은 자문화기술지 연구자들에게 남겨진 필생의 과업이자 앞으로 해결해야 할 중요한 과제이다.

4. 한국의 자문화기술지 연구 동향

한국에서의 자문화기술지 연구는 지난 10년간(2015년~2025년) 양적으로 꾸준히 성장해왔으며, 질적으로도 다양성을 확보해 왔다. 또한 다양한 학문 분야에 걸쳐 폭넓게 활용되는 질적연구 방법의 한 유형으로 확고히 자리매김했다. 구체적으로 자문화기술지 연구는 2015년 9편에서 시작하여, 2016년 13

편, 2017년 28편, 2018년 13편, 2019년 15편, 2020년 26편으로 꾸준히 증가했다. 특히 2017년과 2020년에 연구 수가 크게 성장했는데 이는 박사급 연구자나 실천 연구 중심의 관심 확대에 기인된 것으로 판단한다. 2021년에는 70편, 2022년에는 68편으로 급증하여 활발한 연구가 지속되었고, 2023년 49편, 2024년 57편, 2025년 6월 현재 29편으로 최근까지도 활발한 연구가 이어지고 있음을 확인할 수 있다.

또한 자문화기술지학은 다양한 학문 분야에서의 폭넓은 활용 범위를 보인다. 무엇보다 교육학 분야에서 가장 큰 비중을 차지하며 주도적인 역할을 해왔다. 2015-2017년에는 교육학이 전체 연구의 절반가량을 차지했고, 2018-2020년에도 약 25편 이상으로 가장 많았으며, 2021-2022년에는 상담학/심리학(35편)에 이어 두 번째(25편)로 큰 비중을 보였다. 2023-2025년에는 사회과학(33.3%) 다음으로 교육학(28.9%)이 높은 비중을 차지했다. 그 외에도 상담·심리학, 사회과학/사회복지, 예술체육학(예술교육/치료), 인문학(지리학/여성주의 포함) 등 다양한 분야에서 꾸준히 활용되었다. 이는 자문화기술지가 특정 분야에 국한되지 않고 다양한 학문 분야의 실천적 문제 해결 및 자기 성찰에 적용될 수 있는 잠재력이 크다는 것을 의미한다.

주요 연구 주제 및 키워드를 살펴보면 자기성찰과 실천 경험 연구 주제는 '자기 성찰'이 일관되게 가장 지배적인 주제였다. 2021-2022년에는 30편, 2023-2025년에는 48건으로 나타났다. 이는 자문화기술지가 연구자 자신의 경험을 탐구하고 성찰하는 데 특화된 방법론임을 명확히 보여준다. 또한, 실천 경험 기반의 연구가 중심을 이루었으며, 특히 교사 교육, 상담자, 여성 실천자의 직업 정체성과 실천 경험을 학문적으로 전환하려는 흐름이 강하게 나타났다. 상위 주제어로는 '교사', '교육', '정체성'이 자주 등장했다. 상담·교육 실천을 해온 석박사급 여성 연구자들이 감정노동, 돌봄, 상실, 상처, 실천의 의미를 서사화하는 데 중점을 두었다. 주요 연구 주제는 다음과 같다.

첫째, 정서 및 관계 중심의 주제를 다루었다. '상처', '불안정 애착', '가정폭력', '수치심', '자아정체성' 등 연구자의 개인적인 정서와 관계 경험을 심층적으로 탐구한다(김민정 외, 2017; 김혜은 외, 2017; 정명희 외, 2018; 김해정 외, 2021; 김진희 외, 2022; 김종임 외, 2024, 남설영, 2024 등). 외상 경험, 자살 생존, 애도, 완벽주의 등도 다뤄졌다(김명찬, 2015, 이태영 외, 2018; 김재순 외, 2020; 김다롱 외, 2021등).

둘째, 돌봄 및 가족 경험의 주제가 다수 등장했다. 노부모 돌봄, 재난 개입, 아동 권리 및 양육 고민, 부모 이혼 수용 경험, 모-자녀 관계, 성소수자 자녀를 둔 부모 경험, 부부 폭력 목격 자녀의 경험 등이 포함된다(박미옥 외, 2015, 양영자, 2018; 김정숙 외, 2021; 손정음 외, 2021; 반혜림 외, 2022; 고정임 외, 2024; 박태화 외, 2025 등).

셋째, 트라우마와 치유가 주제로 선정되었다, 성폭력 피해, 아동학대 트라우마, 상실 경험 등 개인의 고통스러운 경험을 서사화하고 치유와 성장의 과정을 탐색한다(남수경 외, 2016; 이현진 외, 2017; 한지혜 외, 2017; 박에스더, 2020; 김흥 외, 2022; 조우관, 2024; 김태균 외, 2025 등).

넷째, 사회적 소수자 및 불평등을 다른 주제들도 다수 있었다. 장애인, 성소수자, 다문화 가정, 이민자, 지방 지역 거주자, 왼손잡이 차별 경험 등 사회적 소수자의 경험을 심층적으로 탐구하며 사회적 포용성을 높이는 데 기여한다(정연수, 2015; 차세진 외, 2017; 박두제 외, 2017; 한서진 외, 2021; 여은정 외, 2021; 정예진 외, 2024, 등). 특히 여성 연구자의 위치성 및 실천성(예: 중년 여성의 성차별 경험, 완경 여성의 몸 재학습, 지방대학 출신 여성의 사회적 자리매김)이 강조되었다(김보연, 2016; 차혜진, 2021; 김은경, 2022; 오명숙, 2055 등).

다음은 연구참여자 유형 및 특성이다. 가장 많은 연구참여자는 교사(초등학교 교사, 특수교사 등), 강사, 대학원생, 상담사 등 교육 및 상담 현장 실천가들이었다. 이는 자문화기술지가 정서적 치유와 자아 발견의 통로가 되기 때문에 교육 현장 실천자의 역할을 연구하기 적합하며, 현장의 실천 지식을 담는 데 적합한 도구로 자리매김했음을 보여준다. 특히 현장 실무자에서 박사과정생으로 전환한 연구자들이 자신의 삶을 글쓰기와 학문으로 전환하는 통로로 자문화기술지를 활용하는 경향이 두드러졌다. 또한 연구 방법론의 다양화 및 확산의 특성을 보여준다. 첫째, 협력적 자문화기술지의 증가를 들 수 있다. 동료 상담자, 가족, 연구자 간 공동 작업이 증가(황인숙 외, 2016; 김옥희 외, 2017; 손고은 외, 2017; 남수경 외, 2022)했으며, 이는 2015-2017년부터 지속적으로 나타난 특징이다. 2021-2022년에도 상당수 연구에서 협력적 자문화기술지가 활용되어, 연구자와 다른 참여자(동료 교사, 가족, 학생, 학부모 등) 간의 상호작용을 통해 공동의 경험을 탐색하는 경향을 보였다(정현철, 2021; 이옥희 외, 2022; 송승익 외, 2022 등).

둘째, 문학과 예술 기반 자문화기술지가 증가했다. 문학 상담, 미술 치유, 표현 활동 중심의 예술 기반 자문화기술지(서세안 외, 2017; 김혜은 외, 2017; 진은영 외, 2019; 김경희, 2020; 편지원 외, 2022)가 꾸준히 작성되었으며, 2023-2025년에는 음악치료, 무용, 미술 등 예술적 요소를 활용한 연구가 더욱 두드러지게 표출되었다(박성미, 2023; 손영민 외, 2023; 정희정, 2024; 장소정, 2024). 이는 문학 및 예술과 자문화기술지의 융합이 새로운 연구 방향으로 자리 잡고 있음을 시사한다.

셋째, 비판적 자문화기술지가 등장했다. 기관생명윤리위원회(IRB) 등과 같이 학문의 관료제 비판과 같은 학문 제도 전반에 대한 비판이 있었다(고민경, 2020; 김재윤, 2023; 정훈 외, 2025). 나아가 권력관계를 해체하는 사회 비판적 관점을 다루는 연구도 나타나기 시작했다(김기홍, 2019; 여은정 외, 2021; 김재윤, 2024; 정희성 외, 2020).

넷째, 자문화기술지 작성시 디지털 플랫폼 및 신기술을 활용하는 사례가 늘어나기 시작했다. 2023-2025년에는 VR, 에듀테크를 활용한 연구가 증가하고 있어 새로운 방법론적 가능성을 제시하고 있다(김세훈, 2024; 김수진, 2024). 또한 코로나19 팬데믹을 계기로 비대면 수업 경험 등 급변하는 환경 속 교육

현장의 변화를 기록하고 성찰하는 연구들도 나타났다(동풀잎, 2019; 이명화 외, 2021; 이강순, 2022).

대부분의 자문화기술지 논문들은 연구자의 삶 속 경험을 내면적, 성찰적으로 탐색하며 학문적으로 의미화하는 공통점을 갖고 있다. 특히 트라우마나 실존적 위기를 출발점으로 하여 자기를 이해하고 치유하는 서사를 구성하고, 동시에 사회문화적 맥락을 성찰하는 태도가 두드러졌다. 자기성찰, 삶의 전환 서사, 치유와 성장, 실천성 강조, 사회적 맥락과의 연결, 글쓰기 방식의 확장, 실천현장 변화 기여 등이 공통적인 특징이다. 그러나 경험 주제, 연구의 관점(고백적, 비판적, 협력적), 목적 및 초점(자기 치유, 실천적 변화,사회 비판), 대상의 범위(개인적 경험, 집단·구조 중심) 등에서는 차이점을 보였다.

지난 10년간의 자문화기술지 연구 동향은 한국 학계에서 강력한 질적연구의 한 유형으로 자리매김되고 있음을 확인할 수 있었다. 그간의 자문화기술지학 연구가 분명히 질적연구학계에 몇가지 점에서 기여된 바를 부정할 수 없다.

첫째, 연구자 개인 경험의 학문적 가치 재조명 및 전문성의 심화이다. 자문화기술지는 연구자 자신의 삶과 실천 경험을 학문적 탐구의 대상으로 삼음으로써, 개인의 내면 성찰이 보편적인 사회 현상과 연결될 수 있는 강력한 학문적 통찰의 원천임을 증명해 냈다. 특히 상담, 교육 등 인간 중심의 이해가 필수적인 분야에서 연구자의 전문적 정체성 및 실천 과정에 대한 깊은 이해를 가능하게 한다. 이는 전문직 종사자의 정체성 발달, 번 아웃 예방 및 회복 과정을 이해하는 데도 기여한다.

둘째, 연구자가 소속된 사회집단의 사회적 포용성을 증진시키고 비판적 통찰 제공했다. 외상 경험, 상실, 돌봄, 성폭력 피해, 학업 좌절, 사회적 차별 등 다양한 형태의 개인적 고통과 사회적 취약성을 다루는 연구가 활발했다. 이는 자문화기술지가 개인의 고통스러운 경험을 서사화하고 치유와 성장의 과정을 탐색하는 데 효과적인 도구임을 시사한다. 특히 사회적 소수자의 경험이나 사회적으로 침묵되어 온 문제를 드러내는 데 기여하여 사회정의적 관점에서의 시사점을 제공할 수 있다.

셋째, 질적연구의 방법론적 유연성을 확보하고 학제 간 융합을 촉진했다. 협력적, 비판적, 예술 기반 자문화기술지 등 다양한 접근 방식의 활용 증가는 방법론적 유연성을 보여주었다. 교육학, 사회복지학, 상담학, 예술치료학, 지리학 등 다양한 학문 분야에서 자문화기술지가 활용되면서 학제 간 연구와 융합적 사고를 촉진하는 기반이 될 수 있다.

넷째. 실천 현장의 변화와 혁신을 위해 실질적 기여를 해 왔다. 교사들의 교육 현장 경험(교과서 집필, 통합학급 운영, 교권 침해 등), 평생교육사의 시민 참여 교육, 사회복지사의 재난 개입 등 실제 현장의 복잡한 맥락과 갈등을 심층적으로 분석하여 정책 제언이나 제도 개선의 방향성을 제시하는 연구들이 나타났다. 이는 자문화기술지가 개인 성찰에서 사회적 변화를 위한 실질적인 함의를 도출할 수 있음을 보여준다.

이러한 자문화기술지 연구동향에서 간과해 온 것은 자문화기술지학의 학문적 정체성 정립에 관한 노력이다. 이를테면 어떤 학문적 흐름이 학문정체성을 만들어내려면 소논문의 방대한 수가 아니라 관련 학술서 편찬이나 학회 활동이다. 자문화기술지학을 푯말로 내건 학회는 물론 없다. 저술서도 이동성(2020)의 『질적연구와 자문화기술지』와 김명찬(2025)의 『자문화기술지의 이해와 실제』 이렇게 두 권밖에 없다.

소논문과 저술서 편찬 수가 비대칭하는 이유는 무얼까? 이에 대한 대답은 이 책을 읽고자 하는 독자 분들에게 답을 맡기고자 한다. 단지 우리가 알아야 할 진실은 자문화기술지가 단일한 하나의 질적연구방법이 결코 아니라는 점이다. 두 연구자의 책에서는 자문화기술지가 전통적인 문화기술지의 결점을 혁신시키는 방법론으로 기술되어 있다. 이를테면, 자문화기술지는 이론과 실천의 괴리를 한데 모았으며, 분열된 삶을 성찰하고 치료할 수 있는 연구방법론이다. 또한, 자문화기술지는 내러티브를 강조함으로써 학문적 초심자들이나 일반 독자들이 부담감 없이 텍스트에 접근할 수 있는 가독성과 현장 친화성을 선사했다. 이 언급은 타당하다.

그러나 기존의 문화기술지가 지닌 특성과 무엇이 다른가? 자문화기술지가 단지 연구참여자이면서 화자가 연구자 자신이라는 점 이외에 문화기술지와 결코 다름없다. 또한 질적연구에서 내러티브 탐구 역시 연구자가 연구참여자가 아닌 것 이외에 별도로 자문화기술지와 다른 것이 없다. 이 두 연구자의 저술에서 자문화기술지의 방법론적 장점은 실험적 글쓰기와 참여적인 연구를 통하여 저자와 연구참여자들, 그리고 독자들이 지적 및 감성적으로 대화하고 공명할 수 있다는 점을 들 수 있다. 또한, 자신들의 실천을 성찰하고 개선할 수 있는 촉매 역할을 할 수 있다는 점을 유추할 수 있다. 자문화기술지가 아닌 전통 문화기술지에서는 이런 특성이 과연 없는가? 이 질문에 대한 대답은 차고 넘친다. 자문화기술지 관련 박사논문이나 저술서가 미흡한 이유는 자문화기술지학이 독자적인 연구방법으로서의 위상을 가질 수 없다는 한계가 있기 때문이다. 필자는 자문화기술지가 질적연구자의 수련 과정에서 성찰록 작성, 한 단위의 연구수행에 있어서의 기록인 연구노트 작성하기 등 통과의례의 하나로 '연구자-되기' 과정으로 간주한다.

문화기술지는 사회과학적 전통 속에서 연구자가 특정한 타자나 집단의 문화를 내부자의 관점에서 기술하고, 분석하며, 해석할 수 있도록 이론적 · 방법론적 틀을 제공해 왔다. 그 영향력은 커서 문화기술지가 근거이론이나 현상학 연구와 더불어 질적연구방법론 전체를 대표하는 접근으로 인식될 정도이다. 그럼에도 자문화기술지를 독립적 방법론으로 정립하려는 시도는 학문적 정체성 확보라는 점에서는 유의미하나, 방법론적 설득력은 여전히 충분하지 않다. 이는 연구 주체가 연구자 자신이라는 특수성을 제외하면 기존 문화기술지와의 본질적 차별성을 규명하는 데 한계가 있기 때문이다. 따라서 자문화기술지는 질적연구의 전통 속에서 '좋은 질적연구자'로 성장하기 위한 성찰의 자기보고서이며, 타자와의 관계 속에서 연구 윤리를 가늠하는 개인적 준칙으로 이해될 필요가 있다.

다문화교육 수업에서 협동학습과 교호작용을 경험하다*

1. 다문화교육 연구자로서의 첫걸음

　이 글 다문화교육을 전공하는 대학원생의 학문적 여정과 성찰의 과정을 자문화기술지 연구 방법을 통해 탐색한 것이나. 언구사는 연구사이사 연구참여자인 이중의 정체성을 가지고, 대학원 박사과정 중 수강한 '다문화교육론' 수업에서의 학습 경험과 그 의미를 중심으로 학문적 자아와 실천적 태도의 변화를 기록했다. 이글은 수업 참여 기록에서 한 걸음 더 나아가 다문화교육의 이론적 기반과 실천적 함의가 어떻게 한 연구자의 개인적 경험과 조응하며 내면화되는지를 조망하고자 한다.

　연구자는 2018년 2학기, 인하대학교 일반대학원 다문화학과의 전공 필수 과목인 다문화교육론 수업에 성실히 참여했다. 수업을 통해 형성된 학습 내용과 조별 토론, 그리고 수업 중 지속된 자기성찰을 토대로 자문화기술지 연구를 수행했다. 다문화교육론 수업은 다문화교육학의 주요 이론들과 쟁점들을 다루는 동시에, 협동학습과 조별 토론을 통해 상호작용적 학습이 이루어지도록 설계되었다. 또한 수업 참여자 모두가 능동적인 학습 주체로 성장할

---

* 01장은 김태훈·김영순(2019). 다문화교육론 수업 참여 대학원생의 학습 경험에 대한 자문화기술지 연구. 교육문화연구, 25(3), 795-812. 에 게재된 내용을 수정하고 보완했음.

수 있는 여건을 제공했다.

이 글 연구자의 수업 참여 경험을 체험적 기술에만 그치지 않고, 듀이 (Dewey)의 경험 이론의 핵심 개념인 '계속성(continuity)', '교호작용(interaction)', '성장(growth)'에 근거하여 체계적으로 분석하고자 한다.

듀이(1938)는 학습이란 삶 속에서 축적되고 재구성되는 경험의 흐름이라 보았다. 따라서 여기서는 수업을 통한 인지적·정서적 변화가 연구자 개인의 성장과 어떻게 연결되는지를 탐색한다. 아울러 이를 통해 다문화교육 전문가 로서의 정체성과 태도가 어떻게 형성되었는지를 조망한다.

이러한 목적을 달성하기 위해, 다음 두 가지 연구문제를 중심으로 글을 전개했다. 첫째, 다문화교육론 수업을 통해 연구자는 어떤 학습 경험을 하였 는가? 둘째, 그 경험은 연구자에게 어떤 의미로 다가왔는가? 이 두 질문은 수업 내용을 회고하는 데 그치지 않고, 교육적 경험의 구조와 함의를 이론적 으로 재구성하고 해석하는 데 초점을 둔다.

이러한 연구문제를 수행하기 위한 이론적 배경으로는 먼저 '다문화교육론' 의 개념과 목표를 고찰했다. 다문화교육론은 문화다양성의 계몽적 설명보다 도, 민주주의와 사회정의를 실현하는 교육적 실천을 중심에 둔다. 그랜트와 슬리터(Grant & Sleeter, 1986), 니에토(Nieto, 2009), 뱅크스(Banks, 2013) 등 주요 이론가들은 다문화교육의 중요성을 문화적 정보의 습득에 두지 않는다. 대신 에 이들은 차별과 억압에 대한 저항, 그리고 전면적인 학교개혁을 중심 축으 로 제시한다. 이들은 학생 개개인이 지닌 인종, 민족, 언어, 성별, 계층, 종교 등의 복합적 정체성이 교육 현장에서 어떻게 교차적으로 작용하는지를 설명 한다. 이로써 다문화교육의 방점을 문화 수용 차원을 넘어 구조적 문제에 대한 비판적 성찰과 실천에 둔다.

다문화교육은 궁극적으로 '프락시스(praxis)'를 지향하는 교육이다. 이는 단 지 다문화적 지식이나 감수성을 함양하는 것에 그치지 않고, 그러한 앎을 실천으로 전환하는 과정으로 이어져야 한다는 것을 의미한다. 따라서 이 글에서 다문화교육론 수업은 이론과 실천, 지식과 태도, 개인과 공동체가 상호 교차하는 학습의 장이자, 다문화교육학을 내면화하고 확장해 나가는 성장의 무대로 설정된다.

연구자는 자신의 경험을 기술하기 위한 연구 방법으로 자문화기술지를 선택했다. 이는 연구자 자신의 문화적 맥락 속에서의 경험을 내러티브 형태로 기술하고, 그 안에서 드러나는 의미를 해석하는 질적연구 방법 중 하나이다. 자문화기술지는 기존의 객관적이고 제3자적 서술 방식과는 달리, 연구자 자신의 삶과 정체성, 성찰과 반성이 통합된 글쓰기이자 연구 수행 행위이다. 리드-다나헤이(Reed-Danahay, 1997)는 자문화기술지를 성찰적 문화기술지(reflective ethnography)로 정의하며, 연구자의 주관성과 내면적 변화가 중심이 되는 연구로서의 가치를 강조했다.

연구자는 다문화교육론 수업의 각 주차별 강의안, 개인 수업 노트, 조별 토론 기록, 기말과제로 제출한 자문화기술지, 수업 중 형성된 자기성찰 메모 등을 주된 자료로 수집했다. 또한 같은 수업을 수강한 조원들과의 면담, 세미나 발표 후 피드백 등도 보조 자료로 활용하였으며, 이러한 다양한 자료를 듀이의 경험 이론을 바탕으로 귀납적으로 범주화하고 재구조화했다.

자료 분석의 초점은 '무엇을 배웠는가'보다는 '어떻게 성장했는가'에 두었다. 수업 시간의 강의와 조별 토론은 연구자에게 문화적 다양성과 상호이해, 다문화 감수성의 중요성을 체득할 수 있는 기회를 제공하였고, 다문화교육 전문가로서의 태도와 책임감을 자각하게 했다. 또한 수업 중 반복된 협동학습 활동은 정보 교환에서 공동의 배움과 상호 신뢰를 기반으로 한 학습공동체 경험으로 이어졌으며, 이는 연구자 개인의 인식과 태도에 근본적인 전환을 불러일으켰다.

특히 주목할 점은 연구자가 가진 기존의 관심사(통일교육, 한국적 인간론)와 다문화교육의 이론들을 연결하고, 이를 새로운 관점에서 해석하려는 시도까지 포함하고 있다는 점이다. 이어지는 장에서는 개인적 학습 경험과 학문적 확장의 가능성을 교차시키며, 다문화교육학이 개인의 삶에 어떻게 통합되고 의미화될 수 있는지를 보여준다.

2. 다문화교육론 수강의 경험

1) 다문화교육의 기본 내용을 습득하다

다문화교육론 수업은 대학원 박사과정 다문화교육 전공의 필수 수업답게 다문화교육 전문가가 갖추어야 할 기본적인 내용으로 구성되었다. 수업 목표는 다문화교육의 본질을 이해하고 세계시민교육과 상호문화주의 이론의 이해를 높이는 것이었다. K 교수는 첫 번째 수업에서 "우리나라 사람들이 해외 138개국에 756만명 정도가 나가 있는 현실에서 우리에게 있는 다양성을 평화로운 공존의 상태로 유지하는 것이 지속가능한 다문화교육의 목표"(K 교수, 2018.8.28)라고 말했다. 배제와 차별에서 동화주의, 자유주의, 다문화주의로의 발전에 대한 비전을 제시하면서, 다문화교육의 주된 목표는 사회정의, 민주주의라는 사실을 거듭 강조했다. 또한 K 교수는 "다문화교육학의 핵심은 문화 다양성을 연구하는 것이고, 민주주의를 선택하고 고수하는 것이 다문화주의의 최종 목표이며, 민주주의의 핵심은 다양성의 존중이다"(K 교수, 2018.9.4)면서 다양성과 민주주의를 연결시켰다.

다문화교육론 수업 두 번째 시간에는 한국의 다문화교육 역사와 프로그램을 다루었다. 다문화교육이 한국의 학교 현장에서 거론되기 시작한 것은 2006년부터라고 볼 수 있다. 교육부에 의한 다문화가정 자녀 지원정책에서 비롯된 것이다. 당시 다문화교육 정책은 교육의 영역에서 가장 중요한 평등성에 기초를 한 것이며, 문화적 배경이 다른 부모를 둔 다문화가정 학생들의 적응에 초점을 두고 지원해야 된다는 관점이었다. 따라서 정부의 정책이 다문화가정 자녀들의 문화 적응과 학업성취를 위한 지원을 골자로 하고 있는 점을 알게 되었다. 하지만 K 교수는 이러한 배경 때문에 한국의 다문화교육이 다문화가정 자녀의 적응과 성취를 위한 지원 사업으로만 오해하게 된 이유라고 지적했다.

실제로 다문화교육은 다양한 문화적 배경을 가진 학생들이 경험하는 차별과 고통을 감소시키고 모든 학생들이 평등한 교육 기회를 갖도록 하는 것을 목표로 한다(Banks, 2008). 다문화사회에서 발생하는 갈등과 어려움을 해결하기 위한 여러 가지 노력이 이루어지고 있는 가운데 특히 다문화가정 학생에 대한 편견과 고정관념을 최소화하기 위한 다문화교육과 교육적 지원이 중요한 과제로 부각되고 있다(모경환, 황혜원, 2007).

세 번째 수업부터 다문화 감수성에 대해 다루었다. 감수성의 사전적 의미는 '외부의 자극을 받아 느낌을 일으키는 성질 또는 능력'으로 정의되는(이기문, 2007) 개인 지향성에 가깝다. 다문화 감수성은 다른 문화의 사람들을 존중하고 수용하려는 태도, 신념, 행동을 말하며, '개인의 감정이나 태도를 기본으로 타자지향성을 강구하게 하는 역량'(김영순 외, 2017)이다. 다문화 감수성을 타문화 집단과의 성공적 소통을 위해 갖추어야 할 개인적 역량으로 볼 때, 타인 또는 타문화에 대한 개인의 감수성을 발휘하여 사회 안에서 의미 있게 쓰여야 함이 강조된다. 이러한 다문화 감수성의 내용적 요소들을 살펴보면, 사회적 대인관계 능력, 갈등관리 능력, 의사소통 능력, 공감·관용·수용 능력, 문화 간의 차이 인정 능력(김영순, 2010:45) 등을 포함시키고 있다.

2) 다문화교육의 여러 주제를 토론하다

다문화교육론 수업 구성은 크게 K 교수의 강의와 조별 토론으로 구성되었다. 조별 토론과 발표 시간은 전체 수업 중에서 거의 40%의 시간을 차지할 만큼 비중이 컸다. 한 조에 대학원생 4~5명씩으로 차수와 학과를 고려하여 모두 4개조가 구성되어 주어진 주제에 따라 조장을 중심으로 토론을 진행했다. 조별 토론의 첫 번째 주제는 다문화교육 프로그램이었다.

연구자가 속한 조에서는 다문화교육 프로그램은 유치원부터 시행하는 것이 가장 효과적이며, 반편견교육과 전문적인 상담프로그램을 확대하는 방향이 중요하다고 생각을 모았다. 연구자는 학생들에게 다문화 감수성을 향상시키려고 할 때, 대상에 맞는 접근 내용이 중요하다고 공감했다. 초등학생 이하는 음식, 옷, 음악 등으로, 중등학생 이상은 세계시민교육 교육과정과 병행되어야 하고 문화 다양성과 민주주의의 좋은 점을 연관하여 접근할 수 있어야 한다고 생각했다.

두 번째 조별 토론의 주제는 다문화학교 유형의 긍정적인 부분을 우리나라 학교에 적용하여 발전시킬 방안이었다. 연구자가 속한 조는 다음과 같은 4가지 적용점을 도출해 내었다. 이 점들은 ① 학부모 교육 활성화, ② 이중언어(언어 다양성) 교육, ③ 다문화멘토링 확대, ④ 국적과 역사적 문제에 대한 편견 극복이다.

무엇보다 우리나라는 학생 교육 철학과 방향은 잘 되어 있고, 교사 연수 프로그램도 많이 있는데, 학부모 교육은 많지 않기도 하고 잘 이루어지지 않는다라는 점에 공감하는 토의를 했다. 다문화교육은 학생들만 대상으로 하는 것이 아니라 학부모에게도 함께 시행되어야 해서 학부모들을 학급에 정기적으로 초대하여 다른 경험에 관한 이야기를 나눌 수 있으면 더 효과적일 것이라고 생각을 모았다. 다양성을 인정하고 수용할 수 있는 교육 방법 강구도 필요하고, 언어 다양성으로 인한 교사의 어려움을 극복하기 위하여 다문화예비학교 과정을 활용하여 한국어 학습 능력 증진이 필요하다고 발표했다.

세 번째 조별 토론은 다문화 감수성의 개념을 확인하고, 이를 향상시키는 방법에 관한 것이었다. 나아가 이론적 적합성에 대해서도 다루었다. 연구자가 속한 조에서는 다문화 감수성을 타자와 타문화에 대한 이해와 개방적인 소통 능력 그리고 참여적인 상호작용으로 정의했다. 비판적 다문화주의 관점에서 다문화 감수성은 사회적 구조인 계급, 억압, 인종차별 등의 변화가 필요하다는 방향으로 이해할 수 있었다. 대중문화(영화, 드라마)에서 표현하는 고정적 역할이나 대상화하는 것을 주의하고 대안적인 캐릭터를 만들어야 함을 새롭게 알게 되었다. 이어서 다문화 감수성의 향상 방안에 대한 토론도 진행했다. 개인이 높은 자아존중감을 가지고, 타인과의 의사소통에서 개방적인 공감 능력으로 참여적인 상호작용을 할 수 있도록 해야 하며, 다양한 타문화적 경험과 반성적 성찰, 변혁적 실천이 훈련되어야 한다고 보았다. 다문화 감수성을 높이기 위해서는 대화와 만남을 자주 할 뿐만 아니라 다문화 이해 교육도 병행해야 한다고 생각했다. 이 때 자기겸손의 자세가 중요하며, 열린 생각으로 접근하고 자기 개방의 사건이 담보되어야 한다고 토의했다. 다른 조에서는 연구자가 전혀 생각하지 못했던 미디어 교육의 필요성과 리터러시 교육의 중요성도 언급했다.

조별 토론의 네 번째 주제는 협동학습이었다. 협동학습에 대한 조별 토론은 내용적인 측면만이 아니라 형식적인 측면에서도 이루어졌다. 거의 모든 주제의 조별 토론이 협동학습의 형식으로 진행된 것이다. 협동학습 방법을 사용한 다문화교육 수업내용을 구상하는 주제였는데, 조원들 각자가 생각하고 경험했던 다양한 프로그램들을 나누었다. 연구자는 통일교육을 하면서 경험했던 북한 음식 만들기, 남한 말과 다른 북한 말 단어 짝 맞추기 게임, 북한 놀이 체험, 하나원에서 진행되는 사회적응 프로그램 등을 이야기했다. 다른 조원은 이주노동자와 시간을 같이 많이 보내기, 공익 광고와 미디어 콘텐츠 많이 접하기 등을 제안했다. 또한 일반인에게 여행이나 먹방 방송을 활용하기, 국내에서 즐기는 세계 여행, 세계 음식 탐방하는 프로그램을 활용하는 것도 좋겠다는 의견이 나왔다.

협동학습을 다룬 조별 토론에서 다른 조의 발표 내용이 특히 인상적이었다. 1조는 동화주의에 머문 한국의 다문화교육은 아직 관용 단계 수준에 머물러 있다고 비판하면서, 우선 접촉 빈도를 높이는 게 중요하며 다문화예비학교, 중점 학교를 넘어서 같이 생활하는 단계에까지 이르러야 한다고 주장했다. 3조는 평가 방법의 공정성을 도입하여 다양한 학생 배경을 감안한 평가가 공평하게 이루어져야 한다고 발표하였고, 지역사회의 자발적 참여와 지역사회의 네트워크를 활용한 민주시민 교육 실천도 필요하다고 강조했다. 4조는 다문화교육을 다문화가정만의 문제가 아니라 함께 배우고 살아갈 수 있도록 하는 교육을 어린 시기부터 청소년까지 모든 일반 학생의 교육으로 보는 관점이 중요하다고 발표했다.

3) 다문화교육 전문가의 학습 태도를 배우다

K 교수는 다문화교육론에 관련된 내용만 강의하지 않고, 틈틈이 다문화교육 전문가가 갖추어야 할 기본적인 자세와 연구의 태도를 강조했다. 첫 번째 수업 시간에 '우리가 왜 배워야 하는가?'라는 주제로 강의하면서, K 교수의 교육철학과 인생관을 집약해서 풀어내었다. 또한 K 교수는 학문하는 사람들의 올바른 태도에 대해서도 강조했다. "학문을 하는 사람들은 정의로워야 하고 삶이 투명해야 하며, 순수성을 추구해야 한다"(K 교수, 2018.8.28)라고 역설했으며, 독일의 훔볼트 대학에 있는 칼 마르크스(Karl Marx)동상의 유명한 글귀를 인용하며 "학자가 학문하는 이유는 사회를 변화시키기 위함이다"(K 교수, 2018.8.28)라고 말했다. 연구자는 다문화교육을 연구하는 사람의 태도에서도 정의롭고 투명하며 순수성을 추구할 뿐만 아니라 사회를 변화시키기 위한 태도를 함양해야겠다고 생각했다. 학문을 통하여 먼저 스스로가 변화하고 그 다음에 그러한 변화를 사회에 환원하고 변화시키는 삶에 대한 의지가 강하게 생성되었다.

두 번째 수업 시간에는 학문 수행의 의미에 대하여 강조했다. K 교수는 "대학교까지는 기능적 공부고, 대학원에서 박사 공부는 그 분야의 아주 전문적인 식견을 가지고 있어야 한다는 것을 의미한다."고 말했다. 특히 다문화교육자가 다양성을 존중하고 다문화사회의 이슈를 강조하기 위한 수업을 설계할 수 있으려면 다문화 이해에 유능해야(허양순, 김원경, 2002)하기 때문에 수업을 통하여 전문 지식을 넓고 깊게 습득하라고 조언했다. 또한 다문화교육은 다름을 인정받고 다양성을 존중하려는 교육이므로 사회적 소수자에 대한 존중과 배려를 늘 잊지 않을 것을 강조했다.

마지막 수업에서 특강을 하였던 C 교수는 "우리가 은연중에 사용하는 용어가 달라져야 한다"며, 조선족, 몽골인, 유색인종, 극동지역 등의 용어가 가지는 차별성, 자문화 중심성에 대해 비판했다. 그러면서 다문화교육은 우리나라의 품위와 격을 높이자는 것이라고 강조했다. 다문화교육은 정치적, 경제적 개념이 아니라 문화적 개념이고, 수평적으로 보자는 것이다. 연구자는 C 교수의 말에 따라 우리는 획일적 사고가 아니라 다원적 사고를 해야 한다고 말했다. 또한 다문화교육은 소수자 입장에서 보는 세계관이라고 역설한 지점이 연구자에게 깊이 각인되었다.

3. 다문화교육론 수강의 의미

위의 3가지 수강 경험을 성찰하고 다문화교육론의 기본 개념과 듀이의 경험 이론으로 구조화하며 분석한 결과, 연구자가 다문화교육론 수강으로 얻은 의미는 "개인적인 관심 주제를 명료화하고, 풍성한 교호작용으로써 협동학습과 조별 토론을 깨달았고, 선택된 전문가로서 책임과 원동력을 가지고 계속적인 성장을 꿈꾼 것으로 나타났다.

1) 관심 주제의 명료화 : 한국적 다문화교육과 통일교육적 접근으로

다문화교육론 수강을 통하여 연구자 개인의 다문화교육학적 관심 주제가 선명해졌다. 수업과 과제 그리고 조별 토론을 꾸준하게 수행하면서 연구자는 개인적으로 크게 두 가지 주제에 관심이 크다는 사실을 발견했다.

첫째는 '한국적'인 다문화교육에 대한 이론적 접근이다. 연구자는 수업을 통하여 한국적 다문화교육에 대한 고민을 더욱 확대시킬 필요가 있겠다는 생각을 했다. 다문화 감수성이 향상된 인간을 교육하기 위해서 개방적이며 겸손한 태도가 요구된다는 사실을 조별 토론을 통하여 발견하였는데, 인간론에 대한 접근을 동양 사상적으로 할 필요가 있겠다고 생각했다. 서양의 인간론과 동양의 인간론은 실체적 개인을 어떻게 보느냐에 따라 다른 접근과 결론이 도출된다. 그런데 다문화 감수성의 개념과 발달단계를 이론화한 서양 학자들의 관점이 아닌 동양의 관계적이고 공동체적인 관점으로 접근할 수 있겠다고 생각했다. 예를 들어, 원효의 화쟁사상으로써 다문화 감수성 향상을 위한 인간론의 기본자세에 접근할 수 있다. 혹은 퇴계나 정약용의 수행론으로 다문화 감수성을 향상하기 위한 프로그램을 적용하고 해석할 수 있을 것이다. 이러한 생각은 연구자가 대학교 동아리에서 동양사상을 공부했던 경험에서 비롯되었다.

두 번째로 연구자가 관심을 갖게 된 주제는 통일 과정에서 다문화교육의 방향이다. 대학원 입학 전에 막연하게 여겼던 내용을 다문화교육론 수강을 통하여 보다 구체적이고 학문적으로 정리할 수 있었다. 지금까지 논의된 통일 공동체의 일차적인 방향은 민족의 동질성 회복이라는 측면이 강했다. 그러나 세계시민성과 상호문화주의를 담보한 다문화교육적인 측면에서는 '동질성 회복'보다 '이질성 수용'이라는 새로운 패러다임이 더욱 적합할 것임을 배울 수 있었다. 이미 남한과 북한은 70여 년 넘게 교류 없이 단절되어 살면서 다른 민족, 국가, 공동체가 되어 버린 상황에서 우리가 먼저 해결해야 할 과제는 서로의 다른 점을 수용하고 이해하고 인정하는 것임을 깨달았다. 남북한의 같은 점을 회복하는 노력도 중요하지만, 통일 시대를 살아가는 시민들에게 더욱 필요한 자세는 다른 점에 대한 포용과 발전된 다문화 감수성이다. 통일을 대비하여 이질성 수용을 다문화교육적으로 해석하고 적용하려는 시도가 학문적으로나 시의적으로 적절하다는 보증을 확인할 수 있었다.

실제로 마지막 수업에서 특강을 맡은 C 교수는 다문화교육을 북한에 적용했다. C 교수는 "통일은 정치, 경제적 구호에 불과하고, 우리는 이질성 인정 교육을 해야 한다"(C 교수, 2018.12.11)고 강조했다. 동질성 회복을 추구하면 흡수 통일을 말하게 되어서 갈등 문제가 풀리지 않는다. 그런데, 지금은 평화 공존의 시대이므로 이질성을 인정하고 수용하는 방향으로 가자는 주장이 더 쉽게 공감을 얻을 것이라고 설명했다. 이질성 수용과 통합적 공존은 다문화 감수성의 최종 단계이기도 하고, 개인적으로도 학문적인 관심 분야이기도 하여서 C 교수의 말이 마음 깊은 곳에 닿았다.

2) 협동학습과 조별 토론: 풍성한 교호작용

연구자는 다문화교육론 수업 중에 지속적으로 이루어진 조별 토론으로 학문적 풍성함을 얻었다. 또한 협동학습이 매우 효과적인 교수 방법이라는 사실을 깨달았다. 협동학습의 목표는 협동상황에 있어서 참여한 각 개인의 노력에 용기와 지지를 제공하고 다른 사람과의 협동 관계를 구축하는 데 있다. 이는 협동학습이 긍정적 상호작용을 경험하게 한다는 전제에서 출발한다(Johnson & Johnson, 김영순 외 역, 2010). 협동학습의 필수 요소로는 긍정적 상호의존성, 개인적 책무성, 개인 간 상호교류, 소집단 및 사회 기술, 집단 평가 등이 있다 (김영순 외, 2018).

K 교수는 "개인이 하나 알게 된 지식은 그 하나에 불과하지만, 여럿이 모인 다수의 경험과 지식은 그 자체로 다양성을 추구하는 것"(K 교수, 2018.10.30)이라고 강조했다. 그는 이러한 협동학습 과정 모두가 다문화사회에서 꼭 필요하고 중요한 요소임을 드러내고자 하면서, 수업 중에 진행되는 조별 토론과 발표를 협동학습의 연장선에서 학생들은 수행하도록 했다. 수업을 같이 듣는

학생들이 각자 조에서 토의한 내용을 칠판에 기록하고 발표하는 것을 통하여 다양한 생각과 방법을 알게 되었다. 또한 자기가 생각한 것이 다른 사람들의 생각과 다르고 그 방법이 더 효율적이라고 생각하면 자기의 생각을 바꾸어 나갈 수 있는 개방성을 깨닫게 되었다.

협동학습은 개인적인 차원들을 늘려줄 뿐만 아니라 다른 사람들과 상호신뢰 관계를 구축한다. 이에 연구자는 협동학습에서 상대방을 배려하고 책임감을 느끼며 학습에 임하는 긍정적인 상호작용이 중요하다고 이해했다. 다문화교육의 현장에서 협동학습을 통해 선주민 학생들은 타인을 배려하는 공동체 정신을 함양할 수 있고, 다문화 배경 학생들은 참여와 협력을 통해 자신도 그들 모임의 일원이라는 긍정적인 소속감을 느끼며 친밀감과 자신감을 획득하게 되는 것이다. 협동학습은 화합과 공존을 모색하게 하는 대안적 학습방법이면서 개인의 책무성을 통해 성장할 기회를 제공하는 것이라고 생각했다.

다문화교육론 수업에서 협동학습의 효과는 조별 토론이라는 형식으로 풍성하게 경험할 수 있었다. 같은 시공간에서 같은 주제에 대해 토론을 하는데도, 다른 조원들은 전혀 다르고 새롭게 생각할 수 있다는 사실이 놀라웠다. 연구자가 전혀 생각하지 못한 것들을 다른 조원들을 통하여 들었을 때 학문적인 희열과 기쁨을 여러 번 느낄 수 있었다. 다른 조원들과 생각을 주고받는 교호작용을 통하여 생각이 확장되면 연구자 본인의 존재가 커지는 것 같았고, 연구자의 생각에서 진일보했거나 다른 각도에서 접근하는 내용을 들을 때는 감사하게 생각되었다. 다른 조원들 덕분에 다문화교육론 수업의 질이 높아졌으며, 연구자의 다문화교육에 대한 스펙트럼이 더욱 넓게 확장되었다.

연구자가 대학원에서 학문수행을 하기 이전에 경험했던 학교 현장을 돌이켜보면 협동학습보다 경쟁학습이 더 많았다. 경쟁학습은 학생들이 가지고 있는 잠재력을 발전시키기보다 승자나 패자를 가리는 데 더 큰 목적을 둔다.

이러한 학습은 학생들의 지적 성장에 한계가 있으며, 그렇기 때문에 미래의 학교에서는 경쟁학습을 지양하고 협동학습을 지향해야 한다고 생각했다. 협동학습이 경쟁과 개별 학습의 인지적, 정의적 취약점을 동시에 제거하고 학습자의 지적 발달과 사회심리학적 발달의 내용에 있어서 질적 확대를 이룰 수 있기 때문이다.

3) 선택된 전문가: 책임과 성장의 원동력

다문화교육론 수업을 통하여 연구자는 대학원 박사과정생이라는 정체성을 새롭게 깨닫고, 계속적인 성장을 꿈꾸게 되었다. K 교수는 첫 번째 수업 시간에 "박사과정의 보이지 않는 누군가로부터 연구자는 선택당한 것이다. 자기가 원해서 입학한 것이 아니라 선택받은 것이다. 이렇게 자의에 의해 학문수행을 시작한 것이 아니라 '나-주체'의 밖에 있는 타자의 요구 때문에 강의실에 온 것이므로 수행한다는 자세가 중요하다"(K 교수, 2018.8.28)고 말했다. 이는 연구자에게 학문하는 자세와 사명을 다시 점검할 수 있게 해주었다. 내가 원해서 박사과정을 선택한 것이 아니라 선택당했다는 관점의 전환은 연구자에게 학문하는 태도를 반성하게 하였고, 보다 책임감을 가지고 수행하는 자세를 가지도록 견인해 주었다.

연구자는 다문화교육론 수업의 정해진 진도를 계속 수행하며 적극적으로 참여한 덕분에 지적으로나 의지적으로도 많은 성장을 경험할 수 있었다. 수강 이전에 연구자는 다문화교육의 주요 주제와 이론에 대해 체계적으로 알지 못했지만, 다문화교육론 수업을 통하여 이제는 다른 사람에게 설명할 수 있는 수준이 되었다. 수업 초반에는 모두 처음 듣는 내용들이고 새로운 개념들이 많아서 생각의 확장과 응용이 불가능했다.

수업 중반부터는 한 번 나왔던 개념과 맥락들을 파악하여 다른 갈래로 가지를 치거나 심화하거나 다양하게 활용할 수 있게 되었다. 특히 조장을 맡게 되면서 조별 토론의 과정과 결과에 대한 책임감이 많이 생겼는데, 덕분에 더 적극적으로 토론을 진행하는 연구자의 모습을 발견할 수 있었다. 다문화교육론 수업 이전에 연구자는 조별 토론 같은 형식에 관심이 없고 적극적으로 참여하지 않는 성향이었는데, 조장이라는 직책과 조별 토론의 풍성함 때문에 조별 토론에서 생성되는 담론과 개념의 진행 방향을 주시하게 된 것이다.

연구자가 속한 조에만 집중하는 것에 머물지 않고, 다른 조가 발표할 때에 그 조의 조원들 얼굴을 한 번씩 더 바라보고 발표된 내용은 누가 생각했을지 상상해보기도 했다. 평소에 연구자는 자신의 생각이 촉발되거나 진도를 나가려고 할 때는 결코 다른 사람의 발표내용이 귀에 들어오지 않았는데, 다른 조의 발표내용이 연구자 자신에게도 도움이 되는 것을 반복해서 경험한 이후로, 다른 사람의 발표 내용에 관심이 생기게 된 것이다. 조별 토론이 계속 반복될수록 발표 내용의 수준이 높아지고 있다는 것을 발견하였으며, 조별 토론을 통하여 조원들이 교호작용을 하면서 교수의 의도를 점차 맞추어가고 다함께 성장해 가는 것을 경험할 수 있었다.

또한 연구자는 비판적인 접근을 요구하는 과제를 통하여 뱅크스(2013)가 제시한 여섯 가지의 다문화교육 목표의 한계를 지적하며 다른 목표를 상상하게 되었다. 개인과 학생들의 다문화 감수성을 향상시키고 상화문화주의를 토대로 한 교육의 방향에 합당한 지식, 기능, 태도를 함양하고 필요한 능력을 습득하는 일은 마땅하고 당연하기 때문에 그러한 관념과 기술이 자칫 공허해질 수가 있지 않은지 반문하게 되었다.

연구자는 화이트헤드(Whitehead, 2004)가 『교육의 목적』에서 강조한 것처럼 다문화교육의 목표에 서술되는 내용들이 '죽은 지식' 또는 '무기력한 관념'에 그칠 수 있는 위험을 내포한다고 생각했다. 실제 교육현장에서 활용되지 않고, 참신한 연관성도 가지지 못한 채, 단지 머릿속에 수용되기만 한 관념으로 머물 위험이 있다. 그러한 위험을 불식하고 차단하기 위해서 교육의 주체인 학생들의 리듬과 상호작용에 맞추어 생명력을 성장시켜야 할 것이다. 리듬과 상호작용을 보장할 수 있는 학습공동체와 실천공동체를 함께 조직하고 구성하는 것도 다문화교육학의 중요한 목표가 되어야 할 것이라고 생각했다. 이러한 학습-실천공동체를 통하여 다문화교육 전문가로, 특히 통일시대에 다문화교육론을 충분히 반영하고 실천하는 통일교육 전문가로 계속 성장하고 싶다는 마음이 생겼다.

4. 다문화교육론 수업에서 찾은 성장의 의미

이 글에서 연구자의 다문화교육론 수강 경험을 자문화기술지 연구방법으로 성찰하고 의미를 도출할 수 있었다. 다문화교육론이 강조하는 지식, 성찰, 실천을 듀이의 경험이론 중 계속성, 교호작용, 성장과 연관지어 분석했다. 수강 경험을 통한 배움을 개인적 성장과 연결시켜서 학습의 의미를 찾았고, 다문화교육론 수강 과정의 경험을 통해 학문수행의 의미를 발견하였으며, 성찰과 깨달음을 통해 학문적 비전을 구체화했다.

K 교수가 진행했던 다문화교육론 수업의 경험과 의미를 탐색하기 위하여 연구자의 기억이 포함된 자료와 자기 성찰의 내용, 강의록을 중심으로 자료를 수집하였고 귀납적으로 범주를 분석했다. 이러한 과정을 통해 다문화교육학적 지식을 체계적으로 배운 경험이 확인되었다. 한 학기 동안 배운 내용 중에 연구자가 인상적으로 수강한 주제들은 다문화교육의 목표, 다문화교육 프로그램, 다문화 감수성, 협동학습, 다문화교육연구자의 태도였다.

다문화교육론 수업을 통하여 다문화교육의 여러 주제를 다른 수강생들과 협동하면서 토론하였는데, 조별 토론이라는 상황이 계속될수록 연구자가 수업에 보다 능동적으로 참여할 수 있게 만들었다. 발표를 준비하기 위한 토론으로 다른 수강생들과 상호 교차적인 학습이 이루어졌으며, 다른 조의 발표를 통한 교호작용이 수업의 통합을 이끌었다. 조별 토론 진행 후에 K 교수의 질문과 평가, 피드백 등은 계속성의 원리에 따라 조별 토론과 발표의 경험을 배움의 연장과 확장의 차원으로 성장시켰다. 대학원생의 학문적 미성숙이라는 잠재력은 수업을 통하여 예비 다문화교육 전문가로서의 역량 확보로 연결되었다. 대학원 수업은 성인학습자가 쌓아온 경험이 전문적 지식과 연결되는 과정이라고 할 수 있다. 이 과정을 통해 형성된 학습 내용들이 연구자 과거의 이력과 미래 계획에 교호작용을 했다.

자문화기술지는 내부의 구성원들을 타자와 대상 세계에 연계함으로써 그들을 능동적이며 주체적인 존재로 변화시킬 수 있다. 또한 개인의 선명한 목소리를 교육연구의 중요한 주제로 내어놓아서 구성원들에게 사회 및 교육의 변화를 위한 실천적인 힘을 부여해 줄 수 있다(이동성, 2012). 이러한 자문화기술지 연구를 통하여 수강 경험을 재구성하고 재구조화하면서 다문화교육론의 학습 목표를 실현하였으며, 그것이 곧 연구자의 성장을 이루었다고 볼 수 있다.

연구자의 성장 경험을 성찰한 결과 다문화교육에 대한 전문 지식이 늘었고, 다른 학생들의 발표 덕분에 견문을 더 넓힐 수 있었다. 또 다문화교육과 통일교육을 연관시키는 학문적인 작업을 심화하여 경험하였을 뿐만 아니라 앞으로 세속적인 성장을 추구하려는 마음이 생겼다는 점에 의미가 있다.

다문화교육 전문가는 다문화교육 학습자가 제공받는 다문화교육의 효과를 담보하는 중요한 인적자원이다. 이 점에서 연구자의 글이 제시한 다문화교육 예비 전문가의 학문수행 과정은 후배 연구자들에게 다양하게 활용될 것이다. 또한 이 글은 다문화교육을 통한 성인 학습자의 배움과 성장에 대한 탐색의 보고서이다. 뿐만 아니라 다문화교육 전문가로서 비전을 갖게 되고 성장하는 과정을 보여주는 기록이다. 또한 다문화교육학을 공부하는 다른 학생들의 경험에 성찰적 학습 사례의 자료로 제시될 수 있다. 또한 다문화교육 전문가가 어떻게 배우고 성장해 나가는지에 관한 기초 자료로도 활용될 수 있을 것이다.

02

자기 내러티브를 말하다[*]

1. 자문화기술지와의 첫 만남

박사과정에 입학할 때까지 나는 자문화기술지가 무엇인지 몰랐다. 석사과정의 지도교수로부터 시카고 빈민가 사람들의 이야기를 문화기술지로 풀어낸 책을 추천받고 한국에 온 재정착 난민들이 언어습득 경험을 질적연구방법으로 탐색한 일은 있다. 그러나 자문화기술지라는 연구방법이 있다는 것은 한참 뒤에야 알게 됐다. 자문화기술지에 대한 나의 첫인상은 한마디로, "연구자의 주관을 드러내도 괜찮은 연구"였다. 나는 처음부터 강한 호기심을 느꼈다. 연구자는 자신의 주관성을 배제해야 한다는 실증주의적 관점의 이야기는 많이 들어봤지만, 연구자의 주관적인 기억이 자료로 수집될 수 있다는 말은 어디에서도 들어보지 못했기 때문이다. 나는 주관적인 성향이 강한 연구자이기 때문에 질적연구의 다양한 방법 중에서도 자문화기술지에 가장 관심이 갔다. 그때까지 질적연구 수행 경험이 많지 않았던 나로서는 자문화기술지가 얼핏 쉽게 시작할 수 있는 연구인 것처럼도 보였다. 물론 시간이 지날수록 그 생각이 얼마나 큰 착각이었는지 깨달았지만 말이다.

2021년 가을, 코로나 팬데믹으로 전 세계가 몸살을 앓던 시기에 나는 박사

---

[*] 02장은 김혜미·김영순(2022). 비대면 다문화교육질적연구방법론 수업의 학습자 경험에 관한 자문화기술지. 인문과학연구, 73, 227-255.에 게재된 내용을 수정하고 보완했음.

과정에 입학했다. 수업은 대부분 비대면으로 진행되었고 대인 접촉은 제한되었다. 연구참여자의 생활세계가 있는 현장으로 나가기가 쉽지 않았다. 그러던 중 비대면 수업에 참여하며 이전 학교의 대면 수업에서보다 오히려 집중이 잘 된다는 것, 그리고 주관성이 강한 내가 타인과의 상호작용을 통해 점차 변화하고 있음을 자각하게 됐다. 주관성이 뚜렷하다는 개인적 맥락과 코로나 팬데믹으로 인해 주로 비대면 수업이 이루어질 뿐 아니라 연구참여자를 직접 만나서 심층면담 및 참여관찰을 진행하기 어렵다는 사회적 맥락 속에서 나는 자석에 이끌리듯 자문화기술지 연구에 뛰어들었다. 당시 수업에서 성찰일지를 꾸준하게 작성하고 있던 것도 자문화기술지 연구를 수행하기로 결심하는 데 많은 영향을 끼쳤다. 자문화기술지는 연구자의 자기성찰이 빛을 발할 수 있는 연구방법이라고 인식했기 때문이다.

자문화기술지를 처음 접했을 때, 두 가지가 가장 인상 깊게 다가왔다. 첫째, 위에서 언급한 연구자의 주관성을 장점으로 활용할 수 있다는 점이다. 이는 연구의 객관성을 검증하는 기존 방식과 달랐고 이 사실이 무척 흥미로웠다. 둘째, 자문화기술지 연구에서는 연구자의 시선과 경험을 진솔하게 드러낼 수 있다. 오히려 더 정직하게 드러낼수록 독자들과 공명하는 연구가 될 수 있는 것으로 보였다. 실제로 자문화기술지 연구를 찾아보았을 때, 독자의 입장으로는 연구자의 내밀한 자기 내러티브를 드러낸 연구일수록 더 공감되었고 연구자의 용기에 존경심을 표하게 됐다. 마치 숨을 곳이 없는 연구 같았다. 그러나 동시에 의문도 생겼다. 연구자의 기억이 과연 연구 자료로서 타당하게 받아들여질 수 있을까? 기억의 왜곡이나 훼손은 없을까? 연구자의 이야기를 이렇게까지 내밀하게 드러내도 괜찮을까? '나'라는 용어를 사용해도 될까?

이 질문들은 곧 자문화기술지 연구의 동력이 되었다. 박사과정 첫 학기, 나는 질적연구방법 수업의 비대면 학습자 경험을 자문화기술지 방법으로 탐색하기로 했다.

2. 연구의 여정

코로나 팬데믹은 교육 환경 전반에 변화를 불러 일으켰다. 코로나 발생 이후인 2020~2021년에는 비대면 수업에 관한 많은 연구가 쏟아져 나왔다(이동주 · 김미숙, 2020; 이소민 · 김경리, 2021; 이명화 · 김명찬, 2021; 이의재 · 유정애, 2020; 이창근 · 이동성, 2020; 임이랑 외, 2020; 전주람 · 최경, 2021; 정승민, 2021; 정영선 · 고유정, 2021; 허송이 외, 2021).

비대면 수업에 관한 교수자 경험이나 학습자 경험에 관한 연구도 활발하게 이루어졌으나, 내가 연구를 설계할 당시만 해도 자문화기술지로 수행한 비대면 수업의 학습자 경험 연구는 찾아볼 수 없었다. 2021년 9월, 박사과정에 들어선 후 나는 대부분의 수업을 비대면 방식으로 수강했으며 비대면 학습자로서의 경험은 코로나가 종식된 이후에도 계속 이어졌다. 석 · 박사 과정생들의 연구수제 탐색 및 질적연구방법의 실제를 다룬 전공 수업 역시 비대면으로 진행됐다.

자문화기술지는 자아의 구성적인 성격을 강조한다. 구체적으로는 자아가 어떻게 구성되고 연결되는지를 밝히며 개인의 경험이 개인의 경험으로만 그치지 않도록 그 안의 사회문화적 의미를 파악하고자 한다(김영순, 2017; 김영천 · 이동성, 2011). 나는 이러한 자아의 구성적 성격에 주목하고 비대면 수업을 통한 상호작용이 질적연구자로서의 새로운 정체성 구성에 끼친 영향이 무엇인지에 관심을 두고 자문화기술지 연구를 수행했다.

자문화기술지는 다른 질적연구방법에 비해 상대적으로 뒤늦게 주목받기 시작한 방법이라고 할 수 있다. 그러나 최근에는 거대 담론에 매몰되어 등한시되기 쉬운 개인의 삶과 경험에 대한 이해를 돕기 위한 연구로서 학술적으로 더욱 이론화되는 추세에 있다(김영천, 2013; 이동성, 2012). 주관적인 연구로 치우칠 수 있다는 우려에도 불구하고, 자문화기술지는 자신에 대해서는 물론이고 다른 이들에 대해 간과했을 수도 있는 것이 무엇이며 왜 그것들이 간과되었는지, 무엇을 해야 하는지를 볼 수 있도록 새로운 가능성을 열어준다는 점에서 매력적인 연구방법이다(Dauphinee, 2010:818). 연구자 자신의 이야기를 쓴다는 점에서 자서전적 요소를 내포하고 있지만, 자아에 대한 글쓰기를 넘어선다(Denshire, 2014:833).

자문화기술지는 포스트모던 철학에 근거를 두고 있으며 사회 연구 분야에서 활발하게 논의되는 성찰(Reflection)과도 긴밀하게 연결되어 있다(Wall, 2006:146). 리드-다나헤이(Reed-Danahay,1997)는 자문화기술지의 유형을 소수자 문화기술지(minority ethnography), 성찰적 문화기술지(reflective ethnography), 자(서)전적 문화기술지(autobiographic)로 구분했으며1) 나는 이러한 자문화기술지의 유형 중 연구자의 자기반성적 성찰을 강조하는 성찰적 문화기술지로 연구를 진행했다. 연구자의 자기성찰은 자신은 물론 타인에 대한 문화적 이해를 통해 자기 변화를 이끈다는 점에서 매우 중요하기 때문이다(박순용 외, 2010:74).

나는 학부 과정에서 기독교학을 전공했으며 이후 신학대학원에서 목회학 석사(M.Div) 과정을 마친 뒤, 두 번째 석사과정에서 아시아비정부기구학을 전공하며 처음으로 사회과학 분야에 발을 내디뎠다. 기독교 주간신문사에서 취재기자로 일하며, 꾸준한 호기심으로 주변을 탐구하고 교회와 사회에 대한 비판적 성찰을 거듭한 것이 사회과학으로의 전향에 중요한 영향을 주었다. 기존의 틀을 깨고 더 큰 세상으로 나아갈 수 있도록 한다는 점에서(김영순 외, 2018:42) 질적연구에 곧바로 매료되었고 재정착 난민의 언어습득에 관한 질적연구로 석사논문을 집필했다.

비대면 수업은 장단점이 뚜렷하다. 수업에 집중하는 측면에서 본다면, 학습자마다 다른 경험을 하게 될 가능성이 높다. 어떤 학습자는 비대면 수업을

---

1) 리드-다나헤이가 분류한 자문화기술지의 세 가지 유형은 접근방식과 강조점에서 차이가 있지만, 개인과 타자 그리고 대상 세계를 유기적으로 연결한다는 점에서는 유사하다(이동성, 2012:10).

선호할 것이고, 어떤 학습자는 비대면 수업에서 집중하기가 더 어렵다고 생각할 수도 있다. 내 경우엔, 비대면 방식이 오히려 수업에 집중하기에 더 좋았다. 100여 명이 함께 전공 수업을 들으며 집중에 어려움을 겪었던 사전 경험 때문이다. 일반적으로 다수의 수강생이 강의자 한 사람을 바라보게 되는 구도의 대면 수업과는 달리, 비대면 수업은 강의자와 모든 수강생이 같은 방향으로 서로의 얼굴을 마주하게 된다는 점에서 차이가 있다.

자료 수집은 2021년 7월 1일부터 수업이 종료된 12월 7일까지 이루어졌다. 수집한 자료는 강의 노트와 수업이 끝난 후 기록한 성찰일지, 수강생들의 발제 및 토론문, 연구자인 나의 기억이다. 연구자의 주관성에 기초한 기억은 근대의 학문 영역에서는 배제되는 게 일반적이었지만, 자문화기술지 연구에서만큼은 다르다. 연구자의 기억은 주요한 자료로 수집될 수 있다(이동성, 2012:40). 비대면 수업은 녹화된 수업의 영상을 다시 찾아볼 수 있다는 장점이 있으므로, 기억이 불분명한 주차의 수업은 녹화 영상을 다시 시청하는 방식으로 자료 수집을 완성할 수 있었다.

자료 분석에는 김영천(2016)이 제안한 실용적 절충주의에 기초한 포괄적 분석 방법을 활용했다. 먼저, 자료를 반복적으로 읽고 정리한 뒤 분석적 메모 쓰기, 1~3차 코딩을 거쳐 최종적인 연구 결과를 작성했다. 자료 안의 주제를 축약된 단어나 구를 사용해 코드를 부여하는 기술적 코딩(descriptive coding) 방식을 활용하여 1차 코딩을 진행한 결과, 87개의 코드와 6개의 하위범주를 도출했다. 이어서 2차 코딩을 통해 주요 코드를 도출하고 범주 간 관계를 확인했으며 3차 코딩에서 상위 범주인 2개의 주제를 도출했다.

3. 문화적 경계 넘기

1) 서로 다름의 인식

2021년 2학기 첫 수업이 시작된 여름, 나는 예비 박사과정생으로서 수업에 참여했다. 비대면 수업에 참여한 경험이 거의 없었고, 박사과정 수업도 처음이었기에 모든 것이 낯설고 새로웠다.

이 수업은 매주 정해진 순서에 따라 해당 수강생이 자신의 연구주제 및 연구방법을 발표하고 지정된 토론자가 제언과 질의를 하는 방식으로 진행됐다. 발표가 끝나면 교수와 멘토 박사들은 날카로운 평가와 따뜻한 조언을 통해 연구를 발전시킬 수 있도록 했다. 발표자가 아닌 수강생들은 미리 공유된 발제문을 읽은 뒤 질문을 준비하고 발표자의 답변을 듣는 방식으로 수업에 참여했다. 비대면 수업에서 발표자는 발표 내용이 담긴 화면을 공유한다. 모든 참여자가 카메라를 켠다는 전제하에, 화면 공유 전 참여자들은 서로의 얼굴을 마주하며 화면 공유 후에는 발표자의 얼굴과 발표 내용을 보게 된다는 점에서 대면 수업과 차이가 있다. 낯선 화면 너머로 처음 마주한 발표자들은 상담 전문가와 교사 등 대부분 나와 전공 분야가 달랐다. 이 '다름'은 미지의 분야에 대한 호기심을 자극하기도 했지만, 한편으로는 나와 상관없는 타인의 이야기라는 생각도 들었다. 서로 다름을 호기심 가득한 시각으로 바라보는 것과 나와는 무관하게 인식하는 것 사이에서의 내적인 갈등은 시간이 흐르며 점차 다름에 대한 수용으로 변해갔다. 때로는 뚜렷한 생각의 차이에 직면하기도 했다. 일례로 선배 박사의 특강에서 "난민은 보호가 필요한 사람"이라는 이야기를 들었을 때 나는 연신 고개를 갸웃거렸다.

같은 비대면의 시공간에 있었음에도 수업에 참여하는 수강생들은 차수가 낮은 석사과정 학생부터 차수가 높은 박사과정 학생까지 다양했다. 박사과정에 이제 막 입문한 나는 수업에 참여하면 할수록 거대한 산 앞에 선 것처럼 막막함을 느낄 때가 많았다.

연구자로서 자신의 위치를 확인하는 건 언제나 고통스러운 일이 지만 겸허히 인정하고 그 자리에서부터 출발하지 않으면 다음 단계

로 나아갈 수 없다고 생각한다.(2021. 9월 7일. 성찰일지)

스크린 너머로 학문의 깊이가 서로 다른 이들을 마주하면서, 나는 나의 얕은 학문적 깊이를 자각하였고 때때로 낙담했다. "학문은 100m 뜀박질이 아닌 높은 산에 오르기이며 남과 비교하거나 남의 길을 따라가려면 힘들 수 있다. 자기만의 페이스를 유지하는 것"이 중요하다는 교수의 조언은 다시 앞으로 나아갈 수 있도록 하는 동기가 됐다.

2) 상호작용을 통한 교감

상호 문화성은 타자에 대한 단순한 인정을 넘어 개인이나 문화, 정체성 간의 상호작용을 강조하는 실천적 의미를 지닌다(이화도, 2011:177). 이 수업에서는 비대면이라는 공간적 제약에도 불구하고 다양한 형태의 상호작용이 일어났다. 비대면 수업에서 발생하는 상호작용에는, 화면을 켜고 상대방에 대한 존중을 표현하는 것, 발언하지 않는 동안 스피커를 꺼서 주변 소음을 차단하는 것, 그리고 발언을 마친 참여자에게 박수를 보내는 행동 등이 포함된다. 앞에서 밝힌 것처럼, 나에게는 100여 명의 수강생과 함께 전공 수업에 참여하며 집중에 어려움을 겪었던 사전 경험이 있다. 그 경험 때문인지, 비대면 방식으로 이루어진 박사과정의 전공 수업에서 나는 다양한 상호작용을 통해 교감하며 대면 수업에서보다 집중도가 높아지는 것을 경험했다.

문제는 생각하지 못한 데 있었다. 인문학적 사고방식에 익숙한 나에게 연구의 내용과 진행 과정을 공개하고 다른 사람의 피드백이나 검증을 받는 수업의 형식은 매우 낯선 것이었다. 적응할 시간이 필요했다. 그럼에도 불구하고, 다른 수강생이 발표하고 피드백 받는 과정을 반복하여 경청하고 학습하면서, 차츰 그러한 상호작용의 이점이 무엇인지 체득할 수 있었다. 발제자의 연구에 도움을 주기 위해 정성스레 토론을 준비하고 다른 사람의 연구를 응원하며 기대를 표현하는 등의 상호작용을 관찰하고 직접 경험하면서 연구란 혼자 수행하기 어려운 작업임을 깊이 인식하게 되었다.

> 동료 연구자들의 연구주제가 이제는 나와 무관하게 느껴지지 않
> 고 함께 고민하고 응원하게 되는 게 학기 초와 달라진 모습이다. 그
> 렇다면 동료와의 협력이 중요한 질적연구자로서 나는 좋은 팀원인
> 가?(2021. 11월 23일. 성찰일지)

비대면 수업에서의 상호작용은 충분한 힘을 발휘했다. 나는 컴퓨터의 스크
린을 통해 처음 마주한 수강생들을 나와 무관한 타자에서 동료 연구자로 바라
보게 되는 인식의 전환을 경험했다. 수업의 회차가 거듭될수록 공감 역량도
점차 커졌다. 코로나 팬데믹으로 인해 연구 현장을 찾는 데 어려움이 있다든
지, 양적연구에서 질적연구로의 전환에서 고충을 경험했다는 다른 수강생들
의 이야기가 남의 일로 들리지 않게 되었다. 처음에는 나와 특별한 관계가
없다고 생각했던 연구의 주제들이 소중하게 받아들여졌다.

나는 5회차, 12회차 수업에서 각각 발제자와 토론자로 참여했는데 발표
전후로 수업에 참여하는 마음가짐이 확연히 달라졌다. 최선을 다해 발표문을
준비하고 다른 수강생들이 미리 생각해 온 질문에 답하며 응원과 기대, 조언
과 도움, 비판적 의견을 수용하면서 상호작용하는 과정은 고되었지만 매우
유익했다. 혼자만의 성찰로 그치지 않고 자기 밖으로 꺼내어 그것을 타인과
공유했을 때, 병아리가 알을 깨고 나오듯이 연구자로 성장하게 된다는 것을
깨닫게 됐다.

비대면 수업에서 발표자는 대면 수업에서처럼 다른 사람들의 얼굴을 바라
보며 눈을 맞추기가 어렵다. 청중은 발표자의 얼굴과 공유되는 화면을 함께
마주하지만, 발표자는 공유되는 화면만을 주로 보게 되며 고요한 상태에서
자신의 목소리만 듣게 된다. 30분 남짓의 발표를 하는 동안 나는 혼자 허공에
대고 말하는 것처럼 약간의 고립감을 느꼈다. 발표를 마친 후 전체 화면으로

전환하여 다시 서로의 시선을 마주하게 되었을 때, 그러한 고립감은 잠깐의 신기루였던 것처럼 사라졌다. 쉬는 시간에는 한 번도 개인 메시지를 주고받은 적이 없던 수강생으로부터 발표를 잘 들었다는 격려 문자도 받았다. 비록 비대면 수업을 통한 만남이지만 같은 시간과 주제를 공유하며 서로가 연결되어 있음을 인식할 수 있었다.

3) 학문공동체를 이룸

이 수업의 수강생들은 성별과 나이, 직업이나 관심사, 학문적 배경과 패러다임 등이 서로 달랐지만, 다문화교육과 질적연구에 관심 있는 대학원생이라는 점은 같았다. 상호문화 철학자들은 상호 문화성이 다양성의 세계를 지향하면서도 그것이 서로가 철저히 분리되는 상대주의를 의미하는 것이 아님을 강조한다. 서로 다른 이들은 만나고 접촉하며 적극적인 상호작용을 통해 보편성을 모색할 수 있다(최현덕, 2009:315).

한 학기 동안 성실하게 수업에 참여하면서, 나는 나와 다르다고 인식했던 수강생들과 함께 학문공동체를 이루어갔다. 상대적으로 홀로 성찰하는 시간이 긴 인문학 분야와 다르게 동료 연구자들과의 상호작용을 통해 연구를 발전시킬 수 있다는 점이 나에게는 생경한 체험이지만, 시간이 지날수록 그러한 과정을 소중하고 유익한 것으로 받아들이게 되었다.

> 동료 선후배 연구자들의 피드백을 받고 검증 과정을 거치면서 연구의 객관성을 높이고 성숙한 연구자로 성장해가는 이 과정이 소중하게 느껴진다.(2021. 8월 12일. 성찰일지)

> 한 학기 동안 청강할 수 있어서 감사했다. 7월부터 수업에 참여해서 질적연구방법에 대해 배울 수 있어서 좋았고 선생님들의 얼굴을 보는데, 이 학문수행을 함께 이루어갔다는 마음이 든다.(청강생 A, 2021. 11월 23일. 강의 노트 중에서)

이렇게 학문공동체를 이루는 과정은 13회차 수업에서 다룬 합의적 질적연구방법을 닮았다. 합의적 질적연구란 질적연구자들에게 나타날 수 있는 관점의 차이를 인정하며 공동의 연구자들이 합의의 과정을 통해 연구를 수행하는 방법을 지칭한다(양영순 외, 2024; 윤운영, 유금란, 2018; 지은 외, 2021) 비대면 수업의 장점 중 하나는 녹화된 수업 영상을 찾아볼 수 있는 것으로, 나는 강의노트에 기록된 아래의 내용을 청취하며 학문공동체의 일원이 되어가는 즐거움을 누렸다.

> 여러분이 지금까지 해온 방식 자체가 어떻게 보면 합의적 질적연구의 과정을 거쳐 온 거다. 발표하는 사람이 연구자라면 토론하는 사람들은 동료의 역할을, 멘토들은 평가자 역할을 했다고 볼 수 있다. (…중략) 연구자 혼자 하는 질적연구는 없다. 연구참여자가 있어야 하고 지도교수, 그것을 함께 검증해 주는 동료 연구자 그룹이 존재한다.(K 교수, 2021. 11월 23일. 강의노트 중에서)

질적연구는 실증주의 노선을 채택하는 양적연구 진영으로부터 지나치게 주관적인 연구라는 비판을 받는다. 양적연구자들의 그러한 비판적 시선을 감안할 때, 질적연구자에게 있어 학문공동체의 구성원들은 연구의 틈새를 메워주고 신뢰도 확보를 돕는 고마운 존재다. 동료 연구자의 조언을 통해 자신이 간과한 연구문제나 관점, 아이디어들을 상기시키며 더 신뢰할 수 있는 결과를 도출할 수 있기 때문이다(김영천, 2016:598).

비대면 수업을 통해 알게 된 수강생들을 오프라인에서 처음 만나게 되었을 때의 일이었다. 5명의 수강생과 오프라인에서 처음으로 인사를 나누며 마치 이미 대면하여 만난 적이 있는 것 같은 친숙함을 느꼈다. "마치 연예인을 보는 것 같아요!"라고 실없는 농담을 건넸을 정도였다.

4. 질적연구자의 정체성 형성

1) 질적연구자의 태도와 역량 습득

질적연구자는 개방적이고 성찰적인 태도가 필요하며 이런 자세들은 조화롭게 발현되어야 한다(김영순, 2018:32). 이 수업에서는 질적연구의 기법이나 지식의 축적만큼 질적연구자로서의 태도가 강조되었다. 이 범주에 해당하는 코드로는 자기성찰, 타자지향, 성실, 호기심으로 관찰하기, 열린 마음, 정직, 겸손, 인내와 끈기, 초심을 잃지 않기, 친절함, 신뢰 등이 있다.

> 오늘 수업을 통해 내 마음에 남은 세 가지 키워드는 연구자의 성실성, 연구자의 분석력, 연구자의 태도이다. (…중략) 마지막으로, 연구자의 태도가 중요하겠다는 생각을 해본다. 오랫동안 준비해 온 연구방법을 변경해야 하는 상황에서도 유연하게 받아들일 수 있는 태도, 자신의 선입견을 그대로 밝힐 수 있는 정직한 태도, 동료 연구자들의 이야기에 귀를 기울이고 수용하는 겸손한 태도, 연구자로서 자신의 현재 위치를 인정할 줄 아는 겸허한 태도 등을 기르고자 한다.(2021. 9월 14일. 성찰일지)

청강생을 포함한 이 수업의 수강생들은 매 수업에 참여한 후, 성찰일지를 제출해야 했다. 선배 연구자가 "솔직히 성찰일지 쓰는 거 싫었다. 그런데 끝나고 나서 돌아보니 논문을 쓰는 데 진짜 도움이 많이 됐다"라고 말한 것처럼 매번 성실하게 성찰일지를 작성하기가 쉽지 않았다. 중소기업체 대표인 그는 환갑을 넘긴 나이가 무색할 만큼 학문 수행의 열정을 보였는데 특강 시작에 앞서 "걱정되는 마음으로 정장을 입었다. 부족하더라도 이해해 주시길 바란다"라고 말했고(2021. 10월 12일 강의노트 중에서) 화면 너머로 그 떨림이 생생하게 전달되었다.

2021년 12월 3일, 마지막 수업에서 교수가 "질적연구자에게 끝은 없다. 끝은 새로운 시작이다"라고 말하며 성실한 태도를 강조했을 때, 나는 성실에 대한 오랜 콤플렉스를 떠올렸다. 토끼와 거북이, 그리고 개미와 베짱이의 우화에서 나는 거북이와 개미보다는 토끼와 베짱이에 가까웠다. 뒤늦게서야 노력하지 않고 얻는 것의 허울과 빈약성, 해로움과 한계에 직면하면서 성실의 중요성을 절감하던 참이었던지라 깊은 반성적 성찰이 이루어졌다.

> 동료 연구자들의 발표 및 연구의 수행 과정, 연구의 결과물을 접하면서 이 과정이 왜 수련의 과정인지를 깨달을 수 있었다. 성실하게 학문수행에 임하지 않으면, 결실의 지점에 도달할 수 없는 것이 박사과정임을 되새긴다.(2021. 12월 3일. 성찰일지)

질적연구자에게 중요한 역량으로 터득한 것은 질문 구성력, 자기만의 관점 갖기, 분석력, 비판적 시선, 관찰력, 독창성 등이었다. 수업에 경청하며 이러한 역량은 단기간에 체득하는 것이 아니라 긴 시간의 노력을 통해 획득될 수 있음을 깨달았다. 나는 느리더라도 끝까지 포기하지 않고 달리는 거북이와 겨울을 대비해 여름에도 열심히 일하는 개미처럼 노력하는 연구자가 되기로 다짐했다.

2) 질적연구자의 한계 인식

질적연구에서는 연구자가 곧 연구의 도구 역할을 한다(김영순 외, 2018; 김영천, 2013). 질적연구자는 연구의 도구로서 자신의 한계를 인식하고 이를 극복해 나가는 과정을 거치게 된다. 나는 이 수업에서 혼합연구에 관해 2차례 발표자와 토론자로 나섰다. 혼합연구는 양적연구와 질적연구를 함께 수행하는 방법으로(김영천 외, 2011; 성용구, 2013) 발표와 토론을 준비하며 양적연구와 질적연구의 패러다임 차이를 이해할 수 있었다. 두 진영 간의 패러다임 대립은 한때 전쟁이라고 묘사되었을 만큼 극렬한 것으로, 질적연구자들은 객관성 결여라는 비난에 대처하기 위해 연구의 도구인 자신의 관점을 비판적으로 성찰할 필요가 있다(김영천, 2016; 조영달, 2015).

> 연구주제의 수시 발표를 통해 다문화교육을 전공하고 있는 동료 연구자들과 슈퍼바이저의 코멘트, 참여자 확인 과정을 거쳤다(수강생 M, 2021. 8월 12일 발제문 중에서).

초보 사회과학자인 나에게 연구자로서의 한계를 인정하며 타인과의 상호 작용을 통해 검증을 받는 일은 낯설었고 불편했다. 그런데 스크린 너머의 타인들에게는 이미 익숙한 문화인 것으로 보였다. 문화변용은 둘이나 그 이상의 집단 또는 구성원 사이의 접촉을 통해 문화적이고 심리적인 변화가 발생하는 것을 의미한다(민두식, 조성식, 2016:18). 낯설고 불편한 문화에 계속해서 접촉되고 자극을 받음으로써 나는 일련의 문화변용을 경험하게 되었다. 시간이 흐르며 나의 의견은 항상 옳은 것이 아니며 내가 틀렸을 수도 있음을 인정하게 된 것이다. 스스럼없이 자신의 한계를 인정하는 동료 연구자를 통해 깨우친 덕분이다.

> 멘토들의 조언을 들으며 부족한 점을 수정하고 채워갈 수 있는 것은 이 수업의 굉장한 매력으로 느껴졌다. 개인적으로는 멘토들의 조언을 들으며 연구문제의 명료화, 이론적 토대를 튼튼히 할 것, 미시적인 시각을 유지하면서도 전체 숲을 보려는 노력을 놓치지 않을 것 등에 마음속으로 밑줄을 그었다. (…중략) 가장 어렵게 느껴지는 과제는 '연구문제의 명료화'이다. 처음 사회과학 논문을 쓸 때, 연구의 주제가 추상적이고 모호하거나 너무 많은 것을 담으려고 해서 계속해서 주제를 좁혀 나가는 과정을 거쳐야만 했던 기억을 떠올렸다. (2021. 7월 8일. 성찰일지)

이 수업에는 2~3인의 박사학위 소지자가 멘토로 참여하여 수강생들이 자신의 연구를 발전시킬 수 있도록 적절한 조언을 제공했다. 나의 연구에 대한 직접적인 조언은 물론 다른 수강생들에게 전하는 이야기를 경청하는 것도 소중한 배움이 됐다. 이 과정에서 나는 고정관념이나 편견, 불명확한 기술, 연구의 방향성 상실, 불분명한 연구목적, 빈약한 자료 분석, 독단적 연구로 치우치게 될 가능성 등을 질적연구자들이 마주할 수 있는 한계로 인식했다.

3) 질적연구자로서의 목표 설정

질적연구자에게 필요한 태도와 역량은 물론 질적연구자가 마주하게 되는 한계를 인식하며 나는 질적연구자로서의 목표를 설정하기로 했다. 선배 연구자의 학위 논문 발표를 통해 접하게 된 라캉(Lacan)의 관점에서 지난 경험을 돌아본 것이 큰 도움이 되었다.

> 라캉이 과거와 현재, 미래의 모든 나를 부정하지 않고 수용하는
> 시간적 통합을 말했듯이 시간적 통합의 관점에서 질적연구자로서
> 자신을 돌아보며 성찰해 볼 것을 다짐했다.(2021. 12월 3일. 성찰일지)

시간적 통합의 관점으로 과거의 나를 수용하는 과정에서 나는 취재기자로서 사람들을 만나고 인터뷰하며 기사를 작성한 경험을 떠올렸다. 취재원들과 라포를 형성한 뒤 질문하며 경청하는 과정, 녹취된 인터뷰 내용을 반복적으로 청취하며 전사하고 취재 수첩에 기록된 메모 등에서 기사 주제에 부합하는 내용을 선별하는 과정, 독자들에게 쉽고 재미있게 읽힐 수 있는 기사를 작성하는 과정은 질적연구와도 일정 부분 닮아 있었다. 전문가 집단의 의견을 청취하는 과정, 오탈자에 대한 수정 요청을 수용하는 과정, 기사 승인을 받기까지의 협의 및 검증 과정 등은 합의적 질적연구의 과정과도 유사했다. 나는 기자로 일했던 과거의 경험을 부정하지 않고 질적연구자로서 새롭게 재구성

되는 현재와 미래의 시간에도 적절하게 활용하기로 했다.

이제 갓 박사과정에 입문한 학생이었기 때문에 나는 자신만의 연구주제를 발견하고 그 주제에 부합하는 이론과 연구방법을 찾아가는 수강생들의 성장 과정을 지켜볼 때면 무척 부러웠다. 연구 동기가 진실한 것으로 보일수록 그 부러움은 증폭되었고 나도 그러한 연구주제를 발견해야겠다는 목표를 설정하도록 했다.

> 이러한 동기로 세상이 인식하지 못하는 성소수자들에 관한 연구에 전념하고 싶다는 포부가 일어났다. (…중략) (그 과정에서) 나를 성소수자로 받아들이게 된다고 해도 후회하지 않는다. 그들의 목소리를 전달할 수 있는 소중한 연구를 할 수 있는 것에 행복감을 느낀다.(수강생 B, 2021. 9월 7일. 발제문 및 토론문 중에서)

질적연구는 다수의 연구참여자를 모집하는 양적연구에 비하면 수적으로는 소수를 위한 연구라고 할 수 있다. 그런데 이때의 소수는 단지 숫자의 적음만을 의미하는 것이 아닌 사회적 소수자[2]를 가리킨다. K 교수는 수업에서 질적연구가 사회적 소수자를 위한 연구임을 여러 차례 강조했다. 나는 신학을 공부하며 사회적 소수자의 고통에 응답하고자 했던 과거의 기억을 되돌아봤고, 질적연구에 대한 오늘의 배움을 내일의 실천으로 연결할 것을 다짐했다.

또한 나는 비대면이라는 제한적이고 비가시적인 공간에서의 상호작용을 통해 학문의 계승이라는 원대한 목표를 마주했다. 그전까지 나는 선행연구를 검색하면서 한 번도 내 연구가 다른 연구자에 의해 활용될 수 있다고 생각해 본 적이 없었다. 반대로 선행연구의 내용을 인용하면서도 앞서간 연구자들의 노고를 충분히 헤아리지 못했다. 하지만 비대면으로 수강한 수업을 통해 한 사람의 질적연구자가 성장하고 발전하기까지 얼마나 부단한 노력을 들여야

---

2) 박경태(2008)에 의하면 '사회적 소수자'란 사회의 다른 구성원으로부터 차별을 받거나, 차별받는 집단에 속해 있다는 의식을 지닌 사람들을 말한다.

하는지 이해하게 됐다.

> 여러분도 수고와 노력으로, 후학들을 위해 참조할 만한 선행연구를 만들어줘야 하는 것, 그것이 학문의 핵심이다. 기독교와 불교의 역사가 내려오듯이 학문의 역사도 그렇다. 학문은 여러분의 당대에 끝나지 않는다. 여러분은 학문의 계승자다. 나로부터 여러분에게 전달될 거고, 여러분은 다음의 후속세대들에게 전해줘야 한다.(K 교수, 2021. 10월 26일. 강의노트 중에서)

5. 자문화기술지 연구를 시작하려는 이들에게

자문화기술지를 처음 접하는 사람들이라면 비슷한 의문을 품게 될 것이다. 이렇게 주관적인 글이 과연 연구로 인정받을 수 있을까? 내 이야기를 어떻게 학문적인 글로 작성해야 할까? 나를 솔직하게 드러낸 것을 후회하지는 않을까? 등과 같은 의문 말이다. 나 역시 같은 고민을 했다. 시간이 지나 나의 첫 자문화기술지 연구를 읽어보니 남의 일기장을 훔쳐보는 것처럼 민망한 감정도 든다. 그런데 자문화기술지를 집필한 것 자체를 후회하지는 않는다. 내면의 주관적 성찰로만 남아있을 뻔했던 연구자의 자기 내러티브가 외부의 세계와 만나 사회문화적 의미를 부여받게 되는 것을 생각하면 충분한 보람이 있다. 그런 측면에서 자문화기술지는 '나와 사회를 연결하는 통로'라고도 할 수 있다. 자기 내러티브는 진솔하게 고백할수록 힘이 있으며 그러한 자기 내러티브는 자신의 변화는 물론 사회의 변화에도 기여할 수 있다.

나는 자문화기술지 연구를 통해 첫째, 성찰과 기록의 힘을 절감했다. 어려서부터 지금까지 축적된 학습자 경험 중 수업 과정에 대한 성찰의 기록을 남기고 그것을 기반으로 연구까지 이어간 경험은 이번이 유일했다. 매번 수업이 끝나면 성찰일지를 작성한 것이 큰 자산이 됐다. 둘째, 자문화기술지를 통해 자기 내러티브의 가능성을 발견했다. 일각의 비판적 시선에도 불구하고, 자문화기술지는 연구자의 자기 서사를 과감하게 전면으로 내세운다. 자문화기술지 속에서 연구자의 자기 서사는 단순히 개인적 경험에 머물지 않으며, 사회문화적 의미를 도출함으로써 학문의 발전에도 기여할 수 있다. 자문화기술지는 나를 타인과 세계와 연결되도록 이끌어주는 소중한 연구방법이다.

자문화기술지는 매력적이지만, 결코 가볍게 시작할 수 있는 연구방법은 아니다. 연구자 자신의 경험과 기억을 재료로 삼아야 하기 때문이다. 그만큼 나를 드러낼 수 있는 솔직함과 용기, 그리고 깊이 있는 자기성찰 역량이 필요하다. 그러나 그만큼 보람도 크다. 이 글을 마무리하며, 자문화기술지를 시작하려는 이들에게 이렇게 전하고 싶다. 계속해서 기록해라. 그리고 자기 내러티브의 힘을 신뢰하라. 자신의 이야기를 사회와 연결하라. 그러한 과정을 통해 당신은 또 다른 나로 성장하며 연구자로서의 통찰 또한 깊어지게 될 것이다.

길 잃은 이방인에서 인문융합치료사로의 성장[*]

1. 내담자와 나 사이의 거리에서

상담의 여정에서 나를 성찰하는 것은 선택이 아니라 필수였다.

10여 년간 상담을 이어오며 나는 자기성찰이 상담 성과뿐만 아니라 삶의 질을 유지하는 핵심임을 깨달았다. 글쓰기, 명상, 운동, 동료 상담자와의 정기적인 슈퍼비전 참여 등 다양한 자기성찰의 전략은 내 정서적 소진과 트라우마에 대응하는 방패 역할을 했다. 이것은 개인적 편의가 아니라, 상담자로서의 윤리적 책임과 전문성 강화와 직결되는 필수적 행동이었다.

상담자로서 내담자와 처음 마주했을 때, 나는 내담자의 고통과 나 자신의 감정을 동시에 경험하며 큰 심리적 긴장을 느꼈다. 내담자의 이야기에 공감하고자 노력할수록, 내면에서는 끊임없는 자기 의심과 불안이 일었다. "나는 충분히 이해하고 있는가?", "내 반응이 내담자에게 도움이 되는가?"라는 질문이 머릿속을 떠나지 않았다. 이 순간마다 상담자로서의 나와 한 인간으로서의 내가 교차하며, 내담자와의 거리를 재정립해야 한다는 필요성을 절실히 깨닫게 되었다.

대학원 과정에서의 학습은 이 거리를 이해하고 관리하는 데 중요한 역할을

---

[*] 정화정·김영순(2023). 인문융합치료학 박사과정생의 학문적 성장에 관한 자문화기술 지 연구. 인문사회과학연구, 65(4), 85-130.에 게재된 논문을 수정하고 보완했음.

했다. 타자성 학습을 통해 내담자의 경험을 단순히 수용하는 것이 아니라, 나 자신의 편견과 제한적 경험을 인식하고 이를 조절하는 방법을 배웠다. 수퍼비전과 동료 상담자와의 토론은 나 자신의 반응과 감정을 객관적으로 바라보는 거울이 되었으며, 동시에 상담자로서 성장할 수 있는 발판을 제공했다. 이러한 과정은 단순한 기술 습득을 넘어, 타자와의 관계를 통해 내 자신을 성찰하는 경험으로 확장되었다.

내담자와 나 사이의 거리는 상담자로서의 전문적 역량과 연결된다. 상담 과정에서 나타나는 미묘한 감정의 흐름—내담자의 숨겨진 수치심, 불안, 분노—을 감지하고 다루는 능력은, 나 자신에 대한 깊은 이해와 성찰을 바탕으로만 가능했다. 상담자의 타자 지향적 감수성은 내담자의 경험을 존중하고, 동시에 상담 과정에서 발생할 수 있는 윤리적 문제를 예방하는 핵심적 역량이 되었다. 또한, 이 거리는 상담과 연구를 연결하는 지점이기도 하다. 상담자로서의 경험은 나 자신을 연구 대상으로 삼아, 내면적 성찰과 타자성 학습을 학문적 통찰로 확장시키는 기회가 되었다. 자기 경험을 기반으로 한 연구는 개인적 기록을 넘어, 상담자 교육과 성장에 대한 통합적 이해를 제공할 수 있는 자료로 기능한다. 내 경험은 내담자와의 상호작용 속에서 형성된 감정과 반응, 그리고 이를 해석하고 성찰하는 과정이 연구 자료로 전환될 수 있음을 보여준다.

내담자와 나 사이의 거리는 물리적 혹은 심리적 거리를 의미하지 않는다. 거리는 상담자로서의 성장, 자기돌봄의 실천, 윤리적 책임, 타자와의 공존 이해를 통합하는 장치이며, 상담과 학문적 성찰을 연결하는 다리이다. 이 거리를 경험하고 관리하는 과정 속에서 나는 내담자와의 깊은 공감, 자기 성찰, 그리고 전문적 성장이라는 세 가지 축을 동시에 구축할 수 있었다.

상담자는 스스로 쓸모 있는 상담자로 인정받고 싶은 내면의 욕구가 있다.(한정아, 선우현, 2019)

나는 전문가의 옷을 입기 위해 부단히 애쓰는 성실한 상담자였다. 새로운 상담 이론이 나오면 수입과 관계없이 비싼 수업료로 누군가의 지식을 나의 앎으로 채워갔다. 그러나 이러한 방식은 아직 초보 상담자가 숙련되게 사용하기에도 어려움이 있었고 감정적인 조급함만 커져갔다. 나는 나를 탐색하기보다 좋은 상담자의 롤모델을 찾아 따라 하기에 바빴다. 이때, 작성했던 일지를 보면 부족한 경험을 숨기기 위해 상담자 자신을 더 전문가처럼 연출하면서 함께 하겠다고 말은 했으나 상담자의 욕심만 존재하고 있었다.

○○학생은 수업 중 "죽고싶다"는 글자만 쓰고 엎드려 있음. 일어나서 활동에 참여하게 하자 자신을 '구더기가 사는 나무'로 묘사하고 도움을 거부하는 심각한 자살사고를 보임. 어린 시절 목격한 죽음 경험을 "재미있었다"고 표현하였으나 같은 상황에서 다른 아이가 있다면 어떻게 해주고 싶냐는 질문에 "눈을 가려주고 싶다"고 표현하는 점에서, 자신에게는 적용하지 못하는 보호 욕구와 공감을 대리적으로 표현한 것으로 보임. 이러한 보호 능력이 자기에게도 확장할 수 있도록 트라우마 중심의 치료적 개입이 시급히 필요한 상태로 판단됨.(2017. 4월 12일. ○○○정신병원 연극치료 프로그램일지 일부)

드라마 장면에서 표현하고자 하는 바가 많아 다소 산만하고 지리멸렬하게 이야기하는 방식을 보임. 그러나 극의 표현 방식에서 본인이 경험하고 있는 '죽음에 대한 불안'이라는 주제가 잘 드러났음. 생활 전반에 높은 각성상태를 보이며 수면에 어려움을 호소함. 나누기 시간에 자신을 정신병원에 10년을 입원하게 만든 여동생을 이해한다는 이야기를 잠깐 내비침. 드라마가 끝나고 현실에서 경험되는 감정의 인물이 나온 것은 이후 드라마에서 현실적인 문제들이 드러날 가능성을 주고 있는 것으로 보여 긍정적으로 평가함.(2018. 3월 6일. ○○○정신병원 사이코드라마 프로그램일지 일부)

우리는 우리의 시선으로 자신의 내부를 드러내고 외부 세계를 내면화한다. 우리의 상상력은 상징과 투사로 인형을 갖고 노는 아이처럼 자신의 상태에 세상을 바라본다. 이때의 인형(투사물)은 도움을 간절히 필요로 하는 보호의 대상이 될 뿐 상호작용을 하는 주체자가 되지 못한다(Lippitz & Rittelmeyer, 1990). 성찰하지 않는 상담자는 자기의 세계에 내담자를 가두고 자기의 눈으로 내담자를 평가한다. 그러나 이러한 비극을 상담자는 알아차리지 못한다.

2. 자발성과 창조성의 위기

2015년 석사학위를 받으면서 '갑상선 항진'이라는 진단을 함께 얻었다. 몸은 늘 팽팽한 긴장감으로 무거웠고 감정도 빠르게 변하면서 내가 나를 조절하는 것조차 버거웠다. 그래도 이제는 본격적으로 내담자들을 만날 수 있다는 기대에 늘어진 몸을 일으켜 세웠다. 사이코드라마, 연극치료, 표현예술치료 등 그동안 학업과 직장으로 인해 미진했던 교육에 집중하면서 다시 '만남'의 즐거움을 조금씩 찾아갔다. 특히, 정신장애인의 집단치료는 상담자로서 몰입과 신뢰의 방법을 찾아가는 시간이 되었다. 집단과의 만남에 즐거움이 솟고 몸도 회복되면서 다양한 집단에 자신감과 재미를 붙여갈 무렵 '사랑의 교실'을 의뢰받았다. 나는 교정기관을 경험하였기에 학생들을 대상으로 하는 '사랑의 교실'에 대해 기대를 품고 참여하게 되었다. 그러나 초등학생부터 고등학생까지 구성된 집단에서 생각지도 못한 난관에 부딪혔다. 가장 나이가 어렸던 초등학생 두 명이 상담자와 힘겨루기를 시작한 것이다. 물론 그 뒤에서 이러한 힘겨루기를 조장하는 고등학생들이 있었지만, 그 순간은 아무것도 보이지 않았다.

'이거 정액인데요? 쟤 진짜 커요'

'뭐래?'

'저 미친년'(2018. 12월 17일. ○○○센터 사랑의 교실 진행 중)

 간신히 회복된 몸과 마음이 한 번에 무너진 느낌이었다. 아둥바둥 나름 자기를 수련하며 상담자로 성장하고 있다고 생각했는데 아무런 대처도 하지 못할 정도로 얼어붙는 경험이었다. 그땐 워낙 힘든 아이들이었고 나와는 맞지 않는다며 스스로 위로하기도 했다. 하지만 결국 자발성 없는 학생들을 만나면서 어떻게든 적극적으로 참여를 시키려는 목적으로 매체만 줄줄이 엮어 세운 내가 문제였다는 것을 깨닫게 되었다. 여전히 진실한 만남이 아닌 프로그램 잘한다고 인정받는 상담자가 되고 싶었던 욕심이 진심을 앞선 것이다.

> 선생님, 제가 사랑의 교실 너무 자신이 없어요. 그래서 부탁드려요. 아이들 만나보고 싶은데 강사비 적어도 되니까 예산 없으면 제가 할게요.(2019. 2월. ○○상담센터 담당자와 통화내용)

> 담당자: 선생님, 이번에 아이들이 상태가 정말 안 좋아요. 정신과 약 먹는 친구들이 좀 있어요. 괜찮으시겠어요?
> 상담자: 저 정신병원에서 아이들 만났었어요. 너무 좋아요. 감사합니다.(2019. 3월. ○○교육청 담당자와 통화내용)

 돈을 받고 일한다는 자신도 없었지만 이대로 포기하기에는 내 욕심으로 저질렀던 실수가 너무나 부끄럽게 올라왔다. 다행히 나를 믿어주는 센터에서 기회를 열어줬고 연락이 올 때마다 아이들 만나는 시간을 최우선으로 선택했다. 프로그램을 진행하면서 아이들을 슈퍼바이저라고 생각하고 내 부족함을 바라보고 진심을 위해 노력했다. 시간이 지나면서 그런 마음이 통했는지 교육이 만족스럽다는 학생들이 생겼고 프로그램에 대한 평가도 좋아졌다. 그러나 처벌의 하나로 교육이 이루어지면서 여전히 교육을 거부하거나 불참하는 학생들이 있었고, 나는 뭔가 다른 방법을 찾아야 한다는 생각에 마음이 불안하고 조급해졌다.

상담자로서 나의 부족함을 경험하면서 정체성에 대한 깊은 고민이 대학원 진학이라는 탐색으로 이어졌다. 박사 과정은 단순한 배움을 넘어서는 특정 연구 수행 단계다. 상담 분야에서 이는 전문가로서 깊이 있는 성장과 역량 강화를 통해 궁극적으로 내담자를 더 효과적으로 돕기 위한 심층적인 탐색 과정이다. 연구는 상담자에게 다양한 의미 있는 영향을 미친다. 초심 상담자들은 내담자 이해를 위한 관찰, 질문, 탐색에 자기성찰의 초점을 맞추는 경향이 있으며, 연구는 이러한 발달적 특성을 이해하여 수퍼비전 및 교육에 적용할 필요성을 제시한다(김혜인, 최한나, 2017). 연구를 통해 상담자들은 자신과 타인의 다름을 인정하고, 타인과의 관계 속에서 자신을 이해하며, 궁극적으로는 공동체 안에서 함께 조화롭게 살아가는 개방적인 태도를 함양할 수 있다(정혜인, 2022). 따라서 상담 분야에서 박사 과정을 밟는다는 것은 자신을 깊이 성찰하고 돌보며, 전문적 역량을 끊임없이 발전시키고, 내담자를 더욱 깊이 이해하며 존중하는 총체적인 과정을 통해 상담자로서 성숙하고 유능해지는 길을 의미한다.

나는 다양한 매체 기반의 상담 대학원을 알아보다가 특정한 하나의 매체가 아닌 융합이라는 방식에 매료되어 인문융합치료학을 선택하게 되었다. 인문융합치료는 누군가를 치료하기 이전에 자기를 치유하는 방법으로 세계와 나, 나와 타자 사이의 모든 문제가 곧 나의 문제이며 이러한 문제는 '나는 누구인가'라는 질문으로 '사회적 맥락 속의 나' 이전의 '본질적 나'를 모색하게 한다. 나는 무엇으로 정의되며, 나의 정체성을 어떻게 발견할 것인가를 질문했다. 다르위시의 시에서 땅이 주는 중력으로 비유되는 '정체성'은, 이상화된 정체성에서 벗어나 지금의 내가 무엇을 할 수 있는지를 묻게 했다.

나는 무엇을 할 것인가? 유랑이,
그리고 물속을 응시하는 긴 밤이 없다면 나는 무엇을 할 것인가?
(Mahmoud Darwish 『유랑이 없다면, 나는 누구인가?』 중 일부)

주자(朱子)는 자기성찰이 단순히 내면 탐색을 넘어, 마음에서 발생하는 조짐을 자각하고 사물의 이치를 궁구하는 것을 포함한다고 보았다. 이는 외부를 향하되 주체적인 관점에서 자신이 어떤 행위를 왜 해야 하는지 투철하게 아는 것 또한 자기성찰이 될 수 있음을 의미한다(김대용, 2024). 연극치료에서 '나'라는 존재는 하나의 역할을 의미한다. 나는 신체와 감각, 의식과 감정, 직관과 영혼으로 볼 수 있으며 이러한 구조는 자기 경험의 전 영역에 적용된다(Landy, 1993/2010). 즉, 나는 내가 살아가고 있는 일상적인 현실 속의 행동하는 '나'라는 사람뿐 아니라 드러나지 않는 수많은 내적 역동을 지닌 존재로 볼 수 있다. 사이코드라마의 창시자 모레노(Moreno, 1960) 또한 인간을 역할의 차원에서 보았는데, 인간을 역할의 취득자가 아니라 역할을 연기하는 연기자로 능동적이고 상호적인 관점으로 바라보았다.

> 나의 현존재는 자기존재(Selbstsein)와 공동존재(Mitsein)이다. 타자의 현존재도 또한 자기존재와 공동존재이다. 여기서 자기존재와 공동존재는 구분되지만 분리되지는 않는다. 본래적으로나 비본래적으로 타자 없는 나의 존재가 성립하지 않으며, 동시에 나 없는 타자의 존재도 성립하지 않는다. 세계 안에서 누구나 사물과 도구 곁에 그리고 사람들과 함께 존재한다. 이런 점에서 나와 타자는 공동존재로서, 각자의 존재에 상호적 책임을 져야 하는 존재자들이다.(2021. 1월 6일. 하이데거의 실존적 타자론 수업 중 내용 중 일부)

비행 청소년들의 상담 과정에서 나는 학생들의 문제를 쉽게 단정 짓고 있음을 깨달았다. 하이데거가 말한 세계에 대한 공동책임의 관점으로 바라볼 때, 우리 사회와 어른들의 책임이 지나치게 축소되어 있다는 사실에 미안함과 죄책감이 들었다. 이러한 불편한 감정은 상담자의 역할에서 새로운 도전의 계기가 되었다. 대학원 교육은 인문학적 통찰과 다양한 치료적 접근법으로, 나는 단순한 문제 해결을 넘어 사회적 맥락 속에서 내담자의 행동을 이해하고, 나의 상담자 정체성을 재구성할 수 있었다. 재구성된 정체성은 청소년을 바라보는 '시선'을 '존중'으로 발달시킬 수 있었다. 특히 자기성찰일지 작성, 예술치료 매체 활용, 동료 지지 모임 등의 경험은 나의 편견과 한계를 직면하게 하는 역할을 했다.

3. 질투와 좌절에 빠진 고독한 이방인

강한 고독감이 밀려왔다.

대학원 수련 과정이 시작되고, 시간이 지날수록 그동안 품었던 기대와 달리 세상에 혼자 던져진 듯한 느낌이 더욱 깊어졌다. 수업에서는 반복적인 자기성찰의 과정이 포함되었는데 자기성찰의 개념은 다의적이고 다차원적(김하늬 외, 2022)으로 쉽게 이해되지 않았다. 또한 자기성찰이란 참으로 고통스러운 작업이다(한정아 외, 2019). 단지 나를 더 채우겠다는 막연한 기대로 진학했던 박사 과정은 낯섦 그 자체로 점차 나의 부족함과 무지를 마주하는 시간이 되었다. 매 수업에 작성하는 성찰일지는 어느새 자책과 반성이 반복되었고 어느 날은 반성하는 나를 반성하는 글을 작성하고 있을 정도였다. 게다가 한 학기가 지나자, 이제는 수업 내용의 한 가지 질문을 하는 1인 1질에 무엇을 물어봐야 할지도 모르는 지경에 이르렀다. 나는 완벽주의적 사고에 멈춰 두려움에 떨었고, 문제 해결에 대한 지나친 책임감으로 자책의 늪에 빠졌다. 그러면서 내 부족함과 숨기고 싶은 모습들을 마주할 때마다 실망감에 빠졌다.

너의 것을 물어봤는데
멋지고 그럴듯한 말을 찾고 있었어?
네 열등감이 뭐였냐고?(2021. 7월 1일. 수업 중 질문받은 후 개인메모)

정답이 정해진 것도 아니고 나를 평가하는 질문도 아니었다. 적절히 아무 이야기나 했어도 괜찮았을 것이다. 하지만 대학원 수련 과정에서 완전히 위축된 나는 아무 말도 하지 못했고 스스로 부족하고 모자란 느낌을 지울 수 없었다. 그리고 시간이 지날수록 점점 더 생각과 마음이 굳어지고 위축되었다.

제가 토론자로 조별 활동에 들어가니 의도치 않게 (중략) 연구자를 마치 옹호하는 듯한 태도를 취해 조원들에게 혼란을 주었던 것으로 보입니다.(2021. 7월 1일. 성찰일지)

비슷한 경험이 반복되면서 내 안에 부정적인 정서 반응이 일어났다. 내가 하지 못하니 열심히 하는 사람들이 불편하고 숨이 막혔다. 이러한 감정을 다른 사람과 공유할 수도 없이 열등감은 우울과 무기력으로 나를 잡아당겼다. 더욱이 공존 인문학에서 바라보는 사회적 약자에 대한 시선과 관심이 마치 거리에서 헐벗은 나를 보는 것 같아 내 안에 강한 반감이 일어났다.

어떻게 바라볼 것인가? 사회적 약자에 관해 연구하는 우리는 사회적 강자인가? '한 부모' 가장으로 살아오면서 잘살고 있다고 자위하면서도 이러한 주제에 수치심과 불편함이 건드려진다면 나는 정말 괜찮은 걸까? 이러한 구분이 불편하다고 하면 오히려 더 문제가 있는 사람이 될 거 같아 아무 말도 못 하겠다.
"저렇게 행동하니까 그랬었겠지", "뭔가 있었겠지" 사람들이 가볍게 던지는 추측과 사회적 문제를 다룬다는 명목으로 만들어지는 영화나 개그 소재에서 얼마나 가볍게 나와 같은 사람을 문제로 보는

가? 이것을 버틴다는 건 나에겐 성장이 아닌 고통이다.(2021. 10월 5
일. ○○○원생의 사회적 약자에 대한 논문 발표 후 개인 메모)

　학문적 세계에 발을 들인 것이 나에게 위안과 성장의 기회를 줄 것이라
믿었지만, 오히려 내 상처와 취약함을 더 생생하게 드러내는 결과를 가져왔
다. 한 부모 가장으로서의 경험이 연구 주제나 토론 대상으로 객체화될 때마
다 나는 학문적 담론과 내 삶의 현실 사이에서 괴리감을 느꼈다. 이론적 논의
속에 나와 같은 사람들이 '연구 대상'으로 치환되는 과정은 내게 또 다른 형태
의 소외감을 안겨주었다.

　매일 밤 쌓여가는 과제와 읽어야 할 논문들 앞에서 나는 끊임없이 자신의
자격에 의문을 품었다. "이곳에 있어도 되는 걸까?", "다른 사람들은 왜 이렇
게 자연스럽게 해내는 걸까?" 같은 질문이 머릿속을 맴돌았다. 학문적 세계의
언어와 규범은 때로 내가 오랫동안 구축해 온 생존의 언어와는 너무도 달랐
다. 특히 세미나에서 발언할 때마다 느껴지는 떨림과 불안은 단순한 발표
불안을 넘어섰다. 그것은 내 존재 전체가 시험대에 오른 듯한 감각이었다.
내 말 한마디, 내 생각 하나가 마치 나의 모든 배경과 경험, 그리고 역량을
대변하는 것처럼 느껴졌다. 이런 압박감 속에서 학문적 호기심과 탐구는 점
점 멀어져갔다.

　정서는 본질적으로 무엇이 중요한지 가르쳐주며 행동하도록 조직화한다.
이러한 감정에서 벗어나기 위해 원인이 아니라 이런 생각을 하게 만드는 자기
의 신체적 경험, 상황, 단서, 기억 욕구, 목표, 기대를 살펴야 한다(Greenberg
& Paivio, 2003). 나는 대학원 과정을 수료하면서 내 안에서 일어나는 분노의
소리를 계속해서 들어야 했다. 그러나 이 고통스러운 과정은 점차 나의 이중
적 위치—연구자이자 연구 대상이 될 수 있는 존재—에 대한 깊은 성찰로
이어졌다. 학문의 세계에서 내가 느끼는 소외감과 불편함은 단순한 개인적

열등감이 아니라, 지식 생산의 장에 내재된 권력 구조와 관련된 것일지도 모른다는 인식이 서서히 자라났다.

> 대학원에 입학하고 타자에 대한 공존의 철학에 대해 수련하면서 '공동체 감각'에 대하여 깊이 생각해 본 적이 없었다. 내가 행복한 인간관계를 맺고 있었는지 돌이켜보면 나의 은밀하게 감춰둔 비밀이 드러날까 봐 두려워 '너(타자)'를 온전히 만나지 못했다는 사실을 깨닫게 되었다. 나름 여러 수련 과정을 거치면서 나를 비워낸다고 애쓰고 살아왔는데 항상 그 중심이 나 자신이었다. 부끄러웠다. 진정으로 공존을 이루려면 나를 그냥 있는 그대로 받아들여야 타자를 품을 수 있는 공간이 생긴다는 것을 배웠다. 그리고 지금의 수치심과 불쾌감이 내 안에서 일어나는 게 아니라 나의 주관적 타자의 시선에서 일어난다는 것을 이제야 알았다.(2022. 5월 31일. 논문 주제 발표 후 경험 메모)

현실적으로 나의 조건과 환경에서 대학원 진학은 상당한 용기가 필요한 선택이었다. 대학원 수련 과정은 겉으로 보아 엄청난 동료애를 경험했거나 연구자로 성장한 건 아니었다. 그러나 나의 그림자로 치부했던 문제와 만나 온전히 수용함으로 내 안에 숨 쉴 공간이 생겼고 새로운 정보와 반응에 대한 개방성이 확장되었다. 로저스는 방어적이지 않은 열린 자세는 개방성과 지각의 정확성이 발달하는 열쇠라고 했다. 받아들이는 정보의 왜곡은 자신이 사용하는 렌즈에 따라 달라진다. 자신의 취약성을 드러내는 것은 위험을 감수해야 하지만 성찰의 경험은 한 수준에서 다음 수준으로 발전하기 위해 반드시 필수 단계이다(Skovholt, T. M., 2003:256에서 재인용).

4. 인문융합치료학을 통한 상담자 정체성의 변화

1) 역할의 혼란에서 한계를 경험함

학생들을 대상으로 하는 프로그램은 학교 상황이나 담당 교사의 관점에 따라 목표와 기대의 차이가 크다. 나는 작은 하나의 단서라도 포착하여 담당 교사에게 전달하려고 애썼고 학생들의 학급이나 가정에서 이러한 부분이 반영되고 피드백이 돌아오기를 기대했다. 정확한 정보를 놓치지 않기 위해 정신을 바짝 차리고 틈틈이 메모하며 학생들의 특성을 따로 정리했고 25명 이상 학급으로 들어가는 프로그램에서도 관심이 필요한 학생들을 놓치지 않으려고 바쁘게 움직였다.

> 설문지를 작성하면서 엄마에게 보여줄 것이냐는 질문을 했다. 선생님이 혼자 볼 것이라고 하자 고개를 끄덕이고 신중히 작성하는 모습을 보였다. '가장 친한 사람'에 아무도 없다고 했다. 프로그램 내 강사의 옆자리에 앉기 위해 여학생들을 밀쳐내며 싸우는 모습은 또래 남학생들에게 보이는 일반적인 행동과는 달랐다. 프로그램 활동 시간에는 적절히 반응하였고 게임도 즐겁게 참여하였으나 설문지 문항에서는 행복감과 자기소셜능력을 매우 낮게 체크하고 산만성은 매우 높다고 표기했다. 프로그램을 진행하면서 강사가 경험한 모습에 비해 학생 개인의 주관적 자아의 모습이 부정적으로 표현된 것이 조금 의아했다. 어떠한 대상이 있는지 아직 확인은 되지 않았으나 부정적 영향을 주는 대상이 학생에게 지속적으로 부정적인 영향을 주고 있는 건 아닌지 지속적인 관찰이 필요해 보인다. (2017. 4월 7일. 초등학교 집단 프로그램일지 일부)

> 규칙 정하기에서 다른 학생들이 '선생님 말씀 잘 듣기' 등을 적은 것에 비해 '놀리지 않기', '욕하지 않기'라고 적은 것으로 보아 설문지 작성에서 보인 부정적 자기 인식의 일치감을 나타냈다. 프로그램

을 통해 학생의 지지자를 찾고 긍정적 자원을 스스로 발견하는 과정
이 학생에게는 심리적 변화를 줄 수 있을 것으로 보인다.(2017. 6월
19일. 초등학교 집단 프로그램일지 일부)

칸트(Kant)의 경험적 지식의 원천에서 '관찰'의 의미는 표상을 받아들이는
능력이며 표상들을 통해 대상을 아는 능력이기 때문에, 지식은 관찰 대상이
아니라 관찰의 순간 관찰자의 구별로부터 생겨난다고 볼 수 있다(송현석,
2013). 그렇기에 누가 보아도 상황이 그려질 수 있게 객관적인 사실에 근거하
여 관찰하고 기술하는 것이 가정이나 학교에서 학생들에게 더 다양한 도움을
줄 수 있겠다고 생각했다.

때때로 문제가 발생하여 의뢰된 프로그램의 경우 프로그램 활동에서 학생
들이 표현하고 있는 위험 요인을 찾는 것에 주로 집중했다. 문제가 심각한
경우에는 집단 프로그램보다 개인상담을 하는 것이 효과적이고 학교에서 관
심이 있다는 사실 자체가 문제 예방에 도움이 된다고 생각했기 때문에 관찰해
야 하는 예상된 문제를 찾아주는 게 나의 역할로 느껴졌다.

게임 벌칙을 스스로 정하게 하자 돌아가면서 자기의 이마를 때리
라고 제안했다. 이러한 벌칙이 집단의 분위기와도 맞지 않았다. 다
른 학생들은 불편한 기색을 보이며 '차라리 춤을 추지'라고 말하고
이해하지 못하겠다고 반응했다. 학생들이 기숙사 생활을 하고 있는
데 평소에도 다른 학생들이 이해하기 어려운 행동적 정서적 반응을
나타냈을 가능성이 보이며 이러한 특성이 단체 생활하는데 어려움
으로 작용하지 않았을까 가정해 보았다.(2019. 5월 31일. 고등학교 집단
프로그램일지 일부).

프로그램 시간에 보인 학생들의 행동이나 말의 특성 등을 일지로 작성하면
서 학생들을 알아간다는 재미가 있었지만 때로는 몇 차례 만나고 헤어지는

과정에서 얼마나 많은 변화가 일어날 수 있을지에 대한 의문과 이렇게 많은 내용을 작성하고 전달하는 방식이 이후 학생들의 지도에 얼마나 반영이 될지에 대해 질문이 생겼다. 그리고 기관이나 학교에서도 일지에 대한 피드백을 요청하는 상담자에 대해 부담스러움을 표현하기도 했다. 그럴 때면 도움을 주고자 하는 나의 방식에 문제가 있거나 지금의 내 역할이 상황에 맞는지에 대한 회의가 들었다.

2) 철학이 던져준 또 다른 관점의 발견

대학원에서 지도교수의 '다문화철학' 수업을 수강하게 되면서 가장 자주 들었던 단어는 '타자성'이었다. 지도교수가 매번 강조하는 '공존'이라는 철학적 렌즈의 기본이 타자성이라는 것을 이해하며 새로운 렌즈를 찾은 느낌이었다. 상담에서 내담자를 본다는 것은 상담자의 이론적 렌즈를 통해 내담자를 본다는 것이며(남정아, 2019), 삶에 대한 렌즈가 달라졌다는 것은 다양한 관점에서 이해할 수 있는 폭이 넓어졌다는 것이다(류인미, 2019). 나는 지도교수의 '타자 지향적 철학'이라는 주제의 강의를 들었을 때 처음 듣는 철학 수업에서 '타자는 누구인가?'라는 교수님의 질문이 오래도록 남았다. 나에게 타자란 누구이며 어떤 존재로 의미가 있는지 깊이 생각해 본 적이 없었기 때문이다. 그런데 이러한 타자성에 대한 고민이 나의 상담 현장에 새로운 의미를 생성했다. ○○초등학교에 행동 문제가 심각하다는 학생들을 모아 집단을 만들었다. 이 학생들이 졸업하기만을 바라는 선생님들은 교과 수업 대신 집단에 학생들을 맡기고 강사가 포기하지 않도록 성실히 지원을 아끼지 않았다. 첫 날 수업이 시작되고 각자의 이름을 이름표에 적으라고 지시했다. 그러자 가장 심각한 문제가 있다고 의뢰되었던 학생에게 고개를 갸웃거리다 상담자를 보고 크게 웃었다.

'제가 누군지 모르세요? 제 이름은 아마 금방 알게 되실 거에요'.

(2020. 10월 26일. ㅇㅇ초등학교 집단 프로그램일지 일부)

이 학생은 자기를 스스로 학교의 문제아로 인식하고 이를 대표적인 자기 정체성으로 내세우고 있었다. 이 학생이 보여준 모습이 지금까지 겪었던 타자와의 관계 반응의 반영이라고 생각하자 학생을 바라보는 마음에 안타까움이 일어났다. 레비나스(Levinas, 1982)는 『전체성과 무한』의 얼굴과 윤리에서 타자의 얼굴은 우리가 외부에 갖는 유한성의 테두리를 깨뜨리고 우리의 삶에 개입한다고 했다. 초등학교 1학년 때부터 '문제아'로 전교에서 유명하다고 웃으며 말하는 이 학생이 그동안 선생님이나 친구와의 관계 경험이 어떠했을지 그 마음을 쉽게 짐작하기도 어려웠다. 타자의 얼굴은 타자가 나에게 현현하는 방식이기에, 우리는 타자에 대해 무한한 책임을 져야 한다(Levinas, 2005). 나는 학생의 가벼운 웃음 뒤 '고통받는 얼굴'을 마주하고 마치 신의 명령을 들은 사람처럼 연민이 아닌 사명감과 윤리적 의무감이 생겨났다.

타자성과 함께 지도교수가 지향하는 '공존 철학'의 기본은 '상호문화성'이다. 상호문화성은 우리가 원하던 그렇지 않던 우리는 나 아닌 타인이 존재하고 있음과 나와 타인이 사회 공동체의 구성원으로 함께 살아가고 있다는 것을 전제로 한다(김영순 외, 2022). 다른 존재와 함께 살아간다는 것은 함께 사회 속에서 살아가기에 적합한 인간상을 구축하는 과정이 필요하다(윤소영, 2016). 연구자도 청소년 관련 프로그램에서 사회성과 관련된 주제는 필수적으로 진행했다.

매사에 프로그램마다 적극적으로 참여하던 ㅇㅇ이는 자기 공간 만들기 활동에서는 자기 공간은 만들지 않고 돌아다니며 친구들의 작품에 훈수 두는 행동을 보였다. 친구들이 불편함을 표현하였으나 여전히 주변을 서성였다.(2020. 12월 18일. 중학교 집단 프로그램 일지 일부)

따돌림 문제가 있었던 학생은 나와 공존하는 타자를 구성원으로 받아들이는 게 아니라 자기의 존재를 지우고 오로지 타자에게 모든 에너지를 쏟고 있었다. 자리로 돌아가지 못하는 학생에게 동작과 호흡으로 자기와의 연결을 시도했다. 타인과 행복한 관계를 맺는 방법은 자기를 이해하는 과정이 필요하기 때문이다(이지영, 은혁기, 2022). 타자성과 상호문화성의 공존철학을 수련하면서 문제라고 지목된 학생들과 주변 환경과의 관계를 함께 바라보는 관점이 커졌다. 학생들의 말이나 보이는 행동에서 기술의 단계를 넘어 학생들이 느꼈을 감정이 큰 울림으로 전달되었다.

3) 돕는 어른의 정체성 형성

인문융합치료를 수련하면서 나에 대한 성찰 과정은 상담을 통해 '나는 누구인가'에 대한 답을 찾고자 했다. 사라 아메드는 그의 저서 『행복의 약속』에서 '행복이 무엇인가'라는 질문을 떠나 '행복은 무엇을 하는가'라는 질문으로 삶을 다시 바라보게 했다(이경란, 2021). 그는 행복이 어떠한 이상이나 형체가 아닌 역할에서 바라보았는데 나 또한 이러한 맥락으로 나를 바라보게 되었다. '나는 누구인가'를 떠나 나를 만나는 청소년들에게 '나는 무엇을 해줄 수 있는가'에 대한 고민으로 이어졌다. 그리고 내가 찾은 정체성은 '돕는 어른'이었다.

삼촌과 함께 살아가는 현우(가명)는 보호관찰소에서 의뢰받은 대상자였다. 삼촌은 게임 중독으로 현우를 돌볼 수 없는 상태였고 삼촌의 아들인 사촌형은 소년원에 들어간 상태였다. 현우는 보호관찰 기간에도 불량한 선배(사촌형의 친구)들과 어울려 다른 사건에 자주 엮였고 상담 약속을 어기거나 연락을 끊기 일수였다. 어쩌다 만나도 우리가 나눈 대화가 상담이라고 말할 수도 없었다. 나는 내가 무엇으로 현우를 도울 수 있을지 늘 고민하고 물었다. 어느 날 한동안 가출을 했다가 돌아온 현우를 불러 밥을 먹이고 있는데 집에 반찬이 없어서 밥을 먹을 수 없다고 했다. 반찬을 사주면 집에 들어갈 건지 묻자, 집에서 밥을 먹을 수 있으면 집에 들어가겠다고 했다. 나는 무언가

해줄 수 있다는 기쁨에 아이의 팔을 끌고 반찬가게로 갔다. 나는 그 아이에게 상담사가 아니었다. 나는 어쩌면 그 아이가 삶을 돌아 볼 때 '내가 도움을 청했을 때 도움을 받을 수 있네'라는 경험을 하나 보탠 어른이 되고 싶었을지 모르겠다.

> 감정에 변화가 생긴 듯 상담사에게 어색한 듯 웃음을 보였고 이전과 다르게 자기에게 필요한 것을 요청하는 행동을 보였다. 변화된 모습에 대해 긍정적인 지지를 보냈다. 또한 집에 들어간 후 문제가 생기거나 대화하고 싶다면 언제든지 연락하라고 당부했다.(2021. 12월 12일. 보호관찰 사례 일지 중 일부)

보호관찰소에서 대상자들을 받아 상담하면서 대상자들이 경험한 세계의 특수성이 상담 관계도 변화시켰다. 상담자 교육에서는 이러한 도움을 방식이 지닌 문제를 지적하지만, 이들과 함께 살아가는 한 어른의 방식으로는 이 또한 새로운 관계에 대한 경험의 제공이라고 생각되었다. 그리고 이러한 사고의 변화는 일반적인 상담 장면에도 영향을 주었다.

> '나도 자유롭다면 집에 가서 잠을 자고 싶다'고 소리를 질렀다. 운동 기록이 나오지 않아 진학이나 취업 모두 힘들어진 상태에서 반복적으로 분노 반응을 보였다. 지금의 심정을 누구에게 말하고 싶은지 묻자, 엄마가 생각나지만, 엄마도 힘드니까 하지 않겠다고 했다. 상담자가 엄마 역할로 '네가 가장 중요해'라고 말하자 학생은 하던 말을 멈추고 침묵했다. 몇 차례의 역할교대를 마치고 다시 자기의 역할로 돌아왔을 때 학생이 웃으며 '그냥 학교 다닐까 봐요'라고 말했다. 그 학생에게 필요했던 건 어떤 선택을 하던 자신을 믿어주고 사랑해 주는 가족의 지지였다.(2021. 12월 10일. 고등학교 집단 프로그램 일지)

자기 정체성의 변화는 프로그램을 풀어가는 방식에 변화를 일으켰고 대상자들의 행동도 바꾸었다. 담당 선생님에 따르면 상담 이후 문제 행동이 줄었고 자신감도 생겼다며 집단 프로그램에 대한 신뢰감을 표현했다. 이러한 피드백은 이전에 내가 좋은 상담자라고 외부에서 인정받았을 때의 만족감과는 달랐다. 학생이 달라지고 있다는 것에 기쁨이 올라왔고 적절한 도움을 주었다는 데 만족감 생겼다. 대학원 수련 과정을 거치며 가장 크게 달라진 점이 있다면 내담자의 서사 속에서 치료의 길을 찾고자 하는 나의 방식과 태도의 변화였다. 연극치료에서는 참여자가 취약해서 자기 정서를 감당하기 어려울 때 참여자의 이야기 속 조력자가 될 만한 인물을 먼저 찾는다. 참여자가 그 인물의 시점으로 들어가 극을 경험하면 안전감을 확보할 수 있게 되고 진짜 자기 이야기를 펼칠 준비를 한다(이효원, 2019). 조력자가 이야기 속에서 잘 드러난다면 좋겠지만 그렇지 않다면 또 다른 자기나 강력한 가상의 역할을 만들어 문제의 해결을 도울 수 있다. 그리고 그 과정에는 상담자가 함께하며 상황마다 도움이 되는 역할을 맡아 내담자의 자원으로 쓰인다.

4) 신체적 실존과 새로운 만남

대학원 수련을 받으며 인간이 살아온 삶의 시간과 함께 형성된 인문학을 배우는 과정은 상담의 기술을 익히는 것과는 별개로 인간을 이해하는 상담자로 성장하는 데 도움을 주었다. 지도교수는 '지각의 현상학과 타자'를 주제로 메를로 퐁티(Merleau-Ponty)를 소개했다. 전통적으로 상담 교육이 인지적 변화나 문제 해결 능력과 같은 측면에 중점을 두는 경향이 있었지만(장유진, 김경미, 2024), 메를로 퐁티의 철학은 상담 과정에서 '몸'의 중요성을 재조명한다(박미리, 2018). 우리의 몸은 정신과 나눌 수 없는 근본 지평으로 모든 경험의 뿌리이며, 자신과 세계를 이어주는 관계의 중심(정지은, 강기수, 2021)으로 우리의 몸은 고유한 몸 그대로 세계를 감각적으로 이해하고 다양한 현상들을 인식하는 행위자이다(이유리, 2021). 즉, 우리는 신체적 실존으로 각자가 가진 지각의 방식을 통해 사물을 받아들이는 것이다. 인간의 지각은 시간성을 인식하고 시간의 인식으로 움직임과 공간을 생성한다. 무용가로 활동했던 루돌프 폰 라반(Rudolf von Laban)은 라반 움직임 분석(Laban Movement Analysis, LMA)의 4가지 요소인 신체, 에포트, 셰이프, 공간의 특성을 다각적으로 탐색함으로써 내담자의 움직임을 관찰·분석하여 외부로 표현된 내적 충동을 통해 내담자의 정서, 감정, 생각을 이해할 수 있다고 보았다(김혜란, 2017; 정재임, 2021). 나는 내담자의 몸을 본다는 것을 그가 표현하지 않는 내적인 충동을 받아들이는 것이며 상담자가 억압된 내담자의 욕구를 펼칠 수 있는 장을 마련해 주는 것이라고 해석했다.

> 가장 먼저 여러 개의 의자를 가져다 주변을 감싸고 의자 위를 검정과 빨간색 천을 덮어 안을 전혀 볼 수 없게 만들었다. 몇 개의 천을 들고 그 속으로 들어가 웅크려 누웠다. 마치 공유된 공간 속에서 사라진 것 같았다.(2022. 5월 19일. 초등학교 집단 프로그램일지 일부)

가정폭력 피해자이자 학교폭력 가해자인 학생은 공간과 몸으로 이야기하고 있었다. 나는 학생이 만든 경계 밖에서 학생을 향한 기다림을 수행했다. 학생은 한참을 지나 답답하다고 말하며 의자 위에 올려놓은 천을 치우고 상담자를 바라보며 앉았다. 우리의 시선과 몸이 만나는 순간 관계도 바뀌었다. 학생이 보내는 몸의 신호를 무시했다면 이후 9회기 동안 학생을 만나볼 수 없었을 것이다.

> 자신에게 생긴 이 모든 문제는 자신이 '병신'이라서 발생했고 이제는 죽는 방법밖에는 없다고 말하며 고개를 반복적으로 고개를 끄덕였다. 학생에게 자기에게 하고 싶은 말을 종이 한 장마다 한마디씩 써보라고 제안하자 작은 글씨로 욕을 한마디씩 적다가 종이가 찢어질 정도로 힘을 주어 자기에 대한 비난의 말을 쓰기 시작했다. 10

장쯤 작성했을 때 속도가 느려지면서 펜을 던졌다.(2020. 7월 14일. 고
등학교 프로그램 일지 일부)

우울감이 심하고 무기력한 반응을 보이던 학생이 종이가 찢어지듯 강한
힘으로 글을 쓰거나 펜을 던진 행위는 무기력으로 억압한 분노가 밖으로 표출
되는 순간이었다. 상담자는 학생이 작성한 종이를 모아 찢기 시작했다. 학생
도 상담자를 따라 종이를 찢으며 중얼거리기 시작했다. 상담자가 소리를 높
여 말하자 학생의 목소리도 커졌다. 우리는 모아둔 종이를 가져다 찢으며
소리를 지르고 벽에 던지는 행위로 몸이 폭발하듯 에너지를 뿜어냈다. 정서
를 닮은 몸의 만남은 서로를 지지자의 역할로 의지하며 안에서 밖으로 아래에
서 위로 새로운 만남의 가능성을 열어주었다. 상담사의 '몸의 언어'는 내담자
의 내면에서 새로운 감각과 느낌을 유도하고 자극할 수 있다. 이는 내담자가
자신의 몸을 통해 자기 인식을 경험하는 과정에서 극적 투사와 역할 입기를
활용한 활동으로 드러날 수 있다. 즉, 내담자의 몸이 표현하는 억압된 감정과
욕구를 읽어내고, 상담자 자신의 몸으로 응답하는 경험은 언어를 넘어선 치유
의 가능성을 제시했다. 이는 전통적인 상담 접근법에서 간과되기 쉬운 신체
적 실존의 중요성을 새소냉하는 의미 있는 발견이었나.

뻐꾸기가 울 때, 질적연구방법론 탐구를 향한 모험을 시작하다

1. 뻐꾸기가 울 때

두 학기를 벅차게 달려온 후에 뒤를 돌아보니 "학문수행은 농사와 같다"라는 사회과학자 김영순 교수의 말씀이 꼭 맞는 것 같다. 최근에 그는 귀농 경험 이야기를 담은 에세이 『양구일지』(2024)를 출간했다. 이 에세이는 인류학자 레비-스트로스(Lévi-Strauss)의 후예답게 저자가 양구사람들이 어떻게 살아가는지 그들 속으로 들어가 그들의 삶과 문화를 경험하고, 관찰하고, 기록하는 민족지적 방법(ethnographic method)을 취하고 있다. 『양구일지』의 한 대목에는 뻐꾸기의 시간이 소개되어 있다. 책에는 뻐꾸기가 '울'면이라고 표현했지만 나는 뻐꾸기가 '노래'하면 이라고 하는 것이 좋았겠다고 생각한다. 새가 어느 시점에서 요란스레 어떤 소리를 내는 것은 짝짓기를 위한 일종의 세레나데일 경우가 많다. 그러니 울음보다는 노래라고 하는 게 낭만적이지 않나?

양구에서 뻐꾸기 노랫소리는 참깨를 심을 때가 왔음을 알리는 소리다(ibid., 223) 저자는 계절의 배경음이요 자연의 풍경일 뻐꾸기의 노랫소리가 양구에서는 특별한 "때"를 의미한다고 소개한다. 나는 이 대목을 질적연구자스럽게 미시와 거시를 아우르는 관점에서 사유해 보았다. 레비-스트로스가 말한 '야생의 사고'는 구체적이고 감각적인 질서에 기반한 사유 방식이다. 그것은 현대 과학처럼 개념과 수학적 형식의 추상성을 통해 대상을 설명하기보다는, 살아 있는 세계의 징후(signs)와 감각의 리듬 속에서 의미를 길어 올린다. 야생의 사고는 신석기 시대의 농업, 목축, 조리법, 직포 등 인간의 기본 욕구를 충족시킨 기술들의 토대가 되었고, 오늘날에도 여전히 '살아 있는 실천지(實踐知)'로서 작동하고 있다(Lévi-Strauss, 1962:24).

이러한 야생의 사고는 양구에서 뻐꾸기의 노랫소리를 통해 감지되었다. 일반적인 사람들에게 뻐꾸기의 노래는 그저 울음소리일지 몰라도, 양구 사람들에게 그것은 '깨를 심을 때'를 알리는 언어다. 말하자면, 계절과 노동, 삶의 리듬이 얽힌 공동체적 감각의 언어이자 실천의 지표다. 뻐꾸기의 노래는 '이제 모종을 사야 할 때다'라는 판단과 함께, 자궁이 된 흙의 온기를 떠올리고, 땅의 숨결에 귀를 기울이게 하다. 시계의 알람이나 달력의 숫자대신 땅의 온기와 들판의 노랫소리에 따라 삶의 리듬을 조율하는 양구 사람들의 행위에서 나는 팀 인골드가 말한 '살아 있는 지식(living knowledge)'이란 바로 이런 것이라고 생각했다.

그러고 보면, 뻐꾸기의 노래는 뻐꾸기의 언어겠지만 동시에 땅의 것이고 사람의 것이기도 하다. 자연과 인간, 감각과 노동이 교차하는 '공생적 생태계'에서 이 노랫소리는 계절의 문을 여는 신호이자 몸과 마음이 다시 땅으로 스며드는 감응의 촉매가 되니 말이다. '공생적 생태계'란 다양한 생명체들이 서로 얽히고설켜 상호작용하며 생존하는 방식을 의미한다(Tsing, 2015). 이것은 생명이 개별 종의 자기 복제나 경쟁을 통해 유지되는 된다기보다 다종(多種) 간의 복잡한 상호작용과 협력을 통해 가능해진다는 인식을 바탕에 둔다. 나는 또 이렇게 뻐꾸기의 노랫소리에 깨 심을 준비를 하는 양구사람들에게서 애나 칭(Anna Tsing)을 소환해보았다.

애나 칭은 인간과 비인간 존재들이 상호작용하며 함께 살아가는 이야기들 속에서 자본주의 바깥의 생존 방식을 찾아야 한다고 말한 바 있다. 그는 생존 방식 중 하나로 '알아차림의 기술'이 필요하다고 강조한다. 즉, 성장과 진보라는 서구적 서사에 의해 감춰진 공간과 시간의 이질성, 예측 불가능성, 그리고 우연한 조우의 중요성에 주목해야 한다는 것이다. 나는 이 알아차림의 기술이 질적연구자도 갖춰야 할 덕목라고 주장하고 싶다.

질적연구란 인간의 삶, 말, 행위, 감정, 관계의 층위들을 듣고, 따라가고, 이해하려는 시도다. 즉, 맥락 속에서 존재를 감지하고, 의미의 결을 따라 사유하는 행위(김영순, 2018; 유기웅 외, 2018; 최종렬외, 2018; Creswell 외, 2018/2021)이며 '사실'을 수집하거나 수량화하는 작업이 아니다. 질적연구자는 세계를 대상화하지 않고 타자와 세계가 만들어내는 서사에 귀 기울이고 그 속에서 살아 있는 의미를 길어 올리는 사람이다. 이러한 태도는 애나 칭이 『세계 끝의 버섯』에서 보여준 생태적 감응의 방식에 다름 아닐 것이다. 그녀는 곰팡이를 "그들 자신과 다른 생명체들을 위한 환경을 빚어내는 세계 건설자들"(Tsing, 2015:138)로 명한다. 또한 인간 역시 이로운 박테리아 없이는 음식을 소화할 수 없다는 사실을 지적한다(ibid., 139). 이러한 통찰을 통해 그녀는 자본주의적 표준과 성장 논리로는 설명할 수 없는 생존의 가능성들을 탐색한다. 질적연구자 역시 살아 있는 현장 속에서 우연, 파편, 감정, 관계, 침묵의 층위들을 따라가며, 지식의 논리가 아닌 감응의 윤리로서 연구를 수행한다고 이해된다. 그렇기에 질적연구는 방법론이지만, 하나의 삶의 태도이며, 공생적 존재로 살아가는 과정일 터이다.

2. 다문화적 공생 생태환경

1) 공동체를 이해하다.

질적연구자스럽게 나는 '뻐꾸기 노래'는 한 지역에서 생명의 리듬을 감지해

내는 감응적 민족지의 단서이며, 공동체가 자연과 맺는 섬세한 관계의 징표로 이해한다. 자연의 리듬에 귀 기울이며 살아가는 농부가 뻐꾸기의 노래를 따라 몸을 움직이듯, 나 역시 학기가 시작되면서 어떤 내면의 '소리'에 응답하며 움직이고 있었다. 〈질적연구방법 세미나〉 수업 공지가 올라올 때면, 뭔가를 '심고', '가꿔야' 한다는 내면의 감응이 일었다. 나는 깨 모종을 심을 생각에 마음이 급해지는 농부 심정이 되었던 것 같다. 공유한 자료를 읽고 내용을 숙지하고 떠오르는 질문들을 쥐고 며칠 동안 답을 찾기 위해 고심하고, 성찰 일지를 쓰고, 모르는 것을 메모했다가 찾아보고, 배운 것을 어떻게 적용할 것인가 골몰했다. 요컨대 방학 때부터 시작된 〈질적연구방법 세미나〉 수업은 배움의 모험, 사유의 모험, 열매 맺기 모험의 시작이었다. 내 관심은 여러 선행 연구와 동료 연구자들이 삶의 경험에서 응축시킨 내용, 그리고 독서를 통해 얻게 된 개념과 이론에서 추출한 연구 방법, 그리고 방법이 곧 실천으로 연결되는 글쓰기에 집중되어 있었다.

공동체가 무엇이지? 공동체라는 개념은 다시 폐쇄적이고 배타적이지 않나? 우리라는 말이 가진 역설처럼 말이다. 문화 적응 역량? 문화 적응이 왜 역량이지? 적응이 능력인가?(2023. 10월. 둘째 주 성찰일지)

타자성을 강조하는데 대체 누구의 타자성을 말하는 거지? 사르트르? 레비나스? 데리다? 후설?(2023. 11월. 첫 주 성찰일지)

주체성? 타자성과 주체성의 간극은 어떻게 메우지?(2024. 2월. 둘째 주 성찰일지)

나는 종교철학을 공부해온 인문학자였고, 지금은 사회과학의 방법론을 익히며 연구자의 길을 확장해가고 있다. 이 전환 과정에서 가장 먼저 마주한 것은 개념을 다루는 방식의 차이였다. 인문학에서 개념은 용어적 정의로 환원(reduction)되지 않는다. 개념은 설명되어야 할 항이며, 반복적 사유와 질문을 통해 정식화되고, 역사적 · 언어적 맥락 속에서 갱신된다(Latour, 1984/1988). 들뢰즈와 가타리(Deleuze & Guattari, 1994)는 개념을 "철학이 창안하는 것"이라 했고, 그것은 "지속적으로 생성되고, 특정한 문제에 응답하기 위한 사유의 도구"로 간주되었다. 개념은 따라서 이미 주어진 것이 아닌 생성을 통해 등장하는 사유의 사건인 것이다.

그러나 내가 속한 학문공동체, 특히 사회과학적 접근을 따르는 이들 사이에서는 라투르가 지적한 것처럼 개념이 종종 전제된 전제로서, 혹은 경험을 분류하고 측정하기 위한 기표로서 사용되었다. 이러한 '엄밀함의 결여'는 나에게 혼란을 주었다. 마치 각기 다른 조율의 음들이 섞여 연주되는 오케스트라를 듣는 것처럼, 나의 학문적 감각으로는 어딘가 어긋나 있었다. 그러나 이 혼란과 부조화의 리듬들이 공존하는 곳에서 앞서 인용한 애나 칭의 사유를 피부로 체득할 수 있었다.

애나 칭은 "자연은 개체나 게놈보다는 '관계'를 선택하는 것 같다(Tsing, 2015:142)"고 하면서 우리가 살아가는 세계를 "통합된 체계"가 아니라 "다성적 결합체(polyphonic assemblage)"로 묘사한다. 그녀에게 다성성이란, 각기 다른 종(種)과 존재들이 저마다의 선율을 유지하면서도, 그것이 얽히고 충돌하고 조응하면서 생존하는 복잡한 관계망이다. 이 관계망은 하나의 질서로 환원되지 않으며, 오히려 불협화와 조율 실패, 간헐적 협업을 통해 작동한다. 나는 그녀의 사유로부터, 내 혼란의 배경이 다성성 자체의 본질이라는 것을 깨달았다.

내가 속한 공동체는 종교학, 철학, 교육학, 사회학, 심리학 등 서로 다른 학문적 배경을 지닌 이들로 이루어져 있다. 그 구성원들은 이주 경험자, 돌봄 노동자, 학문적 경력을 전환한 사람, 타 전공자 등 각기 다른 사회적 · 문화적 경로를 거쳐 이곳에 이르렀다. 저마다 고유한 시간성과 경험을 지닌 채, 우리는 하나의 공동 학습 공간에 모여든다. 이 공동체의 '다문화성'은 서로 다른 궤적과 감각이 교차하며 직조된 다층적 관계망을 뜻한다. 베리(Berry, 2006)의 문화 간 심리학이 이주민과 비이주민 사이의 문화적 상호작용에 초점을 맞췄다면, 나의 공동체는 모든 참여자가 각기 다른 문화적 궤적과 인식 지형 위에 서 있다는 점에서, 구성원 모두가 곧 '다문화의 주체'라 할 수 있다. 우리는 공동의 텍스트를 읽고 경험을 나누며, 서로의 해석을 경유해 자아와 타자의 경계를 끊임없이 재조정한다. 이러한 의미에서 다문화 감수성이란, 서로 다른 학문과 언어, 감각이 하나의 공간 안에 공존하되, 각자가 지닌 아비투스를 존중하며 살아가는 태도를 의미한다. 나아가 이는 때로는 완전히 조율될 수 없는 차이마저 배제하지 않고 품어내려는 삶의 방식이라 할 수 있다.

다문화 공동체에서 우리는 각자의 앎의 리듬을 살아가며, 때로는 개념의 정의를 놓고, 방법론을 두고, 혹은 글쓰기의 방향을 두고 충돌한다. 하지만 충돌하면서 작용반작용처럼 우리는 서로에게 영향을 주고받는다. 그리고 그렇게 영향을 주고받는 과정에서, 나의 철학적 민감성은 사회적 분석 도구로 확장되고, 사회적 접근 방식은 나의 사유를 구체적인 현실로 연결해 주었다. 나는 애나 칭의 언어를 빌려, 이 공동체를 '다문화적 공생 생태환경'이라 부르고자 한다. 나는 이 공동체 안에서 '전공의 전환'이라기보다 사유의 생태계를 이주하고 있었다.

2) 논문 쓰기를 '번역'하다.

(1) 구조주의 레비-스트로스

강의실에서 오가는 질문과 대답, 서로의 텍스트를 읽고 쓰며 겪는 미세한 감응, 때론 실수와 오해에서 비롯되는 반성과 논쟁은 모두 공동체 구성원 각자의 논문 주제와 연구 방향에 실질적 영향을 미친다. 나는 이 일련의 과정을 라투르(Latour, 2005)가 말한 '번역'의 과정에 견주어 보았다. 라투르의 번역은 서로 다른 행위자들이 만남을 통해 역할과 목표를 조정하고 새로운 네트워크를 형성하는 과정이다.

나는 1학기 동안 두 명의 박사논문이 구성되고 통과되는 전 과정을 경험을 했다. 이 경험은 글에 있어서 일종의 구조적 변화 과정에 대한 생생한 관찰경험이었고, 마치 레비-스트로스의 구조주의 사유가 눈앞에서 구현되는 듯한 느낌이었다.

> 연구자 내 말 무슨 말인지 알지? 논문 심사 때 지적받은 내용 하나같이 세미나 시간에 멘토들이 다 했던 말들이잖아. 그 말들을 잘 새겨듣고 반영해야지.(K 교수. 2024. 2월. 둘째 주 성찰일지)

> 논문의 구조가 있어. 여기에 맞춰서 써야지.(2024. 2월. 둘째 주 성찰일지)

레비-스트로스의 '요리의 삼각형'은 '날것(le cru), 익힌 것(le cuit), 썩은 것(le pourri)'이라는 세 범주를 통해 인간이 자연을 어떻게 문화적으로 전환하는지를 설명하는 상징 체계다(Lévi-Strauss, 1964:36-41). 흥미롭게도 이 구조는 학문적 글쓰기, 특히 논문 작성의 전개 과정과 유사해 보인다. 가령, 논문 초안은 '날것'의 상태에 해당한다. 초안은 주제나 문제의식이 아직 구체화되지 않은, 가공 이전의 사유 더미 같다. 또 연구자가 자기 직관과 경험에 의존하여 방향을 탐색하는 시기이며, 하나의 가능성으로서의 주장이 놓인다. 그런 다음 이 날것은 '굽기'와 '삶기'를 거치며 익혀진다. 굽기는 직접적이고 미완의 데이터나 아이디어를 비교적 날 것으로 드러내는 과정이라 할 수 있다. 삶기는 개념적 용기와 이론이라는 물을 통해 생각을 매개하고 정제하는 조리의 단계일 것이다.

이때 중요한 것은 동료 연구자와 멘토의 피드백, 그리고 지도교수의 슈퍼비전이다. 동료와 멘토는 자료의 결함, 논리의 취약점, 언어의 미숙함을 끄집어내어 비판적으로 검토하며, 연구자의 사유를 '삶기'로 전환하게 돕는다. 지도교수의 개입은 때로는 조리도구를 부수는 '훈제'의 방식과도 같다. 훈제는 직접적이면서도 깊숙이 침투하는 조리법으로, 기존의 분석 틀을 전복하거나 새로운 이론을 도입하는 비판적 전환과 재구성을 의미한다. 지도교수는 이 과정에서 연구자의 어설픈 가정을 무너뜨리고, 더 성숙한 논리와 구조로 이끌어내는 촉매 역할을 수행한다. 논문 쓰기는 이처럼 지식이 익어가는 시간의 층위 속에서 수많은 타자들과의 접촉, 조율, 충돌, 그리고 숙성의 과정이라고 나는 레비-스트로스를 참조하여 번역해 보았다. 음식이 조리를 통해 맛과 의미를 획득하듯, 논문은 연구자의 사유가 익고 부풀어오르는 하나의 공동작업이라고 생각한다.

그런가 하면, 레비-스트로스가 언어의 이중 구조를 설명하기 위해 제시한 랑그(langue)와 빠롤(parole)의 구분은 논문 작성의 구조와 의미 형성을 사유하는 데 탁월한 분석적 틀을 제공한다. 랑그는 언어 공동체 내에서 공유되는 통시적이고 체계적인 구조, 즉 문법과 규범, 구문론적 관계를 포함한 언어의 잠재적 질서이다. 빠롤은 그러한 질서 위에서 구체적 화자에 의해 실현되는 개별적이고 순간적인 발화 행위이다(Levi-Strauss, 1962:273~275).

이 구분을 나는 논문이라는 특정한 담론 형식 안에서 사유가 어떻게 조직되고 표상되는지를 덧대어 보았다. 논문 쓰기 역시 이와 유사한 이중 구조를 지닌다. 논문의 비가시적인 형식과 구성 원리, 예컨대 목차의 위계, 논리의 전개 방식, 인용의 체계, 논증의 구조 등은 '랑그'에 해당하는 잠재적 규칙의 장(場)이다. 이 랑그는 학문공동체 내부에서 일정한 글쓰기 형식을 가능하게 하는 기반이 된다. 반면, 구체적으로 언어화된 연구자의 문제의식, 주제 구성, 이론적 배치, 자료 해석의 방식, 문체와 어휘 선택 등은 '빠롤'에 해당하는 개별적 실현이다. 즉, 연구자는 구조의 제약과 기대 속에서 자신의 사유를 가시화하고, 그러면서 그 구조에 개입하며 의미를 창출한다.

박사논문 심사 과정은 이러한 랑그와 빠롤의 정합성과 긴장 관계를 시험받는 과정이라 할 것이다. 심사자들은 먼저 논문이 학문공동체의 형식적 기대와 규범을 충족하고 있는지를 살핀다. 이 과정은 논문의 구조적 타당성, 형식적 완결성, 논리적 정합성을 통해 랑그의 충실한 재현 여부를 점검하는 절차이다. 그 위에, 해당 연구가 제시하는 새로운 개념틀, 독창적 해석, 창의적 구성 등 빠롤의 고유성이 얼마나 정련되고 설득력 있게 전개되고 있는지를 평가한다. 이 두 차원이 정합적으로 작동할 때, 그러니까 규범성과 개별성이 유기적으로 결합될 때에라야 마침내 논문은 사유의 학문적 구조물로서 승인받게 된다.

논문 쓰기의 전 과정은 정보의 배열이 아니다. 여기서 글쓰기는 의미를 생성하는 기하학적 사유의 구조를 구축해가는 실천이다. 처음에는 무질서하고 흩어진 사유의 파편들이 점진적으로 의미의 층위를 갖춘 구조화된 담론으로 정련되어 가는 여정은 진주를 실에 꿰는 과정이었다. 이 점에서, 논문 작성은 레비-스트로스가 말한 구조주의의 이론적 명제를 구현하는 하나의 수행적 활동으로 이해될 수 있으며, 나아가 연구자로서의 성장을 추동하는 형식적 훈련의 장이었다.

(2) 유물론적 구성주의 브뤼노 라투르

레비-스트로스의 구조주의가 문화 현상 속에 잠재한 보편적 구조와 상징 체계를 해명하려 했다면, 라투르의 행위자-네트워크 이론(ANT: ActorNetwork Theory)은 고정된 구조 대신 사건과 관계의 현장에서 끊임없이 생성되고 해체되는 연결망에 주목한다. 레비-스트로스가 '보이지 않는 구조'를 찾아 나섰다면, 라투르는 그 구조를 가능하게 하는 물질적·비물질적 행위자들의 얽힘과 협상, 번역의 과정을 추적했다. 구조주의가 인간 주체를 중심으로 의미 생산의 법칙을 탐구했다면, ANT는 인간과 비인간의 대칭성을 전제하며 실천과 물질, 제도와 사물이 함께 만들어내는 세계의 구체적 양상을 드러낸다. 라투르는 이를 '유물론적 구성주의(materialist constructivism)'라 부를 수 있는 방식으로 전개하며, 과학의 실재를 이해하기 위해 과학실험실로 들어가 민족지적 방법을 적용했다. 나는 이러한 차이를 발판 삼아, 연구공동체라는 살아있는 네트워크 속에서 박사논문이 어떻게 형성되는지를 민족지적으로 탐구했고, 그 경험은 라투르의 ANT를 한층 더 감각적이고 생생하게 이해하게 해주었다.

ANT는 사회적 세계와 자연적 세계를 인간만으로 이루어진 영역으로 보지 않는다. 대신 인간과 비인간 행위자들이 서로 얽히고 상호작용하면서 형성하는 거대한 연결망으로 이해한다. 라투르(1990)는 과학 지식이란 과학자가 '자연'이라는 외부 세계에서 수동적으로 발견하는 것이 아닌 다양한 행위자들이 펼치는 실천과 네트워크의 맥락 속에서 점진적으로 빚어내는 산물이라고 강조한다. 즉 과학적 사실은 실험기구, 기록지, 논문, 도표, 데이터, 연구자, 실험실에 이르기까지, 인간과 비인간 행위자들이 얽히고설키는 복합적인 관계망에서 태어난 결과물이라는 것이다. 이러한 결과는 끊임없이 재편되고 재해석되며 새롭게 구성된다(Latour, 1987).

라투르가 ANT에서 가장 깊이 천착한 것은 이 '구성성(construction)'과 인간과 비인간 행위자의 '대칭성(symmetry)'이다. '대칭성'은 인간과 비인간 행위자들이 동등한 주체로서 네트워크에 자리하며 서로의 역할과 힘을 발휘한다는 의미이다. 이 관점은 우리가 흔히 인식하는 인간 중심적 세계관에서 탈피해 사물과 기술, 공간, 감정 등 비인간 행위자들까지도 동등한 행위자로 존중하는 새로운 시야를 연다. '구성성'은 이 네트워크가 고정된 실체가 아님을 드러낸다. 네트워크는 끊임없이 새로이 짜이고 풀리며 변주되는 살아 있는 조직체라고 봐야 한다는 것은 바로 이런 맥락이다. 과학 지식조차 실험기구, 연구자, 데이터, 기록 등 행위자들의 복합적 관계망 속에서 태어나며, 언제든 재구성되고 해체될 수 있다. 이와 같은 과정은 서로 다른 행위자들이 자신의 위치와 의미를 조율하고 때로는 재배치하며, 네트워크의 형태를 지속적으로 변화시킨다. 라투르는 이 과정을 ANT의 핵심인 '번역(translation)'이라고 부른다.

ANT적 접근은 내가 참여자로 경험한 논문 작성 과정과 닮아 있다. 연구자가 논문의 초안을 발표 한 이후, 지도교수의 세심한 피드백, 멘토 박사의 날카로운 비판, 질의응답 시간, 읽기 모임에서 오간 다양한 의견이 논문에 더해졌다. 여기에 방대한 연구 자료와 이론, 목차와 각 장의 내용이 서로 재배치되면서 논문의 구조와 방향이 지속적으로 다시 쓰이고 조율되었다.

이 과정을 거치며 나는 지식 생산이 수많은 요소가 맞물려 생성되는 '네트워크 효과'의 혼성적(hybrid) 산물임을 깨달았다(Latour, 2005). 특히 줌 미팅 공간, 노트북, 감정, 인터뷰 자료 등, 그동안 질적연구에서 충분히 주목받지 못했던 비인간적 요소들의 행위성과 역동적 상호작용을 뚜렷하게 경험할 수 있었다. 여기서 연구자란 외부의 삶을 해석하고 기술하는 중립적이고 고립된 주체가 결코 아니었다. 연구자의 위치는 엄밀히 말해 자신이 얽힌 인간과 비인간 행위자들의 촘촘한 네트워크 속 연결점이자 한 축이라고 하는 편이 좋을 것이다.

3. 질적연구방법론을 찾아 모험하다.

1) 포스트 질적연구: 존재론과 인식론의 전환

인간 중심의 틀에서 사회 현상을 탐구하던 전통적 질적연구에서 벗어나, 포스트 질적연구로의 모험은 인간 존재, 연구 행위, 그리고 세계와 맺는 관계를 근본부터 새롭게 성찰하는 여정이었다. 그 과정에서 나는 전통적 인간 중심 시각을 넘어서기 위한 철학적·이론적 틀을 모색했고, 이때 라투르의 행위자-네트워크 이론(ANT)과 애나 칭의 다성적 생태계 사유에 깊이 매료되었다. 이들은 인간과 비인간, 자연과 문화가 복잡하게 얽힌 관계망 속에서 존재와 지식이 구성됨을 설득력 있게 보여주었다. 이러한 시각은 곧 포스트휴먼 사유와 중첩되어 있었다.

포스트휴먼 사유는 인간이 독립적이고 고립된 주체가 아니며 기술과 더불어 진화해 온 존재라는 전제에서 출발한다(Thrift, 1996). 나아가 인간을 자연, 사물, 미생물, 알고리즘 등 비인간 존재들과 끊임없이 '함께-되기'를 통해 관계 맺는 상호적 행위자로 새롭게 조명한다. 이로써 인간만이 윤리적 주체이며 지식 생산의 중심이라는 전통적 관점은 더 이상 지속될 수 없게 되었다. 대신, 인간은 인간과 비인간 행위자들이 서로 응답하며 관계를 맺고 얽혀 있는 네트워크 속 존재로 재사유되어야 한다. 연구자로서 나는 이러한 포스트휴먼적 관계망 속에서 응답하고 개입하는 주체로서 자신을 자리매김하였기에, 연구를 위한 새로운 도구 상자가 절실히 필요했다.

전통적인 질적연구는 인간만을 행위자로 봅니다. 나는 포스트 질적연구라는 말이 불편합니다. 사회과학의 연구 방법은 양적연구, 질적연구, 그리고 혼합연구, 이렇게 세 가지입니다. 그렇기 때문에 '포스트-'는 하나의 패러다임, 혹은 담론이지 연구 방법은 아니라는 게 내 입장입니다.(K 교수. 2024. 5월. 둘째 주 성찰일지)

포스트휴먼 기반 질적연구는 인간 중심적 인식론에서 탈피하여, 인간과 비인간의 얽힘을 사유하고 기술하려는 시도로 주목받고 있다. 방법론의 변화는 탐구하는 방식의 변화만이 아니라 존재론과 인식론의 변화를 수반하기 때문에, 새로운 방법론의 시도들은 주류 학계에서 배척당하기 쉽다. 하지만 연구의 지평을 넓히고 학술적으로 더욱 발전하기 위해서는 주류에 속하지 않는 다양한 관점들이 더욱 존중될 필요가 있다고 본다.

담론과 방법...이론과 방법...패러다임은 관점인가? 방법인가? 실천인가?(2024. 5월. 둘째주 성찰일지)

포스트휴먼적 질적연구는 미시생물 수준의 공생(symbiosis)과 공-산(sym-poi-esis), 생기론(vitalism)의 개념을 수용하고, 양자역학의 원리를 과학적 존재론의 전환을 설명하는 데 참조한다. 예컨대, 보어(Bohr)의 상보성 이론(complemen-tarity), 양자의 얽힘(entanglement), 아인슈타인(Einstein)의 중력이론은 인간과 비인간 사이의 윤리적 실천의 가능성을 제기하는 사고의 전이로 제시된다. 이처럼 생물학과 물리학과 존재론, 윤리를 가로지르는 융합적 사유는 포스트휴먼 질적연구의 급진성과 철학적 폭을 드러낸다.

포스트 질적연구의 문을 열었던 피에르(Pierre)는 포스트 질적연구가 "인간 중심주의를 벗어나 존재 자체를 생성적이며 관계적인 것으로 인식하려는 철학적 전회"를 수반한다고 강조한다(Pierre, 2021). 철학적 전회란 철학이 해석의 배경이 아니라 방법론 그 자체로 작동하며, 윤리적 실천과 직접 연결되어야 한다는 것인데 이것은 일종의 학문적 실험이라고 봐야 할 것이다. 왜냐하면, 이론에서 방법론을 추출하고 이 방법이 실천으로 이어지게 하기 위한 구체적 방법이 제시되기 어렵기 때문이다. 탈구조주의의 노선은 해체 이후 재구축이 난제이듯이 세인트 피에르의 포스트 질적연구 역시 이 노선을 경유하고 있어서 이렇다 할 구체적 방법을 말하지 못한다. 특히 포스트 질적연구는 글쓰기를 어떻게 할 것이며, 이 글쓰기로 작성된 연구의 평가 기준은 어떻게 정해야 하는지 등도 불투명하다(류영휘 외, 2023).

그럼에도 이러한 전환은 기존의 질적연구가 가지고 있던 인간 중심주의, 언어 중심주의, 고정된 의미의 추구에서 벗어나고자 한다는 점에서 의미가 있다. 또 인간과 비인간, 담론과 물질, 주체와 환경이 서로 얽히는 다중적이고 생성적인 세계에 대한 감응적 접근을 가능하게 한다. 그리고 보면, 이 연구 방법이 취하는 '시선'은 시인, 메리 올리버(Mary Jane Oliver)의 '시선'과 닮아있기도 했다. 그녀의 시집 『천 개의 아침』(2012)에서 그토록 짧은 삶을 사는 누에나방의 '슬픔'과 발에 밟히면서 야단법석을 떠는 그들의 '활기'를 노래한다. 『기러기』(2015) 에서는 푸른 하늘 빛 물결 아래 오랫동안 '여행' 했을 쇠고둥, 능소화에 잠시 멈춘 벌새의 '행복한 마음'을 포착한다. 올리버의 시편은 여우, 흉내지빠귀, 나방, 산과 강, 조수, 연못, 그리고 양귀비 등 자연의 비인간 존재들을 시적 주어로 삼아 인간과 자연의 경계를 허물고 서로에게 깊이 감응하는 존재론적 관계성을 노래한다.

여기서 나는 글쓰기와 관련하여, 한층 더 구체적인 감응과 협업의 세계로 눈을 돌릴 수 있었다. 바로 비올라 다 감바(viola da gamba)라는 악기다. 이 악기는 연주자와 몸을 맞대고, 활과 줄, 공기와 공간, 그리고 음파가 복합적으로 어우러져 소리를 만들어낸다. 파스칼 키냐르(Pascal Quignard)가 『세상의 모든 아침』(1991/2013)에서 그려낸 생트 콜롱브의 비올라 다 감바 연주는, 마치 포스트 질적연구자가 다양한 인간·비인간 행위자들과 얽혀 글을 쓰는 과정과 같다. 연구자의 글쓰기는 자료, 환경, 감각, 도구, 그리고 연구자 자신이 만들어내는 다층적 네트워크 속에서 빚어지는 산물이다. 비올라 다 감바가 몸과 활, 현, 음향 공간 사이의 섬세한 관계를 통해 생명을 얻듯, 연구자의 글쓰기도 다종적 존재들의 연합 속에서 살아 움직인다.

따라서, 포스트질적 연구에서 '어떻게 감응할 것인가'는 '무엇을 보는가' 못지않게 중요하며, 그 감응이 글쓰기라는 매개로 세계에 펼쳐질 때 비로소 존재론과 인식론의 전환이 실현된다.

2) ANT 속으로 모험을 떠나다.

포스트 질적연구방법으로 나는 브뤼노 라투르의 행위자-네트워크 이론(ANT)에 주목했다. ANT는 인간과 비인간, 사회와 기술, 언어와 물질 간의 구별을 중단하고, 이들이 어떻게 연결되어 하나의 사건이나 사실을 구성하는지 기술하는 데 초점을 둔다. ANT의 방법론적 특징은 다음 네 가지로 정리될 수 있다(Latour, 1987). 첫째, 대칭성의 원리에 따라 인간과 비인간을 동등한 행위자로 간주하며, 사물도 사회적 구성에 기여하는 능동적 주체로 본다. 둘째, 행위자 간 연결은 번역의 과정을 통해 이루어지며, 이 과정은 행위자들이 끊임없는 협상, 변형, 재구성되는 실천적 과정이다. 셋째, ANT는 인과 관계보다는 연결망의 형성 과정에 주목하며, '왜'보다는 '어떻게'라는 질문을 통해 현상을 기술한다. 넷째, ANT는 평평한(flat) 존재론에 기반하며 어떤 행위자도 우선권을 갖지 않고 네트워크 내에서의 위치와 연결 방식에 따라 그 효과성이 발생한다.

여기서 내가 중요하게 여기는 것은 두 가지다. 첫째, ANT는 특정 현상의 원인을 단일한 인과로 환원하지 않으며, 무엇이 왜 발생했는지를 설명하기보다는 그 사건이 어떻게 구성되었는지를 기술하는 방식을 채택한다(Law, 2008; Mol, 2010)는 점이다. 나는 이 내용을 앞으로의 내 연구 방법에 적용하여 하나의 사건이 어떻게 일어났는지 바라보는 관점으로 삼고자 했다. 더불어 사건과 현상을 추적하는 글쓰와 접목해보고 싶었다. 레비-스트로스는 『슬픈열대』(1955)에서 항해 중에 보았던 일몰에 관해 한 장을 할애하여 긴긴 묘사를 한다. 가령, 다음과 같은 문장을 보자.

정확히 오후 5시 45분. 첫 번째 단계가 그 윤곽을 드러냈다. 태양은 아직 수평선에 닿지는 않았지만 이미 낮게 내려와 있었다. 태양이 구름으로 지어진 건축물 아래로부터 나타나는 순간, 달걀 노른자 위처럼 터져서 그때까지 태양을 매달고 있던 형체를 햇빛으로 더럽히는 듯 하였다가, 그 밝은 빛의 출현은 다른 퇴거의 원인이 되었다. 주위는 모두 광휘를 상실하였으며 바다의 위쪽 한계선과 구름의 아래쪽 한계선 사이에 거리를 두고 유지되어 오던 공간 속으로, 조금 전까지만 해도 너무나 눈부셔서 분간조차 할 수 없다가 지금은 뾰족하고 침침해진 안가의 산맥을 볼 수있었다. 이와 동시에 처음에 평평하던 곳은 불룩해져 있었다. 검고 단단한 이 작은 물체들(안개)의 산책은 색채 세계의 개막을 의미했다. 그것은 널따랗고 불그스름한 금속판을 가로질러 느릿느릿 수평선에서 하늘을 향해 올라가는 한

가로운 이동이었다(Lévi-Strauss, 1955/1998:183).

레비-스트로스의 이 문장들은 해가 지는 자연의 묘사다. 여기서 질적연구
자의 탁월함이 낭중지추처럼 나타나고 있는데, 가령, 태양, 구름, 빛, 안개,
산, 바다가 서로 얽혀 어떤 사건적 장면(scene)을 생성하는 과정을 치밀하게
기술하고 있다. 이것은 브뤼노 라투르의 행위자-네트워크 이론에서 강조하는
'비인간 행위자의 동등성과 관계망을 따라-기술하기'라는 글쓰기 전략과 놀라
울 만큼 공명한다. 태양은 달걀 노른자처럼 터져서 주변 세계를 물들이고,
구름은 건축물처럼 구조를 만들고, 태양의 움직임을 매개한다. 안개는 검고
단단한 작은 물체로서 산책하며 색채 세계의 개막을 이끈다. 그리고, 산맥은
조금 전까지 눈부셔서 보이지 않다가 이제야 분간된다. 열거한 모든 요소들
은 일몰이라는 사건을 구성하는 행위자들이다. 태양이 중심이 아니라 행위자
들이 서로를 매개하면서 장면이 전개되는데 라투르는 이를 배치의 결과로
나타나는 존재의 차이라고 본다.

이번에는 시간성과 공간성을 보자. 시간은 오후 5시 45분이라는 구체적인
순간으로 시작되며, 공간은 바다의 위쪽 한계선과 구름의 아래쪽 한계선 사이
리는 식으로 물리적, 감각적, 관계적 위치성으로 정교하게 기술하고 있다.
ANT 글쓰기의 핵심은 사물을 고정된 속성으로 설명하지 않고 관계망 속 위
치에서 기술하는 것이다. 위의 인용한 문장은 그 관계적 위치들을 서사적으
로 정확히 기술한다. 또 라투르는 행위자-네트워크 이론에 대하여 『Reass-
embling the Social』(2005)에서 "사회는 설명되어야 할 것이 아닌 배치되어
야 할 것이다. 설명이 아니라 추적(trace)이 필요하다."라고 말한다. 위의 인용
한 문장은 어떤 해설도 없이, 빛, 색, 구름, 안개, 시간, 경계선 등이 등장하고
사라지며 '배치'되는 장면을 사유 이전의 감각적 리얼리티로 따라간다. 한마
디로 레비-스트로스의 글은 라투르가 ANT에서 제안한 "기술하고, 추적하고,
드러내는 글쓰기"의 모범적 예라하겠다.

둘째, ANT는 인간과 비인간, 물질과 기호, 기술과 언어를 동등한 행위자 (actant)로 보는 대칭성의 원리를 주창한다. 그러나 ANT의 관점에 반대하는 입장에서는 비인간의 행위자성을 문제 삼는다. 예컨대, ANT가 말하는 비인간 행위성은 인간으로부터 목적이나 지향성을 박탈하면서 인간과 비인간을 구분하지 못하게 만든다고 지적한다. 인간과 기계가 너무나 밀접해지는 나머지 인간은 컴퓨터-인간 또는 다른 혼종적 인공물들의 집합적 군중이 되어 어떤 개체성이나 지향성도 갖지 못한다는 것이다. 이러한 비판은 ANT의 방법론적 전제를 겨냥한다. 즉, ANT가 인간의 의도성과 개별적 주체성을 해체한다는 점, 그리고 인간을 기계나 기술과의 혼종적 결합체로 환원할 위험을 내포하고 있다는 점에 초점을 둔다. 이러한 관점에서 보면, 인간은 독립적이고 목적 지향적인 행위자로서의 지위를 상실하고, 관계망 속에서 비인간과 구분 불가능한 하나의 매개체로서만 남게 된다.

그러나 ANT의 대칭성 원리는 인간의 주체성을 제거하거나 부정하려는 규범의 명제가 아니다. 차라리 분석의 출발점에서 인간과 비인간을 동일한 방식으로 기술(description)하라는 방법론적 명령에 가깝다. 즉, 대칭성은 인간 행위자의 영향력을 축소하려는 것이 아니다. 오히려 사건이나 결과를 구성하는 과정에서 비인간 행위자가 수행하는 매개와 변형의 역할을 은폐하지 않고 드러내기 위한 분석적 도구이다.

실제로 라투르(2005)는 네트워크 속에서 특정 행위자가 더 큰 영향력을 발휘하는 순간을 부정하지 않는다. 그는 이를 '의무 통과점(obligatory passage point)'이나 '계산의 중심(center of calculation)' 개념으로 설명하면서, 네트워크 내에서 일시적이지만 결정적인 행위성의 집중이 발생할 수 있음을 인정한다. 따라서 어떤 사건이나 결과가 구성되는 과정에서 개입과 조율, 책임을 담당하는 주된 인간 행위자가 존재하는 것은 ANT의 전제와 모순되지 않는다. ANT는 특정한 중심성이 어떠한 과정을 통해 형성되고 유지되며 변화하는지를 탐구한다. 나아가 이러한 중심성이 다른 행위자들과의 상호작용과 번역 과정을 거치면서 어떻게 재구성되는지를 추적한다.

이를 나의 연구에 비추어 보면, 나는 영화 〈가디언즈 오브 갤럭시 Vol. 3〉의 시사점을 생태적 공존으로 주장하는 논문(백우인, 2024)을 쓴 적이 있다. 이때, 생태적 공존이라는 프레임으로 의미화하는 글쓰기를 수행하는 '나'는 분명히 이 과정의 주된 행위자(primary actant)로서 책임과 방향성을 주도한다. 그러나 이 글쓰기는 영화의 서사 구조, 미장센, 편집, 마케팅 자료, 영화 속 캐릭터, 관객의 문화적 기대, 생명정치 이슈까지 수많은 비인간 행위자가 얽히고 매개했다. 이처럼 ANT의 대칭성 원리는 인간의 중심성을 인정하되, 그 중심성을 본질적이고 고정된 것으로 이해하기보다 네트워크적 관계 속에서 구성되고 가변적으로 유지되는 과정으로 파악하게 한다. 따라서 '인간 고유성의 해체'라는 우려는 ANT의 방법론이 제안하는 주체성의 관계적 재정의로 재해석될 수 있다. 라투르의 대칭성원리는 연구자인 내게 수행의 한 양태인 '글쓰기'에 관해 골몰하게 했다. 그의 대칭성원리는 글을 쓰는 인간 행위자의 실천을 통해 비인간 행위자의 은폐된 힘을 드러내는 것이라고 이해되었기 때문이다.

3) ANT 추적하기

ANT의 탐구는 크게 세 가지 차원에서 이루어진다. 첫째, 행위자-네트워크의 연결성은 행위자들이 어떻게 모이고, 그 관계가 어떻게 형성, 변화, 소멸되는지를 탐색한다. 나는 이 원리를 일상적으로 사용하는 스마트폰에 적용해 보았다. 스마트폰은 시간과 공간, 맥락에 따라 소비자, 생산자, 교육자, 기술자 등 다양한 행위자와 관계를 맺으며 다층적 연결망을 구성한다. 예를 들어, 교육 현장에서는 학습자, 플랫폼, 콘텐츠 생산자, 교사, 학습관리시스템과 얽히고, 금융 분야에서는 소비자, 결제 시스템, 앱 개발자, 개인정보 보안 알고리즘 등과 복잡한 관계를 형성한다.

둘째, 다중 사회물질 세계의 아상블라주(assemblage)는 이질적인 사회·물질적 요소들이 어떻게 결합하여 상호작용하는지를 보여준다. 스마트폰은 기술 장치면서 소비시장, 금융, 교육, 정치, 노동, 감시 영역과 긴밀히 얽혀 있다. 예컨대, 스마트폰은 학습 기회를 확장시키는 동시에, 플랫폼 기업의 알고리즘과 사용자 데이터 분석을 통해 특정 행동 패턴을 유도하거나 감시하는 기능도 수행한다. ANT는 이처럼 하나의 사회물질적 실천이 다른 실천을 증진하거나 제약하는 복합적 상호작용을 드러낸다.

셋째, 행위자-네트워크의 정치성은 특정 행위자의 네트워크 내 위치와 권력 작용, 중심과 주변화, 그리고 연결성에 미치는 윤리적·정치적 영향에 주목한다. 스마트폰도 정치적 기술물로 작동하며, 정보 접근성과 네트워크 연결성을 통해 기술 접근권의 격차를 낳는다. 또, 교육과 소통, 정보 소비에서 구조적 불평등을 심화시킨다. 애플, 구글, 삼성 등 주요 기업의 운영체제, 앱스토어 정책, 알고리즘 설계는 사용자 경험과 선택을 은밀히 통제하거나 제한하여 권력을 행사하기도 한다. 예를 들어, 내가 의자를 검색한 후 페이스북에 의자 관련 광고가 지속적으로 나타나는 현상이 대표적 사례다. 이러한 정치적 구성은 종종 주변 행위자를 배제하고 침묵시키며, 특정 행위자의 네트워크 내 중심성을 강화한다. 나는 이처럼 스마트폰이라는 일상적 객체를 ANT의 분석 틀에 적용하여, 그것이 사회적 관계와 물질적 조건, 그리고 정치적 맥락이 서로 얽힌 복합적인 네트워크 속에서 어떻게 작동하는지를 살펴보았다. 나아가 이러한 관계망이 형성되고 다시 재구성되는 과정을 추적하였다.

생활 속 경험 위에서 ANT는 하나의 분석 틀이라기보다는, 복잡하고 혼종적인 세계에 개입하고 응답하는 윤리적-존재론적 실천 방식이라고 보는 것이 좋을 것 같았다. ANT를 실천적 도구로 삼아, 나는 인간 중심의 질적연구에서 한 발 더 나아가 다종족 존재들의 얽힘을 기술하고 사유하는 모험의 장을 열어가고 있다.

4. 처음 나온 메리골드 꽃을 따주며

두 학기 동안의 내 학문여정은 메리골드 꽃차가 완성되는 과정에 비유할 만하다. 메리골드 꽃차를 만드는 과정은 손이 많이 간다. 『양구일지』(김영순, 2024a:158)는 꽃차가 완성되는 과정을 이렇게 기록한다.

처음 핀 꽃은 모두 따줘야 그다음에 피어날 꽃들이 더 튼튼하고 온전해진다. 그 꽃을 따서 햇볕에 말리거나 건조기로 수분을 모두 없앤 뒤, 프라이팬에 네댓 차례 덖고, 마지막으로 미온 속에 잠재워야 비로소 꽃차가 완성된다.

나는 이 구절을 읽으며, 첫 꽃을 따서 다음 꽃을 더 건강하게 키우는 일처럼, 내가 어렴풋이 알고 있다고 여겼던 지식을 내려놓으려 했다. 그렇게 더 단단한 지식의 토대를 만들기 위해, 서두르지 않고 차분히 텍스트 속으로 침잠하는 시간을 보냈다. 꽃차가 저절로 되지 않듯, 그것이 완성되기까지는 햇빛, 꽃을 따는 손, 건조시키는 손, 프라이팬, 그리고 기다림이 필요하다. 꽃차조차 그러한데, 한 사람이 '그 사람'으로 존재하기까지는 얼마나 많은 요소와 시간이 필요할까.

해러웨이(Haraway, 2016)가 말했듯, 우리는 결코 우리 자신을 홀로 만들지 않는다. 우리는 언제나 다른 존재들과 함께 만든다. '나'는 이미 태생적으로 다종(multispecies)·다매체(multimedia)의 얽힘 속에 놓여 있으며, 매 순간 그 그물망을 따라 번역되고 조율되는 과정 속에서 빚어진다. 내가 알고 있다고 믿는 것들은 끊임없는 상호작용과 재구성을 통해 잠정적으로 머무는 지식일 뿐이다.

연구자가 되어가는 길은 이러한 유동성과 얽힘을 받아들이는 훈련이다. 그것은 질문을 멈추지 않는 일이며, 답을 향해 가는 길에서 필연적으로 마주하는 모호함과 침묵, 그리고 때로는 견디기 힘든 고독의 시간을 통과하는 일이다. 나는 이 시간을 '절대시간'이라 부른다. 절대시간은 감당해야 하는 수동적 시간이지만, 사유와 감각이 발효되고 미세한 의미들이 서서히 결을 드러내는 시간이기도 하다. 메리골드 꽃차가 완성되는 과정을 나는 이처럼 존재를 가꾸는 은유로 번역해 본다. 나 또한 익숙하지 않은 이론들을 조심스레 만나고, 그 결을 더듬으며, 반복된 사유와 숙성을 거쳐, 마침내 향과 맛이 우러나는 존재론적 지식으로 완숙되기를 바란다.

지금 내 손에는 여전히 답을 찾지 못한 질문지가 남아 있다. 그것은 마치 덖지 않은 꽃잎과 같아, 아직 우러날 기회를 기다리고 있다. 만들어야 할 지식의 꽃차가 아직 많은 나는 완성을 위해 다른 존재들과의 얽힘 속에서, 그리고 절대시간 속에서, 한 번 더 천천히, 그러나 꾸준히 매만질 것이다.

공동연구에서 협동과 갈등
이중주

교육실천가에서 다문화교육 연구자로[*]

1. 강사로서의 삶과 배움의 길

1) 가르치는 기쁨에서 출발한 교육 여정

1980년대 말 연구자는 교육학을 전공하는 대학생이었다. 덕분에 쉽게 과외로 용돈을 벌 수 있었다. 내가 처음 과외를 시작한 학생은 중학교 2학년 남학생이었고, 영어와 수학을 지도했다. 학생은 영어 시간에는 줄곧 하품하며 지루해했는데 수학 공부할 때는 집중했다. 나는 학생이 이과 성향이라 생각했다. 다음에 만난 중학교 3학년 여학생도 같은 반응이었다, 수학이 점점 재밌다며 공부하기 시작했다. 이 학생들은 중위권 실력이었지만 수학 점수 덕에 원하는 고등학교에 합격했고, 나는 학부모로부터 마늘 한 접(통마늘 100개)을 선물 받았다.

나의 어머니만 좋아하셨던 선물이었지만 '나에게 수학을 잘 가르치는 재능이 있나?' 하는 생각을 하게 했다. 이후로, 나는 계속해서 수학을 가르쳤다. 내가 가르친 학생들은 하위권 학생이 상위권으로 진입하는가 하면 격주 토요일 무료 특강에서 영재 수학을 공부하던 4명이 모두 교육청 영재교육원에 합격하는 결과를 얻었다. 이러한 결과는 수학전공이 아닌 내가, 수학 강사로

---

[*] 05장은 김란휘·김영순(2025). 실천가에서 연구자 되기: 다문화교육학 박사과정생의 학문수행에 관한 자문화기술지 연구. 문화교류와 다문화교육, 14(5), 133-157.에 게재된 내용을 수정하고 보완했음.

자부심을 느끼며 살게 된 이유가 되었다. 후에, 나는 대학원에서 수학교육학을 공부하였고 그렇게 30년 넘게 수학 강사로 살았다.

수학 강사에게 글쓰기는 쉽지 않았다. 글보다 표를 만들거나 식을 세우는 것에 익숙했고, 정형화된 틀에 자료를 넣어 결과를 증명하는 것이 익숙했다. 그러던 수학 강사가 박사과정에서 매주 성찰일지를 작성하여 제출해야 하는 것은 어려운 과제였다. 특히 성찰일지를 통해 자문화기술지로 연결하는 것은 단순한 경험과 개인의 기억을 회상하는 차원을 넘어서, 유년기의 상처나 살아오며 겪은 감정적 진동들을 다시 떠올리게 한다. 때때로 글쓰기 과정은 자책이나 원망의 감정을 수반하고, '이런 글을 써도 되는가?', '누군가에게 허락받아야 하는 것은 아닌가?'라는 내면의 질문을 불러일으킨다. 이에 대해 트린(Trinh, 1992)는 "글 쓰는 사람은 불확실성 속에서, 때로는 필요성 속에서 집필한다고 했으며, 글쓴이는 그렇게 할 것인가 말 것인가에 대해 허락을 받았는지의 여부를 묻지 않는다"라고 말한다(Trinh T. M, 1992). 또한 최욱(2014)도 「질적연구 핸드북」에서 이 문장을 자문화기술지의 도입부에 배치하며, 연구자에게 존재론적 정당성을 부여하는 글쓰기의 권리를 재확인시킨다. 이 문장은 내게 중요한 이정표가 되었고, 연구자의 삶을 학문적 서사로 전환하는 데 큰 용기를 주었다.

2) 학문을 향한 열망

학창 시절 내가 가장 부러워한 것은 자기 책으로 공부하는 친구들이었다. 고등학교 때 거의 모든 수업이 참고서로 진행되었지만, 참고서 살 돈이 없던 나는 쉬는 시간마다 옆 반 친구들에게 달려가 교재를 빌려 연습장에 필기하며 공부했다. 무언가 배우는 것이 늘 재미있었으나 일찍 철이 들어 책을 사달라는 말 한 번 하지 못한 채 졸업했다. 다행히 장학금을 받아 대학에 진학했지만, 마음속 깊이 자리한 열등감과 자격지심은 오랜 시간 남아 있었다.(2024. 12월 22일. 학습생애사)

나는 대학에 진학하면서 가정의 생활비와 학비를 벌기 위해 과외를 했다. 그러다 보니 공부할 환경이 되지 않았다. 대학 3학년 말에 교수들로부터 대학원 진학과 유학을 제안받았다. 학과장이셨던 K 교수가 연구실로 부르더니 대학원 입시에 필요한 책이라며 두꺼운 책 한 권을 들려주고는, 다 읽고 요약해오라고 했다. 진학할 수 없는 형편을 말씀드리지 못하고 연구실을 나오며 복도에서 흘렸던 눈물을 난 아직도 생생하게 기억한다. 점점 내 배경과 상황이 억울해졌다.

나는 독립을 꿈꾸며 결혼을 선택했다. 독립을 하면 진학이든 유학이든 가능할 것 같았다. 그래서 결혼을 전제로 한 소개를 통해 지금의 남편을 만났다. 남편은 나의 대학원 진학이나 유학에 긍정적이었고, 그가 보여준 지지는 내게 희망처럼 다가왔다. 결혼을 하면 내 힘으로 공부를 이어갈 수 있을 거라는 믿음이 생겼고, 그렇게 나는 학부 4학년 2학기, 친구들이 졸업을 준비할 무렵 결혼식을 올렸다. 그러나 현실은 달랐다. 그때 누군가 결혼이라는 제도가 여성에게 얼마나 불리한지에 대해 알려주었다면, 나는 좀 더 신중한 결정을 했을 것이다. 하지만 그 시절, 나에게 삶의 방향성을 진지하게 고민하게 해주는 어른은 없었다. 나는 결혼은 곧 희생이라는 사실을 알게 되었고, '여성'으로서의 위치에서 내가 감내해야 할 많은 일들을 마주하게 되었다. 경솔하고 무지한 선택임을 알게 되었지만, 이미 선택한 길 위에서 버틸 수밖에 없었다. 아이가 태어나고, 책임감으로 나를 지탱했다.

30대가 되던 해, 나는 집안의 큰 사건을 통해 결혼 당시 공부하고 싶었던 나를 다시 떠올렸다. 그러나 주변의 반응은 냉소적이었다. 결국 나는 아무에게도 알리지 않고 대학원에 원서를 넣었고 합격증으로 나의 강한 의지와 존재를 선언했다. 하지만 나의 대학원 생활은 녹록하지 않았다. 살림, 사업, 학업을 병행하는 삶은 전쟁과도 같은 전면전이었다. 특히 가사와 어린 두 아이의 육아는 온전히 내 몫이었다. 경조사, 명절, 가족 행사 또한 내 책임이었고,

남편이나 시댁, 친정마저도 그것을 당연하게 여겼다. 나는 종종 남성이었다면 육아와 살림에서 이토록 구속되지 않았을 것이라는 생각과 성역할 고정관념에 따라 '자유'의 정도가 결정되는 현실이 억울했다. 나는 맞벌이를 하지만 아무렇지 않게 텔레비전 앞에 있는 남편이 부러웠고, 내가 보장받지 못한 권리를 다른 사람들은 너무도 쉽게 누리는 것에 화가 났다.

주디스 버틀러(Judith Butler, 1990/2008)[1]는 "젠더는 고정된 정체성이 아니라 사회적 규범과 반복적인 행위를 통해 구성된다"고 주장한다. 즉, 우리는 특정한 방식으로 행동함으로써 '남성'이나 '여성'이라는 젠더를 수행하고, 이러한 수행의 반복을 통해 젠더 정체성이 형성된다는 것이다. 전통적으로 '성(sex)'은 생물학적으로, '젠더(gender)'는 사회적 구성으로 구분되어 왔다. 그러나 버틀러는 이 구분 자체에 의문을 제기하며, 생물학적 성 또한 사회적 담론과 권력 구조 속에서 구성된다고 본다.

결국 성별 이분법 자체가 자연적인 것이 아니라 문화적 산물이라는 것이다 주디스 버틀러(2008). 이러한 버틀러의 이론은 시대를 잘못 타고난 것에 대한 원망과 그 시대가 강요한 규범에 순응하며 살아야 했던 나에 대한 복합적인 감정을 불러일으킨다. 당당히 맞설 용기를 내지 못했던 나의 나약함은 부끄럽게 다가오고, 비난이 두려워 비겁하게 침묵했던 시간은 지금도 나에게 아프게 남아 있다. 억눌리면서도 끝내 버텨온 내 모습 속에서 교차하는 수치와 안도는, 여전히 정리되지 않은 혼란스러운 양가감정으로 자리 잡고 있다.

번데기는 겉에서 보기에는 죽은 듯이 보이지만 체내에서는 유충 조직의 퇴화와 성충조직의 생성이 진행되므로 얇은 피부의 번데기

---

1) 주디스 버틀러는 1956년 2월 24일에 태생. 버틀러는 젠더 수행성(gender performativity) 개념을 발전시킨 철학자로, 페미니즘과 퀴어 이론에 큰 영향을 미쳤다. 전통적으로 성은 생물학적, 젠더는 사회적 구성으로 구분되어 왔다. 그러나 버틀러는 이러한 구분 자체가 문제적이며, 성 또한 사회적 담론과 권력 구조에 의해 구성된다고 본다. 즉, 성별 이분법 자체가 문화적 산물이라는 것이다(Judith Butler, 1990/2008).

를 관찰하면 성충의 형질이 서서히 완성되어 가는 것을 볼 수 있다. 번데기가 나비가 되기 전 여러 번 허물을 벗으며 '변태'를 거치듯, 나 역시 수많은 시행착오와 자기 성찰을 반복하며 연구자로의 전환 과정을 겪고 있었다.(2024. 6월 25일. 학습생애사)

어린 시절 나는 경제적 어려움과 성차별적 문화 속에서 자랐다. 그러나 이러한 환경은 오히려 내 안에 학습과 탐구, 더 나아가 연구자로 성장하고자 하는 근원적 동기를 심어주었다. 나는 차별적인 구조에 예민했고, 부당한 상황에 맞서 목소리를 내는 일이 많았다. 실질적인 이득은 별로 없었지만, 적어도 주변 사람들은 내 태도에 대해 신뢰해 주었다. 성인이 되어 교육사업체를 운영하면서, 나는 내가 내리는 결정과 행동에 대해 자주 고민하게 되었고, 소통을 중시하는 조직 문화를 지향하게 되었다. 이는 실천적 교육의 형태로 이어졌다. 그리고 그 경험은 나에겐 책임과 권한의 균형, 리더십의 본질에 대해 배워가는 과정이 되었다.

2. 연민에서 실천으로

1) 교육자의 윤리적 책임

에마뉘엘 레비나스(Emmanuel Levinas, 1906-1995)는 존재의 근원을 자아가 아니라 '타자'(他者, The Other)에 두고, 타자와 마주하는 관계 속에서 윤리적 책임이 탄생한다고 보았다(김영걸, 2020). 또한 김영순(2023)은 「타자의 경험」에서 타자의 호소에 대한 응답은 곧 책임이라고 강조한 레비나스를 언급했다. 이러한 타자 철학은 주체(나)와 타자(다른 존재) 사이의 관계를 통해 인간의 본질과 '윤리적 책임'을 재조명하고 있다. 그리고 이는 단순한 만남이 아니라 나에게 도덕적 명령을 부여하는 사건이라고도 설명한다. 내가 진학을 결심하게 된 이유는 입학 전, 다문화가정의 아이들과 그들의 부모들을 만나면서 가슴 깊이 느낀 현실 때문이다.

> 아이들의 교육은 대부분 부모의 선택과 결정에 의해 좌우되는데,
> 이주배경 부모들은 한국사회와 교육 시스템에 대한 정보가 부족해
> 올바른 판단을 내리기 어려운 상황에 놓여 있었다. 나는 그들의 혼
> 란과 불안을 바로 옆에서 지켜보았고, 이 문제를 해결할 수 있는 교
> 육 프로그램을 개발하고 싶다는 강한 열망이 생겼다.(2024. 12월 22
> 일. 학습생애사)

실천적 경험이 학문으로 전환되는 지점이다(Freire, 1998/2020). 이처럼 돌이
켜보면 나의 학문에는 도움이 필요한 아이들과 그들의 부모를 지원하려는
목적과 목표가 있었고, 이것을 '타자성'이라 할 수 있다. 나에겐 배움에 대한
깊은 애정과 더불어 그간 쌓아온 경험과 지식을 사회에 환원하고픈 강렬한
열망이 있었다. 그리고 나는 내 주변의 아이들이 학습뿐만 아니라 정서, 문화,
꿈을 향한 지지와 지원에 있어 공평한 기회를 얻을 수 있도록 여러 실질적인
방법을 제시하고 싶었다.

나는 젊은 시절부터 "아는 것은 가르쳐주고 모르는 것은 배워야 하며 배운
것은 실천하는 것이 마땅한 도리"라는 가르침을 받았다. 이러한 신념은 본
연구자가 삶의 여정에서 지향하는 중요한 가치관으로 자리매김했다. 그래서
나 또한 그렇게 살려고 노력했다. 그러나 제한된 자기 경계에 대한 지속적인
나의 문제의식은 박사과정이 이를 해소할 수 있는 대안이 될 것이라는 확신으
로 이어졌으며, 이는 주저 없는 선택의 동인이 되었다.

2) 교육 사각지대에서 마주한 현실: 혼자 밥 먹는 아이들

대학에서 기독교교육을 전공했지만 교목(학교목사)으로의 꿈을 이
루지 못하고 사교육 장에서 수학을 가르쳤다. 그러다 복지 사각지대
에 놓인 아이들을 만났다. 형편이 어려운 아이들은 아니었지만, 맞

벌이가정 자녀들로 혼자 밥을 먹어야 하는 저학년 아이들이었다. 학습지 방문교사를 하던 1990년대에는 학교 급식이 제한적이어서 아이들은 하교 후에 집에서 혼자, 차려놓은 밥을 먹어야 했는데, 밥이 없어서 못 먹는 것이 아니라 어려서, 익숙하지 않아서 혼자 자기를 챙길 수 없어서 못 먹고 있었다. 부모들은 밥상을 차려냈는데도 왜 밥을 먹지 않냐고 아이들을 혼내기 일쑤였고, 그 모습을 보는 것이 마음 아팠다.(2024. 12월 22일. 학습생애사)

내가 어린 시절 겪었던 어른들의 부당한 행동들, '안 한 것이 아니라 못한 것'인데, 어린아이에게 지나치게 기대하고 기대에 못 미치면 매를 들던 그때의 상황이 떠올랐다. 나에게 그 아이들의 마음이 느껴졌고 그들을 도와주고 싶었다. 나는 학습지 회원 몇몇을 집으로 불러 식사를 제공하기 시작했다. 아이들이 밥을 먹는 게 그냥 좋았다. 학생들은 점점 늘어났다. 나는 혼자서 식사 준비와 학습지도에 육아까지 감당하기 어려워졌다. 그래도 나에게 맡겨진 아이들을 내 아이처럼 보호하고 싶었다. 어른이 아이를 돌보는 것은 '윤리적 책임'이다. 와타나베 가즈코(Watanabe Kazuko, 2012) 수녀는 그의 글에서 "일생을 마친 뒤에 남는 것은 당신이 모은 것이 아니라 당신이 뿌린 것입니다."라고 말했다. 이는 타자에 대한 '무한책임(infinite responsibility)'을 강조한 레비나스(Levinas, E, 1979/2024)의 사상을 상기시킨다. 이러한 경험을 바탕으로, '타자성', 즉 내 주변의 타인을 위해 마땅히 해야 할 일을 찾는 것은 본 연구자에게 주어진 도덕적 소명으로 인식되었다.

그러나 나의 능력도 방법도 한계에 다다랐다. 나는 그 해결 방법을 찾고자 사회복지학 석사과정에 입학했고 학위를 받았다. 그러나 현실은 암담했다. 배우면 배울수록 알면 알수록 한계에 부딪쳤고, 나는 대한민국의 정책과 제도는 나에게 걸림돌만 될 뿐이라고 생각했다.

3) 처음 만난 다문화가정

2014년 경기도 시흥시에 '작은도서관'을 열었다. 우연한 기회에 친구로부터 '작은도서관' 설립에 대한 정보를 들었고 보유하고 있던 책과 영어 도서를 구입해서 15평 남짓한 공간에 열람실을 만들어 개방했다. 기증받은 책과 구입한 책들이 점차 늘어나면서 도서관의 형태는 갖추어졌지만, 사람들의 발길은 많지 않았다. 그래서 나는 '1365 자원봉사자'들과 함께 방과 후 프로그램 등을 운영했는데, 여기서 정인(가명)이를 만나게 되었다. 5학년 정인이는 환갑이 넘은 아버지와 80대 할머니가 주 양육자였다.

> 어머니는 젊은 분이지만 베트남사람으로 한국어를 잘하지 못해서 아버지와 상담을 해야 했는데, 체벌이 당연시되던 시대를 살아온 아버지와의 대화는 정인이가 얼마나 무서웠을지 가늠할 수 있었다. 결혼이주여성이던 그의 어머니에게 아이의 두려움과 아버지의 편협한 생각 등 사실을 알려주고 싶은 마음이 간절했다. 다문화 현실과 교육의 불평등을 체감하게 된 계기이다.(2024. 12월 22일. 학습생애사)

나는 정인이처럼 부모와의 의사소통이 어려워 혼자 버텨야 했을 아이들의 고통을 덜어주고 싶었고, 다양한 상황 속에서 내가 보아온 다문화가정의 부당함—특히 여성과 아동이 겪는 구조적 불평등—을 조금이라도 해결할 수 있는 실마리를 찾고 싶었다. 단순한 연민이나 공감이 아니라, 제도와 정책, 교육과 연구를 통해 구조적 대안을 제시할 수 있는 위치에 서고 싶었다.

4) 이주민 밀집 지역 함박마을

(1) 초등수학 학습지원

함박마을을 방문하게 된 것은 박사과정 동기 K선생 때문이었다. 그는 함박마을에 있는 'O국제선교 돌봄센터'에 수학강사가 필요하다는 소식을 나에게 전했다.

　　함빅마을에 거주하고 있는 K선생은 아이들이 교사없이 공부를 한다고 했다. 그런 일이 있을 수 있는지 의아했다. 그곳은 고려인 자녀들이 주를 이루고 있었지만, 한국 학생도 있었고 한국인과 국제 결혼한 다문화가정의 자녀도 있었다. (중략) 제각각의 교재와 전담 교사는 커녕 수업 계획안도, 일지 작성도 없이 그저 시간만 채우고 있다(중략) 수학에 대한 자신감이 생기자 한국어와 다른 과목에도 집중하는 모습이 보였다.(2024. 12월 22일. 학습생애사)

　　이주민 밀집 지역의 아동·청소년의 교육 문제는 심각하다. 행정안전부 (2024)통계에 따르면 2024년 기준 체류 외국인 수는 약 265만 명으로, 전년 대비 143,199명(5.7%) 증가하였고, 전체 인구 중 5.17%를 나타내고 있다(법무부 출입국·외국인 정책본부, 2024). 이는 체류 외국인 통계를 조사한 최초 시점 (2006년, 536,627명, 1.1%) 대비 약 4.94배 증가한 수치이다. 부모를 따라 한국에 들어온 이주 배경 학생[2] 역시 증가하고 있는데, 2024년 이주배경 학생 수는 193,814으로 전체 학생 수 5,684,745명 대비 3.4%이다(KESS 교육통계서비스, 2024). 인천의 한빅마을은 이주민 밀집지역으로 2017년경부터 고려인들이 정착하기 시작했다(양수진 외, 2020). 이 지역에 있는 초등학교는 다문화 정책학교로 전교생의 54%가 다문화 학생인데, 그중 95%가 구소련 연합국에서 온 고려인 자녀이다. 심지어 1학년의 경우 1개 반의 학생 19명 중 14명이 고려인 자녀로 구성된 반도 있다(박봉수 외, 2023). 곽은혜 외(2024)는 이주민 밀집도가 높을수록 학력 저하 현상이 뚜렷하다고 보고했으며, 이는 이주민뿐만 아니라 선주민 학생들의 교육 문제까지도 재고하게 한다.

---

2) 이주배경 학생이란 부모 한 명 이상이 외국 국적이었거나 현재 외국 국적인 학생을 의미한다. 교육부에서는 2023년 6월 21일 공교육 경쟁력 제고 방안 브리핑에서 처음 사용한 것으로 조사되었다. [교육부 06-21(수) 13시 참고자료] 공교육 경쟁력 제고 방안(부총리 브리핑 문).

(2) 고려인 청년 진학 상담

인천 연수구 'O국제선교 돌봄센터'에는 가끔씩 자원봉사를 하던 한 청년이 있었다. 스무 살의 여성, 가희(가명)는 통역을 능숙하게 해내는 모습으로 내 눈에 들어왔다. 부모 모두가 고려인 출신이었고, 특히 어머니는 한국어 소통이 거의 어려운 상황이었다. 그런 가정환경 속에서 가희는 자연스럽게 고려인 대안학교에 다니게 되었지만, 10학년 무렵 학교를 자퇴하고 독학으로 검정고시를 준비했다. 학습 환경이 충분치 않은 조건 속에서도 그는 검정고시에 높은 점수로 합격했지만, 대학 입시에서는 두 번이나 실패했다.

> 'O국제선교 돌봄센터' 센터장을 통해 가희의 상황을 들었다. "이번에도 대학에 가지 못하면 본국으로 돌아가야 해요." 이유는 명확하게 알지 못하지만, 상황상 비자 문제인 것 같았다. (중략) 도움을 받을 수 있는 기관도, 사람도 없었다. 무엇보다 가정 형편이 어려워 사적인 진학 컨설팅은 생각조차 할 수 없던 상황이었다. 우즈베키스탄으로 혼자 돌아가야 할지도 모른다는 불안 속에서, 가희는 자신의 진로와 미래에 대한 정보조차 거의 가지고 있지 않았다.(2024. 6월 20일. 연구자 노트)

> 진로 적성 검사 결과지를 펼쳐본 순간, 가희는 울기 시작했고 나도 함께 눈물을 흘렸다. 스무 살이 되도록 자신이 무엇을 잘하는지, 무엇을 좋아하는지도 몰랐다는 가희의 고백은 충격이었다.(2024. 7월 13일. 일기)

오직 통역만 할 줄 아는 자신의 모습이 전부였다고 말하는 가희의 모습은, 한 사회 속에서 소외되고 방치된 청년의 초상 그 자체였다. 나는 가희를 돕기 위해 전문가들에게 조언을 구했다. 남은 기간이 촉박했지만, 집중적으로 컨설팅을 시작하였고 그 결과 가희는 4년제 대학 세 곳에 합격했다. 그는 이제

어엿한 대학생이 되어 자신의 삶을 새롭게 열어가고 있다. 이러한 가희의 사례는 그동안 내가 간과해왔던 이주배경 청소년의 진로 및 진학에 대한 체계적인 관리와 지원, 그리고 다문화교육의 필요성을 절감하게 하는 또 다른 촉진제가 되었다.

인천광역시에서는 이주배경 청소년들을 위해 다양한 지원정책과 프로그램을 마련하고 있다. 겉으로 보기에는 상당히 획기적이고 참신한 시도들이 적지 않다. 실제로 정책자료를 검토하고 현장의 기관들을 방문해보면, 정책의 의도나 구조만으로는 분명 긍정적인 측면이 많다. 그러나 그 안으로 깊이 들어가 보면, 여전히 채워지지 않은 부분이 곳곳에 존재한다. 무엇보다도 이주배경 청소년들과 그들의 부모, 혹은 이들과 가까이 있는 실무자들조차도 어디서 도움을 받을 수 있는지, 어떤 지원이 존재하는지조차 잘 알지 못하는 경우가 많다.

정보의 접근성, 전달체계의 단절, 실효성 있는 안내 부족 등은 여전히 큰 장벽으로 작용하고 있다. 나는 제도가 있다고 해서 그것이 곧 실천으로 연결되는 것이 아니라는 것을 알게 되었고, 많은 지원이 제도적으로 마련되어 있음에도 불구하고, 그러한 제도가 '도달하지 않는' 사람들, 즉 제도 밖에 있는 이들을 마주할 때마다 안타까움을 느낀다.

3. 실천가에서 연구자 되기

1) 박사과정에서의 연구문화 적응

내가 마주한 박사과정은 석사과정의 상황과 너무 달랐다. 두 주에 한 번씩 세미나가 열리고 세미나를 마치면 필수로 성찰일지를 필수적으로 제출해야 했다. 나는 논문을 읽고 요약하고 발표하는 것도 힘들었으나, 이런 방식의 수업은 나를 당황하게 만들었다.

이어지는 멘토 박사와 지도교수의 논평으로 시간은 계속 가고 있고, 1인 1질문을 하라는데 질문할 능력이 안 돼서 경청만 했다.(2024. 1월 23일. 성찰일지)

논문을 발표하는 선배들의 모습에서 즐겁고 행복한 모습은 찾을 수가 없었고 다들 바짝 긴장한 모습으로 논평에 고개를 끄덕이며 질문에 겸손한 모습으로 응하고 있었다. 논평하시는 교수님들의 설명을 들어보니 나와 같은 생각의 문제점을 제시한 경우도 있었고 아무도 지적 또는 제시하지 않고 넘어가는 부분이 있었다. 내가 잘못 알고 있을 수도 있고 다른 분들이 못 봤을 수도 있는데, 아직은 질문할 수 있는 위치도 아니고 너무 기본적인 거라 설명 없이 넘어갔을 수도 있어서 지금은 배우는 것에 더 집중해야겠다.(2024. 2월 13일. 성찰일지)

수업 마지막에 나에게 수업 마무리하라고 하였는데, 발표자의 논문에 대해 알게 된 점을 말해야 되는지 수업 분위기에 대한 것인지, 폐회 선언인지 의도 파악이 되지 않아 횡설수설하고 말았다. 나의 강사 30년 경력이 의심스러운 시간이어서 한동안 신경이 쓰였다. 한편으로는 강사가 아닌 수강자의 입장을 생각하게 되었다. "내가 질문했을 때 그들도 나처럼 긴장했을 수 있겠구나"를 깨달으며 더 세심하게 배려하고 존중해야겠다고 마음먹었다.(2024. 2월 13일. 성찰일지)

나의 박사과정의 출발은 예상치 못한 난관의 연속이었다. 나는 홀로 모든 것을 헤쳐 나가야 하는 막막함 속에서, 궁금한 점을 물을 곳, 어려움을 상의할 사람, 복잡한 행정 절차 등 그 무엇 하나 속 시원히 알 수 없었다. 합격 후 '서류' 제출을 위해 학교를 헤매던 기억은 지금도 생생하다. 안내받은 정보는 제각각이었고, 온라인 주소와 실제 위치는 달랐다. 결국 귀가했을 때, 내 양말은 빨갛게 물들어 있었다. 이처럼 혼자서는 감당하기 어려운 정보의 부재와 시스템의 부조리를 경험하며, 나는 나와 같은 어려움을 겪을 후배들이 없기를 간절히 바랐다.

정식 입학 후 얼마 지나지 않아 지도교수를 찾아갔다. 단체 채팅방에 올라오는 글들은 온통 다른 세상 이야기 같았고, '너는 이곳에 들어올 자격이 되지 않는다'며 자꾸 무시하는 것 같았다. 왠지 배척당하는 느낌에 (중략) 나는 지도교수께 "교육은 공평해야 한다. 그들이 몰라서 불공평한 상황에 놓이지 않게 공평한 교육이 있어야 된다. 박사과정은 나에게 그런 교육을 하기 위한 준비일 뿐이다"라고 교육에 대한 내 철학을 말씀드렸다. 그랬더니 지도교수는 갑자기 표정과 눈빛이 달라지며 미소 띤 모습으로 변하였고. 생각보다 수월하게 조교의 임무가 나에게 주어졌고, 논문 연구 스터디 참관이 허락되었다.(2024. 6월 25일. 학습생애사)

나는 부자 동네에서 가난하게 자랐다. 아마도 3학년 때까지는 두 번의 전학 때문에 적응하느라 못 느꼈지만, 4학년 때부터 나는 차별에 대해 예민해졌던 것 같다. 우리 가족이 살았던 S아파트 주변으로 고층 아파트가 들어서면서 부자들이 들어오기 시작했다. '5~60평대' 아파트에 사는 내 친구들은 한없는 부러움의 대상이었고, 천지가 난무하던 그곳에서 내 우등상장은 그들의 몫이 되었다. 여기에 오빠가 있음에도 '여자'라는 이유로 집안의 허드렛일은 모두 내 몫이었다. 어머니는 "네가 알아서 잘하니까 시킨 것"이라고 해명하셨지만, 그것은 분명한 차별이자 학대였다. 학교와 가정 양쪽에서 겪은 차별과 학대로 인해 나는 늘 억울했고, 지금도 그때의 기억이 긴장감을 놓지 못하게 만든다. 정당한 이유 없이 혼나고 권리를 빼앗기던 암울한 경험은 그 시대의 사회 흐름이 빚어낸 부조리였을지도 모른다.(2024. 6월 25일. 학습생애사)

나는 이런 경험을 통해 나 같은 억울한 사람이 생기지 않게 공평함을 실현하겠다는 다짐을 굳혔다. 지금도 나는 어른의 윤리적 책임(김영걸, 2020)을 실천하기 위해 최선을 다하고 있지만, 트라우마가 사라진 것은 아니다. 치유되지 못한 깊은 상처, 그 아물지 않은 상처와 깊은 흉터에 계속 회초리를 맞는 느낌. 그게 박사과정 첫 학기였다. 그렇게 박사과정에 입학한 것에 대한 회의감이 밀려오던 시기에, 나는 그날 기존 수업 분위기와는 사뭇 다른 장면을 목격했다. K 선생의 발표가 끝나자, 모두가 칭찬과 격려를 아끼지 않았다. 발표하신 선생님은 어떤 매력이나 강점이 있는 걸까?

여러 번 질적연구방법 세미나에 참석했는데 이번만큼 감동을 받은 적은 없었다. (중략) 약간은 세련되지 않은 말투에 지나치게 겸손한 표현들. 안쓰럽기도 하고 응원을 해 줘야 될 것 같은 분위기였다. 박사 1차가 감히 박사 8차한테... 타이머를 확인해 가며 정리된 내용을 열심히 설명하는 모습에서 그의 노력이 보였지만 준비한 내용은 박사 1차 초보인 내가 봐도 어설프고 부실했다.

그런데 그의 진심이 보였을까 누구 하나 비난이나 지적하기보다 알려주기 위해 애쓰는 모습이었다. 끊임없이 응원의 메시지가 나오고 그의 노력을 칭찬하고 그의 발언이 끊기지 않기 위해 배려하는 지도교수의 모습도 지난 수업과는 확연히 다른, 지지와 제안들로 사뭇 아버지의 따뜻한 시선을 보내는 듯했다. (중략) 발표 논문보다 더 많은 양의 성찰일지에서 연구보다 더 '깊은 연구'를 하고 있구나라는 생각이 들게 됐고 연구자라면 이만큼 생각하고 고민하고 성찰해야 되지 않을까라는 생각이 들었다.(2024. 3월 26일. 성찰일지)

시간이 흐르며 동기들과 함께하는 시간이 늘어날수록 예상치 못한 말들이 나의 귀에 들어오기 시작했다. 듣지 않았으면 좋았을 말들이 나에게 들리기 시작했다. 나는 그 말들에서 더 많이 경험하고 준비하며 묵묵히 참여해 온 내 노력을 깎아내리는 뉘앙스를 느낄 수 있었다.

박사과정의 한 학기가 끝나며 많은 스트레스로 힘들어하다 보니 나의 건강에 문제가 생겼다. 주변에서는 군이 박사과정을 해야 되느냐며 그 정도로 충분하다는 말을 계속했다. 아들은 "공부를 많이 한 엄마보다 건강한 엄마를 원한다, 지금의 엄마는 충분히 자랑스럽다"며 휴학이든 자퇴든 선택하라고 권했다.

가족이 내 길을 반대할 때, 이런 말을 듣게 되는 이유는 앞으로 닥쳐 올 힘든 삶의 모습이 함께 이 길을 나선 가족의 눈에도 희미하게나마 보이기 때문이지. (중략) 그것은 하나님께서 허락하시는 지속적인 자기검열의 기회이기도 해(김관성, 살아봐야 알게 되는 것).
어느새 '선택받은 사람'과 '그렇지 못한 사람'으로 나뉜 듯한 분위기가 조성되었고, 열심히 노력했지만 무시당하고 배제되는 상황이 잦아졌다. 그런 경험들 앞에서 '이렇게까지 연구자 훈련을 받아야 할까' 하는 회의가 든다. 그럼에도 불구하고 나는 여전히 공부하고 싶다.(2024. 6월 26일. 성찰일지)

2) 소논문, 연구자로 서기 위한 첫 디딤돌

나의 첫 번째 연구주제 발표는 '다문화가정의 학부모 교육에 대한 연구 동향 분석'으로 확정되어 포스터 형식으로 발표하게 되었다. 나는 하루에 3~4시간씩 자며 논문 파일을 수집하고 정리했지만, 결과물은 여전히 성과라고 부르기엔 부족한 점이 많았다. 그럼에도 나는 자료정리를 마친 후에는 '조금은 해냈다'는 작지만 확실한 성취감이 들었고, 이를 기반으로 더욱 보완해 제대로 된 소논문으로 발전시키고 싶다는 의지가 생겼다. 그리고 그러한 과정을 거치며 다문화교육에 대한 시야가 훨씬 넓어졌다는 것을 느낄 수 있었다.
주변 동기들이 하나씩 연구 실적을 내기 시작했다. 나는 마음을 비웠지만 초조한 마음을 숨길 수 없었다. 그냥 포기하고 싶었다. 9월 어느 날, 지도교수가 갑자기 팀별 미팅을 예고하며 그간 수행한 연구 내용을 발표하라고 했다. 미팅 시간은 다가오는데 나의 머릿속에는 아무것도 떠오르지 않았다. 그래서 나는 그동안 작성했던 성찰 일지와 연구 노트를 살펴보았다. 그러면서 나는 발표를 준비하며 정리하는 과정에서 박사과정 지원 동기, 연구목적, 초기 계획 자료 등 예상보다 많은 성과물과 인사이트를 발견할 수 있었다. 그것은 결국 감정을 언어로 명확하게 표현한 모든 기록은 자료가 되며, 자신의 감정을 객관적으로 바라보게 하는 것도 역시 기록된 성찰일지라는 것이었다.

2024년 12월 30일 오전, 나는 전날부터 연구실에 틀어박혀 꼬박 논문 작성에 매달리고 있었다. 해를 넘기기 전 제출을 고집한 탓에 몇 주간 매일 새벽까지 글을 고쳤다. 한 번이라도 끊기면 다음 날 처음부터 다시 쓰는 악순환이 반복되니 진도가 좀처럼 나가지 않아, 무리를 했다. 자료를 모은 후에 하루는 서론 작성, 다음 날은 연구 방법을 정리했다. 특히 12월 30일 밤은 결과 해석의 일관성을 유지하기 위해 철야 작업을 했는데, 의외로 나의 몸과 마음이 가볍게 느껴졌고 피로보다 성취감이 앞섰다. 나는 차곡차곡 정리된 표와 설득력 있는 논리 전개를 상상하며 잠시나마 글쓰기가 즐거웠다.

새해 첫날, 지도교수로부터 메일로 받은 짧은 코멘트는 내가 놓친 핵심을 다시 고민하도록 만들었다. 곧장 나는 관련 논문과 이론들을 더 깊이 탐색했지만, 읽어야 할 자료가 끝없이 늘어났고 그럼에도 불구하고 피로가 크게 느껴지지 않는 나 자신이 신기했다. 나는 기간 안에 논문 한 편을 완성하기 위해 4일간 밤을 새우며 수정을 거듭했으며, 마감 4일 전 새벽 2시 반에 수정안을 지도교수에게 보낸 뒤 집으로 향하는 길에는 '해냈다'는 뿌듯함이 심장을 뛰게 했고 버텨낸 나 자신이 대견했다. 대면 지도 시간에 지도교수는 자잘한 구성상의 문제를 지적하시며, 단순한 자료 나열이 아니라 논리적 흐름에 입각한 서술을 요구하셨다. 지도받는 이유를 깨닫게 되는 시간이었다.

현장 연구에 대한 필요성과 사회의 발달은 모두 속도가 다르다는 것, 그래서 문화적 특징이 다르게 나타나며 그 특징을 기술하는 문화기술지에 대한 설명도 있었다. 현지 조사와 조사 분석에 관해서는 더 듣고 싶었는데, 그새 시간이 훌쩍 지나 1차 마무리를 했고, 1교시가 일찍 끝나는 게 아쉬웠던 것은 처음이었던 것 같다.(2025. 1월 7일. 성찰일지)

질적연구방법론 세미나가 있을 때마다 작성한 성찰일지에는 연구자로서 논문 도전에 대한 모든 경험이 담겨 있다. 이 경험은 나에게 단순한 글쓰기나 이론 공부를 넘어, 연구자로서 '현장과 이론을 잇는 통합적 사고'를 체득하는 소중한 계기가 되었다. 이는 현장과 이론을 통합하여, 내 연구가 실질적 변화를 이끌어 낼 수 있도록 끝까지 최선을 다하겠다는 파울로 프레이리(Paulo Freire, 1998/2020)의 실천 개념과 접목할 수 있다. 그는 「프레이리의 교사론」에서 교육실천가들이 교육의 사회적 의미와 진보적 가능성이라는 본질을 잊지 않기를 당부하며, 이론을 바탕으로 실천하기를 제시 했다(Freire, 1998/2020). 첫 논문 투고 이후, 나는 치열한 반성과 지도 속에서 한 단계씩 성장해 가는 과정이야말로 진정한 박사 연구자의 길임을 확신했다.

4. 다문화교육 연구자–되기

돌이켜보면, 내가 박사과정에 들어오게 된 이유는 학문적 성취를 향한 열망 때문만은 아니었다. 그것은 교육 현장에서 반복적으로 마주했던 설명되지 않는 질문들, 다문화가정 아동과 부모들의 삶 앞에서 느꼈던 무력감과 책임감, 그리고 그 경험들을 개인의 감내나 실천적 노하우로만 남겨둘 수 없다는 절박함에서 비롯된 선택이었다. 나는 그동안 축적해 온 경험들을 학문적 실천으로 전환하고 싶었고, 학문의 언어를 배우기 위해 박사과정이라는 길 위에 서게 되었다.

그러나 박사과정이라는 공간은 곧 나를 낯선 질문들 속에 세워 두었다.

연구자로서의 자격에 대한 의심, 학문적 언어와 규범에 대한 거리감, 교육활동가로 살아온 나의 정체성과 연구자로 요구되는 역할 사이에서 발생하는 긴장은 쉽게 가라앉지 않았다. 그 불안은 나를 위축시키는 동시에, "나는 왜 연구를 하려 하는가", "연구는 어떤 삶을 지향하는가"라는 질문을 다시 붙잡게 만들었다. 이 질문 앞에서 나는 교육의 공평성에 대한 나의 신념을, 그리고 그 신념이 나의 삶과 어떤 방식으로 엮여 있는지를 천천히 되묻게 되었다.

질적연구자로 전환해 가는 과정에서 가장 큰 어려움은, 살아온 경험을 이론의 언어로 옮기는 일이었다. 현장의 언어에 익숙했던 나에게 이론은 종종 추상적이고 멀게 느껴졌고, 경험을 개념으로 설명한다는 것은 난감함 자체였다. 그때 나를 붙잡아 준 것은 연구 공동체 안에서 오고 간 말들이었다. 세미나에서, 중간 발표에서, 선배와 동료 연구자들의 논평 속에서 나는 비로소 나의 경험이 '설명될 수 있는 것'임을, 그리고 혼자가 아니라는 사실을 체감하게 되었다.

특히 리쾨르(Ricoeur, 1986)의 '서사적 정체성' 개념과 만난 순간은 나의 연구 여정에서 하나의 전환점이었다. "자문화기술지는 자기 자신을 하나의 고정된 정체성으로 말하지 않는다. 자문화기술지는 시간과 사건 속에서 형성되어 가는 '되기(becoming)'의 과정으로 사유하는 철학적 실천이다"라는 공동체의 해석은, 내가 미처 언어화하지 못했던 감각을 정확히 짚어 주었다. 나는 그동안 나의 경험을 단절된 사건들로 인식해 왔지만, 리쾨르의 서사적 정체성은 그 조각들을 하나의 이야기로 엮을 수 있는 가능성을 열어 주었다. 나의 삶은 해석과 성찰을 통해 연구로 다시 구성될 수 있는 서사였던 것이다.

리쾨르가 말하듯, 자기 이해는 언제나 타자와의 관계 속에서 이루어진다. 나는 자문화기술지를 쓰며 나 자신을 응시했지만, 그 시선은 언제나 타자의 고통과 목소리로 되돌아갔다. 다문화가정 부모와 아이들, 함께 공부해 온 동료 연구자들, 그리고 나의 글을 읽고 질문을 건네준 공동체의 존재는 나의 서사를 끊임없이 흐트러지게 하고 그러면서 확장시켰다. 이 과정에서 연구는 점차 타자와 함께 살아가기 위한 윤리적 감수성을 연마하는 일이 되었다. 리쾨르가 말한 "타자와 함께 좋은 삶을 살아가는 능력(capacité à vivre ensemble)"이란 구절이 나의 연구 태도를 규정하는 삶의 문장으로 다가온 것이다.

물론 자문화기술지를 작성하는 과정은 지속적인 불안과 긴장을 동반했다. 개인적 서사가 자기 고백이나 자기 정당화로 흐르지 않는지, 학문적 형식 속에서 삶의 온기가 사라지지는 않는지 스스로를 경계해야 했다. 그러나 성찰 일지를 쓰고, 연구 공동체와 질문을 주고받는 과정을 거치며 나는 점차 깨닫게 되었다. 첫째, 자문화기술지는 삶의 우여곡절을 통과하며 변해가는 나를 기록하는 글이다. 둘째, 나에게 연구는 삶과 분리된 작업이 아닌, 오히려 삶을 더 정직하게 살아가기 위한 하나의 방식다. 이 글은 그 전환의 과정에서, 리쾨르의 사유와 연구 공동체의 관계 속에서 길어 올린 나의 현재형 경험이며, 여전히 '되기'의 길 위에 서 있는 연구자의 기록이다.

참관자–참여자–협력자: 질적연구자로 되어가는 학습경험[*]

1. 혼돈에서 성찰로

고등학교 3학년 겨울, 아버지의 사업 부도로 대학 입학이 좌절되었다. 화불 단행(禍不單行)이라더니, 뒤이어 발생한 교통사고는 생명을 위협할 정도로 치명적이었고, 얼굴과 몸에 남은 깊은 흉터는 내 20대의 몸과 마음을 시들게 만들었다. 이후 몇 년간 병원과 집만을 오가는 답답한 생활 속에서 나를 지탱해 준 것은, 집 안 곳곳에 놓인 책들이었다. 독서광이셨던 아버지의 영향으로 다양한 분야의 책을 접할 수 있었고, 그 속에서 나는 현실을 이해하고 자신을 스스로 위로하는 법을 배웠다.

자연에 내재한 질서를 기반으로 인간의 운명을 해석하는 명리학(命理學)에 따르면 인간의 의지나 노력으로 변경하기 어려운 예정된 미래가 존재하는 '결정론적 운명관'이 있다(윤상흠, 2024). 모든 것이 '팔자'인 것이다. 흔히, 팔자를 숫자 8로 쓰는데, 숫자 8은 뒤집어도 옆으로 해도 결국은 8이기 때문에 바꿀 수도, 변할 수도 없는 상황을 비유적으로 말하는 것이다. 그렇게 나는 '왜 하필 나인가'라는 물음을 내려놓고, '이 또한 내게 주어진 길인가 보다'라

---

[*] 06장은 추미현·김영순(2025). 「참관자에서 질적연구자로: 네트워크와 성찰의 자문화기술지」. 『홀리스틱융합교육연구』 29-3호에 게재된 내용을 수정하고 보완했음.

는 수용의 태도를 택했다. 나는 왜 살아야 할지, 무엇을 해야 할지 몰랐던 혼돈의 시간 속에서 운명을 받아들이고 나니 오히려 마음이 편안해졌다. 이유를 알 수 없는 고통보다는, 정해진 운명이라는 틀 안에서 현재를 받아들이는 것이 나를 덜 괴롭혔다. 그렇게 생각을 바꾸고 나니 삶을 바라보는 시선도 조금씩 긍정적으로 변하여갔다. 무언가를 억지로 통제하려 하지 않고, 주어진 환경에 나를 조율하는 방식으로 삶을 살아가기 시작했다.

그 이후로 40대 중반이 된 지금까지 다양한 경험을 하며 흘러가는 시간에 순응하며 살아왔다. 병원과 집을 오가며 멈춰버린 듯했던 20대의 시간, 견디는 삶에서 벗어나 다양한 역할을 감당하는 경험이 연속되었다. 회사 대표로 조직을 이끌고, 프리랜서 기자로, 여러 공공기관과 민간 단체에서 위원이나 고문으로 활동하며 사회와 다양한 방식으로 연결되었다. 외적으로는 바쁘고 풍요로워 보이는 이력들이 쌓여갔지만, 내면 깊은 곳에는 늘 채워지지 않는 어떤 갈증이 있었다.

그 갈증은 뜻밖의 계기로 다시 고개를 들었다. 2019년, '아시아 의료서비스 교육 협회' 상임이사 직분으로 베트남 하노이에 현지 기술 교육 협업을 진행하던 중, 우연인지 필연인지 그곳에 학술대회 및 현지답사를 위해 출장 온 I대학교 A교수를 소개받게 되었고, I대학원 다문화교육학과에 대해서도 알게 되었다. 한국의 이주 사회와 다문화교육에 관해 배우지 않겠느냐는 A교수의 제안에 내 마음이 움직였다. 16년간을 유학생, 외국인 근로자, 이주민의 신분으로 살아봤기 때문이었을까, 대학교에 합격하고도 포기해야 했던 20여 년 전의 아쉬움 때문이었을까. 이유는 명확하지 않았지만, 도전해보고 싶었다. 그것이 단순한 지적 호기심인지, 아니면 나의 삶을 성찰하고 타인의 삶과 사회를 더 깊이 이해하려는 열망인지를 확인해 보고 싶었다.

겨울, 20여 년 전에 놓쳤던 그 계절에 나는 I대학교의 다문화교육학과 석사 과정에 입학했다. 캠퍼스 본관 앞에 서 있는 비행기 조형물을 마주했을 때,

나는 시간과 공간을 넘어 학문의 갈망과 연결되었다.

그러나, 먼 길을 돌아와 다시 시작된 배움의 현장은 내가 상상했던 것과 달랐다. COVID-19 팬데믹으로 모든 수업은 비대면으로 진행되었고, 교수자 및 동료들과의 네트워크는 거의 단절되어 있었다. 대면 없는 강의와 온라인 화면 속 교수자들의 목소리는 진심을 나누기엔 너무 멀고도 낯설었고, 물리적 거리만큼이나 마음의 거리도 좁혀지지 않았다. 나는 대학원생으로서의 정체 감도, 학문공동체의 일원이라는 소속감도 느끼기 어려웠으며, 연구자로서의 방향성 또한 불투명했다.

그러나, 2024년 박사과정에 진학하며 모든 것은 달라졌다. 수업과 연구가 오프라인으로 전환되었고 세미나, 학회, 협력연구 등 다양한 참여를 통해 본 격적으로 학문공동체의 관계망 안에 들어설 수 있었다. I대학원 다문화교육 학과는 서로의 다름을 존중하고, 공존의 가치를 핵심으로 학문적, 실천적 전 문가를 및 다문화교육 전문가를 양성하는 곳이다. 그 안에서 나는 연구자로 서의 자아와 정체성을 새롭게 마주하게 되었다. 그런 가운데, 이런 질문이 마음속에 떠올랐다.

'나는 정말 연구자로 성장하고 있는가?'
'나는 어떤 연구자가 되어가고 있는가?'

이러한 문제의식은 그간의 질적연구 학습경험을 되돌아보고 싶게 만들었 다. 김태훈 외(2019)는 연구자가 자신의 학습경험을 성찰하는 것은 유의미한 것으로, 이러한 시도는 자기객관화의 능력과 문화 감수성을 고양시켜 준다라 고 했고, 김영순 외(2018)는 질적연구자가 타자의 삶과 문화를 재해석하는 존 재인 만큼, 끊임없는 자기 성찰이 필수적이라고 강조했다. 따라서 나는 스스 로의 학습경험을 성찰하고 해석함으로써 다문화교육학과의 한 대학원생이 예비연구자에서 전문성을 갖춘 질적연구자로 성장하는 경험과 의미를 탐색하고자 한다. 이를 위해 이 글은 자문화기술지 형식을 채택했다. 자문화기술지(autoethnography)는 단어 뜻처럼 연구자의 자전적 자료를 활용하여(auto), 문화적 현상에 연구주제의 초점을 맞춰(ethno), 문화기술지적 연구방법(graphy)을 이용하는 연구이다(송승익 외, 2022). 자문화기술지는 연구자 또는 연구자와 밀접하게 관련된 타자나 집단이 경험한 사회문화를 드러내는 연구 방법이다(김영천 외, 2011). 이 방법은 보다 자기 성찰적이며 반 영성을 지닌다는 특징을 갖는다. 연구자는 자신의 목소리를 통해 자기와 문화 간의 연계성을 관찰하고 성찰한다. 이 과정은 연구자의 개인적 경험에서 출발하여 사회적 자기 성찰에 이르게 한다(박순용 외, 2010). 따라서 자문화기술지로 기술된 이 글은 연구자인 나의 정체성 변화 과정을 보여주는 실천적 사례가 될 것이다.

이 글은 2024년 그 기간 동안 꾸준히 써 내려간 성찰일지의 기록에 근거하고 있다. 그 기록들은 단순한 경험의 메모에 그치지 않고, 지나간 장면들을 다시 불러와 해석하고, 그 속에 잠겨 있던 의미를 천천히 길어 올리는 데 필요한 사유와 분석의 도구가 되었다.

본 서사는 단순한 개인의 회고가 아니라 연구자 정체성을 찾아가는 하나의 학문적 전환의 탐색이다. 이 글을 통해 나는 스스로의 학습경험을 성찰하고 해석함으로써 실적연구자로 되어가는 의미를 발견하고자 한다.

2. 뿌리내리는 시간: 사회인과 연구자의 경계에서

1년간의 박사과정은 '왜 학문수련을 하는지'에 대한 이유를 끊임없이 고민했던 시간이었다. 연구자는 자영업자, 기자, 아내, 딸, 며느리, 대학원생 등 다양한 역할 속에서 무언가에 늘 쫓기듯 삶을 살고 있었고, 사회인과 연구자라는 두 정체성 사이에서 줄다리기하는 느낌이었다. 일상의 경제적 활동 외에도 수업을 따라가기 위한 기본적인 공부와 과제들 속에서 "몸이 열두 개였으면 좋겠다." 라는 말을 달고 살았다. 진지한 자세로 학문에 임하지 못하였기에, 자신을 스스로 질적연구를 수행하는 '연구자'가 아니라 질적연구방법을 공부하는 '사회인'으로만 여기고 있었다.

1) 참관자, 낯선 세계의 말을 배우다

사회생활, 특히 회사에서는 효율성과 실용성이 최우선 가치로 여겨진다. 주어진 목표를 빠르고 효과적으로 달성하는 것이 중요하고, 개인의 감정이나 의미보다는 결과와 성과가 강조된다. 그러나 대학원에서는 이러한 분위기와는 달리, 의미 탐색과 자기 성찰이 우선시된다. 무엇을 어떻게 빨리 해내는지가 아니라 왜 그것을 하며, 그 일이 나와 타자에게 어떤 의미를 가지는지에 대한 깊은 성찰과 탐색이 요구되었다. 연구자는 정해진 답을 찾는 것이 아니라 질문을 던지고 그 의미를 깊이 있게 고민하는 과정을 중시한다. 학기 초반, 나는 늘 강의실 뒤편에 조용히 앉아 있었다. 교수들과 선배 연구자들이 사용하는 언어, 논리, 그리고 그들만의 암묵적인 규칙을 조용히 관찰하며, 그 낯선 학문적 세계에 조금씩 익숙해지려 애썼다. '타자성', '학문수행', '실천' 같은 단어들은 수업에서 자주 등장했지만, 내게는 여전히 낯설고 어렵게만 느껴졌다. 그럴 때면 나는 스스로에게 묻곤 했다.

> 나는 왜 공부를 할까? 나는 무엇을 공부해야 하고, 공부하는 것 누구를 위한 것일까?(2024. 1월 30일. 성찰일지)

이러한 고민에 빠져있던 어느 날, 지도교수의 말이 무겁게 마음을 눌렀다. "사회과학은 실천의 학문입니다. 앎과 삶이 일치되고, 앎이 삶으로 실천되는 더불어 사는 삶을 살아야 합니다. 타자를 위해 공부하는, 냉철한 이성과 따뜻한 감성을 겸비한 질적연구자가 되시길 바랍니다." 이 말은 그 자체로 윤리적 요청이자 존재적 물음이었다. 연구자가 된다는 것은 단지 지식을 습득하는 것이 아니라 삶의 방식 자체를 바꾸고, 앎을 통해 타자와의 관계를 새롭게 구성하는 일임을 실감하게 되었다.

시간이 흐르면서, 반복적으로 학문공동체의 발표를 듣고 논문을 함께 읽으며, 나는 점차 질적연구자들이 세상을 바라보는 방식을 이해하게 되었다. 그리고, 어느 수업에서의 한 논평이 내 지경을 크게 넓혀주었다.

> "상호문화소통의 의미를 미리 정해놓은 틀 안에 끼워 맞추지 말고, 새롭게 해석을 도출해 내야 합니다."(2204. 2월 16일. 성찰일지)

그 말을 듣는 순간, 나는 내가 연구하고자 하는 주제에 대해 이미 결론을 내린 채 접근하고 있었음을 깨달았다. 과연 나는 진정으로 타자의 목소리를 들으려 한 것인가? 아니면 내 관점을 정당화하기 위해 타자를 끌어들이려 한 것은 아니었을까? 그 질문은 나를 깊은 반성의 시간으로 이끌었다.

참관자로서의 이 시기는 마치 새로운 언어를 배우는 과정과 같았다. 내가 익숙했던 사회인의 언어와는 달리, 연구자의 언어는 현상 뒤에 숨겨진 의미와 해석을 집요하게 파고드는 것임을 알게 되었다.

2) 타인의 성찰일지는 나의 스승

대학원의 여러 수업 가운데, 격주로 진행되는 질적연구방법 세미나에서는 단순히 이론을 배우는 데 그치지 않고, 각자의 연구 과정을 공유하고 연구가 더 좋은 방향으로 나아갈 수 있도록 조언을 받는다. 나는 이 공간에서 선배 연구자들의 연구 진행 상황과 연구 과정상의 성찰을 밀접하게 접하게 되었다. 그들은 연구 과정에서의 좌절, 자료 해석의 어려움, 그리고 자기반성의 순간들을 솔직하게 나누어 주었다. 나는 그들의 생생한 이야기와 학문수행 모습에서 연구자로 성장하는 데 필요한 인내와 성찰을 배울 수 있었다. 특히 인상 깊었던 발표가 있었다. ○○○ 원생은 처음에는 글 한 줄 쓰는 것도 힘들었다고 고백했지만, 지금은 소논문 투고를 앞두고 있다. 발표 이후 그가 작성한 성찰일지를 읽으며 나는 놀라움을 감추지 못했다. 단지 수업 내용을 정리한 메모가 아니라 연구자로서 자신을 매일 점검하고 감정과 생각을 솔직하게 드러낸 그 일지에는 학문을 대하는 그의 태도와 치열함이 고스란히 담겨 있다. 나는 그 순간 나 자신을 돌아보지 않을 수 없었다. 지금껏 내가 써 온 성찰일지는 대부분 수업의 내용을 요약한 수준이었고, 내면의 울림이나 질문을 담아내지 못했다는 자각이 밀려왔다.

> 발표자 ○○○ 원생이 얼마나 노력하였는지 성찰일지를 보니 알 수 있었다. 성실하고 진지하게 써온 성찰일지가 놀라웠다. 나는 그간 성찰일지에 단순히 수업의 내용 요약만 써온 거 같아 부끄러웠다. 수업을 통해 느낀 바를 깊게 성찰하는 훈련을 하여야겠다.(2024. 3월 26일. 성찰일지)

또 다른 성찰일지 발표에서는 ○○○ 박사의 '어느 각성의 날'이라는 표현이 유독 마음에 남았다. 그는 어느 날, 자신이 왜 연구를 하는지, 무엇을 위해 쓰는지를 깊이 자각하는 전환의 계기를 경험했다고 말했다. 글쓰기에 임하는 태도가 완전히 달라졌고, 그날 이후로 성찰일지의 깊이가 달라졌다고 했다. 나도 문득 스스로에게 묻게 되었다. "나에게도 그런 각성의 날이 있었던가?" 그 질문은 지금도 내 안에서 계속 울리고 있다.

> ○○○ 박사의 자문화기술지 내용 중에 '어느 각성의 날'이란 부분이 있었다. 바로 성찰일지의 패러다임이 바뀐 날이 있다는 것이다. 나에게 각성의 날이 있었는지 생각해 보게 되었다.(2024. 8월 13일. 성찰일지)

이렇듯, 타인의 성찰일지는 나의 스승이었다. 특히, 실패를 두려워하지 않고 성실하게 끊임없이 전진하는 선배 연구자의 태도는 나에게 큰 영향을 주었다. 어느 날은 하루 종일 업무에 시달린 지친 몸을 이끌고 억지로 수업에 참석한 적도 있었다. 하지만 수업이 시작되자마자 발표자들의 진심 어린 발표, 교수들과 선배 박사들의 성의 있는 피드백, 무엇보다 학문을 대하는 서로의 진지한 태도에 감동하지 않을 수 없었다. 피곤함은 점차 감동으로, 감동은 힐링으로 바뀌었다. 타자의 목소리를 통해 나는 나의 학문적 삶을 돌아보게 되었고 내 정체성을 다시 발견하는 경험을 하게 되었다

역동적인 학문교류를 통해 우리는 공감과 연대감을 느끼며, 더불어 성장하고 있다.(2024. 8월 1일. 성찰일지)

나는 점차 연구라는 여정이 정답을 찾는 것이 아니라 성찰을 통해 내가 먼저 변화하고 타인과 상호작용을 하는 과정임을 깨달았다. 연구실 네트워크 안에서 나는 타인의 경험을 내 것으로 삼으며 조금씩 연구자의 정체성을 갖추어 갔다.

3) 논문 게재로 체득한 도제학습

첫 소논문을 준비하며 나는 도제학습의 진가를 실감했다. 선배 연구자들과 공동저자인 B교수는 논문 초안을 꼼꼼히 읽고, 세세한 부분까지 피드백을 해주었다. 비록 완벽하지는 않았지만 나름대로 최선을 다했다고 자부했다. 그러나 공을 들여 작성한 소논문의 결과는 '수정 후 재심'이었다. 심사위원들의 심사평을 반영해 논문을 수정하려니 시간은 촉박하였고, 수정해야 할 내용도 너무 많았다. 포기하고 싶은 마음이 들었다. 내 학문 수준으로는 '게재'가 불가능해 보였다. 그때 B교수는 탈진한 나를 따뜻하게 격려해 주었을 뿐만 아니라 구체적인 조언과 실질적인 도움을 아끼지 않았다. B교수는 내가 흔들릴 때마다 진심 어린 조언의 말을 건네주었고, 논문의 방향이 엇나가지 않도록 세부적인 부분까지 함께 고민해 주었다. 그 덕분에 나는 다시 힘을 내어

논문을 완성할 수 있었다. 비록 그 과정은 매우 고되고 힘들었지만, 그 경험을 통해 나는 한 단계 성장할 수 있었고, 진정한 학문적 성취와 성장을 맛볼 수 있었다.

> 심사자마다 성향이 다 다르다. 연구자가 심사받은 것을 종합해서 수정에 반영해야 한다. 다른 의견에 대해 유연하게 대처하는 것(회복탄력성)이 중요하다.(2024. 4월 23일. 성찰일지)

논문이 학술지에 게재되었을 때, 나는 단순히 결과만이 아니라 그 과정에서 얻은 학습과 네트워크의 힘을 실감했다. 도제학습은 단순한 지식 전달이 아니라 연구자로서의 태도와 문제 해결 방식을 몸으로 익히는 과정이었다.

> 도움을 요청하고 도움을 주는 것이 공동체의 순기능이지 않을까? 개인이 해결할 수 없는 상황을 마주했을 때 도움을 요청할 수 있고, 다른 구성원은 기꺼이 그 요청에 응답해 주는 관계…. 도움을 주고 받는 순기능이 공동체를 지속 가능하게 하는 것 같다.(2024. 5월 7일. 성찰일지)

나는 기존의 지식 틀을 해체하고 새로운 틀을 구축해 가는 순환적이고 재구성적인 학습 과정 속에 있다. 듀이의 경험 이론에 따르면, 교육은 일차적 경험이 반성적 사고를 촉진하고, 이를 통해 학습자가 자신을 끊임없이 재구성해 나가는 '계속적인 재구성의 과정'이라고 한다(고영준, 2012). 이러한 관점에서 볼 때, 나는 학문공동체에 의존하며 사회인에서 연구자로 한 걸음씩 나아가는 전환의 학습과정을 경험하고 있다.

3. 줄기와 잎이 자라는 시간: 참여자로의 전환

스승과 제자의 관계는 마치 넝쿨식물과도 같다. 넝쿨식물은 혼자 힘으로 곧게 자라기 어렵기에, 주변의 나무나 구조물에 기대어 점차 위로 뻗어 나간다. 이처럼 제자 역시 스승이라는 든든한 지지대에 의지해 자신의 능력과 지식을 키워 나간다. 처음에는 아직 연약하여 어디로 나아가야 할지 방향을 잡지 못해 헤매기도 하지만, 스승의 따뜻한 가르침과 격려를 받으며 점차 자신의 길을 찾아간다. 즉, 연구자의 정체성은 타인 혹은 집단을 통해 광범위한 경험들을 추구하면서 형성된다(Johnson & Johnson, 2002/2010). 나 역시 지도교수를 비롯한 여러 교수들, 학문공동체의 네트워크 안에서 더 이상 수동적으로 배우기만 하는 존재가 아니라 함께 고민하고 성장하는 연구자로 변화하고 있음을 느꼈다.

1) 참관자에서 참여자로 트랜지션

대학원 생활이 익숙해지면서 나는 그저 경청하고 관찰하던 '참관자'에서 '참여자'로의 전환을 경험했다. 이제는 수업과 세미나에서 적극적으로 질문을 던지고, 토론에 능동적으로 개입하며, 학문공동체 안에 '참여'하고 있음을 실감하게 되었다. 내가 발화하는 언어가 공동체 내에서 타인의 사고를 자극하고, 논의를 전개시켜 나가는 데 일조할 수 있기에, 나는 연구자의 시선과 논리를 견지하려는 노력을 하게 되었다. 이런 참여의 경험은 나로 하여금 나 스스로가 타인에게 도움이 되는 연구자인가를 성찰하게 했다.

> 나는 우리 학문공동체를 위해 어떤 도움을 제공하였는가?' 자문해 보게 되었다. 타자를 위하는 학문을 한다고 하면서도 가장 가까이에 있는 원생들을 염두에 둔 적이 있었나 하는 반성을 하게 되었다.(2024. 5월 7일. 성찰일지)

매 수업마다 성찰일지를 작성한다. 성찰일지에 기록된 글들이 단순한 기록에 그치지 않고 나를 성장시키고, 언제가 나의 성찰일지를 읽을 누군가도 성장하게 하는, '우리'가 함께 성장하는 밑거름이 되게 해야 할 것이다.(2024. 8월 15일. 성찰일지)

2) 1인 1질로 확인하는 학문적 깊이

질적연구방법론 세미나에서는 '1인 1질'이라는 규칙이 있었다. 발표자의 발표에 관해 각자 한 가지씩 질문을 준비하여 학문공동체 채팅방에 글로 적어야만 했다. 처음에는 억지로 질문을 만들어내는 것이 부담스러웠다. 나의 질문이 핵심을 벗어난 것이 아닐까 걱정이 되기도 하였고, 발표자의 논리를 공격하는 것처럼 여겨지지는 않을까 조심스러웠다. 하지만 회차가 거듭될수록 '1인 1질'의 반복적 훈련으로 인해 점차 질문의 수준이 높아지면서 학문적 깊이도 함께 성장하게 되었다. 피상적인 확인 질문에 그쳤던 나의 질문이 점차 발표자의 연구방법이나 이론전 논의 해석의 방식까지 비판적으로 바라보는 방향으로 확장되었고, 질문 그 자체가 하나의 짧은 글쓰기이자 학문적 사유가 되기 시작했다.

무엇보다 질문을 글로 정리해야 했던 점이 나에게 큰 영향을 주었다. 글을 통해 타인과 소통한다는 것은 단지 나의 생각을 전달하는 것이 아니라 나의 존재를 드러내고 타인의 의견을 수용하는 것임을 알게 되었다.

나를 '말'로 아닌 '글'로 들어낼 때, 더욱 깊이 있고 의미 있는 소통이 되는 것 같다. 글은 기록으로 남아 오랫동안 보존될 수 있고, 언제든 찾아 읽어볼 수 있기에, 글을 쓰려면 시간을 들여 생각을 정리하고 자신을 성찰하여야 할 것이다.(2024. 8월 15일. 성찰일지)

이러한 사유가 응집된 글씨기 기반의 '1인 1질'은 학문공동체 내에서 시너지를 만들어 내었다. 종종 내가 던진 질문이 발표자에게 실질적인 도움이 되었다는 피드백을 들을 때, 연구의 동료로서 의미 있는 기여를 했다는 뿌듯함을 느꼈다. 반대로 타인이 던진 날카로운 질문을 통해 내 연구의 전제를 다시 돌아보게 되거나, 미처 생각하지 못했던 관점을 얻게 되는 경우도 많았다. 학문은 홀로 하는 작업이 아니며 질문과 응답의 반복 속에서 살아 움직이는 생명체라는 사실을 체감하게 되었다.

> 연구자에게 좋은 질문을 해야 하는 이유는, 질문을 통해 나의 학문수준이 드러나기 때문이다. 그리고, 연구자가 답변을 하기위해 공부하도록 돕는 것이기도 하다.(2024. 2월 13일. 성찰일지)

질문은 단지 궁금증을 해결하는 도구가 아니라 나 자신의 학문적 태도와 시선을 점검하고 타인의 연구를 더 깊이 이해하며, 동시에 학문공동체 속에서 서로를 자극하고 성장하게 만드는 중요한 매개였다. '1인 1질'의 경험을 통하여 사회적 문제를 연구하고 해결하기 위해서는 뛰어난 이론과 방법뿐만 아니라 함께 고민하고 질문하며 동행해 줄 학문공동체가 반드시 필요하다는 것을 깨달았다.

3) 발표와 토론의 행위자로서 즐거움

나는 대학원의 다양한 수업을 통해 전공영역에 관한 지식의 깊이를 더할수가 있었다. 수업에서 교수자는 단순한 지식 전달자가 아니라 학습자들이 스스로 사고하고 성장할 수 있도록 도와주는 조력자이었다. 대학원생들이 자발적으로 발표자료를 준비하여 자신의 견해를 발표할 기회를 주었고, 다른 원생들과의 토론으로 사고의 확장을 끌어내 주었다. 발표와 토론이 늘 긴장되지만, 그 과정에서 배움의 즐거움을 느꼈고, 이런 경험들은 내 정체성을 더욱 단단하게 만들어주며 박사과정을 특별하게 만들어주었다.

...그럼에도 연구와 관련된 이론적 지식이 매우 부족하여 자신을 사책하는 중이다. 지금까지 뭘 읽은 건가 싶은 것이 갈 길이 한참 멀게 느껴진다. 그래도 이제는 주체적으로 '학문'하는 즐거움이 뭔지 조금은 깨달아가고 있다.(2024. 10월 10일. 성찰일지)

전문 연구자로 성장하는 주요 경로 중 하나는 대학원생들이 관련 학회나 세미나에 적극적으로 참여하는 것이다. 대학원생에게 학회나 세미나에서의 발표 경험은 연구자로서 정체성을 형성하는 데 중요한 계기가 된다(김선기 외, 2014).

...각 발표자의 연구주제가 신선하고 흥미로웠다…. 주체적이면 서도 독립적으로 연구하는 연구자들을 보니, 연구를 통하여 세상을 바꾼다는 것이 이런 것이구나라고 느끼게 되었다.(2024. 3월 5일. 성찰 일지)

짧은 시간 안에 일목요연하게 자신의 연구를 발표하기 위해 발표준비를 하는 과정 자체가 이미 값진 학습경험이다. 또한, 비판적 질문과 다양한 피드백을 받는 경험을 통해 자신의 연구를 타인의 시각에서 다시 바라보게 됨으로써 사고의 폭이 한층 넓어진다.

각자의 연구주제를 발표하고 피드백을 받는 시간. 이 자리에 참 여한 멘토 박사들은 요식 행위로 자리를 차지하고 있는 게 아니라 자신의 경험과 통찰을 어떻게든 더 알려주고 싶어 하는 모습이었다. 시간이 부족함을 아쉬워하며 열정적으로 조언을 해주는 모습에서 세상의 인간관계와의 차별성을 느꼈다.(2024. 5월 7일. 성찰일지)

듀이는 모든 경험이 교육적인 것은 아니며, 경험의 '계속성과 상호작용'이 라는 원리를 따를 때에만 교육적 의미를 지닌다고 보았다(Dewey, 1938/2019).

경험의 해석과 실천의 전환을 통해 학습자는 수동적 존재 즉, 참관자가 아닌 내적 동기를 기반으로 학습을 주도하는 참여자로 성장하게 된다(장은숙, 2012).

그렇게 학문공동체 안에서 나는 '공부'라는 행위를 통해 지식만이 아닌 상호관계의 의미를 배워갔다. 지금은 넝쿨처럼 스승과 선후배 그리고 동료를 의지해 자라지만, 언젠가는 다른 이의 지지대가 될 수 있기를 희망하게 되었다. 이 공동체 안에서 나는 배우는 존재이자 나누는 존재로 함께 성장하는 연구자의 길을 걷고 있다. 이러한 관계와 경험들은 나에게 연구자로서의 자부심과 소속감을 심어주었고, 참관자에서 참여자로 성장할 수 있는 원동력이 되어주었다.

4. 꽃과 열매 맺는 시간: 협력의 성장통을 견디며

협력은 공동의 목표를 달성하기 위해 함께 일하는 것이며, 협력적인 맥락 속에서 연구자의 정체성은 개인을 공동의 목표를 위해 구성원들이 함께 일하는 공동체의 한 일원이라고 정의된다(Johnson & Johnson, 2002/2010). 질적연구는 협력적 연구로, 연구의 내용과 진행 과정을 공개하고 다른 사람의 피드백이나 검증을 받는 수행 방식이다(김혜미 외, 2022). 협력연구의 필수 요소로는 긍정적 상호의존성, 개인적 책무성, 개인 간 상호교류, 소집단 및 사회 기술, 집단 평가 등이 있다(김영순 외, 2018). 협력적 연구는 서로를 지지하고 보호하고 도와줌으로써 가능하며, 다른 사람의 성공을 증진시키고자 하는 개인의 노력이 뒷받침되어야 모든 구성원에게 이익이 되는 결과를 추구할 수 있다(Johnson & Johnson, 2002/2010).

나는 박사과정에서 두 번의 협력적 연구를 하게 되었고, 모든 구성원에게 이익이 되는 결과를 실현하기 위해 상호존중과 열린소통, 책임감 있는 역할 수행의 태도를 견지하려 노력했다. 공동연구 구성원 각자의 의견과 전문성을 존중하며, 연구 과정에서 발생하는 다양한 의견차이나 문제들도 솔직하게 공유하고 함께 해결하려 애썼다. 또한 맡은 역할에 최선을 다하며 공동의 목표를 향해 동료들과 긴밀히 협업하는 경험을 통해 협력적 연구의 진정한 가치를 깊이 깨달을 수 있었다.

1) 고통과 성찰을 통해 협력자 되기

협력연구는 혼자서 수행하는 개인 연구와는 전혀 다른 차원의 도전이었다. 협력연구는 서로 다른 전공, 각기 다른 관점, 상이한 연구 스타일이 만나는 공론장과 같았다. 처음엔 기대감과 신선한 자극도 있었지만, 서로의 차이점이 부딪히면서 생기는 갈등과 긴장을 피하기 어려웠다. 우리의 관계가 마치 다문화사회의 축소판과 같다는 생각이 들었다. 서로의 다름을 이해하지 못하고 포용하지 못하는 자세를 고수하고 있었다. 우리는 서로의 차이를 존중하고 이해하며, 공동의 목표를 위해 협력하는 사회를 만들고자 학문을 하는 연구자들이다. 그런데, 우리 안에서 소통과 협력이 결여되어 있다는 것을 성찰하게 되었다.

> 각자가 다른 삶의 배경과 사연을 지녔고 성향 또한 상이하다. 그렇기에 하나의 연구팀 안에서 공존하려다 보니 사소한 말실수와 문화적 가치관의 차이로 많은 갈등과 고통을 겪고 있다. 갈등 상황이 지속되면서 사안이 점차 복합적이고 심각한 문제로 번져가는 듯하다.(2024. 10월 29일. 성찰일지)

우리 각자는 살아온 삶의 여정이 다른 만큼 연구자로서의 성향과 연구를 바라보는 시각도 달랐다. 개인적인 성향 차이와 문화적 가치관의 차이로 인해 크고 작은 갈등이 빈번히 발생했다. 그러한 갈등들이 지속적으로 나타나자, 때로는 사소한 문제가 더 큰 오해와 긴장으로 확대되어 감정적으로 힘들고 지치는 순간을 마주하기도 했다. 그런 문제가 발생할 때마다 나는 팀원들과 함께 충분한 대화를 나눴으며 더 나은 방향으로 나아가고자 했다. 처음에는 서로 감정을 표현하고 의견을 나누는 것조차 쉽지 않았다. 하지만 갈등을 정면으로 마주하며 진솔하게 대화를 나누기 시작했다. 그러자 어느새 상대방의 고통을 내 문제처럼 바라볼 수 있는 여유와 공감의 마음이 생겼다.

> 통화와 채팅 및 온오프라인 미팅을 통해 대화를 나누다 보니 내가 힘든 만큼 상대방도 힘들다는 것을 알게 되었다. 배려하는 마음으로 서로가 서로를 챙겨야겠다고 생각했다.(2024. 11월 19일. 성찰일지)

결국 서로가 가진 고민과 상처가 다르지 않다는 것을 깨닫게 된 것이다. 이렇게 조금씩 서로를 이해하는 과정 속에서 우리는 배려와 존중을 배웠다. 돌이켜보면 이 협력연구의 과정은 마치 거친 원석이 정교한 연마 직업을 통해 아름다운 보석으로 거듭나는 과정과도 같았다. 처음엔 각자의 모난 부분들로 서로를 할퀴기도 하였고 불편함과 고통 속에 상처받는 순간도 있었다. 하지만 그 시간을 견디고 서로의 의견을 경청하며 지속적으로 소통을 이어가자 우리의 관계는 점차 깊은 유대감과 신뢰로 다듬어지기 시작했다. 연구자로서뿐만 아니라 사람으로서의 성숙과 성장 또한 이루어지는 것을 느꼈다.

우리 각자는 '나'와 '너'라는 경계를 넘어 공동의 목표를 위해 노력하는 '우리'라는 정체성을 갖게 되었다. 이 과정에서 우리는 단순한 팀원을 넘어 어려움을 함께 극복하며 성장하는 진정한 동료로 변모해 갔다. 협력 연구는 갈등과 긴장으로 시작되었으나 그 속에서 우리는 서로 배우고 보완하며 탄탄한 학문공동체로 자리 잡았다. 결국 협력 연구는 지식의 확장을 넘어 더불어 사는 사회를 위한 실천적 경험이자 소중한 삶의 가치를 배우는 과정이 되었다.

2) 다듬고 또 다듬는 협력의 시간

질적연구자에게 중요한 역량으로는 호기심, 자신만의 관점 갖기, 분석력, 비판적 사고, 질문 구성력, 독창성 등이 요구되는데, 이런 연구자의 역량은 오랜 시간의 '성실한 수련'을 통해서만 획득될 수 있다(김혜미 외, 2022). 나는 이 '성실한 수련'의 깊은 의미를 협력연구를 통해 깊게 체득하게 되었다. 협력연구는 여러 사람이 함께 작업을 나누어 수행하는 것 이상의 의미를 지니고 있었다. 서로 다른 의견과 관점을 충분히 존중하면서도 하나의 논리적인 맥락을 만들기 위해 수십 번의 수정과 논의를 지속해야만 한다. 우리가 겪었던 수많은 관계적 갈등과 소통의 어려움, 각자의 다른 성향과 문화적 가치관에서 비롯된 긴장과 충돌은 결국 협력연구의 핵심 과정인 끊임없는 수정과 피드백 작업 속에서 드러났다. 두 번의 협력연구 중에 고려인 밀집지역의 교육문제를 탐색하는 연구가 있었다. 연구의 특성상 IRB[1] 심사를 받아야했는데, 제출해야 할 서류의 종류도 많았고 연구 설명문 및 참여 동의서도 3개국어(한, 영, 러)로 준비해야했다. IRB의 엄격한 심사 기준을 맞추기 위해 협력연구자들 각자의 의견을 반영하여 역할을 나누고 방대한 자료를 수집하였으며, 수십 번의 수정 작업을 거쳤다.

> 회의 때마다 각자 쓴 글을 크로스 체크 하고 C 교수의 코멘트를 반영하며 수정하고 있는데 매번 수정할게 있다는게 신기할 정도다.(2024. 11월 19일. 성찰일지)

하나의 문장이나 단어가 연구참여자에게 불쾌감이나 부정적인 감정을 들

---

1) IRB(Institutional Review Board, 기관생명윤리위원회): 연구 중 인간을 대상으로 하거나 인체 유래물 등을 이용하여 연구를 수행할 때 발생되는 윤리, 안전문제를 심의, 지도, 감독, 교육 하여 인간연구대상자의 존엄성, 권리, 안전 및 복지를 보호하고 연구가 과학적, 윤리적, 효율적으로 수행될 수 있도록 하는데 그 목적이 있다(기관생명윤리위원회 정보포털, 2025).

게하진 않는지 세밀하게 점검하고 수정했다. 지리한 수정 작업은 지겹고 힘들었지만 끝없는 수정과 피드백을 통해 나는 학문적 성과에 완벽이란 존재하지 않는다는 사실을 깨달았다. 완벽한 글이나 완벽한 연구는 없으며 결국 우리가 할 수 있는 최선은 서로의 의견을 경청하고 함께 논의하며 최상의 결과를 도출하기 위해 끊임없이 노력하는 것이었다. 이것이 바로 협력의 본질이었으며 성실한 수련의 과정이었다. 나 혼자만의 생각에 갇혀있을 때는 볼 수 없었던 맹점과 편견을 협력 연구자와의 토론을 통해 발견할 수 있었고, 함께하는 과정에서 생기는 새로운 통찰력은 연구의 깊이를 한층 더 풍부하게 만들어 주었다.

협력 연구를 진행하면서 분명해진 것은 연구가 개인의 능력과 열정만으로는 결코 완성될 수 없다는 사실이었다. 아무리 뛰어난 능력을 갖춘 개인이라 하더라도 협력을 하지 못하거나 소통이 제대로 이루어지지 않으면 연구는 제자리걸음일 수밖에 없었다. 반대로 팀원들 간의 원활한 소통과 협력이 이루어질 때 서로의 장점을 살리고 부족한 부분을 보완하며 비로소 연구는 한 걸음 나아가게 되었다. 결국 협력의 수준이 곧 연구의 질과 속도를 결정하는 가장 중요한 요인이었다.

> 협력연구는 개인의 능력과 열심히 하려는 마음만으로 되지 않는 것임을 알았다. 함께하는 팀원들이 서로 얼마나 '협력'하느냐에 따라 연구의 진척이 있는 것 같다.(2024. 11월 19일. 성찰일지)

존슨 외(Johnson & Johnson, 2002)는 협력연구에서 가장 우선시되고 중요한 요소는 긍정적인 상호 의존성이라고 했다. 긍정적인 상호의존성은 협력연구의 구성원들이 모두가 성공하지 못하면 아무도 성공할 수 없다는 믿음으로 연결되어 있다는 것을 받아들일 때 존재한다는 것이다. 즉, 한 구성원이 실패하면 팀 전체가 실패하는 공동운명체라는 의식을 가지고 서로 연결될 때, 진정한 협력적 관계가 성립된다는 것이다. 이러한 사실은 우리가 협력연구를 진행하면서도 직접 경험하게 되었다.

마침내 긴 인고의 과정 끝에 협력연구의 결과물이 나왔을 때 느낀 감정은 혼자 연구를 완성했을 때와는 비교할 수 없는 짜릿함과 성취감이었다. 이는 연구성과 자체에 대한 기쁨을 넘어, 서로 다른 생각과 가치관을 조율하고 갈등을 극복하며 결국 하나의 결과물을 만들어냈다는 과정 자체에서 오는 깊은 감동이었다. 협력은 때때로 갈등과 성장통을 수반하지만 그러한 고통을 견디고 나면 훨씬 더 큰 배움과 보상을 안겨주는 소중한 여정임을 실감할 수 있었다. 결국 협력연구는 개인의 성장뿐 아니라 서로의 존재를 존중하고 함께 공존하는 학문공동체의 의미를 배우는 소중한 경험이었다.

3) 지식을 넘어 실천으로

박사과정의 학문수련 현장은 단지 이론적 지식이나 정보를 습득하는 공간이 아니라 각자의 삶에서 얻은 성찰과 다양한 관점이 역동적으로 교류되는 만남의 장이었다. 서로 다른 문화적 배경과 삶의 경험을 지닌 연구자들과 대화를 나누며, 나는 다문화사회의 복잡성과 이주민의 삶이 지닌 다층적인 의미들을 더욱 깊이 이해할 수 있었다. 이러한 만남과 교류는 학문의 의미를 넘어, 연구자로서 지녀야 할 사회적 책임에 대한 깊은 자각을 일깨웠다

A 교수는 이론과 지식이 단지 책 속에 머물러서는 안 된다고 강조하였다. 지식은 사회적 문제를 해결하는 데 적극적으로 활용되어야 하며, 그것이 학문이 사회에 기여하는 가장 실천적인 방식이라는 가르침이었다. 또, 그는 이 말을 전할 때마다 늘 다음과 같은 메시지로 연구자들이 스스로 실천적 고민을 하게 했다.

"보다 공정하고, 평화롭고, 관용적이며 포괄적인 지속가능한 세상
을 만들어가기 위해 우리는 어떻게 기여할 수 있는가?"

이 질문은 나에게 단순한 학문적 호기심을 넘어, 연구의 방향과 나의 삶의 목적을 정립하는 데 매우 중요한 기준점으로 자리 잡았다. 특히, 협력연구를 수행하는 과정에서 나는 이 질문의 무게를 더욱 실감하게 되었다. 협력연구의 과정은 나로 하여금 주변을 돌아보게 만들었고, 학문이 진정한 의미로 사회적 실천과 연결되어야 함을 몸소 느끼게 해주었다.

우리주변에 소외된 이웃을 위해 난 무엇을 할 수 있으며, 어떻게 변화해야 하는가? 연구팀의 일원으로 연구를 진행하면서 소외된 이웃과 지역사회를 위해 내가 할 수 있는 일들을 발견하길 희망한다. (2024. 8월 29일. 성찰일지)

1년간의 박사과정은 나에게 사회적 책임감을 깊이 각인시켜준 시간이었으며 나아가 진정한 연구자로 성장하기 위해서는 앎을 삶으로 연결시키려는 끊임없는 노력이 필요하다는 사실을 체득한 귀중한 계기였다. 특히, 내가 추구하는 질적연구는 본질적으로 타자의 삶과 경험을 중심으로 펼쳐지는 연구이기에 연구자는 결코 자신의 관점만을 고집해서는 안 된다. 오히려 연구자는 타자를 주인공으로 세우고 타자의 경험을 있는 그대로 존중하며 경청하는 태도를 가져야 한다. 이를 실천하기 위해서는 연구자 자신이 기꺼이 삶과 경험을 가감 없이 드러낼 수 있는 용기와 진솔함이 요구된다. 이 과정 속에서 연구자는 타자와 진정한 소통을 이룰수 있도록 자신의 학문과 삶이 일치할 수 있도록 부단히 성찰하고 노력해야 한다. 결국 연구자는 타자의 목소리를 통해 자신을 돌아보고 그것을 실천적 삶으로 연결시키는 존재라는 것을 깨닫게 되었다.

오세경(2024)은 전문 연구자로서의 최고 단계를 '네트워크 확장'이라고 정의한다. 그는 이 단계를 개인이 주체와 객체의 행위를 연결하며 학문공동체의 '안'과 '밖'을 유연하게 넘나들며 네트워크를 구성해 가는 역동적인 전문성 발달 과정이라 설명했다. 이 단계에 있는 연구자는 전문가로서의 정체성을 확립하고 전공지식을 심화시키며 집단지성을 통해 학문적 재생산을 이루게 된다.

지금의 나는 바로 이러한 '네트워크 확장'의 흐름 속에 서 있다. 내가 학문 공동체와의 관계 속에서 나 자신을 드러내고 타자와 적극적으로 관계를 맺는 행위는 단지 연구 전략 이상의 의미를 가지고 있다. 그것은 타인을 진정으로 이해하고 수용하며, 동시에 나 자신을 받아들이는 윤리적이고 실천적인 행위라는 사실을 점차 깨닫게 되었다.

연구자는 단순히 지식을 생산하고 전달하는 탐구자에 머물러서는 안 된다. 연구자는 배운 지식을 적극적으로 사회적 실천으로 전환시키고, 삶의 모든 순간 속에서 우리가 살아가는 세상을 좀 더 나은 방향으로 바꾸기 위해 노력하는 사람이다. 나는 바로 지금, 그러한 연구자로 성장하고자 하는 길 위에 서 있으며, 이 길을 성실하게 걸어가고자 한다.

5. 흔들리는 경계에서 피어난 성찰의 꽃

자문화기술지는 연구자의 자전적 이야기를 활용해 개인의 주관적 체험과 성찰을 자기에 대한 이해로 풀어내는 사회과학 연구에 적용하는 질적연구 방법으로, 자기와 타자 간의 문화적 맥락을 자기 경험을 중심으로 드러내는 방식이다(Chang, 2013).

이 글에서 '나'는 박사과정 기간에 경험한 학문수련, 협력연구, 타자와의 상호작용을 자전적 서사로 구성했다. 나는 학습경험을 통하여 '뿌리내리는 시간: 사회인과 연구자의 경계에서', '줄기와 잎이 자라는 시간: 참여자로의 전환', '꽃과 열매 맺는 시간: 협력의 성장통을 견디며'의 단계를 거치면서 경험하게 된 스스로의 인식 변화와 깨달음을 성찰적으로 기술했다. 박사과정의

1년은 단지 지식을 습득한 시간이 아니었다. 강의실 뒤편에서 조용히 듣기만 하던 참관자(observer)였던 내가, 낯선 학문의 언어를 점차 개념화하고 타인의 성찰을 경청하면서, 서서히 참여자(participant)로 이행해 가는 변화의 과정이었다. 수업 시간의 질문과 응답, 학술대회에서의 발표 경험, 그리고 협력연구에 참여하며 소통하는 과정을 통해 나는 어느 순간, 단순한 학습자를 넘어 학문공동체의 구성원으로서 '함께 연구하는 사람', 즉 협력자(collaborator)로 되어가는 중이다. 이러한 변화는 단지 역할의 이동이 아니라 나의 사고방식, 태도, 그리고 학문을 대하는 방식 전체에 변화를 불러왔다. "나는 정말 연구자로 성장하고 있는가?", "나는 어떤 연구자가 되어가고 있는가?"라는 질문은 학문적 수련과 실천 속에서 끊임없이 되풀이되었고, 그 질문들 속에서 나는 사회인에서 연구자로 경계를 넘었다.

패튼(Patton, 2015)은 질적연구 학습이 학습자로 하여금 복잡성 수용 능력과 해석적 유연성을 키운다고 강조했다. 즉, 질적연구자는 자신의 틀을 고집하지 않고, 열린 태도로 다양하게 사유할 수 있어야 한다는 의미이다. 이러한 관점에서 볼 때 '나'는 박사과정을 통하여 질적연구자가 지녀야 할 다섯 가지 핵심 책무인 윤리성, 민감성, 개방성, 엄격성, 성찰성을 학습경험 속에서 체득하였고, 연구자로서의 정체성을 정립하게 되었다. 윤리성은 연구참여자를 존중하고 연구과정에서 정직과 책임을 지키는 것이며 민감성은 자신의 영향과 편견을 인식하여 타인의 목소리에 세심하게 귀 기울이는 것이다. 개방성은 다양한 관점과 예기치 않은 상황을 유연하게 받아들이는 것이며 엄격성은 자료수집과 해석에서 체계적이고 신뢰성 있게 접근하는 것이다. 그리고 연구전 과정에서 자신의 관점과 해석을 지속적으로 점검하고 반성하는 것이 성찰성이다. '나'가 학습경험을 통해 질적연구자로서 책무를 체득한 과정은 다음과 같이 정리할 수 있다.

첫 번째, 윤리성은 학문공동체 안에서뿐만 아니라 연구 현장에서도 끊임없이 요구되는 태도임을 알았다. 협력 연구를 진행하며 발생한 갈등과 조율의 과정에서 나는 타자의 입장을 고려하게 되었고, 연구 현장을 존중하고 배려하는 자세가 연구의 질을 결정짓는 핵심임을 실감했다. 질적연구는 단순한 기술이 아닌 관계의 학문이며, 그 관계는 결국 윤리 위에서 가능하다는 사실을 알게 되었다.

두 번째, 민감성은 협력 연구자들과의 지속적인 대화와 타자의 성찰일지를 접하는 과정을 통해 점차 체화되었다. 그들의 언어와 삶의 이야기를 들을 때, 나는 단순한 참관자가 아니라 나의 선입견이나 자의적 해석을 경계하며 예민하게 반응하는 참여자이어야 했다. 이 경험을 통해 나는 질적연구자가 되기 위해서는 타자의 경험을 경청하고, 그 안에 깃든 맥락과 감정을 섬세하게 읽어낼 수 있는 해석적 민감성이 필수적이라는 사실을 깊이 깨달았다.

세 번째, 개방성은 협력 연구와 도제 학습을 통하여 습득했다. 때로는 타인의 의견이 나의 고정관념을 깨뜨렸고 익숙한 해석의 틀을 다시 뒤엎어야 했다. 협력연구 과정의 수십 번의 수정은 고통스러웠지만 그것은 곧 지식이 아닌 연구자로서의 태도를 재구성하는 일이었다. 나는 점점 열린 마음으로 타인의 질문과 피드백을 수용했다. 그 과정은 나의 사고를 확장하고 해석의 유연성을 확보하는 학문적 수련이 되었다. 이러한 경험을 통해 나는 연구자로서의 자신감뿐 아니라 학문공동체 안에서의 소속감도 함께 얻게 되었다.

네 번째, 엄격성은 논문 작성과 학술 발표 그리고 질적자료 분석의 과정 속에서 다듬어졌다. 연구는 감정이 아닌 논리와 느낌이 아닌 근거로 설득되어야 하며 질적연구라고 해서 '느슨함'을 허용하지 않는다는 것을 배웠다. 나는 자료 하나하나를 다시 검토하고 코드와 범주, 시각화와 해석의 연결 구조를 고민하면서 연구의 신뢰성과 타당성의 중요도를 몸으로 익혔다. 특히 발표 준비와 세미나의 1인 1질 문화는 연구자의 언어와 사고를 예리하게 가다듬는 훈련이었다.

다섯 번째, 이 모든 것을 가능하게 한 기반은 성찰성이었다. 수많은 성찰일지를 쓰고 타인의 성찰을 읽으며, 나는 '나'를 점점 더 깊이 들여다보게 되었다. 연구는 타자를 관찰하는 일이 아니라 타자를 통해 '나'를 재구성해 가는 과정이며 질적연구자는 앎이 삶이 되고, 삶이 다시 앎으로 이어지는 선순환의 구조를 끊임없이 실천하는 사람인 것을 알게 되었다.

나는 사회인과 연구자, 참관자와 참여자, 그리고 개인과 공동체라는 모든 정체성의 줄다리기 속에서 흔들렸지만 결국, 학문공동체의 네트워크라는 토양 위에 뿌리를 내리고 성장하고 있다. 이 토양에서의 학습경험은 의존의 기반이자 협상의 지지대이며, 확장의 성장통이었다. 앞으로도 나는 학습경험을 통하여 더 깊이 배우고 더 넓게 성장하며, 새로운 학문적 여정을 이어가고자 한다. 단지 지식을 습득하는 게 아니라 타자와 연결되고, 자기 자신을 성찰하며, 사회와 함께 살아가는 실천의 길을 만드는 질적연구자가 되고자 한다.

07

질적연구를 노래하다: 음악인에서 질적연구자로

1. 내 삶 깊숙이 흐르는 파사칼리아

파사칼리아(Passacaglia)는 음악 형식의 하나로, 저음부에서 제시된 주제 선율이 곡 전체를 통해 반복되는 특징을 가진다. 스페인어 pasar(십자가, 고개)와 calle(거리)의 합성어에서 유래했으며, 대부분 단조 작품이 많다. 바로크 시대 독일 작곡가 요한 세바스티안 바흐(Johann Sebastian Bach, 1685-1750)의 오르간 곡 《파사칼리아와 푸가 C단조》(BWV 582)는 이러한 특징을 잘 보여준다. 주제 선율은 저음부에서 담담하게 시작해 화성과 리듬의 변화를 거치며 고음부로 이동하면서도 끝까지 동일한 선율의 정체성을 유지하며 이어진다. 하나의 선율이 곡 전체를 관통하는 이 모습을, 기독교 신앙이 내 삶 깊숙이 흐르는 방식과 비유하고자 한다.

질적연구자가 되기 전, 나는 어릴 적부터 평범한 교회 사람으로 성장하며 성서에 근거한 삶과 믿음에 따른 의례를 익혔다. 교회 활동 속에서 음악, 미술, 체육, 놀이를 경험했고, 다양한 연령과 역할의 사람들과 관계를 맺으며 가족을 넘어선 대가족 같은 공동체를 체험했다. 이러한 경험은 공동체와 상호의 가치를 자연스럽게 내면화하는 기회가 되었다.

성장 과정을 거치며 인간과 세상에 대한 이해의 폭은 점차 넓어졌다. 산수의 세계 (1+1=2)를 사는 어린 시절에는, 기적을 믿는 믿음으로 삶을 배웠지만, 수학의 논리 (1-2=-1)를 배우던 청소년기에는 어른들의 실수와 인간적 허물을 발견하며 비판적 사고를 경험했다. 대학 시절에는 0과 1의 이진법과 불확정성의 논리, 양자역학적 사고를 통해 삶과 인간의 불완전함을 깨닫게 되었다. 이러한 경험은 이후 연구자로서 현실과 인간을 다층적으로 이해하는 능력의 기초가 되었다.

나의 공동체 경험은 음악과 학업 선택에도 영향을 미쳤다. 음악가가 되고 싶었던 어린 시절, 집안 형편상 음악 공부를 포기해야 했지만, 대학에서 오르간과 교회 음악을 접하면서 학업으로 이어갈 기회를 얻었다. 이후 뉴질랜드 이주와 성가대 지휘, 한국 귀국 후 다수 성가대와 목회 활동을 거치며, 공동체를 섬기는 리더십과 다양한 역할 수행을 경험했다. 이러한 다중 정체성 경험은 나를 점차 타자 지향적 감수성과 관계적 이해를 갖춘 사람으로 성장시켰다.

목회자에서 질적연구자로의 전환에는 '만나게 될 공동체'에 대한 관심과, 교회 세상을 넘어 일반 세상을 경험하려는 욕구가 결정적이었다. 특히 자살예방 상담기관 '생명의전화'에서 활동하며, 사회적 취약 계층과 다문화인들이 살아가는 현실을 직접 마주하게 되었다. "타자들이 살아가는 그 추운 세상에 다문화인이 더해진다면?"이라는 질문은 나를 다문화교육학과로, 그리고 질적연구자로 나아가게 하는 계기가 되었다.

인하대학교에 첫발을 내딛던 날, 지도교수는 자신을 질적연구자라고 소개했지만, 사실 나는 그 용어도 처음 들어본 질적연구에 문외한이었다. 지도교수는 수업에 나를 초대하였고, 그 수업은 내 인생 첫 번째 질적연구 수업이 되었다. 박사생의 발표에는 플라톤, 아리스토텔레스로부터 시작하여 처음 들어보는 다양한 철학자들이 등장했다. 일부 내용들은 신학대학원에서 배던 철학과 윤리학 내용들이라 반가웠다.

어느덧 수업의 마무리에 이르자, 지도교수는 질적연구 정신에 대해 발언을 시작했다. 그리고 그 발언은 나에게 강력한 충격과 도전을 안겨주었다.

> 질적연구자는 사회문제에 관심을 가져야 한다. 학문을 하는 사람
> 은 학문과 닮아가게 되어있다. 사회를 바꿀 비전을 가지라! 연구를
> 수행하는 이유는 더 좋은 사회를 만들기 위함이다. 평등하고 공의로
> 우며 소외당하는 사람이 없는 살기 좋은 세상을 만드는 데 공헌해야
> 한다.(2023. 10월 31일. 질방 수업 중 지도교수)

놀라웠다! 이것은 성서에서 강력하게 울려 퍼지는 예수의 '하나님 나라 운동'과 다름없지 않은가! 난생처음 만난 질적연구자에게서 나의 종교적 신념과 동일한 지향을 듣게 되니, 나의 마음에 강력한 공명이 일었다. 인하대로 향한 발걸음과 질적연구 세계로의 입문에 있어서 다른 확인은 나에게 더 이상 필요치 않았다. 평범하던 교회 사람 나는 이렇게 질적연구자로의 전환을 시작하게 되었다.

2. 연구자의 패러다임

음악은 '소리 하나'로부터 시작한다. 아니 정확히 말하면, 음악은 소리가 울리기 직전에 존재하는 '침묵'에서부터 시작된다. 음악의 상황이 언제나 침묵을 전제로 한다고는 말할 수 없지만, 음악의 주체에게 있어 침묵은 음악의 단계로 나아가는 데에 가장 중요한 출발점이다. 이는 지휘자나 연주자가 음악을 시작하기 전에 숨을 고르면서 주체적으로 침묵을 다루는 모습에서 명확히 확인할 수 있다. 차분하게 침묵을 준비한 후 드디어 시작되는 음악의 좋은 예는 러시아의 작곡가 세르게이 라흐마니노프(Sergei Rachmaninoff, 1873-1943) 《피아노 협주곡 2번》(Piano Concerto No. 2 in C minor, Op. 18, 1901)의 제1악장이다. 이 곡은 고요하고도 장엄한 F단조 화성으로 시작한다. 이 곡의 첫 음은

동시에 여러 음정이 울리는 화성이기 때문에 비록 '한 소리'라고 할 수는 없지만, 연주자와 지휘자, 오케스트라와 청중 모두가 음악의 시작 직전에 침묵을 준비하고 한마음으로 음악의 첫 울림을 기다린다는 점에서, 음악에서의 침묵이 가지는 의미를 살펴볼 수 있는 예가 된다.

한 소리가 울리기 전, 존재하는 주체가 침묵을 시작으로 음악을 펼쳐내는 모습은 마치 성서의 첫머리 창세기와 꼭 닮았다. "태초에 하나님이 천지를 창조하시니라 땅이 혼돈하고 공허하며 흑암이 깊음 위에 있고 하나님의 영은 수면 위에 운행하시니라 하나님이 이르시되 빛이 있으라 하시니 빛이 있었고"(성경 개역개정판 창세기 1장 1-3절). 존재와 침묵, 그리고 '한 소리'에서 출발하는 시작은, 질적연구를 시작하는 나에게서도 꼭 닮은 모습으로 나타났다. 연구공동체에 입문한 6개월가량, 나는 보이지 않지만 존재하는 주체가 되어 침묵을 준비하는 모습으로 질적연구 여정을 시작했다. 나는 첫 학기 기말 성찰일지에 이에 대한 기록을 남겼다.

> 1학기를 지내온 나의 소회는 '씨가 땅에 심어져 싹이 트기까지'의 심정이다. 매시간 부족함이 드러나고, 자신에 대한 믿음이 사라지기를 수없이 반복했다. 아무에게도 발견되지 않는 깊은 땅에 심어졌고 두툼한 볏짚으로 덮여 아무것도 보이지 않는 씨앗 같은 상황이었을까. 나 자신도 나를 인식하지 못할 만큼 어두웠지만, 따뜻한 땅이 품어주었고, 생명이 반응하였고, 물 없이도, 태양 없이도 뿌리가 내리고 어느덧 씨앗이 싹으로 탈바꿈한 느낌이 지금 나의 소회다.(2024. 6월 25일. 기말 성찰일지)

나는 질적연구 세계에 들어온 나 자신을 씨앗으로 인식하고 있었다. 존재하지만 드러나지 않고, 시작 되었지만 아직 침묵하고 있는 그 직전의 단계에서 발화하지 않은 씨앗 같았던 나는, 공동체 안에서 숨을 고르고 침묵을 다루는 주체가 되어 부지불식간에 질적연구의 영양분을 맞아들이고 있었다. 그리고, '다문화교육'이라는 전공에 대한 이해를 바탕으로 비로소 연구자-되기 준비를 할 수 있었다.

> 나는 다문화만 알고 입학했다. 우리 사회가 빠르게 다문화사회로 변해가고 있다는 사실, 사회 변화에 대해 준비가 필요하다는 사실, 그리고 나 스스로 다문화인이 되어 본 경험을 바탕으로 사회와 이웃에 기여하고 싶다는 기대가 입학의 동기였다. 입학 당시 다문화만 알고 있었던 상황에서도 다문화사회의 핵심은 교육에 있다는 것 또한 알고 있었다. 그러나 내가 모르는 것이 있었으니, 인하대 다문화교육학과는 '연구자를 양성하는 연구공동체'라는 사실이었다. 연구공동체의 정체성을 만나면서 나의 기대와 목적은 도전받았고, 1학기가 지난 지금 나의 정체성과 방향성은 크게 수정되었다. 이제는 일반 사회인이 의미하는 다문화와 연구공동체에서 의미하는 다문화가 다르다는 것을 안다.(2024. 6월 25일. 학기 말 성찰일지)

질적연구는 인간과 사회현상을 탐구하는 하나의 연구방법론이다(이명선 외, 2018). 연구를 수행하여 조사·검증하고, 수치를 통해 일반화를 시도하여 연구 결과를 도출하는 양적연구와는 다르게(조성남 외, 2011), 질적연구는 참여자의 경험에 주목하고, 그 의미에 대해 상황과 맥락을 고려하여 이해하고 해석하는 연구 방법이다(이명선 외, 2018). 질적연구에서 의미에 관심을 가지고 생활세계에 주목하는 이유는 '행위자의 주관적인 동기와 의미 개입'을 고려하지 않고는 사회·문화의 현상을 바르게 파악할 수 없기 때문이며, '행위의 의미와 목적'을 이해하기 위해서는 맥락을 고찰해야 하기 때문이다(신경림 외, 2004; 조성남 외, 2011; 이명선 외, 2018; 김영순, 2021).

이렇게 질적연구는 인간과 사회현상에 대한 의미와 맥락에 주목하여 이해와 해석을 추구하는 학문이기 때문에, 질적연구자는 사회현상이나 세계를 어떻게 바라볼 것인가에 대한 태도와 관점, 즉 연구자 자신의 패러다임을 고려해야 한다(김영순 외, 2018; 이명선 외, 2018). 이러한 패러다임(paradigm)은 문제해결을 위한 이론과 설명, 방법, 테크닉을 정하는 데 지침을 주는 틀로서 모든 연구에 철학적 가정, 이론적 관점으로 스며들어 있다고 할 수 있다(Usher, 1996; Glesne, 2016). 연구자가 '연구 문제를 제시하고 이론을 선택하며 자료를 수집'하는 것은 패러다임을 기반으로 하기 때문에, 연구자는 스스로 "어떻게 사고하고 행동하며, 어떤 지식을 생성하는지"에 대해 자신의 패러다임을 검토해야 한다(최수안, 2023). 즉, 패러다임은 연구자가 지닌 소신이자 철학이라 할 수 있다(김영순 외, 2018).

세상의 현상을 포착하고, 그것에 대한 패러다임과 이론을 준비하여, 현장에 나가는 것이 중요하다는 것을 생각하게 되었다.(2024. 4월 9일. 성찰일지)

질적연구 공동체에 진입한 초기에 나는, 보이지 않는 자리에서 침묵의 시간을 지내며 질적연구에서 무엇보다 중요한 패러다임을 익혀가고 있었다. 다문화교육이라는 사회적 실천을 목표로 다문화주의에서 출발하여 상호문화주의를 이해하고, 이제는 연구공동체가 지향하는 상호문화실천을 탐구하고 있다.

3. 질적연구자의 리듬

시간의 흐름이라는 한계 속에서 음악은 절대로 과거로 돌아갈 수 없다. 그러한 의미에서 세상에 울린 한 소리가 음악이 되기 위해서는 시간의 흐름에 따라 반드시 '다음 소리'라는 지향을 가지게 된다. 세상에 등장한 처음 소리가 시간 차에 의해 만나게 되는 '다음 소리들'과의 관계를 '리듬'이라고 부른다. 세상에 울린 한 소리가 음정의 차이 없이 리듬만으로 다음 소리들과 연계하는 악곡에는 오스트리아의 작곡가 요한 슈트라우스 1세(Johann Strauss I, 1804-1849)의 《라테츠키 행진곡》(*Radetzky-Marsch*, Op.228, 1848)이 있다. 우리에게 익숙한 멜로디가 나오기 전, 이 곡은 스네어 드럼(Snare drum)이 연주하는 리듬으로만 이루어진 소리로 시작한다. 악기 소리와 리듬을 듣다 보면 어떤 분위기의 음악이 나올지 짐작하게 된다. 리듬 안에서 지향을 발견하게 된다.

음악에서 리듬은 시간 차로 연계된 다음 소리와의 관계를 뜻할 뿐 아니라 일정한 박자나 규칙에 따라 이루어지는 패턴 또는 반복의 의미도 포함한다. 이런 의미에서 리듬은 질적연구의 규칙적인 학문 수행과 닮았다. 교회 사람이며 음악인이었던 나는, 학문공동체의 지향을 만나면서 연구자 정체성을 형성해 나갔고 반복되는 수련의 리듬을 통해 학문 수행자의 태도를 익힐 수 있었다. 질적연구자 되기 과정은 학문적 리듬을 통해 서서히 나에게 체화되었다.

나의 질적연구자 리듬은 3가지 주제로 시작되었다. 그 내용은 첫째, 학문적 글쓰기 둘째, 질적연구방법론 셋째, 연구 현장의 중요성이다. 이 세 항목은 첫 학기의 학문 수행 내용을 분석해 도출된 것으로, 질적연구자 되기 초기 단계부터 등장하여 학문 수행의 과정 전반에 걸쳐 지속적으로 나타난다.

1) 학문적 글쓰기

질적연구자 되기에서 내가 경험한 첫 번째 리듬은 학문적 글쓰기였다. 학문적 글쓰기는 연구자 되기 과정을 기록한 성찰일지에 반복적으로 나타나는 주제이다. 초반에는 학문적 글쓰기가 필요한 단계별 과제에서 출발하였지만, 점차 학문적 글쓰기에 대한 성찰과 고려할 요소 및 태도에 대해서도 기록하고 있다.

논문이 완성되기까지 얼마나 많은 것들이 엮여 한 편의 글이 되는 건가. 지식으로 체계를 세우고, 이론으로 뒷받침하고, 실행과 수행으로 결과를 보는 것뿐 아니라 연구참여자와의 관계, 연구자의 헌신, 연구공동체의 관심과 조언, 같이 머물러줌과 동시에 연구자의 성장을 위한 끌고 밀고 하는 과정들이 참 의미 있게 느껴진다. (2024. 4월 23일. 성찰일지)

그러면 나의 글은 어떨까? 눈 앞에 펼쳐진 우수사례를 목도 하면서 내 글을 떠올리니, 내 과제가 핵심을 놓치고 있었다는 것을 깨닫게 되었다. 논문 글쓰기! 그분들의 사례가 있어 내 글쓰기가 거울에 비치듯 드러났다고 해석하게 되었다. (2024. 7월 2일. 성찰일지)

단어의 선택이 말과 글을 만든다. 어림짐작한 대충의 의미가 아니라 그 단어가 지칭하는 '그' 의미에 대해서 선명하게 제시하는 것이 중요하다는 것을 알게 된다. 연구자의 생각과 의도가 다르게 읽힐 수 있다는 가능성은 언제나 있겠지만, 독자에게 잘못 읽힐 수 있다는 가정하에 연구자는 자신의 글을 대하는 객관적인 눈도 있어야 한다. 때로는 직접적이지 않더라도 선명하게 표현하는 단어를 애써 찾아야 한다. 사랑은, 배려는 그래서 수고이다. 그러한 단어의 선택이 말과 글을 만든다. 그래서 성경은 사랑을 '수고'라고 말한다. (2024. 9월 24일. 성찰일지)

이명선 외(2018)는 글쓰기는 질적연구에서 시작과 끝이라고 말한다. 질적연구의 글쓰기는 연구 결과를 단순히 보고하는 작업이 아니다. 질적연구에서 글쓰기는 연구자가 주목하는 현상에 대한 이해와 의미, 그리고 통찰을 독자에게 설득력 있고 공감 가능하게 전달하는 과정이다. 그렇기 때문에 질적연구에서는 보고서의 첫 단계부터 마무리 단계까지 글쓰기가 중요한 항목으로 강조된다(이명선 외, 2018). 나 같은 경우에도 질적연구자 수행의 초기 단계부터 큰 도전이 된 항목이 바로 '학문적 글쓰기'였다. 연구공동체의 지도교수는 연구자의 기초가 글쓰기임을 강조하며, 질적연구자는 이를 지속적이고 성실하게 수행해야 한다고 말한다(김진희 외, 2015). 나는 학문공동체의 리듬에 맞추어 규칙적으로 글쓰기를 배웠고, 연구자의 글쓰기 태도와 실천에 대해 수행하고 있다.

2) 질적연구방법론

질적연구자 되기에 있어서 두 번째 리듬은 질적연구 방법론에 대한 학습이었다. 나의 성찰일지에는 이에 대한 내용이 꾸준히 나타나는데, 학문공동체의 발표자를 통해 다양한 연구 방법을 접할 수 있었기 때문이다. 나는 연구의 필요성과 중요성, 나아가 논문의 활용과 기여 방안을 연구 방법론 안에서 찾을 수 있음을 이해하게 되었고, 이를 연구 공동체와 함께 학습해 나갔다.

> 연구 문제에 맞춰서 연구 방법을 효율적으로 사용할 수 있도록 연구를 설계하는 것이 중요하다는 사실을 배웠다. 연구는 연구 문제로부터 출발하고 효율적 해결 방안을 위해 연구 방법이 선택된다는 것이다. 연구 문제에 관한 관심 또는 해결 방안에 대한 열정이 연구 자체의 동기와 이유가 된다는 새로운 깨달음을 얻게 되었다.(2024. 3월 12일. 성찰일지)

질적연구는 현상의 이유나 전개 과정에 관한 질문을 던짐으로써 현상의 원인과 특징을 파악하는 것이 목적이기 때문에, 연구 질문과 연구목적이 설정되었다면 연구 설계 기획이 뒤따르게 된다(김영순 외, 2018). 이때 고려되는 것이 연구 방법이다. 연구 방법에는 자료수집과 분석 방법 및 분석 절차가 포함되며, 연구의 신뢰성 및 타당성에 대한 고려와 함께 연구참여자 선정 그리고 연구 윤리(IRB) 내용도 다루어진다. 즉 연구가 목적에 맞게 어떤 방법으로 진행되며, 어떤 방식으로 분석되는지, 연구참여자에 대한 어떠한 고려가 이루어지는지의 설계와 기획이 연구 방법에서 제시된다고 할 수 있다. 이러한 이유로, 연구목적에 맞는 연구 방법을 설정하는 것은 매우 중요하다.

연구자는 연구방법론을 적용하기 전부터 인간과 사회문화현상에 관한 어떠한 문제의식과 사유 방식을 가졌는지 스스로 파악해야 하며, 상호작용에 대한 해석과 문제해결을 위한 실천적 대안, 연구자 자신의 모색에 관해 판단하고 있어야 한다(김영순 외, 2018). 연구 방법에 대한 학습이 부족한 상태에서 연구가 진행되면, 연구 도중에 연구 방법을 수정하거나 연구 설계를 변경해야 하는 문제에 봉착할 수 있다. 따라서 연구에 돌입하기 전, 연구자는 연구 방법을 충분히 탐구하고 방법론을 숙지할 필요가 있다. 나는 질적연구에 관한 다양한 세미나를 통해 정기적으로 교수자들의 강의를 들으며 연구방법론을 학습했다. 또 선배 연구자들의 논문 발표를 접하면서 질적연구방법의 다양한 유형과 사례를 접할 수 있었다. 연구방법론은 나에게 리듬이 되어 패턴과 반복을 제공하였고, 연구방법론 수행은 나의 질적연구자 되기에 꾸준히 자양분을 제공하고 있다.

3) 연구 현장의 중요성: 필요성에서 출발하여 필요를 채우는 연구

질적연구자 되기의 세 번째 리듬은 연구 현장의 중요성을 이해하는 것이었다. 2주에 한 번씩 진행되는 질적연구 방법론 세미나, 분기별로 제공되는 질적연구 사례 워크숍, 방학마다 열리는 질적연구 방법론 캠프, 이와 더불어 정기적으로 학회에 참석하면서 연구 현장에 대한 이해를 넓힐 수 있었다. 그리고 이러한 경험을 통해 질적연구가 수행되는 현장의 특성은 무엇인지, 질적연구가 주목하는 연구참여자는 누구인지, 연구참여자와의 만남을 통해 상호 소통하는 연구자의 수행은 어떠한지에 관해 다양한 사례들을 접하면서 '연구 현장'의 의미를 배워 나갈 수 있었다.

"어떤 문제가 어떻게 해결되기를 원하는가?"라는 문제 제기에서 시작된 연구가 정책에까지 연결되어, 실제 사회 변화를 일으킬 수 있다는 것이 참 고무적이다. "무엇을 바꾸고 싶은가?" "어떻게 변화하기를 원하는가?" 질문하고 관심하는 태도가 우선되어야 함을 생각하게 된다.(2024. 3월 12일. 성찰일지)

그들의 삶을 해석하고 이해하고 의미를 파악하여 세상에 알리기 위해 한편으로는 학문적 수행과 다른 한편으로는 현장에 찾아가 그분들의 목소리에 집중하는 연구가 참 뜻깊게 여겨졌다.(2024. 4월 9일.성찰일지)

오늘 세미나는 특별히 현장의 중요성에 대해서 생각해 보는 시간이었다. 사회에서 벌어지는 일들을 '당연한 거 아니야?'라고 흘려보내지 않고 그 안에서 의미를 찾아내는 태도가 연구자의 자세라는 것을, 발표자와 발표 내용을 통해서 생각해 보게 되었다(2024. 11월 26일. 성찰일지)

질적연구는 사회·문화 현상을 탐구 대상으로 하여(김영순 외, 2018) 그 안에서 살아가는 인간의 삶과 경험의 의미를 심층적으로 연구하는 사회과학 연구조사 방법의 하나이다(서경혜, 2023). 질적연구와 비교되는 양적연구는 일반화를 추구하는 연구 방법으로, 사회·문화 현상이 어떤 원인과 결과로 나타나는지에 대한 가설을 세우고 이를 수치적인 자료 또는 통계를 활용하여 설명하고 증명한다(김영순, 2021). 또한 양적연구는 연구 결과가 다른 맥락에서도 최대한 동일하게 반복되도록 설계되기 때문에, 모집단을 대표하는 무선 표집을 진행하고(전가일, 2021), 변인 간 관계를 조사한다(Creswell & Creswell, 2018/2022). 이렇게 현상에 대한 일반적인 경향을 규명하려는 연구 목적 때문에 양적연구는 현상에 대한 맥락을 최대한 배제한다는 특징을 가진다(전가일, 2021).

그러나 질적연구는 양적연구가 주목하는 수치, 동일한 반복, 가설, 표집 방법, 탈맥락화에 대해 매우 다른 양상을 보이는 연구 방법이다. 무엇보다 현상에 대한 맥락을 매우 중요하게 여기고 현장에서 나타나는 복잡성, 다양성, 독특함을 최대로 드러내려는 목적을 가진다는 점에서(전가일, 2021) 질적연구는 양적연구와 출발이 다르다. 질적연구는 현상이 나타나는 그대로의 상황을 설정하고 그 장소 내에서 "면접, 관찰, 문서, 시청각 정보"와 같은 수치로 환산되지 않는 자료를 수집한다(Creswell & Creswell, 2018/2022). 양적연구가 표집을 통해 대체가 가능한 연구 대상에 주목할 때, 질적연구는 조사를 당하는 '대상'이 아닌 연구에 직접 참여하는 '사람'에 주목한다. 이 부분에서 질적연구의 특징인 '상호성'이 고려된다(전가일, 2021). 즉 양적연구가 통계 결과를 통해 일반화를 추구하면서 극단적인 큰 값과 작은 값을 탈락시킬 때, 질적연구는 오히려 이 부분에 집중하는 것이다(전가일, 2021). 바로 이 지점에서 질적연구가 주목하는 대상이 우리 사회 내 존재하는 다양한 소수자임을 알 수 있다.

> 매시간 말씀해 주시는 학문 수행자의 자세와 연구자의 역할을 들으면서, 연구의 방향이 나의 밖으로 향해야 한다는 점을 명확하게 인식하게 된다. 사회 변혁성! 변혁하기 위해서는 먼저 문제의식이 있어야 할 것이고, 그것에 대한 현상과 인식, 분석과 해석이 있어야 할 것이고, 그래서 철학적, 사회학적 다양한 이론의 토대가 필요하다는 사실을 인지하게 된다.(2024. 7월 18일. 인문융합치료 성찰일지)

나는 학문 수행의 리듬을 통해서 연구의 필요성이 발견되고 연구 문제가 제기되는 곳은 다름 아닌 연구 현장이라는 사실을 배울 수 있었다. 질적연구란 현장에서 발생하는 필요를 파악하고 연구 문제를 설정한 후, 문제해결을 위해서 수행하는 연구자의 실천 행위이자 사회변혁을 위한 사회참여라는 질적연구의 큰 그림을 깨닫게 된 것이다.

4. 음악에는 채보, 질적연구에는 인터뷰

작곡 공부 2학년 때 흥미로운 과제가 주어졌다. 새소리를 참고하여 솔로 악기 연주곡을 작곡하는 과제였다. 비둘기와 뻐꾸기, 카나리아의 소리가 다르듯, 새들의 지저귐에는 저마다의 음률이 있고, 종에 따라 특색있는 소리를 발하는 새들도 있다. 당시 뉴질랜드에서 공부하던 나는, 뉴질랜드 고유종인 투이(Tui) 새를 선택했다. 투이새는 검정, 갈색 또는 남색 빛깔의 깃털을 가지고 있으며, 목에 리본 같은 흰색 방울 모양의 특이한 장식이 있다. 투이새의 소리는 매우 다채로운데, 동글동글한 노랫소리를 내다가 짧고 굵은 분절음을 내기도 하고, 그 작은 몸에 울림 있는 큰 소리를 발화하기도 한다. 새소리를 리서치 하기 위해 유튜브를 참조하면서 투이새의 음률과 음향적 특징을 채집했고, 이를 음악적 구조로 배치하고 작곡하여 바이올린 솔로 연주곡을 완성했던 경험이 있다.

음악사에 등장하는 많은 작곡가 중에 새소리에 관심이 많았던 작곡가를 꼽으라면, 프랑스 작곡가 올리비에 메시앙(Olivier Messiaen, 1908-1992)을 소개할 수 있다. 메시앙의 새에 관한 관심은 그의 청소년기부터 시작되었는데, 약 15세부터 새의 노래를 기보하기 시작했다는 메시앙 자신의 기록이 있다(손소정, 2023). 다양한 종류의 새들로부터 음악적 영감을 얻었던 메시앙은 50대가 되자 새소리에 관한 연구를 더욱 심화시켰고, 피아노 협주곡 《새들의 기상》, 다양한 악기 편성의 《이국적 새들》, 피아노 작품 《새의 카탈로그》 등의 작품을 탄생시켰다(손소정, 2023). 메시앙은 자연 그대로의 새소리를 채보하여 그 음률에 대한 사실적인 묘사를 이 작품들 안에서 시도하였는데, 이와 같은 세밀한 분석과 사실적인 묘사는 메시앙이 최초라는 평가를 받고 있다. 조류학자로 불릴 정도로 새에 관한 관심이 컸던 메시앙은 관찰과 채보를 통해 새의 노래에 정통한 작곡가가 되었다(손소정, 2023).

참여관찰일지의 좋은 예를 경험한 것 같다. 대화 속에 펼쳐지는 다양한 요소들을 포착하는 것이 현장 참여의 특징이라 생각된다. 대화 내용과 분위기, 종종 등장하는 반복되는 표현들, 그리고 맥락 없

이 이탈하거나 튀어나오거나 반복되는 이야기가 가지는 의미들. 그
것을 연구자의 시각으로 분석해서 새로운 의미를 도출하는 경험은
참 흥미진진할 것 같다.(2024. 5월 21일. 성찰일지)

메시앙에게 새소리의 채보와 사실적 묘사를 기반한 음악 작품이 있다면,
질적연구에는 연구참여자와의 인터뷰와 연구자의 해석에 기반한 질적연구
작품이 있다. 이때, 채보와 인터뷰는 '너'의 것이다. 사실적 묘사와 해석은
작곡가 또는 연구자로부터 비롯되는 '나'의 것이다. 그리고 음악 작품과 질적
연구 작품은 두 존재의 만남으로 탄생 되는 새로운 창조물이다. 이런 의미에
서 채보와 인터뷰는 너와 나의 만남이라 할 수 있다. "세계와 세계의 만남"
그리고 "상호문화실천"이라는 차원에서 음악의 채보와 질적연구의 인터뷰는
닮은 꼴이다(전가일, 2021; 김영순, 2024).

첫 번째 전사록의 가치와 의미를 새롭게 알게 되었다. 전사록을
기록하고, 사용이 가능한 자료로 만드는 것도 중요하지만, 가장 처
음 전사록은, 무엇보다 연구자가 어떻게 대화를 이끌어갔는지를 보
여주는 중요한 자료라는 것을 알게 되었다. 연구자가 대화를 이끌어
가는 방식, 또 연구참여자를 만나는 방식이 비록 글이지만 고스란히
나타나는 자료가 바로 전사록인 것. 그래서 지도교수님이 이 전사록
을 검토하며 연구자를 수련시키고 교정할 점과 개선할 사항을 알려
주신다는 것이 'raw data'의 중요한 의미임을 기억하자.(2024. 5월 21
일. 성찰일지)

나는 학문공동체와 연구 현장으로부터 질적연구의 자료수집 방법인 인터
뷰와 참여관찰에 대해서 배웠다. 학부생을 대상으로 하는 다문화 교양수업에
조교로 참여하면서 수업 현장에 대한 참여관찰을 수행하였고, 이들을 대상으
로 인터뷰를 진행하면서 질적연구를 위한 자료수집 경험을 할 수 있었다.
나의 성찰일지에는 학문공동체를 통해 배우게 된 참여관찰의 의미, 연구자의

첫 번째 전사록에 대한 내용이 나타난다. 참여관찰일지에는 현장이라는 맥락 속에 존재하는 참여자의 모습과 같은 현장에서 발견되는 나의 반응에 대한 기록이 나타난다. 인터뷰 일지에는 참여자의 목소리와 함께 그들의 목소리에 집중하는 나의 모습이 담겨있다. 질적연구를 수행하는 나에게, 참여관찰과 인터뷰는 '하나의 세상을 품은 너'와 '또 하나의 세상을 품은 나'의 만남이자 질적연구가 수행되는 생생한 현장이었다.

질적연구는 사회문화적 현상 및 참여자의 경험에 대한 심층적인 이해가 목적이기 때문에, 다양한 형태의 자료를 수집하여 활용한다. 귀납적 연구라는 질적연구의 특성에 따라 연구자는 자료를 활용하여 연구를 관통하는 주제를 도출하기도 하고 연구를 뒷받침하는 설명으로 제공하기도 한다(김영순 외, 2018). 크레스웰 외는 질적연구의 자료 유형으로 4가지를 제시하는데, 관찰자료, 인터뷰자료, 문서자료, 시청각과 디지털자료가 있다(Creswell & Creswell, 2022). 이 중에서도 질적연구의 핵심 자료로 활용되는 것은 참여관찰과 인터뷰이다(신경림 외, 2004).

참여관찰은 연구자가 연구의 주제가 되는 현상이나 사람을 관찰하는 것으로, 연구참여자의 삶의 현장에 직접 참여하여 관찰하는 것을 의미한다(Spradley, 2006). 참여관찰은 연구자가 참여에 중심을 두는지 관찰에 의미를 두는지에 따라 "완전한 참여자, 관찰자로서의 참여자, 참여자로서의 관찰자, 완전한 관찰자"로 유형이 구분되며 이에 따라 참여와 거리두기 또는 개입과 분리의 정도가 달라진다(Flick, 2011; Glesne, 2016). 이렇게 참여와 관찰이 함께 이루어지는 현장 속에서 연구자는 내부자적 관점(에믹, emic)과 외부자적 관점(에틱, etic)의 공존을 경험하게 되는데, 이를 통해 연구자는 현장에 대한 생생한 맥락과 연구참여자의 경험에 대한 근접한 이해를 확보할 수 있게 된다.

면담은 연구자와 참여자와의 대화를 통해 자료를 수집하는 방법이다(김영순, 2021). 대부분의 면담은 일대일로 이루어지지만, 연구 문제에 따라 집단

면담(FGI), 또는 전문가집단의 면담도 질적연구에 종종 활용된다(신경림 외, 2004). 면담을 의미하는 인터뷰는 inter(사이에)와 view(보다)의 합성어로 "너와 나 사이에서 보다"(김영순 외, 2024)의 의미와 함께, '연구자와 참여자의 관점 또는 세계 사이에서 일어나는 작업'이라는 의미를 가지고 있다(전가일, 2021). 이는 인터뷰가 일방적인 질의응답의 과정이 아니라는 것을 의미한다. 전가일 (2021)에 따르면 질적연구의 인터뷰는 나와의 일정한 '사이'를 가지고 있는 그의 세계 안으로 들어가서 그의 삶을 이해하고 해석하는 것을 의미한다. 그렇기 때문에 질적연구의 인터뷰는 나와는 다른 그의 고유한 다양성을 인정하는 작업이고, 대화를 통해 자신 안에 타자를 향한 공간을 마련하는 계기이며, 상호 관계를 통해 '나와 너'에 대한 재인식의 과정이라 할 수 있다.

나는 질적연구자의 자료수집 과정과 그 의미를 학문공동체를 통해 접할 수 있었다. 뒤이어 참여관찰을 실천하면서 그들의 세계 안으로 들어가 관찰하고 기록하는 것이 어떠한 것인지 경험하게 되었고, 내부자적 관점과 외부자적 관점의 공존을 체험할 수 있었다. 그리고 연구참여자와의 인터뷰를 통하여 '나와 너'라는 그 사이에서 한 걸음 더 그의 세계로 나아가 바라보는 실천을 실행할 수 있었고, '너와 나'의 존재가 상호 관계 안에서 다양성으로 인식됨과 동시에 내 안에 '그'의 공간을 마련하는 과정임을 체험할 수 있었다. 메시앙이 새소리를 들으러 새가 있는 현장에 나아가 관찰을 통해 이해를 넓히고, 그의 언어를 채집하고 기록하여 자료를 수집하듯 말이다.

5. 선율과 화성의 조화

1) 선율 그리고 '나'라는 질적연구자

세상에 등장한 '한 소리'가 음악이 되려면 반드시 다음 소리를 만나야 한다. 선율은 한 소리가 다음 소리, 그리고 또 다음 소리와 관계를 맺으며 구성되는 소리들의 선(line)이다. 선율의 소리들은 대체로 음고(음의 높낮이)의 차이를 가진다. 리듬이 한 소리와 다음 소리와의 시간적 관계로 형성된다면, 선율은 한 소리와 다음 소리와의 음고의 차이로 형성되는 한 세트의 호흡이라 할 수 있다. 그러나 선율이 언제나 음고의 차이를 가진 소리들로 구성되는 것은 아니다. 동일한 음정(음높이 차이)의 나열로 제시되는 음악도 있다. 독일 낭만주의 작곡가 펠릭스 멘델스존(Felix Mendelssohn, 1809-1847)의 《한여름 밤의 꿈》 (Ein Sommernachtstraum, 1842) 중 너무나도 유명한 「축혼 행진곡」(Wedding March)의 도입부는 같은 음정이 무려 11번이나 반복된 이후 다른 음고의 소리가 나타난다. 비록 음고의 차이가 없는 음정이 반복되는 짧은 선율이지만, 이 도입부를 아는 사람들은 이 곡이 '결혼식' 음악인 것을 떠올리게 된다.

음고(音高, pitch)가 Hz(헤르츠)의 수치로 표기되는 절대적인 음의 높낮이를 말한다면, 음정은 두 음 사이의 간격을 의미한다. 한 소리가 다음 소리를 만날 때 둘 사이에 존재하는 상대적인 음의 간격이 음정이다. '같은 음정'이라는 표현을 사용하기도 하지만, 이것은 편의상 표현일 뿐, 음악에서 같은 음정이라 말할 수 있는 건 없다. 한 소리가 울린 후, 나타난 다음 소리가 같은 음고라 할지라도 이 두 소리는 같은 소리일 수 없다. 첫 소리와 다음소리는 시간차에 의해 나타난 다른 존재이기 때문이다. 그래서 음악에서 말하는 음정에 '0'은 없다. 처음 소리와 다음 소리가 같은 음고를 가졌다면 그 음정, 즉 음 간격의 차이는 '1'로 분류된다.

선율이란 이러한 음정들이 만들어내는 선을 말한다. 선율은 음정들의 상호관계가 엮이고 이어지면서 형성되기 때문에 자기만의 고유하고 독특한 목소리와 이야기가 되어 음악 내에서 독보적인 존재감을 나타낸다. 이런 이유 때문에 선율은 몇 개의 음정만으로도 음악 전체가 품고 있는 많은 정보를 전달할 수 있다. 선율에 리듬 변화가 더해지지 않아도, 화성의 풍부함이 없어도, 단지 악기 하나만 연주해도, 선율 그 자체만으로도 음악 전체가 될 수 있다. 이에 대한 좋은 예시가 바흐의 《무반주 첼로 모음곡 1번》(Cello Suite No. 1 in G major, BWV 1007) 중 「프렐류드」(Prelude)이다. 처음 세 개의 음정만 들어도 이 곡 전체의 조성(G major)을 알 수 있다. 곡의 처음부터 끝까지 리듬 변화가 전혀 없어도 이 곡은 다채롭다. 화성이 한 번도 더해지지 않아도 풍부하며 악기가 하나뿐이라도, 한 번의 반복 없이 계속 변화하는 선율일지라도, 이 곡은 선율만으로도 충분하다는 것을 보여준다.

음악의 선율은 자신만의 유일하고 독보적인 목소리를 낼 수 있다는 점에서 질적연구자 자신과 닮았다. 음정들이 만들어내는 선율은, 질적연구자에게 있어 성찰을 통해 '연구자 자신'으로 구성되어 간다는 점과 맥을 같이한다. 오늘의 연구자가 어제의 자신 또는 내일의 자신과 관계를 맺는 것이 성찰이기에, 연구자의 성찰은 음악의 선율을 구성하는 음정과 같은 역할을 한다. 따라서 질적연구자의 선율이란 연구자가 성찰을 통해 어제와 오늘, 그리고 내일의 자신과 상호 관계를 맺으며 연구자 고유의 목소리와 이야기를 만들어가는 한 세트의 호흡이라고 할 수 있다.

나의 질적연구자 수련 과정이 담긴 자료에는 성찰의 내용이 비교적 많은 분량을 차지한다. 성찰 내용은 현재 자신의 태도에 관한 기술, 과거의 모습과 오늘의 연결, 연구 방향에서 찾아내는 내면의 동인, 성찰의 의미와 성찰의 유익 등 다양하게 나타난다. 특별히 성찰의 범위가 초반에는 개인 성찰에 집중되었으나 점차 관찰을 통해 범위를 넓혀나갔고, 더 나아가 관계에 대한 성찰로 확장되는 진행도 확인할 수 있었다.

> 나에 대한 믿음이 약하다는 것을 느끼고 있다. 자신 없고, 도망가고 싶고. 그런 나에게 교수님은 걱정하지 말라고 반복적으로 말씀하신다.(2024. 7월 15일. 풀타임원생 회의 성찰일지)

나는 사유하는 사람이었다. 어린 시절에는 상상과 공상, 학생 시절에는 원리 찾기에 골몰했고, 청년 때에는 원인과 결과를 내가 아는 범위 내에서 추적하는 것을 즐겼다. 그리고 학문의 자리에 선 지금은, 나의 시각과 필터로 해석과 판단을 해야 한다는 것에 한편으로는 도전이 또 한편으로는 해방감이 느껴진다. 생각하고 사유하는 해방감 동시에 말하고 글 쓰는 데에 이론적 근거를 확실히 해야 한다는 학문적 책임감을 고려하니, 나의 현재 자리가 파악된다.(2024. 7월 16일. 성찰일지)

교수님을 통해 왜 내가 전환학습에 관심을 가지게 되었는지 생각해 보게 되었다. 나는 왜 이 시대에, 이 시점에, 대학생에게, 대한민국에, 이 주제가 필요하다고 여겼을까? 이유는, 그토록 어려운 '인식 전환'이 어떻게 이루어지는지 너무나 알고 싶고, 그래서 자신에게서 벗어나지 못하는 안타까운 누군가에게 전환을 통한 해방, 숨쉬기, 풍요와 누림을 선물 해 주고 싶은 내 내면의 마음 때문이었던 것 같다. 이 지점이 나에게서 출발했고, 그 이유가 나에게 있다는 사실이 매우 뜨끔하면서도 인식과 성찰의 계기가 되었고, 동시에 연구 동기를 재인식하는 기회가 되었다.(2024. 7월 3일. 조교 미팅일지 중)

내가 치열하게 부딪치려는 것은 무얼까? 학문일까, 내 자아일까, 다루기 힘든 자아의 본성일까? 내가 나에게 집중하는 것이 잘못이 아니라는 이해, 이 시간을 더 탐구하여 나를 더 잘 알아서, 나를 넘어 새로운 자아와 새로운 존재로 나아가는 이 도전을 정직하게 용기 있게 포기하지 않고 버텨보려는 마음을 이 시간 다짐해 본다.(2024. 12월 9일. 인문융합치료 입학설명회 성찰일지)

질적연구에서는 연구자의 안목과 통찰, 자질 및 역량이 매우 중요한 요소로 작용한다. 이는 "연구자의 주관을 철저하게 배제해야 한다"는 양적연구의 입장과 매우 다른 접근법이다(조성남 외, 2011). 오히려 질적연구는 "연구자의 시각과 통찰을 바탕으로" 시작되고 수행된다. 양적연구가 사회문화 현상을 파악하기 위해 설문지나 검사 도구 또는 분석 도구를 개발한다면, 질적연구에서는 연구자 자신을 연구 도구로 위치시킨다(김영순 외, 2018). 이때 연구 도구로서의 연구자는 정보제공자의 자료에만 의존하지 않고 스스로 관찰하고 대화한다. 연구자는 수집된 모든 자료를 검토하고 조직화하며 주제를 도출한다. 또한 의미를 해석하는 과정에서 이미 개발된 질문지나 척도, 검사 도구에 의존하기보다 개방형 형태의 자료를 수집하고, 연구자 자신의 분석과 해석을 수행한다(Creswell & Creswell, 2018). 이처럼 연구 수행에 있어 설계, 조사, 관찰, 분석, 해석의 모든 단계에 핵심적인 영향을 미치는 것이 연구자 자신이기 때문에, 질적연구에서는 성찰을 통한 연구자 되기 훈련이 무엇보다 필요하다(김영순, 2018).

연구 도구를 연마하고 이를 훌륭하게 사용하기 위해 질적연구자는 연구의 각 단계마다 스스로에게 질문을 던지며 성찰하는 태도를 가져야 한다. 또한 자신의 연구에 대한 과거 경험을 기술하고, 그 경험이 현재 연구의 해석에 어떻게 작용하는지를 성찰적으로 서술할 필요가 있다(Glesne, 2016; 김영순, 2018; Creswell & Creswell, 2018). 연구자의 성찰에는 연구에 관한 내용만 포함되는 것이 아니다. 연구자는 성찰을 통해, '자신의 감정, 가치, 태도, 신념 관심, 요구'를 배우고, 연구자의 이야기에 기초를 다진다. 성찰을 통해 형성된 연구자의 주관성은 연구자의 시각과 통찰을 구성하고, 연구자 고유의 특정한 질문을 생성하며, 자신을 인식함으로써 타자와 그들의 다양성에 대해 개방성을 획득하게 한다(Glesne, 2016).

바로 이 지점, 성찰을 통해 주관성을 확보하고 고유성을 획득하여 자신만의 목소리로 되어가는 것, 이 과정은 음악에서 선율이 형성되는 방식과 같다. 음악이 선율을 통해 자기만의 이름을 가지듯, 질적연구자는 성찰을 통해 진정한 연구자가 되어, 드디어 자신만의 멜로디를 노래하게 된다고 할 수 있다.

어쩌면 세상은 자기의 성장을 위해 끊임없이 밖의 것을 쳐다보고 따라가며 획득한다고 생각하는지도 모른다. 살아있는 무엇도, 삶을 위해 자기 발끝을 내려다보고 멈추어 자기를 뒤돌아보는 존재는 없다. 그런데 진정한 성장을 하려는 인간은, 멈추어 자신이 서 있는 그 지점에서 자신을 내려다보아 발자국을 확인하고, 뒤를 돌아보아 지나온 여정을 확인하고, 앞을 보아 갈 길 혹은 먼저 앞선 자들을 헤아려보고, 위를 보아 도움을 구하는 자들인 것 같다. 성장을 위한 유일한 방법이 자기를 깊숙이 헤아려보는 것이라니. 내 안에 어떤 우주가 있기에. 이 신비를 기억하여 내 깊이를 헤아려 우주를 경험하고, 나의 밖에 존재하는 깨어지고 눈물 흘리는 우주를 다가가 안아줄 수 있는 내가 되기를 기도하자.(2024. 8월 30일. 성찰일지)

2) 화성 그리고 '너'를 통한 배움

세상에 등장하는 한 소리는 시간 간격을 두고 나타나는 다음 소리와 리듬을 형성하고, 음고의 차이가 나는 다음 소리와 선율을 구성한다. 음악이라 말할 수 있는 소리의 조합은 이 두 요소만으로도 가능하다고 할 수 있다. 그런데 음악에서 리듬과 선율만큼 중요하게 고려되는 요소가 있다. 바로 화성(harmony)이다. 화성은 음악 내에 존재하는 화음의 성격을 파악하고 이것이 어떤 연속적인 연결과 흐름으로 나타나는지를 설명하는 체계이다. 따라서 음악의 화성을 파악하기 위해서는 먼저 화음에 주목해야 한다.

화음은 한 소리가 다른 소리와 동시성을 확보할 때만 발생하는 현상이다. 즉, 두 소리가 동시에 울리는 것을 말한다. '같은 시간에 출현'이라는 이 조건은 화음이 자연발생적이며 우연적인 존재가 아니라 의도성을 포함한 인위적 구현임을 시사한다. 작곡가는 화음을 사용함으로써 '한 소리'에 정체성(으뜸음, 딸림음 등)을 부여하거나 맥락(장조, 단조, 모드 등)을 배치하고, 지향(이끎음 등)을 제시할 수 있다. 이처럼 화음을 통해 선율은 유니슨(unison)이 되기도 하고, 이중창이 되기도 하며, 장조나 단조라는 분위기를 획득하는 등 악곡으로서의 특징을 부여받게 된다. 이렇게 음악 안에 배치된 화음들을 추적해 보면, 곡 전체를 특징짓는 '화성'을 파악할 수 있다. 음악이 장조나 단조라는 질서를 가지는 '조성음악'인지, 특정 스케일로 구성된 '모드음악'인지, 또는 조성의 규칙을 벗어던진 무조음악인지에 대한 정보는 화성에 담겨있다. 화음의 진행을 살펴보면 악곡 전체의 체계를 확인할 수 있는 것이다.

프랑스의 작곡가 드뷔시(Claude A. Debussy)의 피아노 연주곡 '달빛'(Clair de Lune)에서는 화음과 화성의 다채로운 특징들을 찾아볼 수 있다. 잔잔히 내리비치는 달빛을 보는 듯, 흔들리는 물 위로 쏟아지는 빛의 조각들을 주목하는 듯 곡을 듣고 있으면 같은 선율이 화음에 따라 다른 분위기로 다가오는 것을 느낄 수 있다. 똑같은 음정도 다른 화성을 사용하면 표정이 달라지고, 다른 목소리로 바뀌어 들리는 것을 경험할 수 있다. 음악에서의 화음은 '한 소리'가 동시성을 가지고 다른 소리와 함께 나타난다는 점에서, 질적연구생이 만나는 다양한 관계를 대입해 볼 수 있다. 음악에서 화성은 화음들의 흐름과 연결성을 통해 곡 전체의 체계를 명명한다는 점에서, 연구자 되기 과정이 수련되는 '학문공동체'로 상정해 볼 수 있다.

> 질적연구 사례들을 집하면서 문득 '상담사만 마음을 아는 줄 알았는데, 상황과 환경, 무엇보다 상대를 깊이 바라보는 연구자도 상담사 이상으로 그를 알 수 있겠구나'를 알게 되었다. 말의 앞뒤를 살피고, 문맥과 맥락을 포착하는 연구자는, 상담사보다도 더 깊은 이해와 통찰을 가지고 분석을 할 수 있을 거라는 생각을 하던 찰나 '상담사와 질적연구는 비슷한 부분이 있다'라는 수업 중 교수님의 말씀이 개인적으로 얼마나 놀랍게 여겨졌는지.(2024. 8월 13일. 성찰일지)

> 멘토에게 강력한 멘토링을 지시하시는 교수님. '수업에 진지하라. 그래야 변화된다. 변화되려고 연구하는 것 아닌가.' 연구의 목적을 나의 변화로 이해하게 된다. 실로, 연구자는 다시 태어나는 과정인

것 같다.(2024. 9월 24일. 성찰일지)

신기한 것은, 연구자가 자신의 이야기를 드러내지 않았음에도, 곳곳에 연구자의 시각, 인식, 방향이 묻어나와 드러난다는 사실이었다. 참 희한하다. 결국 연구자는 읽히고 있다. 어느 지점에 주목하는지, 어느 방향에 멈춰 섰는지. 그렇다면, 연구자가 해야 할 바는, 자신이 부지불식간에 읽히는 것으로 머물 것이 아니라, 자신의 목소리를, 통일된 입장을 견지하여, 연구참여자의 이야기를 통해 연구자의 목소리를 내야 한다는 사실을 깨닫게 된다.(2024. 8월 27일. 성찰일지)

되기 과정 안에서 연구생은 다양한 관계들 안에 배치된다. 지도교수 또는 교수자들의 가르침과 슈퍼비전을 통해 자신을 넘어 성장하는 경험을 한다. 선후배 및 동료 연구자와 함께 앞서거나 뒤따르며 교환, 갈등, 경쟁, 협력을 경험하고, 연구 현장과 연구참여자를 만나며 질적연구자로 태어나기도 한다. 질적연구자 되기 과정은 연구공동체라는 체계 안에서 통일성을 가지고 실천되기도 하고, 확장된 연구자 모임을 통해 도전받기도 하며, 체계를 넘어서는 다양한 시도를 제시받기도 한다. 이처럼 질적연구자의 화성이란 연구생이 경험하는 타자, 즉 '너'를 통한 배움이라 할 수 있다. 나의 질적연구 과정이 담긴 자료들을 살펴보면 '화음'으로서의 타자, '화성'으로서의 학문공동체가 여러 모양으로 기술되어 있음을 발견할 수 있다.

학문공동체란 연구 문제, 문제의식, 개념과 방법 등을 공유하며, 교류와 토론을 통해 서로의 학문에 동의를 얻어나가는 방식을 통하여 학문의 형성과 발전에 중요한 역할을 하는 전문적인 연합체를 말한다(양미경, 2011). 대학에서 형성되는 학문공동체는 대체로 지도교수, 동일 전공 선배와 후배 그리고 동료들로 구성되는데 이들은 연구 과정 중 만나게 되는 문제를 학습하거나, 협력적이고 능동적으로 이를 해결해 나가는 역할을 함으로써 공동체의 목적과 의미를 추구한다(이현명 외, 2018; 이지연 외, 2021). 학문공동체의 입문자는 공동체의 전통을 지도받고 전수 받으며, 자기성찰과 상호작용을 통해 연구자로서의 연속적인 성장을 경험하게 된다. 특별히 질적연구자는 연구자 자신과 세계에 대한 이해를 새롭게 하는데 있어서 타자와의 상호작용, 즉 학문공동체의 다양한 구성원들과의 상호작용을 통해 성장을 이루어간다(양미경, 2011; 김도경 외, 2025).

이러한 의미에서 학문공동체는 질적연구자가 만나게 되는 1차 사회화기관이라고 할 수 있다. 인간이 사회화2) 과정을 통해 사회적 존재가 되듯(김영순, 2021), 질적연구자는 학문공동체를 통해 비로소 사회적 연구자가 된다. 아이가 태어나서 처음 만나는 공동체인 가정을 통해 사회와 문화, 세계를 배우듯, 질적연구자도 학문공동체를 통해 질적연구의 정신과 철학, 가치와 실천을 접하고 배우기 시작하는 것이다. 그리고 질적연구 학문공동체가 가지는 또 하나의 중요한 의의는, 연구에 대한 신뢰도와 타당도를 높일 수 있는 방안을 제공한다는 점이다. 즉, 공동체의 상호작용과 공동 지성을 기반으로 하는 학문공동체는 합의적 질적연구로서의 기능을 담당함을 통해, 질적연구의 한계로 지적되는 신뢰성과 타당성을 확보할 수 있다(김도경 외, 2025). 또한 질적연구자는 학문공동체를 통해 자신의 연구를 공개하고, 검증받으며 타당성과 신뢰성을 확보할 수 있을 뿐 아니라, 타자의 연구에 동참하여 집단지성의 역할을 수행할 수도 있다(오세경, 2024).

연구자에게 기대되는 지식인 역할이 있다. 진짜 지식인 역할을 하는 진짜 연구자! 이 공동체가 지속해서 언급하고 반복하는 것! 책으로 연구자의 윤리를 배우는 것 아니라, 교수님의 말씀 속에서, 선배 박사님들의 인정 속에서, 그리고 연구자들의 성장 속에서 지식인

---

2) 사회화란 한 인간이 사회 속에서 살아가기 위해 요구되는 행동양식과 규범을 습득해 가는 과정을 말한다(김영순, 2025).

으로의 연구자 양성이라는 실천 현장을 접하게 된다.(2024. 10월 8일.
성찰일지)

질적연구 공동체의 다양한 상호작용을 통해서 연구자는 '너'와 함께 만들어
내는 어울림을 경험한다. 학문공동체는 질적연구자에게 '너'가 되어 주며 이
중창으로, 앙상블로, 합창 또는 오케스트라로 확장할 가능성을 제공한다. 질
적연구자는 공동체를 통해 '나'의 목소리와 함께 울리는 '너'라는 화음을 획득
하고, 비로소 다채로운 하모니를 형성할 수 있다. 학문공동체는 '나'와 '너'가
만나는, 형형색색의 어울림과 연대의 하모니가 형성되는 현장이다.

3) 음악인에서 연구자로 나서는 길목에서

이 절에서는 메시앙에 관한 내 경험과, 음악 작품 안에서 발견되는 질적연
구자의 태도를 전개하고자 한다. 음악을 통해 훈련된 '경청과 포착의 감각'이
내 연구 현장으로 이어지길 바래본다.

관찰과 채보를 통해 사실적인 새소리를 음악적으로 구현했던 메시앙의 작
품에 나타나는 또 하나의 주요한 음악적 주제를 꼽으라면, 바로 종교다. 메시
앙은 가톨릭 신앙을 바탕으로 하는 다양한 종교적인 주제를 다루었고, 특별히
작품 제목에 이를 명시했다. 음악 공부 당시 메시앙의 오르간 작품 "La
Nativité du Seigneur"(주님의 탄생) 중 아홉 번째 곡 "Dieu parmi nous"(우리
가운데 계신 주님)을 연주한 적이 있다. 이 곡은 매우 웅장한 음량의 하강 음계로
시작한다. 위대하고도 위엄있는 발걸음이 서둘러 계단을 내려오듯 연주된다.
예수그리스도의 탄생을 워드 페인팅 기법3)을 사용하여 강렬한 음향을 통해
묘사한 것으로 볼 수 있다.

이 곡을 연주할 때마다 흥미롭게 여겼던 부분이 있는데, 곡의 마지막 부분

---

3) 워드 페인팅이란 가사 또는 내용을 음악적으로 표현하는 기법이다. 예를 들어, '올라가다'라
는 단어가 나올 때는 올라가는 선율로, '내려가다'라는 단어가 나올 때는 내려가는 선율로
표현하여 음악을 악보에 그림 그리듯 표현하는 방식을 말한다.

에 등장하는 클러스터 코드[4]다. 마디 544부터 546까지 딱 세 마디에 등장하는 이 코드는, 곡 전체를 통해 단 한 번 나타나는 모티브지만 그 음향이 매우 독특하여 귀를 사로잡는 매력이 있다. 나는 이 부분에 도달하면 어김없이 응애응애하는 신생아의 울음소리가 떠올랐다. 엄청나게 큰 음향으로 울리는 응애응애를 듣노라면, 익살스럽고 유쾌한 느낌과 함께 묘한 안도감과 만족감이 느껴진다. 마침내 세상에 도착한 아기 예수의 울음소리는 우렁차고도 시원하며, 위엄이 있으면서도 만족스럽다. 메시앙은 '주님의 탄생'이라는 연주곡에 마침내 탄생한 아기의 울음소리를 제시하면서 '우리 가운데 계신 주님'이라는 이 곡의 메시지를 마무리 짓고 있는 것이다. 이 지점에서, 소리의 채보에 능했던 메시앙의 면모와 함께, 그의 음악적 추구와 지향을 발견하게 된다.

음악인에서 연구자로 나서는 길목에서, 나는 두 가지를 추구한다. 첫 번째는 다양한 목소리를 주목하고 제시하는 연구자의 태도이다. 이에 맞닿은 음악 작품을 고르라면, 프랑스 작곡가 모리스 라벨(Maurice Ravel, 1875-1937)의 오케스트라 작품 《볼레로》(Boléro, 1928)를 예시로 들 수 있다. 대략 15분 정도 연주되는 이 곡은 딱 두 개의 선율로 구성되어 있다. 심지어 스네어 드럼은 곡의 처음부터 끝까지 똑같은 리듬을 같은 빠르기로 쉼 없이 반복한다. 리듬과 선율로 보자면 너무나 단조로운 이 곡이 15분 동안 지루하지 않은 이유는, 바로, 악기 저마다의 고유한 목소리에 주목하는 구성 때문이다. 플루트로 제시된 첫 멜로디는 클라리넷으로 옮겨가고, 새로운 멜로디가 바순에서 나타나다가 곧바로 클라리넷의 높은 음역대로 반복된다. 오보에로 연주된 멜로디는 곧이어 트럼펫과 플루트의 이중창이 되고, 오케스트라 곡으로는 이례적으로 색소폰도 등장한다. 솔로에서 시작하여 이중창으로, 앙상블에서 오케스트라로 확장되는 악기 소리 하나하나에 집중하다 보면 어느새 곡의 마지막에 이르렀음을 깨닫게 된다.

---

[4] 클러스터 코드란 현대음악에서 종종 사용되는 작곡기법으로, '화음 뭉치'라고 할 만큼 여러 음을 동시에 연주하여 특징적인 음색을 만들어내는 방식을 말한다.

목소리 하나에 주목하고, 한 목소리라도 집중해서 경청하고, 음악이라는 현장 안에서 저마다의 악기 소리가 온전히 주인공으로 주목받게 하는 것이 작곡가의 태도였다면, 질적연구자의 태도도 다르지 않다. 특별히 다문화교육을 전공하는 연구자로서 한 명의 개별성에 주목하고, 서로 다른 다양성에 집중하며, 그 어우러짐의 향연을 만들어내는 것이 질적연구자의 태도로 내가 추구하는 바이다.

> 이제 나에게 다문화는 사회적 이해와 학문적 이해가 충돌하는 다(多)문화가 아니다. 지금 나에게 다문화는 다문화적으로는 '모든 성, 사회계층, 민족적, 인종적, 언어적, 문화적' 평등을 추구하는 방향이며, 상호 문화적으로는 모든 관계와 상호 작용하는(압달라-프렛세이적 설명에 따라) 실천이고, 타자 지향적인(레비나스의 철학적 개념에 의해) 윤리에 따라 다(all)문화가 되었다.(2024. 6월 25일. 학기말 성찰일지)

음악인에서 질적연구자로 전향하는 나의 두 번째 추구는 'I Love You'라는 메시지이다. 이에 대한 음악 예시로는 〈I Love You/ What a Wonderful World〉가 있다. 이 곡은 루이 암스트롱(Louis Armstrong)이 부른 〈What a Wonderful World〉와 랜디 스토네힐(Randy Stonehill)의 〈I Love You〉라는 두 곡을 엮어서 크레이그 헬라 존슨(Craig Hella Johnson)이 새롭게 탄생시킨 합창곡이다. 이 곡에는 나의 마음을 사로잡는 두 부분이 있는데, 첫 번째는 인사 장면이고, 두 번째는 "I love you"라는 고백으로 가득 채워진 마지막 부분이다. 바로 이 두 장면이 다문화교육 전공자로 내가 세상에 전하고 싶은 인사요, 질적연구자로 세상에 전하고픈 나의 고백이라 할 수 있다.

> I see friends shaking hands, saying, "How do you do?"
> (나는 친구들이 서로 악수하며 '잘 지내지?'라고 말하는 것을 봅니다.)
> They're really saying, "I love you"

(그들이 진짜로 말하는 것은 이것입니다 "내가 당신을 사랑합
니다")

더 좋은 사회를 만들기 위해서, 더 행복한 이웃이 되기를 돕기 위
해서 삶을 바쳐 곁에 머물며 연구로 애쓰는 역할이 얼마나 귀한 것
인가. 연구참여자가 미처 헤아리지 못한 자신의 삶에 대해, 그들의
마음에 담아두었던 이야기에 대해서, 그 삶의 의미에 주목해 주고
찾아주어, 결국 연구참여자 자신이 들을 수 있도록 되돌려주는 질적
연구자의 역할이 얼마나 귀한 것인지를 깨닫게 된다.(2024. 4월 9일.
성찰일지)

아름다운 세상을 꿈꾸고, 사랑의 고백을 전하고, 다양성의 어우러짐을 추
구하며 인류의 연대를 말하는 것은 어쩌면, 이상이 실현되지 않았다는 현실의
반증일 것이다. 질적연구자 되기의 여정을 출발하는 나의 모습에서도 발견되
는 현실과 이상의 괴리는 이와 조금도 다르지 않다. 그러나 좌절하지 않을
이유는, 질적연구가 가르쳐주는 '한 사람의 가치'에 있는 것 같다.

'나'라는 연구 도구가 주어질 때, 연구는 어떤 결과를 가지게 될
까. 이 지점이 바로 연구자가 연구 도구로서 세상에 이바지하는 방
법 아닐까. 한 사람의 존재로, 살아온 삶으로 연구를 통해 세상에
이바지할 때, 부디 '나'라는 연구 도구가 세상을 복되게 하기를 소망
한다.(2024. 7월 16일. 성찰일지)

질적연구가 주목하는 한 사람의 목소리가 그토록 소중하다면, 마찬가지로
한 연구자의 목소리도 같은 가치일 것이다. 메시앙이 신비 속에서 발견한
우렁찬 아기 울음소리를 세상에 전하듯, 합창단이 공간 하나를 사랑고백으로
가득 채우듯, 어느 날 나의 질적연구도 이러한 모습으로 세상에 존재하기를
기대해 본다.

아상블라주: 현실과 이상의 조화

08

스승과의 길 위에서, 삶을 성찰하다

1. 학문과 삶의 만남: 양구일지와 함께한 나의 성장 여정

2024년 3월, 『어느 사회과학자의 귀촌 이야기, 양구일지』를 출간하신 지도교수님은 서문에서 고향에 대한 향수를 담아, 독자들이 성장하기를 바라는 희망의 메시지를 전하셨다(김영순, 2024, p. 5). 그래서 나는 지도교수님이 자신의 고향에서 얻은 실천적 경험을 읽으며, 그 뜻에 함께하고자 나의 '성찰일지'를 작성하며 글을 시작하게 되었다. 한때 나는 자신을 실패자라 여기곤 했다. 학문적 부족함을 마주하며 남들보다 뒤처진다고 생각했고, 그런 부족함을 드러내는 것조차 조심스러웠다. 내 이야기가 타인에게 불편을 줄까 걱정하며 점점 움츠러들었다. 그러다 2024년 상반기, 박사과정 8차를 마무리할 무렵 자신을 돌보고 나 자신과 친해지는 법을 배우기로 결심했다. 내가 실패자라고 생각했던 이유는 결국 오랜 시간 동안 나를 믿지 못하고 사랑하지 않았기 때문이라는 것을 깨달았기 때문이다. 불확실한 미래 속에서 두려움에 갇혀 있었지만, 이제는 나를 이해하고 받아들이는 과정이 긍정적이고 행복한 미래로 나아가는 길임을 믿게 되었다.

그러던 어느 날 지도교수님의 블로그에서 「양구일지」를 처음 접하게 되었다. 강의 시간에 교수님께서 블로그에 연재 중인 내용을 소개해 주셨고, 흥미가 생겨 읽어보기로 마음먹었다. 처음에는 그저 가볍게 읽고 지나치려 했지만, 어느새 양구일지를 읽으며 나의 삶을 되돌아보고 성찰일지로 기록하는 나 자신을 발견했다. 출간 소식이 들려온 시기는 박사과정 8차를 마무리하며 나 자신을 돌보고 친해지려던 때와 겹쳤다. 어떻게 성장해야 할지 막막했던 시기에, 교수님의 말씀처럼 양구일지를 통해 '앎이 삶이 되고, 실천으로 이어지면서' 조금씩 치유되는 내 모습을 보았다. 그리고 그 인연은 교수님의 지도를 받아 공동 저서 작업으로까지 이어졌다. 이 글은 그 감사한 마음을 담아 쓴 것으로, 양구일지 서문에서 교수님께서 전하셨던 희망처럼 학문 수행 과정에서 고민하고 성장하는 모든 이에게 작은 위로와 격려가 되기를 바란다.

이 글은 강원도 양구에서 느낀 고향의 정취를 담아, 한때 자신을 실패자로 여겼던 제자가 느리지만 꾸준히 성장하는 과정을 성찰일지에 기록한 이야기이다. 양구의 자연과 문화 속에서 학문의 의미를 탐구하는 이 여정은 개인의 성장은 물론이고 같은 길을 걷는 이들의 내적 갈등과 배움의 순간을 함께 비추는 이야기가 될 것이다.

1) 학문과 삶이 교차하는 자리, 공존의 감각

연구자로서의 길을 걷는 나는, 종종 공존의 가치를 머리로는 이해하면서도 일상에서는 실천하지 못한 채 망설이고 머뭇거리는 자신을 마주한다. 신호등 앞에서 초록불임을 인지하지 못한 채 멈춰 선 시각 장애인, 무거운 짐을 들고 힘겹게 걸음을 옮기는 어르신, 지하철 개찰구 앞에서 당황하는 노인, 그리고 낯선 길목에서 길을 잃은 듯한 외국인 여행객. 나는 그들을 바라보며 '도와야겠다'라는 생각을 품었지만, "도와드릴까요?"라는 말 한마디조차 쉽사리 건네지 못했다. 그 한마디가 누군가에게는 큰 울림이 될 수 있음에도, 나의 마음속에서만 머물렀다. 최근 일상에서 마주한 시각 장애인, 노인, 외국인 등 도움이 필요한 타인들을 외면했던 경험은, 이론으로 배운 공존과 실제 행위 사이의 괴리를 인식하게 했다.

이러한 문제의식을 강화한 것은 지도교수님의 성찰일지에 소개된 연탄 봉사 경험이었다.

> 사랑을 좀 더 넓게, 필요함이 있는 곳에 작동시키면 얼마나 좋을
> 까?(양구일지 p. 134)

지도교수님의 이 물음은, 공존을 학문적 개념이 아닌 실천의 윤리로 체화할 필요성을 일깨웠다. 타인을 돕는 행동은 함께 살아가는 사회를 구성하는 실천적 행위다. 레비나스는 윤리를 '타자의 얼굴과의 만남'에서 비롯되는 근원적인 책임으로 말한다. 타자는 결코 나와 동일화될 수 없는 존재이며, 그의 고통 앞에서 나는 "여기 있다"라고 응답할 수밖에 없는 윤리적 주체가 된다(Levinas,1961). 지도교수님의 "사랑을 좀 더 넓게 필요함이 있는 곳에 작동시키면 얼마나 좋을까"라는 말씀은 타자의 고통에 응답하는 책임을 환기한다. 사랑은 감정에 머무는 것이 아니라 타자를 위한 책임의 실천이라고 나는 생각한다. 학문 수행과 공존의 실천은 같은 지평에 있는 것 같다. 공존의 감각이 깃든 학문은 사회적으로 더 의미 있는 지식을 생산할 수 있다.

2) 나를 찾아가는 산책길

(1) '산다는 것'의 의미

지도교수님께서 제자들에게 "산다는 건 무엇이라고 생각하나?" 라고 물으셨던 때가 있었다. 나는 잠시 머뭇거리다 "아직 탐색 중입니다"라고 답했다. 논문 한 편조차 끝내지 못한 내가, 생존의 가치조차 없는 사람처럼 느껴졌기 때문이다. 하지만 교수님은 바쁜 일정 속에서도 늘 우리 곁에서 학문 수행을 지켜봐 주셨다. 한 걸음 한 걸음 버팀목이 되어주시고, 차별과 편견 없이 진심으로 이해하며 공존의 가치를 몸소 실천하셨다.

공존이란, 개인의 내면과 타인과의 관계가 서로 얽히고 영향을 주고받으며 함께 형성되는 통합적인 삶의 방식이다. '혼자 사는 삶'과 '함께 사는 삶', '홀로

논문을 쓰는 나와 '공동체 속에서 연구하는 나'처럼 겉으로는 달라 보이지만, 이 두 삶은 내 안에서 충돌하지 않고 자연스럽게 어우러져 있었다. 여러 교수님, 박사님, 선생님들께서도 내가 포기하지 않도록 멘토가 되어주셨다. 한 글자, 한 문장을 써 내려갈 수 있도록 아낌없이 도움을 주셨다. 그 소중한 공존의 마음과 주어진 행복을 기억하며, 웃음을 잃지 않고 나의 논문을 세상에 내놓을 수 있도록 정진해야겠다고 다짐했다. 결국, '산다는 것'은 내일의 나와 타자를 만날 수 있는 소중한 시간이라는 것을 깨달았다. 내일도 숨 쉬며 살아갈 수 있다는 사실은 기적과도 같다. 이렇게 웃을 수 있는 오늘을 만들어 준 모든 이들에게 진심으로 감사드린다. 공동체를 만나고 성장할 기회를 얻은 덕분에 나는 오늘도, 그리고 내일도 조금 더 성장한 나를 마주할 수 있기를 기대하게 된다.

(2) 100년 후, 학문의 영웅

강원도 양구에는 양구 사랑 스포츠 영웅 탑이 있다. 스포츠 도시로서의 명성을 기리고, 수많은 스포츠 영웅들의 발자취를 남기기 위해 2017년 10월 3일 세워진 탑이다. 국토 정중앙을 향한 도보나 자전거 탐방을 계획한다면, 이곳을 출발지점으로 삼아보길 권하고 싶다. 스포츠 경기의 출발선처럼, 이 탑 앞에 선 순간 나에게도 새로운 출발점이 열리는 기분이 들었다. 탑에 새겨진 이름들을 오래 바라보았다. 지금의 나는, 그리고 당신은 아직 그 이름들처럼 '영웅'이라 불리지 않을지 모른다. 그러나 언젠가 우리의 이름도 누군가의 마음속에 특별한 의미로 남겨질 날이 오지 않을까. 그들의 이름이 탑 위에서 영원한 상징이 되었듯, 우리가 써 내려가는 이야기와 문장 한 줄 한 줄도 언젠가 누군가에게 삶의 의미와 용기를 전하는 표식이 될 수 있을 것이다.

이서현(2025)은 같음은 고정된 본질이 아니라, 서로 다른 것들이 어울려 만들어가는 질서이며, 다름은 배제의 근거가 아니라 조화와 공존의 조건이라고 언급했다. 운동선수의 이름, 나의 이름, 그리고 또 다른 누군가의 이름은 모두 다르다. 하지만 그 이름들이 누군가에게 힘이 되기를 바라는 마음은 같다. 우리가 남기는 글과 걸음이, 언젠가 어떤 이의 길 위에서 위로와 용기의 빛이 되기를 바란다. 그렇게 서로 다른 이름이 같은 마음으로 이어질 때, 우리는 이미 보이지 않는 탑 위에 함께 서 있는지도 모른다. 우리의 글이 누군가에게 생명력을 불어넣고 살아갈 힘이 되기를 소망한다. 이곳에서 시작한 우리의 걸음이, 먼 훗날에도 누군가에게 작은 위안과 큰 용기가 되기를 바라며 한 자 한 자 정성스레 써 내려가려 한다.

지도교수님의 말씀이 떠오른다. "우리의 학문은 지금부터 100년 후에도 누군가에게 의미 있게 남을 업적이 될 거야." 그 말은 단순한 격려가 아니었다. 우리가 쓰는 문장이 100년 후에도 누군가의 마음에 닿을 수 있다는 믿음이었다. 그 믿음 속에서, 지금도, 앞으로도, 그리고 100년 후에도 우리의 학문이 이 세상의 소중한 타자들에게 가치 있는 수행으로 남기를 바란다.

(3) 믿지 않은 새들

도보를 걷다 멀리 하천에 백로와 검은 새 한 마리가 보였다. 강의 시간에 들었던 자연과 생명, 인간이 함께 어우러진 장면이 눈 앞에 펼쳐진 듯했다. '양구서천'에서 만난 그 순간은 말로 다 설명하기 어려운 평온함과 아름다움으로 가득했다. 깨끗한 하천과 맑은 공기 속에서 자유롭게 날던 새들을 바라보며, 이 환경이 오래도록 온전히 보존되어 누구나 마음껏 자연을 누릴 수 있기를 바랐다. 언젠가 다시, 이 맑은 양구에서 그들을 마주하게 되기를 기대했다.

내가 찍은 사진 속 대부분은 하얀 깃털의 백로였지만, 그중 한 마리는 검은 깃털을 가진 새였다. 백로가 우아하다면, 검은 새는 그만의 고유한 품위와 가치를 지니고 있었다. 마치 '미운 오리 새끼'처럼 다르게 보였지만, 그 다름이 오히려 그 새를 더 특별하게 빛나게 했다.

레비나스(1979/2024)에 따르면, 타자는 결코 동일성으로 환원되지 않는 절대적 다름이며 그 자체로 존엄한 존재다. 타자의 얼굴은 외형이나 능력과 무관하게 우리에게 응답과 책임을 촉구하며, 함께 살아갈 가능성을 연다(배경임, 2018). 이처럼 하얀 새와 검은 새가 겉모습은 다르지만 같은 하늘을 나는 것처럼, 나 또한 다른 사람들과 다르지만, 함께 살아가는 소중한 존재다. 다름은 결핍이 아니라 서로를 이어주는 또 하나의 조건일지 모른다. 나 역시 누군가의 눈에는 미운 오리 새끼처럼 보일지도 모른다. 논문을 끝내지 못하고, 4년이 지나도록 특별히 잘하는 것이 없는 나니까. 하지만 언젠가 나도 품위 있는 논문 한 편을 세상에 내놓아 누군가에게 작은 위로가 되기를 바란다. 미운 오리 새끼도 외롭고 힘든 시간을 견뎌야 했겠지만, 끝까지 살아남기 위해 발버둥을 쳤을 것이다. 우리 또한 각자의 외로운 시간을 지나왔고, 지금도 지나고 있다. 그러나 그 시간을 버텨낸다면, 언젠가 우리에게도 빛나는 순간이 찾아올 것이다. 그 장면을 떠올리며, 가수 오연준의 포카혼타스 OST, 〈Colors of the Wind〉 한국어 가사의 한 구절이 떠올랐다.

> 자기와 다른 모습을 가졌다고 무시하지 말아요. 그대 마음의 문을 활짝 열면 온 세상이 아름답게 보여요. 서로 다른 피부색을 지녔다 해도 그것은 중요한 게 아니죠. 바람이 보여주는 빛을 볼 수 있는 바로 그런 눈이 필요한 거죠. 아름다운 빛의 세상을 함께 본다면 우리는 하나가 될 수 있어요.

하얀 백로와 검은 새가 깃털 색은 달라도 같은 하늘을 나는 것처럼, 우리도 서로 다른 모습과 배경을 지녔지만, '아름다운 빛의 세상'을 함께 바라볼 수 있는 사람들이 아닐까. 그 빛을 마주할 날이, 나에게도, 당신에게도 오기를 바란다. 아니, 어쩌면 이미 우리는 그 빛 속을 걷고 있는지도 모른다. 아직 논문을 완성하지 못하고, 때론 꼴찌처럼 느껴지는 날들이 이어지더라도, 언젠가 이 가사처럼 내 삶에도 따뜻한 빛이 스며들기를, 그리고 그 빛이 다시 누군가에게 건네지기를 소망한다.

(4) 함께 살아감에 감사함

나는 목적지를 향해 걷는 길 위에서 다양한 인물들을 만났다. 책을 들고 꽃을 바라보는 화백, 팔다리가 없음에도 생계를 위해 고구마를 파는 남자, 홀로 농사짓는 여성 어르신, 그리고 부서진 비행기를 조종하던 파일럿. 그들은 모두 각기 다른 환경 속에서, 각자의 방식으로 '살아감'을 이어가고 있었다. 김영순(2013)은 오늘날 우리 사회가 서로 다른 피부색, 언어, 문화를 지닌 사람들과 일상적으로 마주하며, 이들과 함께 어울려 살아갈 준비가 필요하다고 말한다. 이는 특정 직업군이나 국제 교류에 국한된 이야기가 아니다. 일상에서 마주하는 모든 '다름'에 관심을 기울이고, 그 속에서 다양성을 발견하며, 차이를 인정하고 존중하는 관계를 직접 경험하는 과정에서만 가능한 일이다. 꽃을 바라보는 예술가, 고구마를 파는 남자, 홀로 농사짓는 어르신, 그리고 부서진 비행기를 몰던 파일럿들은 삶의 결은 모두 다르지만, 그 다름이 모여 하나의 '살아감'을 이루고 있었다.

서로의 방식은 다르지만, 함께 존재할 수 있는 공동체. 나는 이해되지 않아도, 받아들이고 존중하며, 같은 하늘 아래 살아가는 공동체라는 그들을 바라보며, 부정적이든 긍정적이든 결국 모두 삶의 의미를 되새기며 한 걸음씩 나아가고 있음을 느꼈다. 나 또한 그 길 위에 서 있었다. 학문 수행에서 부족함을 느끼는 날이 많지만, 이런 고민을 하고 있다는 사실 자체가 내가 '살아있기' 때문이 아닐까. 살아있기에 가능성이 있고, 가능성이 있기에 미래를 꿈꿀 수 있다. 그 가능성을 놓치지 않고 계속 걸어가다 보면, 언젠가 지금보다 더 단단해진 나 자신을 마주하게 되리라 믿는다.

(5) 꽃밭에 물 주며, '찐하게' 웃어보기

공존과 이음의 길에 도착하자마자, 지도교수님의 안내에 따라 꽃밭에 물을 주었다. 왜 하필 꽃에 물을 주라고 하셨을까? 백우인(2024)은 생태적 공존을 "서로 다른 종들이 유기적 연결망 속에서 조화를 이루는 것"이라 정의하며, 의인권을 통해 비인간-동물을 인간과 동등하게 바라볼 것을 제안한다. 꽃에 물을 주는 행위는 단순한 봉사를 넘어, 앞으로 만나게 될 연구참여자에게 마음을 건네는 행위로 확장된다. 꽃과 사람은 전혀 다른 존재이지만, 물이라는 매개를 통해 하나의 연결망 속에서 숨 쉬며, 서로의 존재를 더 깊이 이해하게 된다.

꽃 밭에 물을 주라고 하신 의미는 나중에서야 알 수 있었다. 그의 '꽃'들은, 내가 앞으로 마주할 연구참여자였다. 그들이 꽃의 기운으로 자기치유와 성장을 도모하길 바라는 마음이 내 두 손에서 물줄기로 흘러내렸다. 그래서 나는 조심스럽고도 진심을 담아 물을 주었다. 어느 한 송이도 소외감을 느끼지 않도록, 모든 꽃에 정성스레 물을 건넸다. 꽃밭에 물을 주던 그날, 나는 깨달았다. 꽃을 돌보는 일은 식물에 관한 이야기가 아니라 사람에 관한 이야기였다는 것을. 그리고 그것이야말로 공존이 시작되는 순간이었다. 그날 이후, 나는 문득 사진 속 나의 웃음을 바라보았다. 내가 이렇게 '진심으로' 웃어본 것이 언제였을까. 그때는 이런 웃음을 지었던 기억이 없었지만, 사진 속 표정에서 새삼 깨달았다. 웃음 속에도 무게가 깃들고 자책 속에서도 빛이 스며든다. 라캉이 말한 주이상스처럼 기쁨과 고통은 서로를 배제하지 않고 한자리에 머문다(권요섭, 2022). 또한 데카르트가 "나는 생각한다, 고로 나는 존재한다"고 말했듯이 사유와 감정, 웃음과 불안이 얽혀 있는 나를 바라보며 나와 너, 그리고 우리가 모두 한 생명으로 연결된 '대아(大我)'의 세계를 향하고 있음을 느꼈다(김영순 외, 2024).

그 순간, '웃음'이라는 감정과 '논문을 쓰지 못한 나'라는 학문적 고민이 한 공간에 공존하고 있었다. 자신을 탓하는 무게와 가벼운 웃음이 함께 있었고, 긴 시간 연구를 하지 못한 스스로를 책망하면서도 웃고 있는 나 또한 나였다. 사람은 동시에 여러 감정을 느낄 수 있다. 슬퍼도 웃을 수 있고, 자책하면서도 위로받을 수 있다. 서로 다른 감정이 충돌하지 않고 다양하게 맴돌고 있었다.

나는 정말 이렇게 '진심으로' 웃을 자격이 있을까? 논문 한 편도 완성하지 못한 내가, 학문 수행에서 스스로 불성실하다고 느끼는 내가 이렇게 웃어도 될까? 그러나 지도교수님의 "너는 불성실하지 않아"라는 한마디는 어깨에 얹힌 짐을 내려놓게 했다. 그 짧은 문장은 큰 위로가 되었고, 나는 깨달았다. '그래, 나는 불성실한 사람이 아니구나. 나도 웃을 자격이 있고, 숨 쉬며 살아갈 수 있는 존재구나.'

(6) 달리는 나와 함께 걷는 다정함

양구에서 살구길을 걷다가 '뛰는 토끼'를 마주쳤다. 작은 꽃을 품고 다급히 어디론가 달려가던 그 모습은 짧은 순간이었지만, 내 모습 같아 쉽게 잊히지 않았다. 나는 늘 어딘가를 향해 멈추지 않고 달려야 한다고 믿어왔다. 빠르게, 열심히, 목표만을 바라보며 걷는 나. 그러다 문득 나의 닉네임이 '버니(Bunny)'라는 사실이 떠올랐다. 그 순간 질문이 들었다. "나는 왜 이렇게 달리고 있는 걸까?", "잠시 쉬어가도 괜찮지 않을까?" 너무 빨리 달리다 보면 다치기도 하고, 몸과 마음이 지칠 수도 있다. 그래서 뛰는 토끼에게 말해주고 싶었다. 괜찮다고, 잠시 멈춰도 된다고. 다치지 말고 아프지 않기를 바란다고. 사실, 그 말은 토끼가 아닌 나 자신에게 전하고 싶었던 것이 아닐까. 어디선가 속삭이는 듯한 마음의 소리가 들려왔다.

"왜 혼자 걸으려고 해? 너는 혼자가 아니야." 혼자 달리는 나와 곁에서 함께 걷는 타자는, 속도와 방식이 다르더라도 김영순 외(2024)는 '같은 시간'과 '같은 공간'을 공유하며 공존할 수 있다고 언급했다. 공존은 단순히 물리적으로 나란히 있는 것을 넘어, 서로의 존재를 인정하며 관계 속에서 함께 존재하는 방식이다(김영순 외, 2024). 레비나스(1976/2024)가 말하듯, 타자는 단순히 나와 나란히 있는 대상이 아닌 나의 실존을 비추고 확장 시키는 관계 속에서 나타난다. 그렇기에 빠른 걸음과 느린 걸음, 멈춤과 달림이 한 길 위에서 자연스럽게 어울릴 수 있다.

'혼자 뛰는 나(토끼)'와 '곁에서 함께 걷는 타자(하얀 토끼)', '빠른 속도'와 '천천히 걷는 쉼'처럼 서로 다른 모습들이 함께 어울려 있었다. 나만의 속도와 곁에 있는 타자의 다정함이 하나로 어우러진 것 같았다. 혼자 바쁘게 달리던 나와, 조용히 곁에 있어준 타자가 함께 있는 나였다. 나만 빠르다고, 나만 느리다고 해서 틀린 게 아니었다. 각자 다른 속도로 가도, 함께 있다는 감정은 충분히 만들어질 수 있었다. 속도나 방식이 달라도 마음으로 연결된다고 생각했다. 그 말을 듣는 순간 마음이 조금 가벼워졌다. 그래, 언젠가 다시 뛸 수 있다면 지금은 잠시 쉬어가도 괜찮다. 기분 좋게, 힘차게 달릴 수 있는 그날을 위해. 주변을 돌아보니, 나란히 걷는 '하얀 토끼들'이 눈에 들어왔다. 마치 뛰는 토끼가 다치지 않도록 곁을 지켜주는 듯한 그 모습은 내 마음을 따뜻하게 감싸주었다. 그리고 나는 비로소 깨달았다. 나 역시 혼자가 아니었다는 것. 늘 혼자만 뛰어야 한다고 생각했지만, 내 곁에는 조용히 함께 걸어주는 이들이 있었다. 지도교수님, 학문공동체, 가족과 친구들, 그리고 나를 믿어준 사람들. 그들은 언제나 내 곁에서 말없이 다정하게 함께 걸어왔다.

그날 만난 '뛰는 토끼'는 어쩌면 나였고, '하얀 토끼들'은 지금까지 나와 함께 걸어준 사람들이었는지도 모른다. 그 다정함 덕분에 나는 지금 이 길을 계속 걸어가고 있다. 앞으로는 이 다정함을 마음속에 간직한 채, 내 속도대로 천천히 걸어가려 한다. 힘들면 잠시 멈춰도 괜찮다. 그리고 다시 달리고 싶을 때는, 기분 좋게 마음껏 달리면 되는 거니까.

혼자가 아니야. 천천히 걸어도 괜찮아. 힘들 땐 쉬어도 되고, 기분 좋게 달리고 싶다면 그때 마음껏 달려봐. 당신은 사랑받기 위해

태어난 사람이니까.(2024. 7월 15일. 성찰일지)

2. 흔들림 속에서도 이어지는 연구의 발걸음

(1) 공존의 꽃길에 남긴 유산: 흔들림 속에서도 걷는 학문

논문이라는 말의 어원을 곱씹다 보면, 그것은 단순한 연구 결과가 아니라 삶의 일부를 남기는 유업처럼 느껴진다. 지도교수님은 박사논문을 "100년 후에도 남을 수 있는 유산"이라고 말씀하셨다. 그 말을 떠올릴 때마다 수료를 고민하던 시절의 내가 겹쳐진다. 부족한 역량, 두려움, 포기하고 싶은 마음. 그러나 교수님은 끝내 나를 놓지 않았고, 그 덕분에 나는 다시 이 길 위에 서게 되었다.

논문은 졸업을 위한 결과물이자 내가 세상에 남길 수 있는 한 줄의 흔적이다. 그 흔적이 언젠가 누군가에게 위로가 되고 다시 걷게 하는 길이 된다면, 그것이야말로 내 학문이 남긴 유산일 것이다. 꽃길은 도착의 장식이 아니라 흔들리면서도 끝내 걸어가는 사람의 다른 이름일지 모른다.

지도교수님의 꾸준한 학업 점검과 긍정적인 피드백은 나의 학업적 자기효능감을 높이는 중요한 원동력이 되었다(이은경 외, 2014). 학업적 자기효능감은 학문을 지속할 수 있는 내적 힘을 형성하며, 좌절과 흔들림의 순간에도 다시 걸음을 내딛게 한다. 지도교수님의 말씀처럼, 논문은 단순한 학문적 성과가 아니라 연구자의 존재와 삶을 증명하는 과정이다. 지도교수님의 성찰일지에 적힌 문장이 떠오른다.

> 학문은 단순히 머리로만 하는 것이 아니다. '삶'이 '앎'이 되고 실천하며 배우고, 연구하는 과정 자체가 중요한 것이다(양구일지 p. 69).

이 문장을 처음 읽었을 때, 나는 논문을 완성할 수 있을지, 이 길이 내게 가능한 것인지 끊임없이 자문하던 시절로 돌아갔다. 힘들고 흔들렸지만, 그 시간도 결국 내가 걸어온 길이었다. 학문은 고정된 산물이 아니라, 삶처럼 끊임없이 변화하고 움직인다. 흔들림과 회복, 멈춤과 재출발이 반복되는 가운데, 그 과정 자체가 나의 학문적 유산이 된다. 결국, 논문 쓰기는 완벽한 글을 남기려는 시도가 아니라, 끝내 멈추지 않으려는 발걸음을 기록하는 일이다. 언젠가 이 글이 누군가의 마음을 일으켜 세우고, 다시 길을 걷게 하는 조용한 위로가 된다면, 그것이 내가 남긴 가장 값진 꽃길일 것이다.

(2) 꼴찌가 이룬 홀인원

늘 '꼴찌'라는 말을 입에 달고 살았다. 남들보다 느리고 부족하다고 느끼며, 자신에게 실망하기 일쑤였다. 소논문 한 편도 버거웠던 나는 학문 수행자의 자격을 의심하곤 했다. 그러던 오늘, 「양구일지」 속 한 장면이 마음을 조금 흔들었다. 파크골프 경기에서 지도교수님이 '홀인원'을 했다는 짧은 일화. 그 안에는 조급하지 않게 방향을 설정하고, 끝까지 집중하는 태도가 묻어 있었다. 그 모습은 실패와 좌절을 반복하며 나아가는 나의 학문 여정과 은근히 겹쳐졌다.

이번 학기, 어렵다고만 느꼈던 논문을 끝내고 투고까지 마쳤다. 완성도에 대한 불안은 여전했지만, 도전했고, 끝까지 걸어갔다는 사실이 나에게는 중요한 변화였다. 연구도 골프와 마찬가지로 '타이밍'과 '방향'을 읽는 감각이 필요하다. 무엇보다, 자신의 리듬을 잃지 않는 집중이 요구된다. 나는 느리고 자주 흔들리지만, 동료들과 함께 배우고 나누며 걸어가고 있다.

서로 다른 속도를 인정하고, 각자의 자리를 내어주는 관계가 있기에 가능했다. 김현경(2015)이 말하는 '환대'란, 불완전함에도 서로를 받아들이고 편안히 존재할 수 있는 공간을 여는 행위다. 그 안에서 우리는 각자의 리듬과 위치를 찾아 함께 성장한다. 학문은 고정된 완성물이 아니라 끊임없이 흔들리고 생성되며 새롭게 의미를 만들어가는 과정이다. '꼴찌'라는 자각과 느린 걸음 속에서도, 나만의 리듬으로 학문을 재구성해 가는 일은 이미 정해진 동일성의 틀에 나를 맞추는 것이 아니라 차이로 존재하는 움직임이다. 이보라 (2015)가 말하듯, 나의 학문 여정은 완결이 아닌 생성으로 의미를 갱신해 가는 실천이자, 고유한 가능성을 살아내는 방식이다.

> 꼴찌라도 괜찮다. 포기하지 않고 나아간다면, 그 자체로 하나의
> 홀인원이 될 수 있다.(2024. 2월 23일. 성찰일지)

이 문장은 오늘의 나를 다시 걷게 만든다. 실패하고 멈춘 것 같아도, 다시 시작하는 마음이 있다면 방향은 잃지 않는다. 논문도, 골프도 '빠름'이 목적이 아니다. 자기 속도로 끝까지 가는 것, 그 속에서 멈추지 않는 힘을 지키는 것이 중요하다. 느리도 괜찮다. 흔들려도 괜찮나. 중요한 선 끝내 설어가는 일이다.

3. 스승과의 동행 속에서 빚어지는 연구자의 자아

1) 동행으로 배우는 자기돌봄

2024년 1월 1일, 아버지와 함께 계양산에 올랐다. 평소 말수가 적었던 아버지와 이른 새벽 눈길을 함께 걸으며, 낯선 대화와 침묵 속에서도 마음을 나눌 수 있었다. 여러 번 계양산을 오른 경험이 있는 아버지 덕분에, 처음 오르는 나도 무사히 정상을 밟을 수 있었다.

> 앞만 보고 달릴 땐 길의 험난함을 모른다. 그러나 목표를 이룬 뒤
> 에야 그 길이 얼마나 도전적이었는지 깨닫게 된다.(양구일지 p. 230)

지도교수님의 성찰일지에 적힌 문장은 당시의 경험을 되새기게 했다. 정상을 지나 하산하던 길, 눈꽃이 핀 낯선 길목은 미끄럽고 위태로웠지만, 그 안엔 예상치 못한 아름다움과 잔잔한 성취감이 깃들어 있었다. 아이젠 없이 눈 덮인 경사로를 오르내리던 우리는 몇 차례 넘어졌고, 그때마다 다시 일어섰다. 다시 일어서며 내가 체득한 것은, 혼자가 아닌 함께 걷고 있다는 사실이었다. 그것은 다름 아닌, 공존이었다. 아버지와 함께였기에, 나는 포기하지 않고 끝까지 걸을 수 있었다. 학문 여정에서도 나는 비슷한 경험이 있다. 논문 작성의 벽 앞에서 포기를 고민하고 있었을 때, 지도교수님의 격려와 동료들의 존재 덕분에 다시 걸음을 뗄 수 있었다.

푸코(Foucault, 1982)는 '자기돌봄(epimeleia heautou)'을 타자와의 관계 속에서 자신을 성찰하고 변형하는 실천의 윤리로 보았다. 내 경험에 비추어 보면, 자기돌봄은 고립된 개인의 자율이 아니라 타인의 목소리와 동행 속에서 자신을 돌보고 주체로 형성되어 가는 과정이라 생각된다. 아버지의 손, 교수님의 문장, 동료들의 존재는 내가 멈추지 않고 다시 걷도록 이끈 돌봄의 행위였고, 나는 그 속에서 나 자신을 돌보는 법을 배워가고 있다. 지금 내게 학위논문은 마치 가파르고 높은 산처럼 보이지만, 나는 그 산을 향해 걷고 있는 중이다. 그 길은 험하고 내 걸음은 느릴지라도, 함께 걷는 이들이 있기에 버틸 수 있다고 나는 스스로를 응원한다.

2) 도라지꽃 향기와 함께하는 공존의 배움

2024년 5월 29일, 나는 여전히 자신을 스스로 부족한 존재라 여겼다. "아무리 해도 안 된다.", "나는 루저다"라는 말은 오래된 내면의 대사였다. 박사과정 8차에 접어든 그때까지도, 자신을 증명하지 못한 사람처럼 느껴졌다. 그러나 지도교수는 말했다. "네가 8차까지 왔다는 것이 이미 의미 있는 여정이야." 그 말은 지난 시간을 처음으로 다른 빛으로 비추었다.

지도교수가 고향 양구를 떠날지 고민하던 어느 날, 어머니의 밭에서 보랏

빛 도라지꽃을 마주했다 한다. 그 꽃은 단순한 식물이 아니라, 삶과 학문, 이론과 실천을 잇는 다리였다. 그 전환점에서 지도교수의 고향 집은 공동체를 위한 공간으로 다시 태어났다. 그 이야기를 들으며 나는 묻는다. 내게도 그 도라지꽃처럼, 무언가를 전환하는 순간이 있었을까. 수업 과제, 성찰일지, 불완전한 글쓰기조차 내 안의 부정적 목소리를 다독이는 작은 실천이었다. 그것들은 나의 회복이자, 삶과 학문을 잇는 다리였다.

> 그 꽃은 삶과 학문, 이론과 실천을 잇는 다리였다.(2024. 5월 28일.
> 성찰일지)

흔들리며 피지 않는 꽃은 없다. 모든 꽃은 바람을 견디며, 때로는 고개를 떨구며 핀다. 나의 흔들림 또한 언젠가 아름다운 꽃을 피우기 위한 서사를 쓰고 있는 것인지 모른다. 김영순(2024)의 『타자와 연대』가 보여주듯, 타자와의 관계는 상호주체성으로 확장될 때 공동체적 의미를 갖기에 나의 글쓰기는 혼자만의 회복을 넘어, 타자와 함께 살아가는 삶의 형식으로 자리한다.

물론 의심도 있었다. "내 글이 누군가에게 의미가 있을까?" 그러나 『양구일지』가 내게 건넨 위로처럼, 나의 성찰 역시 누군가에게는 작은 울림이 될 수 있지 않을까. 글을 쓴다는 행위 자체가 나의 실천이며, 치유이며, 공동체적 연대의 시작일 수 있으니까. 지칠 때면 떠오르는 건 도라지꽃의 향기와 북두칠성의 반짝임이었다. "국토 정중앙의 밤하늘에서 바라본 북두칠성은 서울에서는 좀처럼 보기 어려운 장면"이라는 교수의 말처럼, 그 별빛은 나에게도 위로였다. 초라하고 어둡다고 여겼던 나도 언젠가는 별처럼 반짝일 수 있을까. 누군가의 밤하늘에 조용히 빛나는 별이 될 수 있을까.

『양구일지』에 지도교수가 남긴 성찰의 메시지는, 나에게도 삶의 고비마다 다시 일어설 수 있는 성찰의 기회를 건넨다. 시간이 흘러 언젠가 이 글을 다시 읽게 될 때, 조금 더 단단해진 내가 웃으며 이 시절을 떠올릴 수 있기를 바란다.

> 도라지꽃의 향기를 따라, 나의 삶을 다시 써 내려가고 있기
> 를.(2024. 5월 28일. 성찰일지)

3) 양구에서 지도교수님과 나눈 따뜻한 성찰

(1) 국토 정중앙 배꼽점까지, 배움으로 걷는 소망의 길

지도교수의 안내를 따라 봉화산 생태 등산로에 들어섰다. 이 길은 처음부터 '타자와 연대', '타자와의 공존'이라는 말이 몸속에 스며드는 듯한 길이었다. 사람, 자연, 숨, 쉼―네 개의 단어가 한 자리에 어우러지며, 나는 혼자가 아니라는 감각을 온전히 느꼈다. 그날의 "타자"는 단지 인간을 넘어, 풀 한 포기, 바람, 흙냄새, 들려오는 새소리까지 품고 있었다. 숨을 들이쉴 때마다, 나와 이 모든 존재가 서로의 호흡 속에 있다는 사실이 조금 더 선명해졌다.

왕양명의 양지론(良知論)은 인간 안에 이미 '타자와 올바르게 관계 맺는 보편적 앎'이 내재해 있다고 말한다. 양지는 단순한 도덕적 직관을 넘어, 천지만물과 감응하며 그들에게 생명과 가치를 부여하는 근원적 마음이다(김영건, 2013). 봉화산에서의 걸음은 외부에서 주어진 지식이 아니라, 내 안에 잠들어 있던 양지가 자연과 타자의 목소리에 응답하며 깨어나는 순간이었다. 그 깨어남은 "나는 혼자가 아니라, 연결된 존재다"라는 자각으로 이어졌다.

국토 정중앙 배꼽점에 다다르자, 팽이 모양의 조형물이 자리하고 있었다. 지도교수는 그 중심이 바로 '국토의 배꼽'이라 알려주었다. 모두가 그 배꼽에 손을 얹고, 각자의 소원을 빌었다. 서로의 손을 맞잡고 묵념하던 그 순간, 우리는 각자의 길 위에 있으면서도 하나의 숨을 나누고 있었다. 지도교수께서 모든 존재의 평화를 기원했고, 누군가는 부모님의 건강을, 또 누군가는 가르치는 학생들을 위해 기도했다.

나는 '박사 졸업'이라는 개인적인 소원을 빌었다. 순간, 이 소망이 타자를 향한 마음보다는 나 자신을 위한 욕망에 가까운 것은 아닐까 하는 의문이 스쳤다. 그러나 그 안에는 학문 여정을 끝까지 완주하고자 하는 책임과 절실함이 함께 있었다. 그 길 위에서 나는 깨달았다. 공존은 거창한 담론에서만 태어나는 것이 아니라, 이렇게 손을 맞잡고 숨을 나누는 작은 순간들 속에서도 자란다는 것을.

(2) 지도교수님께 배운, 안전과 배려의 리더십

양구의 자연 속에서, 나는 지도교수를 따라 '함께 숨 쉬며 걷는 법'을 배웠다. 오르막에서는 앞서 길을 열어주고, 내리막에서는 맨 뒤에서 제자들이 안전하게 내려올 수 있도록 지켜보는 교수의 걸음. 그 모습은 어느 지점에 서 있든 든든함과 믿음을 주었다.

그날 산행은 비가 갠 직후였다. 젖은 흙길과 울퉁불퉁한 돌계단, 미끄러운 경사. 조금만 방심해도 다칠 수 있는 길이었지만, 교수는 여러 번 직접 길을 점검하며 모두가 무사히 걸을 수 있도록 세심하게 살폈다. 날씨는 흐렸고 땅은 젖어 있었지만, 그 길의 기억은 따뜻하게 남았다.

중간 지점에서 마주한 나무늘보 닮은 짙은 느림이 결코 게으름이 아니라는 것을 알려주었다. 천천히, 조심스럽게 걷는 것이야말로 끝까지 도달하는 방법이었다. 무리하지 않는 속도는 모두가 다치지 않고 완주할 수 있도록 돕는다. 그 순간, 나는 예전의 나를 떠올렸다. 앞장서야 한다고 믿었던 시절, 빨리 가야 잘 가는 줄 알았던 생각. 하지만 교수의 걸음은, 진정한 보호는 앞에서만이 아니라 뒤에서 지켜보는 것도 가능하다는 사실을 가르쳐주었다.

푸코(1982/2007)가 『주체의 해석학』에서 말했듯, 주체는 제도나 규율에 의해 주어진 존재가 아니라, 자기 성찰과 돌봄의 실천을 통해 형성된다. 이번 산행의 '느림'은 나를 되돌아보게 했고, 주체를 새롭게 해석하게 했다. 박사과정의 '10학기'는 단지 크로노스적 시간의 표기일 뿐이지만, 그날의 깨달음은 삶과 학문이 응축된 카이로스의 순간이었다. 그것은 의미의 시간이자 방향을 새롭게 잡는 전환점이었다.

그날 나는 조용히 뒤에서 지켜보며 모두가 무사히 도착할 수 있도록 돕는 지도교수님의 마음이야말로 책임 있는 리더의 모습임을 배웠다. '안전'은 단지 몸을 다치지 않게 하는 데만 쓰이지 않는다. 관계 속에서도, 함께 살아가는 일 속에서도 반드시 필요한 가치다. 누군가는 불안한 마음을 치유하기 위해 산에 오르지만, 또 다른 누군가는 숨을 고르기 위해 오른 산이 오히려 숨막히는 공간이 될 수도 있다.

이번 산행은 '따뜻한 동행'과 '서로를 살피는 배려'가 깃든 시간이었다. 그 속에서 나는 깨달았다. 리더란 혼자 앞서 달리는 사람이 아니라, 함께 걷는 이를 살피고 기다려주는 사람이라는 것을. 그리고 관계란 결국, '같이 걸어주는 마음'이라는 것을.

(3) 번진 색채 위에 그린 나의 소망

'오늘도 행복한 하루 보내세요'라는 문구와 함께, 파란색과 빨간색이 번져 있는 코팅 도화지를 발견했다. 선명한 그림도, 뚜렷한 형상도 없었다. 단지 두 가지 색이 스며들며 번지고 있었다. 왜 형상 없이 색채만 남겨 두었을까, 그 의도를 오래 바라보았다. 어쩌면 그것은 '각자 자신의 상상 속에서 행복한 하루를 그려보라'라는 초대일지도 모른다. 번진 색채는, 그 안에서 나만의 그림을 자유롭게 떠올릴 수 있는 여백이었다. 파란색과 빨간색은 서로 다른 감정의 결을 담고 있었고, 그 색들이 어우러진 공간에서 나는 나만의 '행복한 상상'을 꺼내 보았다.

심리학에서는 색채를 인간 정서와 깊이 연결된 상징으로 본다. 융(Jung)은 색채를 무의식의 언어로 읽었고, 바슐라르(Bachelard)는 상상력이 사물의 외양을 넘어 인간 존재를 새로운 차원으로 인도한다고 했다. 서로 다른 색이 하나의 도화지에 번지듯, 우리의 꿈과 마음도 조화롭게 어울릴 수 있다는 가능성을 느꼈다.

그림은 아직 완성되지 않았다. 그러나 번진 색채 위로 가장 또렷하게 떠오른 이미지는 '박사학위를 받은 나의 모습'이었다. 이 공간은 단순히 예술을 감상하는 장소가 아니라 꿈을 현실로 바꾸는 기(氣)를 품은 장소였다. 언젠가 이 상상이 현실이 될 수 있으리라는 기대가, 번지는 색처럼 내 마음속으로 퍼져 나갔다.

도화지를 바라보다가 하나의 제안이 떠올랐다. '리틀 박수근 프로젝트 미술전'의 작품 중 일부를, 자연을 훼손하지 않는 범위에서 산길의 기둥에 전시하는 것이다. 그렇게 한다면, 자연과 예술이 만나는 길 위에서, 작품의 주인공이었던 아이들의 꿈과 소망이 그 길을 걷는 이들의 마음에도 번져 갈 것이다. 예술은 상상으로 이어지고, 상상은 다시 소망으로 확장된다. 그리고 그 소망은, 언젠가 현실이 될 수도 있다.

(4) 봄나물처럼 쓰는 논문, 맛있게 그리고 소화 가능하게

양구에서 지도교수님과 함께 시래기 정식을 먹으러 간 적이 있다. 교수님은 시래기밥에 각자의 기호에 맞게 양념과 봄나물을 넣어 비빈 뒤, 깻잎이나 배추에 싸서 먹으면 된다고 설명해주셨다. 오전에 도서관 자원봉사를 마치고 난 뒤라서일까, 그 맛은 한층 깊고 특별하게 다가왔다. 입 안에서 향긋한 봄나물과 구수한 시래기가 어우러졌고, 김과 배추가 전해주는 봄의 내음은 오감을 자극했다. 그 풍성한 향과 맛은 혀를 지나 식도로, 그리고 몸속 깊은 곳까지 스며들었다.

그때 문득, 이 식사하는 과정이 논문을 쓰는 여정과 닮았다는 생각이 들었다. 시래기밥에 여러 봄나물을 더해 비비고 깻잎이나 배추에 싸서 먹는 일은, 논문을 위해 다양한 선행연구를 모아 글로 풀어내는 과정과 비슷했다. 나물의 종류와 양을 잘 맞추듯, 연구 자료도 너무 많이 담으면 오히려 핵심이 흐려지고, 읽는 사람은 소화하기 어려워진다. 지도교수님이 말씀하셨다. "나물은 기호에 맞게, 적당히 넣어야 제맛이 나." 논문도 마찬가지다. 자료는 방대하게 나열하기보다, 주제에 맞는 것만 골라 간결하고 명확하게 구성해야 한다. 그래야 쓰는 사람도 이해하고, 읽는 사람도 공감하며 소화할 수 있다.

레비나스가 『전체성과 무한』(1961/2018)에서 말했듯, 주체를 고립된 존재가 아니라 타자와의 관계 속에서 책임을 요청받는 존재로 설명한다. 논문 또한 혼자만의 학문적 성취가 아니라 독자와 함께 나누는 지식의 만찬이어야 한다. 글은 결국 타자가 이해하고 맛볼 수 있을 때, 비로소 살아 있는 대화가 된다. 시래기밥과 봄나물을 맛있게 즐기려면, 나에게 맞는 양을 고르고, 잘 비벼서, 천천히 씹어 삼켜야 한다. 학문도 그렇다. 제대로 소화해야 내 것이 되고, 타자에게도 온전히 전해질 수 있다. 논문은 혼자 먹는 밥이 아니라, 함께 나누는 식사이기 때문이다.

4. 함께 꾸미는 학문, 비위계적 관계와 공동 창작의 길

1) 연구라는 트리를 함께 장식하기

크리스마스트리를 꾸미는 일이 연구의 과정과 닮았다는 생각이 들었다. 처음에는 장식의 계획을 세우지만, 막상 손이 닿는 대로 감각을 따라 꾸밀 때, 오히려 더 따뜻하고 조화로운 결과를 만날 때가 있다. 완벽하게 맞춰야 한다는 강박에서 벗어나, 시행착오 속에서 나만의 리듬으로 다듬어 가는 과정은 그것이야말로 질적연구의 흐름과 닮아 있었다.

연구는 혼자 완성하는 것이 아니라, 공동체와 함께 꾸미는 트리처럼 더욱 빛나는 작업이다.(2024. 2월 28일. 양구일지 p.64, 성찰일지)

이 문장은 나의 연구관을 다시 세우게 했다. 논문은 지식을 쌓는 결과물이 아니라, 연구참여자의 목소리를 경청하며 그 언어에 가장 적절한 방법을 찾아내는 실천의 과정이다. 질적연구는 연구자의 논리를 덧씌우는 것이 아니라 참여자의 이야기에 자리를 내어주는 일이다.

공존의 철학이 말하듯, 함께 살아가는 관계는 차이와 다양성을 배제하지 않는다(김영순, 2025). 연구자와 참여자는 수직적 위계가 아니라 수평적 관계 속에서 이야기를 함께 만들어 간다. 트리를 함께 꾸미듯, 서로 다른 존재들이 각자의 빛을 발하며 하나의 장면을 완성한다. 비록 서툴고 미완성처럼 보여도, 진심과 성의로 꾸민 트리는 따뜻한 빛을 낸다. 나 역시 연구라는 트리를 정성스럽게 꾸며가고자 한다. 연구참여자의 목소리가 크리스마스트리의 불빛처럼 세상에 은은하게 번져, 누군가의 마음을 환하게 밝혀주기를 바라면서.

2) 믿음은 현실이 되는 묘한 힘

'양구 시외버스 터미널에서 잠시 숨을 고른 뒤, 천천히 길을 걸었다. 그렇게 도착한 '살구길' 어귀에서 작은 표지판 하나가 눈에 들어왔다. "오늘 여기에 오길 잘했다."

이 문장은 이상하게도 내 마음을 덮어주는 담요처럼 따뜻했다. 늘 자존감이 낮아, 자신을 남보다 한참 부족하다고 여기던 나에게, 마치 이 자리에 있어도 괜찮다고, 조용히 속삭여주는 말 같았다. 그런데도 마음 한구석엔 여전히 불안이 남아 있었다. 꽃과 잔디가 어우러진 이곳, 양구는 지도교수의 고향이자 학문 수행자들이 머무는 의미 깊은 자리였다. "나는 그 안에 들어설 자격이 있는 사람일까? 그저 멀리서 바라보는 것으로도 벅찬, 그런 위치에 머물러야 하는 존재 아닐까? 내가 이곳에서 숨 쉴 자격이 있을까?"

그런데도 마음속에는 작은 소망이 피어올랐다. "언젠가 나도 교수님 마당 가까이에 피어 있는 꽃이 될 수 있을까?" 그때, 지도교수와 초대받은 교수께서 내게 말씀하셨다. "나는 네가 자신을 조금 더 자신 있게 여겼으면 좋겠어.

'나는 나다'라고 자부하며 살아가길 바란다." 그 말엔 묘한 힘이 있었다. 자신 감은 누군가가 대신 주는 것이 아니라 스스로 만들어가는 것이라는 뜻이었다. 교수님은 덧붙였다. "하루에 몇 킬로씩 뛰면서 '나는 누구다, 나는 개똥이다' 라고 외쳐 봐. 그러다 보면 자신감이 생길 거야. 나는 그 힘을 끌어낼 수 있도록 곁에 있을게.", "자신을 잡초라 생각하면 잡초로 남아. 하지만 꽃이라 믿는 순간, 꽃이 된다." 교수님의 이 말씀은 오랫동안 나를 짓눌러왔던 불안 의 층을 천천히 녹여냈다. 나는 나 자신을 충분히 사랑하지 못했다. 내 존재 를 외면해온 건 누구보다 나 자신이었다. 그 순간 깨달았다. 믿음은 단순한 심리적 태도가 아니라 존재의 방식과 현실을 변화시키는 수행적 언어다. 내 가 나 자신을 믿지 못했던 것은 능력의 부족 때문이 아니라 충분히 믿음 받아 본 경험이 없었기 때문이었다. 지도교수는 그 믿음을 말로만 전하지 않았다. 매 순간 곁에서, 행동으로 증명하며, 내가 나를 발견할 수 있도록 길을 열어주 었다.

그날 이후로, 나는 나 자신을 '꽃'이라 부르기 시작했다. 아직은 피지 않은 꽃일지라도, 언젠가는 이 학문공동체의 한 송이가 될 수 있으리라는 믿음이 내 마음속에 뿌리를 내렸다. 스승과 제자는 전통적으로 분명한 위계 위에 선다. 하지만 나는 지도교수와의 관계를 통해, 그 구조를 다시 바라보게 되었 다. 그는 권위적인 지식을 전달하는 스승이 아니라 나의 가능성을 신뢰하며 스스로 발견하도록 이끄는 동행자였다. 언제나 앞서 걷지만, 결코 멀리 앞서 나가지 않는다. 내가 따라올 수 있는 속도를 고려하며 함께 걸어주는 사람. 이것이 내가 말하는 공존이다. 이러한 관계 속에서 나는 단지 '누군가의 제자' 로만 존재하지 않는다. 자신을 주체적인 연구자로 받아들이고 사랑하는 법을 배워가고 있다.

이제는 달라져야 한다. 나 자신을 믿고, 사랑할 시간이다. 누군가는 이 다 짐을 낯간지럽게 여길지도 모른다. 하지만 내가 진심으로 '마당 가까이에 있는 꽃'이라고 믿는 순간, 언젠가 박사학위를 손에 쥐고 자신을 자랑스러워할 날이 올 것이다. 진정한 나를 중심에 두고 사랑하는 사람이 되기 위해, 오늘도 나는 한 걸음 더 내디딘다.

소명을 수행으로, 삶을 실천으로

1. 초보 상담사에서 아동 중심 상담사로

1) 아동이 말하는 대로 믿고, 아동의 선택을 존중하며

"자연 상태의 꽃들이 본능적으로 자신을 꽃피움으로써 자신을 완전하고 완벽하게 드러내듯이 '전체로서의 유기체'로서 인간은 자신을 유지하고 최상의 성취를 향해 나아가는 잠재력을 가지고 있다." 쏜(Thorn, 2003)의 이 말은 내가 상담자로서 아동을 만날 때 가장 근본이 되는 태도이자 출발점이 된다.

상담자로서 내가 처음 접한 이론은 칼 로저스(Carl Rogers)의 인간 중심 상담이었다. 인간에 대한 깊은 신뢰를 기반으로 하는 이 이론은 상담자의 이론적 숙련도보다 상담자와 내담자 간의 치료적 관계를 가장 핵심적인 요소로 삼는다. 로저스(2007)는 상담자에게 요구되는 핵심적인 태도를 온전한 공감, 무조건적·긍정적 존중, 진솔성 세 가지로 제시하였고, 이는 아동이든 성인이든 상담 전반에 걸쳐 중요한 기본자세임을 시사한다. 그러나 아동 상담은 성인 상담과 명확히 다른 지점이 있다. 오신택(2015)은 성인 상담의 목표가 개인의 문제 해결과 자아 성장에 있다면, 아동 상담은 아동의 발달 단계, 가족 환경, 심리적 특성을 고려하여 그들의 성장과 발달을 돕는 것이라고 한다. 성인 상담이 자신 문제의식의 탐색과 성찰을 통한 성장이라면 아동은 사회적·환경체계에서 성인들의 지지와 격려가 필요하다. 특히 학교라는 공간에서 이루어지는 아동 상담은 학습과 또래 관계, 학교적응 등 복합적인 과제를 수반하기에 아동 중심적 접근이 필요하다.

어느 날, 반복된 분실 사건을 조사하는 과정에서 한 아이의 가방에서 문제의 물건이 발견되었고, 담임교사는 아동 상담의 필요성을 느껴 내게 자문을 요청했다.

> 제가 안 훔쳤어요. 그냥 제 가방에 있었어요. ○○이가 준 것에요.(2023. 11월. 상담일지)

교사와 부모는 이 아이가 범인일 것이라 여겼다. 그러나 아이는 단호히 억울하다고 했다. 이 상황에서 나는 로저스가 말한 상담자의 '진솔성'의 의미를 되새겼다. 상담자는 내담자의 말에 무조건적으로 "믿는다"라고 말하기보다 사실을 외면하지 않으면서 내담자와 진실한 관계를 맺는 자세가 필요하다.

나는 아이와 놀이를 통해 상담을 시작했다. 놀이와 예술 매체는 불안한 상황에서 말로 표현하기 어려운 아동에게 심리적 표현의 통로가 되어준다. 아이는 인형 놀이, 그림 그리기, 만들기, 게임 등을 통해 부모의 냉담함, 형제 사이의 긴장, 그리고 감정의 억눌림을 이야기하기 시작했다. 이 과정에서 내가 해야 할 일은 단순했다. 그 자리에 진심으로 존재하는 것, 아동의 감정에 지금 여기에서 반응하며 아동의 내면에 귀 기울이는 것이다. 아동이 꺼내기 힘들어하는 이야기를 기다리고 무조건적으로 수용하면서 아동의 내면과 조심스럽게 접촉하는 것이다.

어른을 믿을 수 없는 아이들은 긴장하고 경계하며 믿을 수 있는 어른인지를 탐색하기에 라포를 형성하기가 매우 어렵다. 때로는 너무 쉽게 자기 이야기를 꺼내는 아동도 있었다. 하지만 그것이 반드시 신뢰하고 안정된 환경에 놓여 있음을 의미하지는 않는다. 다수의 아동은 돌봄 없는 지시와 통제, 존중받지 못하는 가정환경 안에 놓여 있었다.

나는 그런 아이들과 함께 신나게 놀면서 불안과 긴장을 풀어주는 역할을 하고자 했다. 아이가 주도하고 나는 따르는 관계 속에서 아이는 점차 상담실이라는 공간을 자신의 안전지대로 인식해 갔다. 상담이 끝나고 나보다 아이가 더 밝은 표정을 지었을 때, 나는 상담자의 존재와 공간의 의미를 다시금 깨닫는다.

이러한 경험을 통해 나는 알게 되었다. 아동의 문제는 곧 가족, 학교, 그리고 사회의 문제와 연결되어 있다. 아동 상담은 단순한 행동 교정이 아닌 존재 자체에 대한 존중과 돌봄의 시작이고, 아동은 단지 '작은 사람'이 아니라, 자기만의 방식으로 세상과 관계 맺는 온전한 존재이다. 아동은 반복되는 고통과 돌봄의 결핍 속에서 어쩔 수 없이 잘못된 행동을 할 수밖에 없는 상황에 놓여 있을 뿐이다.

Wee 클래스 안에서 나는 언제나 공감과 존중, 진솔성의 자세로 아동 앞에 서기 위해 고민한다. 아동 상담은 그 어떤 상담보다도 복잡하고 섬세하지만 그렇기에 아동의 말에 귀 기울이고 아동의 선택을 존중하며, 그들과 함께 걷는 이 길이 더욱 가치 있다.

7) 학교 안 복잡한 역할 속에서 상담자로 존재하기

Wee 클래스 상담사로 처음 학교 근무를 시작했을 때, 나는 학생상담 경험이 부족하고 무엇보다 학교 내에서 전문상담사가 어느 범위까지 역할을 수행해야 하는지에 대한 이해도 충분치 않았다. 그런데 내가 근무하게 된 학교는 초등학교 중에서도 과밀학급의 문제가 있었고 상담 수요는 매우 높았다. 좁은 교실과 좁은 복도를 지나며 많은 학생은 작은 충돌마저도 갈등으로 이어지기 일쑤였다. 저학년 반에서는 담임교사의 중재가 비교적 효과적으로 작용했다. 반면에 고학년의 경우 사실과 거짓이 혼재된 관계 속에서 담임교사의 판단이 쉽지 않았고, 중재 또한 원활하게 이루어지지 않았다. 이러한 갈등과 행동 문제에 개입하면서 나는 단순한 학생상담을 넘어서 교사 자문

역할까지 수행하게 되었다. 상담이 단지 상담실 안에서 끝나는 것이 아닌 교사 및 학교 관리자와의 협력을 통해 해결해야 하는 현장이었다. 교사 대부분은 문제 발생 시 적극적으로 상담사의 개입을 요청하고 자문에도 협조적이었지만, 때로는 상담사가 교원이 아니라는 이유로 개입을 꺼리거나 불만을 표출하기도 했다.

> 상담사님이 몰라서 그래요. 쟤가 얼마나 교활한대요. 아이들이 제 말은 안 들어도 쟤 말은 듣는다니까요. 단둘이 얘기할 때는 순하게 앉아 있는데 친구들 앞에서 야단을 치면 눈을 치켜 뜨고 '에이씨'하고 금방이라도 때릴 듯 노려본다니까요.(2023. 9월. 상담일지)

라는 말은 상담사가 교사의 고통을 이해하지 못할 것이라는 불안과 '비 교원의 상담사가 교원을 자문한다'라는 인식에서 비롯된 것이었다. 이처럼 상담사는 학생의 고통만이 아닌 교사의 상처와 무력감까지 동시에 마주해야 했기에 혼란스러운 상황에 놓이기도 한다.

아동은 언어로 감정을 표현하는 능력이 제한되기에 상담사는 그들의 목소리를 대신 전하는 '대리인'이 되어야 한다. 하지만 그 설명이 때로는 교사에게 비난처럼 받아들여지기도, 하고 반복되는 설득 과정 안에서 그러한 문제를 칼로 베어내듯 분명하게 경계 지을 수 없음을 절감했다. 반면 학부모 상담은 비교적 접근이 쉬웠다. 상담사의 교원 여부와 상관없이 학부모는 자녀의 학교적응을 최우선으로 여겼고 나는 학부모의 상황에 따라 전화 또는 대면 상담을 병행했다. 맞벌이 부모의 경우에 현실적 제약을 고려해 나는 가능한 시간을 조율했다. 야근 가능성과 수당 문제에도 불구하고, 나는 학부모와의 상담을 위해 자발적으로 유연하게 대응했다.

학교는 협력과 연대가 중요한 공동체이고 동시에 전문상담사는 학생상담과 교사 자문이라는 이중관계의 구조 속에 놓인다. 학생·교사·학부모 등 여러 관계 속에서 상담사는 윤리적 기준과 역할 경계를 명확히 해야 한다. 나는 교내 상담 경험이 풍부한 전문상담사들의 조언을 구하면서 학생의 심리적 안정을 최우선 순위로 둔다. 교사의 소진과 어려움을 해결하기 위해서 교사의 욕구를 수용하고 학급 내 집단상담 지원과 교사의 소진 회복을 위해 휴가를 추천하기도 한다. 또한 교육청 상담시스템과 지역사회 상담센터의 상담시스템을 추천하여, 보다 전문적이고 지속적인 도움이 되도록 연결하기도 한다.

> 어떻게 하면 우리 아이들이 좀 더 어른들의 이해를 받을 수 있을까, 내가 너무 학생의 입장을 강조하는 것은 아닐까.(2023. 10월. 상담일지)

늦은 시간까지 이어지는 상담을 마치고 나면, '오늘도 학생들의 정신건강을 위해 최선을 다했다'라고 스스로 위로하며 만족감을 느끼기도 했다. 그러나 그 헌신이 인정받지 못하거나 보상되지 않을 때, '왜 이렇게까지 해야 하나'라는 자괴감에 빠지기도 했다. 그런데도 나는 아동의 취약성을 인식하며 교사와 학부모 상담을 병행하는 것이 아동 상담의 전제 조건임을 깨달았다.

따라서 나는 나의 친 사회성과 아동에 대한 사랑, 그리고 상담윤리에 대한 고민을 바탕으로 교사 자문과 학부모 상담을 책임 있게 수행해 왔다. 아동의 성장과 심리적 안정이 나의 가장 중요한 기준이며, 그 여정에 함께하는 나 자신을 끝까지 책임지고자 한다.

2. Wee 클래스 전문상담사 되기

1) 정서적 애착 회복을 위한 접근

수많은 감정이 교차하는 공간인 학교에서 나는 '들리지 않는 소리를 듣는 사람'으로 존재하기도 한다. 학생은 배움을 통해 성장하고 교사와 친구를 통해 사회를 배우며, 때로는 가정에서 해결되지 못한 감정을 교실에 가져온다. 전문상담사는 주로 한 학교에 1명씩 배치되어, 학교 내 심리·정서적 지원의 중심 역할을 수행한다(박근영, 임은미, 2014). 개인 및 집단상담, 심리검사와 진단, 고위기 학생 지원, 그리고 교사 및 학부모와의 자문과 상담, 프로그램 운영, 연수, 행정 업무에 이르기까지 다양한 분야의 업무를 수행하고 학교 상담 체계의 '중심' 역할을 담당한다(김희정 외, 2015).

어느 날 담임을 맡은 부장 교사로부터 한 학생에 대한 상담 의뢰가 들어왔다. 그 학생은 수업 중 집중하지 못하고, 반복적으로 친구를 신체적으로 공격하며, 학급 활동에도 거의 참여하지 않고 오히려 방해하는 모습을 보이고 있었다. 담임교사는 자신의 모든 경험과 노력을 동원해 다양한 지도를 시도했지만, 학생의 행동 변화는 일어나지 않았다. 학부모 또한 상황을 인지하고 있었고 가정 내 훈육을 병행하면서 학교 측 상담에도 적극적으로 참여하는 태도를 보였다. 하지만 아이의 행동은 좀처럼 나아지지 않았다. 결국 어머니는 상담 신청서를 작성해 제출했고 학생을 향한 상담실의 문이 본격적으로 열리게 되었다.

상담사에게 학생이 교실에서 갈등을 유발하는 '문제 행동'이라는 단어는 단지 교실의 혼란만을 의미하지 않는다. 그보다는 아동에게 도움이 필요하다는 무언의 메시지로 다가온다. 학급 활동에서 스스로 분리해 내는 배경, 그 행동의 이면에는 말로 표현되지 못한 감정과 사연이 있다. 상담사는 그 의미를 읽어내는 것이 중요하고 그 해석을 위한 첫걸음이 개별 상담의 시작이다. 상담이 진행될수록 나는 이 아이의 행동 너머에 깊은 감정의 심층 구조를 마주하게 되었다. 아이는 단순한 주의력 부족도 공격성도 아니었다. 이 아이는 마음속 깊이 억울함과 소외감을 가지고 세상을 바라보고 있었다.

엄마는 동생만 이뻐해요.(2023. 4월. 상담일지)

이 한 문장은 상담자의 마음을 멈춰 세웠다. 이 말은 투정도 불만도 아닌 아이의 세상이었다. 아이의 시선으로 본 가족의 풍경, 자신이 느끼는 감정의 결핍 '가족 안에서의 나'라는 정체성까지 이 짧은 문장에 파노라마처럼 펼쳐져 있었다. 상담자 또는 부모에게 '모든 자녀를 공평하게 사랑한다'라는 믿음이 자명한 진실처럼 여겨질 수 있다. 그러나 상담에서 중요한 것은 사실이 아닌 느낌이다. 아이가 그렇게 느끼는 이상 그 감정은 아이에게 있어 절대적인 진실이 된다. 그래서 상담자는 아이의 감정에서 사실 여부를 따지는 것이 아니라 있는 그대로 감정을 '의미 있는 감정'으로 수용해야 한다.

가정 내에서 경험한 억울함은 학교로 더 나가 사회로 전이된다. 가정은 한 아이의 정서적 기초가 형성되는 공간이며, 그곳에서의 소외감은 곧 타인과의 관계 속에서의 위축과 방어로 이어진다. '동생만 바라보는 엄마, 장자에게 엄격한 아버지'라는 구도는 우리 문화에서 흔히 발견되는 가족 내 역할 기대의 한 단면이다. 부모는 흔히 '동생과 너를 똑같이 사랑한다'라고 말하지만, 이러한 진술은 아이에게는 공허한 말처럼 들리고 상담실 안에서 그 말은 때로 신파처럼 느껴지기도 한다. 아이의 마음속에 쌓인 헛헛함과 억울함이 해소되지 않는 이상 아이는 학교에서도 '억울한 아이', '소외된 아이'로 존재할 가능성이 크다. 그 아이들은 사소한 다툼 속에서도 피해의식을 먼저 경험하고, 또래와의 관계에서 반복적으로 갈등을 빚게 된다.

따라서 아동의 변화를 위해서는 학부모 상담은 불가결한 과정이 된다. 아이의 내면에 잠재된 감정을 부모가 인식하고 그 감정을 다루는 방법을 함께 모색하지 않는다면 근본적인 변화는 어렵기 때문이다. 다행히도 이 사례에서 학부모는 상담에 적극적으로 임하셨다. 자녀의 말에 귀 기울이고자 하는 태도와 상담자의 설명에 경청하며 반응하는 모습은 긍정적인 변화를 위한 단단한 기초가 되었다. 부모가 아이의 감정을 '사실 여부'가 아닌 '느껴진 감정'으로 받아들일 때, 비로서 관계 회복의 첫걸음이 시작된다.

　　저도 어렸을 때 똑같았어요. 어머니가 남동생만 챙기시고 저는
　　관심을 주지 않으셨거든요. 안 그러려고 해도 ○○이가 동생을 괴롭
　　히는 게 보여요. 동생은 영리한데 ○○이는 고집이 세거든요.

　상담실 안, 학부모가 조심스럽게 털어놓은 이 말은 그동안 아이를 향한 훈육과 감정 반응의 밑바닥에 자신의 상처가 자리하고 있었음을 말해주고 있었다. 성장 과정에서 정서적 결핍을 경험한 부모는 자신이 받지 못했던 것을 아이에게 주려고 하고 첫아이에게 더 큰 사랑과 관심을 쏟는다. 그러나 둘째가 태어나는 순간 의식하지 못한 채 자신이 경험했던 부모의 양육 방식을 그대로 반복하는 모습을 발견하게 된다. 그리고 자기 부모를 이해하게 되기도 하고 자신의 반응을 당연하게 여기며 정당하기도 한다. 이러한 감정과 양육 방식의 대물림은 결코 드문 일이 아니다. 부모는 자신이 자란 가정에서 무의식적으로 학습한 가치관과 행동의 틀을 자녀에게 고스란히 전달한다. '첫째는 동생의 본이 되어야 해', '형이 양보해야지', '동생은 형의 말을 잘 들어야지'와 같은 말들은 특정 역할을 고정하는 가정에서의 규율이자 차별로 기능한다. 이 규칙을 가치관 삼아 부모는 자신이 자란 방식대로 아이를 훈육하게 된다.

　과거에는 형제자매가 많았기에 이러한 질서가 가정 내 규율로 작용하고 형제애를 발휘하는 양식으로 작용하기도 했지만, 현대의 소규모 가족구조 속에서는 오히려 불공정하고 편애적으로 느껴진다. 부모의 사소한 말투와 한숨, 시선이 아이에게는 사랑의 불공평한 배분처럼 여겨지고 소외감은 곧 외로움으로 사랑받지 못한다는 감정으로 이어진다. 이때 아이가 경험하는 감정은 억울함이다. 문제는 이 억울함이 단순한 감정으로 끝나지 않는다는 데 있다. 억울함이 반복되면 아이는 결국 자신에 대한 부정적인 신념을 내면화하게

된다. '나는 사랑받지 못하는 사람이다', '나는 사랑받을 가치가 없다', '나는 태어나지 말았어야 해'라는 생각에까지 이르게 되는 것이다. 일부 아동은 이러한 내면의 상처를 눈치 보기와 위축된 행동으로 표현하고, 다른 일부는 분노와 공격성으로 나타낸다. 이 모두가 '사랑받고 싶다'라는 한 가지 욕구에서 출발한 반응이다.

이러한 상황에서 나는 단순히 학생만을 상담하는 것으로 그치지 않는다. 아이의 학교적응과 또래 관계 형성은 가정 내에서 형성된 정서적 토대와 밀접한 관련이 있기 때문이다. 따라서 학부모 상담은 필수적인 연장선이다. 부모와의 상담에서는 과거의 양육 방식에 대한 평가보다는, 지금-여기에서 자녀와 어떤 관계를 맺고 있는가에 집중한다. 자녀와의 애착을 회복하고, 정서적으로 안전한 연결고리를 다시 만드는 데에 상담의 목적이 있다. 많은 학부모는 자녀를 사랑하지 않는 것이 아니다. 오히려 더 잘 양육하고자 노력하는 가운데 시행착오를 겪는 경우가 대부분이다. 자녀를 향한 사랑은 충분하지만, 그 사랑을 자녀가 느끼도록 표현하는 방식에 어려움을 겪는 것이다. 나는 이를 이해함으로써 부모가 자녀의 감정을 '교정'하는 것이 아니라 '존중'하고 '공감'하는 방법을 배워갈 수 있도록 돕는다. 이러한 부모와의 협력은 결국 학교에서의 변화로 연결된다. 아이는 사랑받는 존재로서 자신을 인식할 수 있을 때, 또래 관계에서도 자신감 있게 소통하며 성장할 수 있기 때문이다.

2) 집단상담과 비고츠키 이론을 활용한 상담 실천

전문상담사는 학교 내에서 학교폭력 전담 기구와 학생 위기위원회의 핵심 구성원으로서, 위기 상황에서의 정서적 중재와 심리적 개입을 통해 학생 보호의 중심축을 형성한다. 단순한 사건 처리에 그치지 않고 피해 학생의 정서 회복과 가해 학생의 공감 능력 및 자기 인식 향상, 학급 내 건강한 또래 관계 회복이라는 다층적인 목표를 함께 실현해 나간다. 학교폭력이 발생하면 상담자는 관련 학생들과의 개별 상담을 통해 사건의 정서적 맥락을 파악하고, 필요시 심리검사를 통해 학생의 불안, 우울, 공격성, 자존감 등의 상태를 평가한다. 단기적인 개입으로 충분하지 않으면 장기적인 상담계획을 수립하거나 지역사회 전문기관과 협력하여 다차원적 지원 체계를 마련한다.

오늘날 학교폭력은 단순한 신체적 폭력을 넘어서 정서적 고립과 디지털 괴롭힘 등 더 은밀하고 정교한 방식으로 변모하고 있다. 단체 대화방에서의 놀림이나 '카톡 감옥', '카톡 방출', '사적인 사진 유포' 등은 피해 학생의 자존감에 치명적인 손상을 입히고 심리적 외상으로 이어진다. 교실 내 따돌림이나 복도에서의 무시, 집단적 침묵은 더 이상 눈에 보이는 폭력만이 아닌 관계의 배제로 인한 고통을 동반한다. 이러한 가해 행동은 대개 장난처럼 시작되지만, 점차 집단 내 응집력 유지 수단으로 변질되고 왜곡된 또래 놀이로 자리를 잡는다. 공감 능력 결여와 책임 의식의 부재, 감정 인식의 미숙함이 뒤섞인 이 구조 안에서 가해 학생은 피해자를 배제함으로써 오히려 유대감을 강화하는 역기능적 집단심리를 경험하게 된다.

이러한 구조 속에서 상담자는 단순히 문제를 해결하는 기능을 넘어 피해 학생의 자존감 회복과 심리적 안정, 그리고 가해 학생의 공감 능력 향상과 책임감 발달을 동시에 목표로 하는 치료적 개입을 수행한다. 피해 학생에게는 '나는 괜찮은 사람이다', '따돌림은 내 잘못이 아니다', '나는 지지받고 있다'라는 감정적 안전감의 회복이 가장 시급하다. 가해 학생에게는 '내 행동이 타인에게 어떤 영향을 미쳤는가'를 인식시키고 피해자의 마음에 공감하는 과정이 반드시 병행되어야 한다. 여기서 중요한 것은 단지 사과하고 반성하며 용서를 구하는 것이 아니다. 역지사지를 통한 타인의 감정의 언어를 배우고 타인의 감정을 상상해 보는 경험을 통해, 진정한 공감의 학습이 이루어지도록 돕는 것이다. 이러한 상황에서 집단상담은 학생들이 타인과의 상호작용을 통해 자기를 성찰하고, 정서적 지지를 경험할 수 있는 치료적 시간과 공간으로 기능한다.

개인 상담이 깊이 있는 자기 탐색을 중심으로 자기를 이해하고 통찰하게 하는 기능을 한다면, 집단상담은 생각과 현상의 보편성을 인식하고 감정의 해소와 자기 수용, 대인관계 기술의 습득 등 다양한 심리적 경험을 통해 삶의 질 향상을 돕는다. 특히 대인관계에서 어려움을 겪고 타인과의 관계에서 감정 표현이 미숙하고 낮은 학습 동기 등, 학교생활 전반에서 어려움을 겪는 학생들에게 집단상담은 효과적인 개입 방식으로 작용한다. 아이들은 집단 안에서 자신의 고민이 '나만의 문제가 아님'을 깨닫게 되고, 공감과 지지의 언어를 자연스럽게 익히며 또래와의 관계 속에서 건강한 상호작용을 연습한다. 초등학생의 경우에는 인지적 성숙도가 충분하지 않기 때문에, 놀이나 역할극 등의 활동 중심의 구조화된 프로그램을 활용하여 사회적 기술을 생활 속에서 자연스럽게 익힐 수 있도록 돕는다.

전문상담사의 개입은 개인 상담, 소수의 집단상담뿐만 아니라 학급 전체를 대상으로 한 정서 교육 및 집단상담을 통해 또래 문화 자체의 변화를 유도하는 프로그램을 운영하기도 한다. 이는 단순한 학교폭력예방교육이 아닌 학교폭력 피해자를 치유하고, 가해자를 교육하며 학급 내 모든 학생이 관계의 기술을 배우고, 갈등을 건강하게 해소하는 능력을 키우는 과정이다. 이러한 정서 중심 프로그램은 학교폭력의 재발을 막는 데 그치지 않고 학생들이 서로를 존중하고 지지하는 회복적 또래 문화의 기반을 형성하게 된다.

> 학교에 알리고 싶지는 않아요. 학기 초니까 우리 ○○가 어떻게 해야 친구들과 잘 지낼 수 있을지 도움을 받고 싶어요.(2023. 5월. 상담일지)

어느 날, 한 학부모가 조심스럽게 상담실 문을 두드렸다. 아이가 따돌림을 당하고 있는 것 같다고 하셨지만, 학교에 공식적으로 알리는 것은 원치 않으셨다. 아이가 "친구들이 카톡방에서 자신을 비난하고, 단체방에서 자신을 내

쫓는다"라고 말하며 외로움을 호소했다는 것이다. 그 말속에는 한 아이가 감당하기 어려운 정서적 고통이 오롯이 담겨 있었지만, 아이는 상담을 원하지 않았다. 대신 어머니는 자신이 아이를 도울 수 있도록 방법을 알려 달라고 요청하셨다. 상담은 제삼자를 통해 이루어질 수는 있는 사항이 아니었지만, 어머니의 도움으로 아동이 고통에서 벗어나기를 바라며 나는 상담실 안이 아닌 상담실 밖의 상담을 시작하게 되었다.

적극적으로 경청하는 방법과 아이의 감정 수용을 설명하고, 부모가 모델링이 되어주는 방법과 반영적 질문 기법 등 가능한 모든 방법을 학부모에게 조심스럽게 안내했다. 그러한 과정에서 나는 아이의 정서에 다가갈 수 있도록 중간 매개자로서의 역할을 수행했다. 아동을 위해 상담의 필요성을 들어 어머니를 설득하였지만 아이는 단 한 번도 상담실 문을 열고 들어오지 않았다. 상담자는 늘 그 문 앞에 있었지만, 주체가 움직이려는 의지가 없을 때 상담은 시작되지 않는다는 사실을 절감하게 된 시간이었다.

이번 사례에서 나는 아이의 곁에 머물지 못한 상담자였다. 상담의 주체가 직접적 상호작용을 거부하는 상황에서, 부모라는 경유지를 통해 간접적 개입을 통해서라도 아동에게 도움이 되고자 했으나 상담의 본질적 효과를 기대하기 어려운 한계를 느꼈다. 학부모님은 분명 최선을 다했지만, 전문성을 갖추지 못한 전달자로서의 개입은 아이의 자존감을 회복시키기엔 역부족이었다. 나는 점점 상담자가 아니라 해결 전략을 알려주는 조언자가 되어 있었고, 시간이 흐를수록 어머니의 피로와 무기력함이 상담실 안으로 스며들었다.

이 경험은 나로 하여금 "상담은 어디서 시작되는가?", "누가 상담의 주체가 되어야 하는가?"라는 질문을 던지게 했다. 상담은 단순히 기술이 아니다. 상담은 그 사람이 스스로 변화할 수 있도록 곁에서 함께 시간을 보내주고 존재 자체에 안전한 공간을 제공하는 과정이다. 문을 열지 않는 사람 앞에서 기다릴 수 있는 용기와 변화보다 관계를 먼저 선택하는 인내심, 이 모든 것이

상담자의 전문성이다. 비고츠키가 말했듯 발달은 사회적 상호작용 속에서 이루어지고 상담도 마찬가지다. 그 상호작용의 시작은 스스로 그 문을 열 결심을 할 때까지 기다릴 수 있어야 한다. 또한 나는 이 사례로 인해 비고츠키(Vygotsky)의 사회문화적 인지 이론을 다시 떠올리게 됐고 비고츠키의 '근접발달영역(Zone of Proximal Development, ZPD)'과 스캐폴딩(Scaffolding)이라는 개념은 이 상황을 해석하는 데 있어 중요한 이론적 틀이 되어주었다.

비고츠키는 아동의 발달을, 개인의 자연발생적 능력이 아닌 사회적 상호작용 안에서 일어나는 가능성의 실현으로 보았다. 그가 말한 '근접발달영역'은 아동이 스스로 해결할 수 있는 수준과 타인의 도움을 통해 해결할 수 있는 수준 사이의 간극이다. 이는 적절한 지원과 관계적 안내를 말하고 즉 '비계(Scaffolding)'를 통해 실제 발달로 이행될 가능성의 공간이다. 상담에 있어서도 상담자의 역할은 강제적으로 아이를 변화시키는 것이 아니라 아이가 스스로 변화할 수 있도록 주변을 정돈하고 기다리는 일이며 필요한 때 필요한 만큼의 정서적 비계를 제공하는 것이다.

결국 피해 학생은 상담을 거부한 채 한 학기를 흘려보냈다. 어머니는 학교폭력 신고를 원하지 않으셨고 나는 비공식적인 채널 안에서 할 수 있는 최선의 도움을 제공했다. 그러던 중 학급 내 새로운 사건으로 학교폭력 사건이 접수되었고 진행 과정에서 담임 선생님의 설득으로 가해 학생들의 학부모로부터 상담 요청이 들어왔다. 변화는 반드시 일방적인 방향으로 전개되는 것은 아니다. 가해 학생 부모님들의 열린 사고는 가해 관련 학생들을 대상으로 한 집단상담으로 이어졌고 그 아이들은 상담실 안으로 들어왔다. 피해 학생이 가장 도움을 받아야 하는 상황이었지만 상담 바깥에 머물러 있었고 가해 학생들의 상담이 시작되었다. 이로써 상담의 본질은 마음을 열 때 시작된다는 교훈을 새기는 계기가 되었다.

장난으로 그런 거에요. 그리고 제가 먼저 시작한 거 아니에요. 저는 화장실에 들어가라고 하고 ○○이에게 알려 주기만 했어요.
○○이도 우리한테 욕하고, 다른 아이들한테 우리 뒷담화하고 다녀요.(2023. 7월. 상담일지)

상담 장면에서 아이들의 말은 언제나 다층적이고 그저 상황을 설명하려는 것 같지만 그 안에는 자기방어와 억울함에 대한 항의와 정당화가 얽혀 있다. 학교폭력 상황에서 가해 학생들은 대체로 피해 학생의 감정보다 자신들의 입장과 억울함을 먼저 말한다. "우리가 먼저 시작한 게 아니에요." 이 말은 단순한 변명이 아니라 아직 공감 능력이 매우 발달하지 않은 아동의 방어적 사고방식을 보여주는 단서이기도 하다. 상담사는 그들의 말을 다그치기보다 그 안에 숨은 감정과 미성숙한 논리를 읽어야 한다.

비고츠키에 따르면 아이는 '지금 스스로 할 수 있는 수준(실제 발달 수준)'과 '타인의 도움을 받아 가능한 수준(잠재적 발달 수준)' 사이에서 노움을 받아 성장한다. 상담자는 바로 그 간극에 놓여 있는 사람으로서 적절한 '비계'를 설치하여 아이의 성장을 돕는 안내자가 되어야 한다. 아동의 집단상담은 성인의 집단상담 진행과는 차이가 있기에 나는 이 개념을 집단상담 장면에 적용했다. 학생들이 또래와의 상호작용 속에서 정서적 조망 수용 능력을 확장하고 책임감을 형성하며 관점 전환을 경험할 수 있도록 돕는 것이 상담의 핵심 역할이라 믿었다. 그 과정에서 사용하는 비계는 활동일 수도 있고 피드백이나 토론일 수도 있으며 역할극일 수도 있다. 중요한 것은 그 모든 도구가 아이들 자신의 성찰을 돕는 촉진자 역할을 해야 한다는 점이다.

집단상담은 단순히 문제 해결을 위한 공간의 역할을 하는 것만이 아니다. 학교는 아이가 처음으로 세상과 부딪히는 '작은 사회'이고 자신을 돌아보고 타인을 이해하는 첫 배움의 현장이다. 나는 아이들의 감정에 이름을 붙이고 오해를 해석해 주며 관계 속에서 책임을 지는 방법을 안내하는 조력자가 되고자 한다. 이 과정에서 공감을 훈련하고 정서 표현을 돕고 갈등 해결의 길잡이를 하는 등 심리적·교육적 접근이 통합되도록 한다. 상담은 더 이상 반응적 활동이 아니라 발달적 활동이며 그 핵심은 교육적으로 변화가 가능하다는 믿음에 있다.

아동은 결코 '작은 어른'이 아니다. 그들은 여전히 인지적, 정서적으로 미완성의 존재이며, 공감 능력이나 책임 의식, 감정 표현의 기술 역시 충분히 갖추지 못한 경우가 많다. 그래서 나는 때때로 순수한 상담만으로는 한계를 느낀다. 상담은 경청과 공감의 시간이고 스스로 성찰하는 공간을 제공하지만, 아이들에게는 그것만으로 부족하다. 치료적 활동과 더불어 교육적 개입이 병행되어야 할 때가 있다. 그 교육은 권위적 지시가 아니어야 하고 비계로 구조화된 정서적 지지여야 한다. 아이의 발달 수준에 맞는 설명과 아동의 내면에 맞는 실제적 발달 수준과 잠재적 발달 수준의 간극에 비계를 설치하고, 감정 조절을 돕는 언어적 안내와 갈등 상황을 재구성해 보는 체험 활동이 그에 해당한다. 상담은 아이가 스스로 자기 행동을 성찰하고 감정을 탐색하며 변화의 방향을 스스로 발견하도록 돕는 여정이다. 상담자는 그 여정의 방향을 알려주는 나침반이 아니라 함께 등불을 켜고 어두운 길 또한 함께해야 한다.

비고츠키는 발달이 '사회적 상호작용 속에서 실현된다'라고 했다. 상담 역시 마찬가지다. 타인과 상호작용 속에서 타인을 존중하고 단절된 마음을 연결하는 다리가 상담이고, 그 다리를 건너는 법을 알려주는 것이 바로 교육의 몫이다. 우리는 가르쳐야 한다. 그러나 명령이 아니라 관계 속에서 아이가 안전하다고 느낄 수 있도록 다가가고, 그럴 때 비로소 아이는 자신의 마음을 열고 함께 걷기 시작한다.

3. 아동의 정신건강 전문가 되기

최근 초등학교 현장에서 담임교사들과 이야기를 나누다 보면, 교실 내 학생 지도의 어려움으로 자주 언급되는 문제가 있다. 바로 ADHD(주의력결핍 과 잉행동장애) 의심 학생들에 대한 관리이다. ADHD(Attention Deficit Hyperactivity Disorder)는 주의력 결핍과 과잉 행동 및 충동성이라는 두 가지 핵심 증상을 중심으로 나타나는데, 이러한 행동들은 어린 아동에게 일반적으로 보일 수 있는 특성이기도 하다. 그러나 대부분 아이는 성장하면서 이러한 증상이 점차 줄어들고, 학교라는 집단생활 속에서 규칙과 역할을 배우며 점차 안정된 행동양식을 습득하게 된다. 초등학교 1학년 시기에는 이런 '좌충우돌'이 일상처럼 여겨질 수 있다. 그러나 학년이 올라가면서, 예를 들어 초등 2학년이 되었을 때도 여전히 교실의 규칙에 적응하지 못하거나 또래와의 관계 형성에 어려움을 보이는 학생들이 있다. 이는 단순한 성격이나 일시적인 발달 지연을 넘어서, 주의력 문제 혹은 자기조절 능력의 결함일 수 있음을 시사한다. 교사들은 이러한 아이들을 관찰하고 이해하며, 학급 전체가 함께 성장할 수 있도록 돕는 섬세한 노력을 요구받는다.

ADHD 의심 학생의 지도가 어렵다는 것은 그만큼 교사가 섬세한 조정자 역할을 요구받는다는 의미라고 할 수 있다. 이 아이가 교실에서 '불편한 존재'가 아닌, '함께 성장할 수 있는 존재'로 여겨질 수 있도록 상담자는 교사와 부모, 그리고 학생 간의 연결고리가 되어야 한다. 우리는 그 아이를 단순히 '주의가 산만하다'라고 말하기보다는 '그 아이가 집중할 방법이 무엇일까?'를 함께 고민해야 한다. 그 고민에서 시작된 작은 변화가 아이의 자존감을 지키고 교실을 더 포용적으로 만들어줄 것이다.

> 상담사님, 우리 반 ○○가 ADHD인 것 같아요. 학부모님은 가정에서는 안 그렇다고 하는데, 수업 시간에 집중도 못 하고 쉬는 시간에는 복도를 뛰어다녀요. 훈육도 소용없고 오히려 반항하고 다른 아이들이 ○○를 따라 해서 학급 분위기가 엉망이에요.(2023. 7월. 상담일지)

이러한 교사의 말은 최근 교실 현장에서 점점 더 자주 들려오는 목소리다. ADHD로 의심되는 아동을 바라보는 교사들의 혼란과 부담, 그리고 학급 운영의 어려움이 고스란히 담겨 있다. 하지만 이 문제의 핵심은 단순히 아이의 산만함이나 규칙 위반이 아니다. 그 이면에는 아동의 발달적, 정서적, 관계적, 그리고 양육 환경이라는 여러 층위의 요인이 얽혀 있다.

ADHD는 주의집중의 어려움, 과잉행동, 충동성 등의 증상으로 대표되는 신경 발달장애다. 지능과는 무관하지만, 이 증상은 학업 수행에 어려움을 초래하고 또래 관계에서도 반복적인 충돌을 낳는다. ADHD 아동은 수업에 집중하지 못해 '꾸지람'을 자주 듣고, 쉬는 시간에도 과도한 행동으로 인해 또래에게 외면당하기도 한다. 이는 정서적 불안과 낮은 자존감이라는 이차적 문제로 이어진다. 또한 ADHD는 학습장애, 의사소통 장애, 운동 조정장애와 같은 다른 발달장애와의 공존율이 높으며, 치료 없이 방치될 경우 청소년기에는 품행장애나 반사회적 성격장애로 이행될 위험성도 내포하고 있다(권석만, 2022). 그런데도 중요한 사실은 ADHD 진단이 결코 단순하거나 빠르게 결정되어서는 안 된다는 점이다. DSM-5와 같은 정식 진단 기준에 따라, 아동의 행동 양상을 여러 환경에서 일관되게 관찰하고 다른 정신적·발달적 요인과의 적용을 통한 감별 진단이 꼭 필요하다.

상담 현장에서 ADHD 의심으로 의뢰되는 아동 중에는 실제로는 양육자의 일관되지 않은 훈육이나 가정 내 과잉보호 혹은 무관심, 교사의 반복적 지적과 친구들의 반응을 통한 관심 욕구 강화 등이 복합적으로 작용한 경우가 있다. 이러한 아동은 단지 발달적 미숙이나 정서적 욕구로 인해 주의를 끌려는 행동을 보이는 경우가 많고 이를 무분별하게 ADHD로 판단할 때 불필요한 낙인과 오진으로 이어질 수 있다.

ADHD 의심 아동을 이해하려면 먼저 가정과 학교라는 두 환경에서의 아동 행동 양상과 상호작용을 교차적으로 검토하는 과정이 필요하다. 가정에서의 통제력 있는 양육과 학교에서의 구조화된 환경 제공, 전문상담사의 중재적 지원이 함께 이루어질 때 비로소 아이는 자기 행동을 스스로 조절하고 점차 교실이라는 사회적 공간에 적응할 수 있다. Wee 클래스는 아이들에게 안전하고 판단 받지 않는 정서적 공간의 역할을 하고 자신의 감정을 언어화하고 해소할 수 있는 상담적 경험을 제공한다. 또한 또래와의 관계에서 반복되는 실패를 재구성해볼 수 있는 기회를 제공한다. 여기에 담임교사의 긍정적 피드백과 구체적 행동지도, 예측할 수 있는 구조화된 학급 운영이 더해질 때 ADHD 의심 아동의 행동은 점차 안정되며, 학급 전체의 분위기도 회복될 수 있다. 상담사는 ADHD를 진단하는 의학적 권한을 갖고 있지 않다. 단지 현장에서 아동을 장기적이고 다면적으로 관찰하고 담임교사 및 학부모와의 지속적인 소통을 통해 핵심 정보를 제공하는 조력자다.

> 학부모님께 ADHD 검사를 받아보시라고 말씀드렸는데 좀 더 신경 써서 돌보시겠다고만 하셔요. 약 먹는 것이 싫다고 하시네요. 다행히 학교에서 상담하는 것은 동의하셨어요.(2023. 7월. 상담일지)

초등학교 교실에서 담임교사는 아동의 행동을 가장 가까이에서 관찰하는 1차적 관찰자다. 주의력 결핍이나 충동적 반응, 과잉 행동과 같은 증상이 반복될 때 교사는 이를 '성격'이나 '버릇'으로 치부하기보다 발달적 특성일 수 있다는 점을 고려하게 된다. 이러한 판단은 ADHD의 가능성으로 이어지며 학부모에게 전문적인 평가와 진단을 권유하는 상황으로 발전되기도 한다. 그러나 현실에서 이 과정이 절대 쉽지 않다. 일부 학부모는 선생님이 '우리 아이를 이상하게 본다'라는 오해하기도 하고 '선생님이 낙인을 찍었다'라고 하며 불신하고 '제대로 가르치지 못하고 지도책임을 회피하려 한다'라는 비난의 감정을 표현하며 거세게 반발하기도 한다. 이러한 민원이 반복되면 담임교사는 특정 아동에 대한 지도 자체를 회피하거나 심한 경우 정서적 소진으로 인해 휴직을 고민하는 일도 발생한다.

이러한 긴장 국면에서 Wee 클래스 전문상담사는 교사와 학부모 사이의 조율자이자 중재자로 중요한 역할을 맡게 된다. 담임교사가 곤란함을 느낄 때 상담사는 내부 의뢰 시스템을 통해 학생을 관찰·상담하고, 보다 중립적이고 전문적인 관점에서 학부모와의 면담을 시도한다. 이때 상담자는 단지 문제를 지적하기보다 아이의 내면에서 어떤 어려움이 벌어지고 있는지를 이해시키는 것을 우선시한다. ADHD 증상 아동은 종종 자신도 주의력을 집중하고 싶지만, 의지와 다르게 흐트러지고, 원치 않는 행동을 자꾸 반복하게 된다고 말한다. 주변의 꾸지람과 거절 속에서 '나는 문제 있는 아이인가'라는 부정적 자아개념을 형성하고 혼란과 좌절을 경험하기도 한다. 이런 상황에서 상담자는 학부모에게 약을 먹는 문제에 앞서 아이가 겪는 좌절과 감정의 혼란을 진심으로 설명하는 일이 중요하다는 것을 느낀다. 부모가 아이의 고통을 현실 그대로 이해하게 되었을 때 비로소 심리적 치료나 정신과적 평가의 필요성에 마음을 열기 시작한다.

상담자의 접근은 단정적인 설명이 아니라 열린 질문과 공감의 대화에서 시작된다.

> 꼭 ADHD가 아닐 수도 있어요. 하지만 요즘 ○○의 모습이 일상생활에 조금 어려움을 주고 있다면, 한 번쯤 전문가의 도움을 받아보는 것이 부모님과 아이 모두에게 좋은 선택이 될 수 있어요.(2023. 7월. 상담일지)

이처럼 단정하지 않고 강요하지 않으며 부모의 선택권을 존중하는 접근은 많은 학부모의 방어기제를 낮추게 한다. "그럼 어떻게 해야 하나요?"라는 실제적인 질문으로 이어지게 되면 이때 상담자는 자녀와 함께 학교에서 상담받을 수 있는 구조를 안내한다. 학교 밖에서 교육청 지원의 정신 건강상담이 있음을 안내하고 지역 정신건강복지센터와 소아정신과 등의 연계 정보 제공한다. 그리고 학부모의 시간·정서·경제적 여건을 고려한 '찾아오는 상담'과 '찾아가는 상담' 중 선택 가능성 제시하고 지원한다. 상담은 이처럼 아동의 정신건강을 위해 진단을 밀어붙이는 일이 아니라 진단이 필요한 상태를 있는 그대로 받아들일 수 있도록 부모의 심리적 준비를 도와주는 과정이어야 한다.

ADHD는 단지 아이가 말을 잘 듣지 않아서 생기는 '행동 문제'가 아니다. 신경학적 요인과 정서 조절 기능의 미숙, 가정과 학교 환경의 상호작용 속에서 복합적으로 형성되는 발달적 특성이다. ADHD는 일반적으로 정신건강 고위험군으로 분류되지는 않지만, 그 증상이 장기화 될 경우 정서·사회적 어려움으로 확대될 수 있다. ADHD의 효과적 치료는 심리상담만으로는 한계가 있고 약물치료와 행동치료를 병행하는 방식이 가장 효과적이라는 점을 학부모에게 설명해야 한다. 이때 상담자는 의료적 개입의 필요성을 정서적으로 다가가서 설명하는 정신건강 전문가의 역할을 수행하게 된다.

ADHD 아동의 학교적응과 심리적 안정과 효과적 치료를 위해서 교사는 일상적인 학습 및 생활에서 아동의 반응을 관찰하고 즉각적 피드백을 제공해야 한다. 상담사는 아동의 정서적 조율과 행동 중재하며 학부모의 이해를 돕는 중재자 역할을 한다. 학부모는 가정 내 일관된 양육과 정서적 지지를 제공하고 필요시 의료기관과의 연계를 통해 치료를 이어간다. 이렇듯 삼자 협력이 이루어질 때 ADHD 아동은 낙인의 대상이 아니라 학교 안에서 배려받고 성장할 수 있는 존재로 자리매김하게 된다.

4. 자해·자살 위기 개입 상담

2023년, 대한민국에서 자살로 생을 마감한 사람은 13,978명에 이른다(한국 생명 존중 희망재단, 2025). 이는 인구 10만 명당 27.3명으로, 경제협력개발기구

(OECD) 국가 평균의 두 배가 넘는 수치다. 안타깝게도 우리는 여전히 자살률 1위 국가라는 오명을 벗지 못하고 있다. 특히 눈여겨보아야 할 점은 청소년 자살률의 증가다. 9세부터 24세 사이에서만 931명이 자살로 생을 마감했으며, 이는 인구 10만 명당 11.7명에 해당한다. 이 숫자는 단지 통계로 그치지 않는다. 그것은 우리 사회의 심리적 안전망이 제대로 작동하지 않고 있다는 경고이자, 자살이라는 극단적 선택을 하게 된 청소년들이 충분히 이해받지 못하고, 제때 보살핌을 받지 못했다는 사실을 드러낸다.

'자살'이라는 단어는 라틴어에서 유래되었으며, '죽음에 대한 의식적 의도를 가진 자기 파괴적 행위'로 정의된다. 성인의 자살은 단순한 자기 손상 문제가 아니라 좌절, 분노, 절망 등 복합적인 정서가 극단적으로 분출된 결과이며, 정신병리나 정서적 취약성과 결합될 때 더욱 위험성이 높아진다(Keinhorst, Wilde & Diekstra, 1995). 그러나 청소년의 자살은 본질이 다를 수 있다. 블라우와 굴로타(Blau & Gullotta, 1998)는 청소년의 자살 시도가 반드시 '죽음을 원해서'가 아니라 극심한 심리적 갈등이나, 감정의 폭발, 타인에게 보내는 구조 요청의 신호일 수 있다고 설명한다. 이 말은 우리가 아이들의 작은 징후와 정서적 울림을 놓치지 않고 제때 포착한다면, 비극은 충분히 예방 가능하다는 의미이기도 하다.

전통적으로 자살은 청소년기 이후의 문제로 여겨져 왔다. 그러나 최근에는 초등학교 고학년, 심지어 1~2학년 학생들 사이에서도 비자살적 자해(NSSI; Non-Suicidal Self-Injury)나 자살 사고가 보고되고 있다. 아이들은 말로 감정을 설명하지 못하고, 때로는 어른들이 눈치채기 힘든 방식으로 고통을 표현한다. 학업 스트레스와 가정 내 갈등, 또래 관계에서의 좌절은 아이에게 전혀 가볍지 않은 위험이며, 이는 정서적 취약성과 맞물려 위험 신호로 이어질 수 있다. 이제 자살 문제는 더 이상 '청소년'이나 '성인'의 문제가 아니며 초등교육 현장에서도 충분히 주의를 기울여야 할 심리적 위기로 자리 잡고 있다.

이러한 배경 속에서, 교육부는 매년 전국 초·중·고 학생을 대상으로 '정서·행동 특성 검사'를 실시하고 있다. 이 검사의 목적은 학생 개개인의 성격 특성과 정서 상태를 조기에 파악하고 위기 징후를 신속히 발견하여 전문적 개입으로 연결하는 데 있다. 특히 초등학교에서는 입학 초기인 1학년과 고학년 전환기인 4학년을 대상으로 실시한다. 이는 아동기 발달 시점에서 중요한 발달적 전환점이다. 이 시기 아동은 심리적 민감성과 환경 적응의 불안정성이 높아 작은 스트레스에도 정서적 반응이 크게 나타날 수 있다.

정서·행동 특성 검사는 단순히 '검사지 중 하나'가 아니다. 이는 위기 징후를 공식적으로 포착할 수 있는 학교 내 유일한 시스템이자 학생의 작고 미묘한 신호를 해석할 수 있는 첫 번째 통로다. 하지만 검사를 통해 위기 학생을 선별하더라도 이를 실제 상담, 치료, 개입으로 연결하는 과정은 절대 단순하지 않다. 아이의 고통을 교사나 학부모가 어떻게 해석하고 얼마나 민감하게 반응하느냐에 따라 결과는 전혀 달라진다. 학생의 위기 행동은 대부분 침묵 속에서 서서히 누적된다. 말수가 줄거나 표정이 어두워지고 친구들과 갑작스레 단절되거나, 자해 흔적이 드러나는 것 등의 징후는 개입의 '신호'이자, '타이밍'이다. 정서·행동 특성 검사는 이 신호를 시스템적으로 잡아내는 도구이지만 진짜 변화는 사람과 사람 사이의 관계 속에서 일어난다.

학생의 고통을 학교 안에서 실질적인 지원으로 연결하기 위해서는 담임교사는 일상 관찰을 통해 학생의 정서 변화를 민감하게 감지하고, 전문상담자는 검사 결과를 바탕으로 심층 면담과 개입을 설계하며, 학부모는 자녀의 심리적 상태를 이해하고 상담에 적극적으로 협조할 수 있어야 한다. 즉, 정서·행동 특성 검사는 단순히 '검사'가 아닌, 학교와 가정, 그리고 지역사회가 위기 아동을 공동으로 품을 수 있는 연결점이다. 이 연결이 기계적인 절차에 그치지 않고 인간적인 공감과 전문적 개입으로 확장될 때, 우리는 아이들의 마지막 신호를 단지 지나치는 것이 아니라 구조의 손길로 되돌려줄 수 있을 것이다.

상담사님, 오늘 정서·행동 특성 검사 이후 학생과 상담했는데요. 죽고 싶은 마음이 있다고 해요. 그런데 어머니에게는 말하지 말라고 하네요. 어떻게 해야 할지 몰라서요.(2023. 4월. 상담일지)

담임 선생님이 한 아이의 손을 조심스럽게 이끌고 상담실 문을 열었다. 아이는 말이 없었고 선생님의 표정에는 걱정스러움이 묻어 있었다. 나는 아이에게 "잠시 기다려 줄래?" 하고 부드럽게 Wee 클래스 안으로 들여보낸 뒤, 상담실 문을 닫고 선생님과 조용히 이야기를 나눈다. 지금 필요한 것은 학생보다 먼저 교사의 감정에 귀 기울이는 일이다.

선생님, 이 상황이 많이 놀라셨죠? 아이 이야기 듣기 전에, 선생님의 마음을 먼저 듣고 싶어요.(2023. 4월. 상담일지)

위기 개입에서 가장 먼저 해야 할 일은 '정보 수집'이 아니라 감정에 반응하는 일이다. 담임교사는 아이의 정서를 포착한 1차 관찰자이며 아이의 고통을 가장 먼저 감지한 사람이다. 그 교사에게는 사람으로서의 불안과 두려움, 교사로서 책임감이 함께 얹혀 있다. 상담자는 이 복합적인 감정의 층을 존중하고 수용하며 담임교사의 불안과 두려움을 인정하고 안정화 시켜 주어야 한다. 이럴 때 비로소 교사와의 협업이 가능해진다. 나는 학교 전문상담사로 일하기 전 자살예방센터에서 위기 청소년을 만났던 경험이 있다. 자살 예방 상담사로 활동하던 그 시간 속에서 나는 죽음의 경계에 선 아이들을 만났다. 그 경험에도 불구하고, 나는 지금도 '자살'이라는 단어 앞에서 긴장하고, 숨을 고르게 된다. '죽음'은 결코 익숙해지지 않는 단어이며, 상담자에게도 무겁고 두려운 주제이다. 그런 나의 심정이 이렇다면 아이를 데리고 상담실을 찾아온 담임 선생님의 마음은 얼마나 복잡하고 무거울까. 이때 상담자는 담임교사의 심리적 안전망이 되어야 한다.

학생을 대면한 후, 나는 아이의 말과 표정을 주의 깊게 관찰한다. 그리고 상담자로서 가장 먼저 확인해야 할 것은 단 하나다. '자살 사고가 실제 생명에 위협이 될 가능성이 있는가?' 학생이 "죽고 싶어요"라고 말했다고 해서 곧바로 위기라고 단정할 수는 없다. 그러나 그 말을 절대로 가볍게 여겨서도 안 된다. 자살사고의 개입은 단순히 발언 유무에만 의존해서는 안 되며, 자살에 관한 생각의 빈도와 강도, 구체적인 계획의 존재 여부, 자해나 시도의 이력 등을 중심으로 판단해야 한다. 이 정보를 바탕으로 위기 수준이 '고위험'으로 판단된다면 상담자는 즉시 보호자에게 연락하고 담임 또는 관리자와 공조 체계를 가동해야 한다.

> 많은 학생은 자살에 대한 고민을 털어놓는 순간 "근데 엄마한테는 말하지 마세요. 진짜 싫어할 거예요.(2023. 4월. 상담일지)

이 요청은 흔하다. 그러나 상담사는 분명히 설명해야 한다.

> 상담에서 비밀을 지키는 건 아주 중요해. 하지만 지금은 네 생명과 안전이 더 중요해. 이건 네가 뭔가를 잘못해서가 아니라, 너를 지키기 위해 꼭 필요한 일이야. 내가 옆에 있을 테니까 우리 같이 이야기해 보자.(2023. 4월. 상담일지)

많은 경우, 아이들의 자살 사고는 충동적이거나 감정적이다. 그러나 그렇다고 해서 '일시적인 기분'이라 치부할 수는 없다. 상담자는 아동의 말 너머에 숨은 진심 '너무 힘들다'라는 말의 다른 표현을 놓쳐서는 안 된다. 정서·행동 특성 검사를 통해 드러난 위기 신호는 아동이 보낸 '작고 조용한 구조 요청'일 수 있다. 아이는 종종 말하지 못한다. 아니, 말할 수 없다. 두려움, 수치심, 부모의 실망에 대한 걱정, '내가 이상한 아이'라는 생각에 대한 공포가 아이의 말을 막는다. 상담자는 그 막힌 감정을 안전하게 풀 수 있는 공간이 되어주어야 하며 때로는 아이를 대신해 필요한 말을 해주는 대변자가 되어야 한다.

○○가 죽고 싶다고 말하는 건 많이 들었어요. 걔는 공부하기 싫
으면 그렇게 항상 말해요. 저는 바빠서 당분간은 학교 가기가 어려
워요. 2주 뒤쯤 방문할 수 있을 거 같아요.(2023. 4월. 상담일지)

초등학생이 "죽고 싶다"라고 말했다. 그 말이 너무 무거워서인지 많은 어른
은 그저 일시적인 감정이나 단순한 투정이라 생각한다. 학부모님 또한 아이
가 공부하기 싫을 때 협박처럼 하는 말이라고 표현했고 숙제를 줄이면 금세
풀린다고도 했다. 아이의 말보다 아이가 처한 상황을 설명하려는 모습은 사
실 많은 보호자가 보이는 자연스러운 반응이다. 그러나 아이가 "죽고 싶다"라
고 말한 바로 그 순간은 단지 감정의 일탈이 아니라 분명한 위기의 신호다.

자살사고에 대한 개입은 '시기(timing)'가 핵심이다. 개입의 타이밍을 놓치면
상황은 예측하거나 통제하기 어려워진다. 위기 개입은 감정 조절이나 태도의
변화가 아니라, 즉각적인 안전 확보와 상담적 개입이 최우선 과제가 된다.
학부모가 상담을 미루거나 아이의 말을 가볍게 여기는 상황에서도 상담자는
자신의 전문성에 기반한 판단으로 위기 개입을 진행해야 한다. 나는 학부모
의 퇴근 시간에 맞춰 나의 근무 시간을 넘겨서라도 줌(Zoom) 상담을 제안했
고, 그 자리에서 학부모의 반응과 태도에 주목했다.

공부 좀 시키는 게 뭐가 그렇게 나쁜가요? 선생님도 아시잖아요.
초등학생 때 기초를 잡아야 하고, 또 4학년은 중요한 시기니까 놓치
면 뒤처지게 되고 ○○이가 공부를 곧 잘해요.(2023. 4월. 상담일지)

이때 상담자는 양육관에 대한 논쟁이나 설득에 말려들지 않고 상담의 본질
로 대화를 끌고 가야 한다. 나는 조심스럽지만 단호하게 말했다. 먼저 부모님
의 고민을 충분히 이해함을 전하고 부모님의 바람이 ○○이의 행복에 있음에
대해 동의를 구한다. 그리고 상담 과정에서의 ○○이의 보고 내용과 자살과

자해 사고에 있어 전문상담사로서 판단과 대응을 해야 함을 말씀드린다. 어머니의 양육법에 문제나 어머니의 잘못이 아니라 아이가 지금 느끼는 고통의 심각성을 이해해야 하고 아이의 행복을 위한 어른들의 지원임을 말한다. 이러한 상담사의 호소를 들은 학부모는 결국 아이의 위기를 인정했고 이후 상담은 부모의 동의를 바탕으로 지속되었다.

각 시도 교육청에서는 교사와 전 교직원을 대상으로 생명 존중 연수를 진행하며 학교 현장의 위기 대응 역량도 지속해서 강화하고 있다. 나는 이러한 제도적 기반 위에서 검사로 드러난 아동뿐 아니라 검사에서 포착되지 않은 위기 학생들까지도, 담임교사와의 긴밀한 협업을 통해 발견하고 상담에 임해 왔다. 그러나 무엇보다 중요한 것은 가정의 협조. 초등학생의 정서적 회복은 부모의 수용과 지지 없이는 불가능하다. 그렇기에 나는 상담자로서 해야 할 역할에 충실하며 보호자와의 협력을 설득하고 조율하고 끌어내는 데 큰 노력을 기울였다. 학부모가 자녀의 말을 가볍게 여긴다고 하더라도, 나는 전문성을 가지고 위기의 본질을 설명하고 필요한 개입의 중요성을 인내심 있게 전달했다. 상담자는 단순한 중재자가 아니라 아동의 생명을 보호하는 적극적 개입자여야 하기 때문이다.

자해 · 자살 사고를 표현한 아동에게는 한 번의 상담은 충분하지 않다. 실제 자해 · 자살 시도를 한 아동의 위기는 더 심각하다. Wee 클래스 상담으로 한계를 느꼈을 때 지역 정신건강복지센터, 청소년 상담복지센터, 아동 · 청소년 정신과 전문의와 연계해야 한다. 이는 위기를 넘긴 아동이 장기적인 회복과 적응을 경험할 수 있도록 돕는 과정이다. 상담자는 이 모든 개입과정에서 보호자에게 정기적으로 상태를 안내하고, 학부모의 정서도 함께 고려하여 상담계획을 세워야 한다. 위기 상담은 단회적인 진단이나 응급 개입이 아닌, 관계 기반의 지속적인 회복의 과정이다. 그리고 그 회복은 아이 혼자서가 아닌, 어른의 개입과 공동체의 관심 속에서 가능하기 때문이다.

5. 아동과 함께 걷는 동행자

　Wee 클래스에 들어섰을 때 아이들은 내게 낯설었고 '나' 또한 아이들에게 낯선 존재였다. 아이들 상담이라는 세계가 주는 설렘과 두려움은 상담하면 할수록 '아이들을 있는 그대로 믿어주는 것'이 무엇인지 깨달을 수 있었다. 이 글은 초등 Wee 클래스 전문상담사로서 학교 현장에서 경험한 사례를 중심으로 '전문상담사로서의 나'의 성찰과 성장을 기록한 자문화기술지이다.

　'상담은 어디서 시작되는가?'라는 나의 질문은, 아이를 하나의 유기체로 바라보는 순간 '아동 중심 상담'이라는 철학을 깨닫게 했고, 아이가 자신의 느낌과 존재를 있는 그대로 표현하도록 돕는 것이 나의 소명임을 알게 해주었다. 학교 내에서의 교사와 차별되는 신분, 불신, 상담 거부, 예기치 않은 위기 상황 앞에서 나는 종종 흔들렸지만, 그 과정에서 내 소명의식은 오히려 깊어졌다. 그리고 교실 적응이 어려운 학생, 위기 상황 아동 상담의 개입, 학교와 가정, 지역사회의 연계는 아동이 스스로 성장할 수 있는 자연스러운 발달 환경을 조성하는 것으로 나는 소명을 수행해 나갔다.

　지금 나는 상담을 '직업'으로 시작했지만 '소명'으로 이어가고 있다. 거창한 사명은 아니지만 매일 아이 한 명, 또 한 명 이렇게 눈을 맞추고 '나는 너를 있는 그대로 본다.'라고 말한다. '있음'과 '존재'를 인식, 그리고 그 과정에서 나 역시 치유받는다. Wee 클래스 상담 과정에서 나는 역할 갈등과 윤리적 경계 문제에 도전받았다. 상담 성과를 수치로만 평가하는 환경, 이상과 학교 현실의 차이로 갈등하기도 했지만 이러한 갈등은 상담사로 나의 전문성과 학교문화의 인정과 이해를 통해 극복해 나갔다. 나는 여전히 학교 현장에서 학생들의 심리 · 정서 · 행동 문제를 조기 발견하고 지원하는 상담사로서 존재할 것이다. 그리고 항상 내가 무엇을 위해 존재하는지, 나의 소명은 어떻게 수행해야 하는지' 성찰하고 고민할 것이다.

　이 자문화기술지는 단지 상담 사례의 나열이 아닌, Wee 클래스 학생상담

과정에서 나를 성찰하고 성장시키는 소명 수행의 과정이자 인간적인 탐색의 기록이다. 나는 앞으로 '상담자란 무엇인가?, 어떤 상담자가 되고 싶은가?'라는 질문을 품고 연구자의 시선으로 바라보는 상담을 통해 그 답을 찾아갈 것이다. 또한 아이들과 동행하며 아동의 변화를 믿는 존재로 남고자 한다.

10

인생의 거친 파도가 몰아칠 때 '의미'를 찾는 방법

엄마의 소중한 의미인 우리 아들에게 늘 거센 파도가 몰아치는 엄마의 인생에 너는 위대한 스승이었단다. 엄마를 질적연구자의 길로 안내하고, 의미치료를 통해 고단한 삶을 버틸 수 있게 해주었어. 아들로 인해 많은 날을 눈물로 보냈지만, 그런 눈물들이 이렇게 모여 보석처럼 빛날 수 있게 해준 네게 고맙고, 이 기회를 빌어 사랑의 마음을 전한다.

엄마는 너를 통해 고통과 절망 속에 더 빛나는 기쁨의 순간이 있다는 것을... 힘든 순간만이 삶을 깊어지게 한다는 것을... 그래서 너와 함께한 모든 날이 축복이었다는 사실을 이제야 깨달아간다. 너는 그렇게 엄마의 유일한 의미가 되었단다. 어쩌면 그 소중한 의미를 이제야 발견한 것인지 몰라. 아들 진심으로 사랑해.

1. 의미를 찾아서

1) 삶 그리고 의미

'엄마! 또 공부하고 있어? 난 공부가 제일 싫던데, 엄마는 재밌어?' 박사과정 중에 제일 많이 들어본 말은 아이들이 내게 했던 이 문장이다. 아이들의 익숙한 질문 너머로 '미안해, 잠깐만. 엄마 수업 끝나면 해줄게, 이 숙제만 마치면 금방 해줄게.'라며 난 익숙한 거짓말을 했다. 아이들은 처음에는 '아,

알았어', 했지만 머지않은 시간에 이것이 엄마의 거짓말이라는 것을 금방 알아차렸다. 시간이 흘러 아이들도 익숙할 법한데, '엄마, 그거 끝나도 또 공부할 거잖아. 이제 안 믿어.' 하는 아이들의 삐죽거리는 입을 뒤로하고, 저녁 식사를 바쁘게 준비하던 나는 설거지하던 젖은 손을 옷에 쓱쓱 문질러 대충 닦고, 수업을 듣기 위해 노트북을 켰다. 코로나 이후, 등장한 zoom(온라인)을 활용한 대학원 수업은 장소를 가리지 않고, 어디서나 수업을 받을 수 있도록 해주었지만, 나는 셋이나 되는 참새 같은 아이들을 카메라 밖으로 숨기느라 수업 중에 요란한 전쟁을 치렀다. 지인들은 내가 자녀가 셋이나 되고, 시댁과 친정의 일들, 남편의 뒷바라지, 적지 않은 나이 등을 이유로 들며, 걱정해 주었지만 난 그보다 더 큰 '내 삶의 의미'를 포기할 수 없었다.

나는 박사과정을 통해 '내 삶의 의미란 무엇인가'라는 큰 명제를 가슴에 안고, 추상적인 그 '의미'라는 단어에 관해 연구해 보고 싶었다. 사람을 죽이기도 하고 살리기도 하는 이 보이지 않는 의미의 실체는 무엇인지 알고 싶었다. 삶의 의미는 무엇을 경험했는가보다 그 경험에 어떻게 응답하며 살아가는지를 통해 구성되며, 이는 삶을 해석하고 살아가는 실존적 태도로 구체화된다(양명수, 2017; 정연주, 2025). 결국 '의미'의 실체는 인간이 겪는 삶에 대한 '나의 해석'이나. 이렇게 나의 박사과성은 내 삶의 의미를 찾는 숭요한 여정이 되었다.

연구자는 연구 주제를 선택할 때 그 주제가 자신의 삶과 긴밀히 연결되어 있을 때 비로소 깊이 있는 탐구가 가능하다. 나는 내 삶의 경험과 물음이 곧 연구의 출발점이 되었고, 그 여정 속에서 의미의 본질을 탐색하고자 했다. 또한 나는 질적연구라는 연구방법에 깊이 매료되었다. 질적연구는 숫자와 통계로 환원될 수 없는 인간 경험의 복합성과 고유성을 존중하며, 개인의 내러티브를 통해 의미를 발견하고 드러낸다(Denzin & Lincoln, 2018; 김영순 외, 2018). 나에게 질적연구는 단순한 연구방법이 아니라, '인간을 이해하는 방식'이자

'존재의 목소리를 경청하는 태도'였다. 이러한 측면에서 질적연구는 효과성 검증에 초점을 두고 있는 양적 연구보다, 사회 속에서 쉽게 묻히거나 지워지는 소수자의 목소리를 대변하고, 그들의 경험 속에 깃든 고유한 의미를 발굴하는 작업에 큰 가치를 둔다(김영순 외, 2018). 이는 곧 나 자신의 물음과 타인의 삶이 만나는 지점이었으며, 학문적·실존적 여정을 동시에 걷게 하는 동력이었다.

> ○○○선생님(연구참여자)을 뵈러 다녀왔다. 오늘은 선생님의 지난 삶 속에서 반짝이던 순간들을 함께 발견해 나가는 시간이었다. 선생님은 힘겨웠던 시기를 묵묵히 품어주던 대자연에 대해 조용히 이야기해 주셨다. 숫자로만 존재하던 그의 인생은 서사로 되살아나며 다시 한 사람의 온전한 삶으로 그려지고 있었다. 이야기를 나누는 내내 선생님의 얼굴에는 미소가 머물렀고, 나는 그 모습을 보며 '삶의 의미'라는 것이 어쩌면 이렇게 담백하고 소박한 것일지도 모르겠다는 생각이 들었다.(2024. 2월. 성찰일지)

프랭클(Frankl, 2024)은 인간 존재를 '의미를 추구하는 존재'로 규정하고, 이를 의미의 의지(will to meaning)로 명명했다. 인간은 삶이 순조롭고 평탄할 때보다 방향을 잃고 흔들릴 때 더욱 절박하게 삶의 고유한 의미를 탐색하게 된다. 인간의 삶과 죽음은 동전의 양면처럼 결국 같은 것을 의미하지만, 죽음은 삶을 비추는 조명처럼 '살아야 하는 지금'을 더욱 빛나게 한다. 인간은 그냥 '살아가는' 주체를 넘어, 숨겨진 '나의 사명' 즉 그들의 고유한 의미를 발견하기 위해 노력해야 한다. 이러한 측면에서 인간은 삶을 '살아가는 것'이 아닌, 온 우주로 인해 '살려지고' 있는 것이다(이시형, 박상미, 2020).

2) 삶의 양식으로서의 의미
의미란 삶의 한순간에 떠오르는 깨달음이나 사건에 부여된 일회적 해석을 넘어 인간이 일관되게 삶을 살아가는 방식, 즉 삶의 양식으로 작동한다(김미라, 2025). 삶의 양식으로서의 의미란 인간이 일상의 선택, 고통, 관계, 한계에 직면할 때마다 어떤 태도와 해석의 틀을 가지고 살아가는지를 결정짓는 근본적인 존재 방식이다(김영순 외, 2022).

프랭클(2021)은 특히 고통의 상황에서 인간이 '왜 살아야 하는가'라는 질문에 응답할 수 있다면, '어떻게 살아야 하는가'도 감당할 수 있다고 강조한다. 즉, 의미를 삶의 중심에 둘 때, 인간은 단순히 고통을 견디는 것이 아니라, 고통을 존재의 양식으로 승화시킬 수 있다. 이러한 고통을 대하는 삶의 실존적 태도는 야스퍼스(Jaspers)가 말한 '한계상황(Grenzsituation)'에서 더욱 뚜렷해진다. 한계상황은 인간이 결코 회피할 수 없는 실존의 진실, 예컨대 죽음, 죄책감, 고통, 투쟁과 같은 극단적 경계에 직면하는 상황이다(강갑회, 2002). 이때 기존의 논리, 기술, 경험은 무력해지고, 인간은 자신의 유한성과 실존적 고독을 온몸으로 마주하게 된다. 이는 이러한 한계상황이 존재에 눈뜨는 가능성, 다시 말해 삶의 양식을 전환할 수 있는 계기가 된다. 이는 거센 파도와도 같은 삶의 위기에서 인간은 의미를 외부에서 찾는 것이 아니라, 자기 내면에서 '발견해야' 함을 의미한다. 즉, 의미는 외부에서 부여되는 것이 아니라, 내면 깊은 곳에서 스스로 발견한 고유한 의미를 삶의 행위로 드러낼 때 비로소 실현된다.

또한 '삶의 의미'는 리쾨르의 서사적 정체성 개념과도 맞닿아 있다. 리쾨르는 인간이 시간 속에서 자신의 삶을 해석하고 구성하는 방식이 바로 이야기, 곧 서사라고 보았다. 삶은 단지 사건의 연속이 아니라, 그것들에 의미를 부여하며 삶을 다시 서술하는 과정이다. 리쾨르는 인간이 살아가는 존재일 뿐아니라, 끊임없이 자신의 이야기를 쓰고 수정하며 살아가는 실존적 저자라고 보았다. 서사적 정체성은 곧 삶의 방식으로서의 해석이며, 이는 결국 의미를 삶의 양식으로 받아들이는 태도와 동일선상에 있다(양명수, 2017; 정연주, 2025).

앞서 언급한 프랭클, 야스퍼스, 리쾨르는 각기 다른 철학적 언어로 말하고 있지만, 세 사람 모두 인간이 고통 속에서 의미를 구성하며, 그 의미를 통해 삶을 살아가는 방식을 새롭게 발견할 수 있다고 강조한다. 고통, 혼란, 상실, 불확실성 속에서 인간은 의미를 '찾는' 존재이면서, 동시에 그것을 '살아내는' 존재로 거듭난다. 의미는 단지 마음속의 철학이 아니라, 몸으로 살아내는 실천의 양식이며, 그것은 시간과 경험 속에서 반복적으로 새롭게 발견되고, 재구성된다.

인생에 있어 '거친 파도'는 단지 삶의 외적 위기가 아니라, 실존의 근간이 흔들리는 한계상황이며, 그 앞에서 우리는 삶의 기존 의미 체계가 무너지는 경험을 한다. 하지만 바로 그 무너짐의 자리에 '의미'라는 새로운 삶의 양식이 자리 잡을 수 있다. 의미는 고통을 피하는 기술이 아니라, 고통과 함께 어떻게 살아갈 것인가를 선택하는 방식이며, 스스로가 자기 삶의 이야기를 다시 써 내려가는 주체임을 일깨운다. 그러므로 의미는 파도 속에서 방향을 잡는 나침반이며, 흔들림 속에서도 뿌리를 내리는 삶의 방식으로 기능한다.

2. 상담사에서 연구자로

1) 질적연구자로서의 여정

'자네는 왜 이 학교를 선택했나?' 면접관님의 질문에 '교육대학원에 진학해 좋은 선생님으로서의 자질을 연구해보고 싶어서입니다. 기회를 주신다면~ ' 나의 입에서 연구라는 단어가 처음 쓰인 날로 기억한다. '연구'. 그 어마어마한 단어를 그때 아무것도 모를 병아리 시절에 올린 것은 연구에 대해 정말 아무것도 모른다는 방증이다. 연구에 대해 햇병아리였던 시절, 저녁에 이루어지는 대학원 수업은 오후까지 일하고, 오후 늦게 대학원 수업에 임할 수 있는 '주경야독(畫耕夜讀)'시스템이었다. 함께하는 동료들이 좋았고, 수업이 좋았다. 아이들과의 대화만 있었던 나의 삶은 그렇게 동료들과 교수님들의 언어로 채워지고 있었다.

석사 논문을 (「공공갈등 관리 교육을 위한 사회과 수업 모형 연구 : 논쟁 수업 모형과의 비교 분석을 중심으로」(정연주, 2006)라는 주제로 쓰게 되면서, 교과서를 분석하기 위해서는 이론적 배경과 분석하기 위한 분석 틀이 필요함을 알았다. 처음 다른 연구자의 논문들을 접하면서, 그 논문들 안에서 나의 논문들에 필요한 정보만을 취하기 위해 편협하게 접했던 기억이 있다. 연구자는 왜 이 연구를 하려고 하는가? 에 대한 근본적인 물음 없이 다른 연구자의 논문을 이해한다는 것은 생각의 바다에서 목표 지점 없이 표류하는 배와 같다. 다른 연구자의 논문을 전체적인 그림의 조망 없이 나의 그림 완성을 위해 필요에 의한 연구로 접했다. 나의 석사 논문은 편리함 속에서 연구의 빛을 잃어가고 있었다. 석사 논문 쓸 때, 좀 더 치열하게 고민하고, 연구를 계획했으면 어땠을까 하는 아쉬움이 많이 남는다. 그러나 석사학위 논문을 작성하면서 이론적 배경 위에 해석학적 관점으로 분석하여, 결과를 기술하는 과정은 흥미롭고 의미있는 작업이었다. 그러나 연구가 실천으로 이어지는 삶의 장면은 이루어내기 힘들었다. 연구는 연구로 끝난 느낌이었다. 연구자의 실천은 내게 너무 막연하고 낯선 것이었다.

한 사람의 삶은 언제나 내가 책에서 배운 이론의 경계를 넘어섰다. 연구자는 설명하려 하지만, 실천은 그 설명을 다시 묻고 흔들어 놓는다. 그 틈에서 나는 연구와 실천을 잇는 다리가 아니라, 그 사이를 조용히 건너는 한 인간으로 서 있음을 깨닫는다. 실천을 통해 경험하는 '앎'은 머리를 통해 깨닫는 '앎'보다 느리지만, 깊고 오래간다. 난 지금 실천하고 있는가? 아니면 그냥 알고 있는 것인가?(2024. 4월. 성찰일지)

나의 '업(業)'의 중심에 과외가 놓여 있던 대학교 시절부터, 석사 졸업에 이르기까지 난 나의 정체성에 대해 많은 혼란을 겪고 있었다. 이렇게 돈만 벌다 끝날 수 없는 인생이기에, 나의 '의미'가 절실했다. 사춘기 때나 하던 질문을 난 30살이 되어갈 무렵에 했던 것 같다. '나는 누구이며, 어떻게 살아가야 할 것인가?' 서점에 들어서면 조잘대던 책 속의 글자들도 이런 나의 질문 앞에서는 선뜻 대답을 해 줄 수 없었다. 이 질문에 대한 답은 나만이 할 수 있음으로. 누구의 말을 인용한다거나 생각을 가져올 수도 없었다. 그러던 중 한 남자를 만나 결혼을 하게 되고, 아이를 낳게 되었다. 나의 학습의 여정은 모두 가족과 맞닿아 있었다. 첫째 아이가 7살 때 ADHD(주의력결핍 과잉행동장애)판정을 받으며, 나의 학습도 온통 ADHD라는 키워드에 맞추어져 있었다. 아이에 대한 학습과 더불어 뇌와 관련한 인지적인 질환임으로 나는 더 자세히 알아야 했고, 공부해야 했다. 단 하루도 아이의 기상부터 취침까지 전쟁이지 않은 날이 없었다. 누구는 부모의 사랑이 부족해서 그렇다, 규칙이 더 엄해야 한다, 너무 아이를 사랑해 주거나 허용해 주어서는 안된다는 등 초보 엄마가 받아들이기엔 너무 많은 정보와 불분명한 지식들이 많았다. 그 후, 서울 아동·청소년 상담센터에 대한학습치료사협회가 주관하는 인지학습상담전문가 과정에 등록했다. 좀 더 이성적인 틀에서 아이를 보고 싶었다. 인지학습상담전문가 수업이 진행되면서 아이가 갖고 있는 인지적, 심리적 어려움을 알게 되었다. 아이가 나를 일부러 힘들게 하려고, 골탕 먹이려고 그렇게 행동한 게 아니었구나...라는 생각에 눈시울이 붉어지는 순간이 많았다. 눈물 참느라, 필기하랴, 질문하랴 정말 그렇게 열심히 들은 수업은 없었던 것 같다. 나의 상담사로의 첫 여정은 이렇게 눈물로 시작되었다. 수업이 진행됨에 따라, 나는 아이를 좀 더 객관적인 시각에서 바라볼 수 있게 되었으며, 아이를 도울 수 있는 것이 무엇인지를 그전보다 빠르게 파악할 수 있었다. 내가 원하는 아이의 모습이 아닌 아이가 원하는 자신의 모습을 만들어갈 수 있는 따뜻한 엄마가 되기로 다짐했다. 이를 위해 내가 할 수 있는 일은 아이를 지지해 주고 공감해 주며, 사회적인 기술을 가르치는 것이었다.

내가 수업하는 아이들에게도 이러한 생각의 전환은 많은 도움이 되었다. 수업받는 아이들에게 내가 할 수 있는 가장 바람직한 역할은 효율적인 공부 방법을 설정하여, 좋은 성적이 나올 수 있도록 돕는 역할로 생각했었다. 그러나 이런 나의 믿음은 인지학습상담사 교육을 받으면서 달라지고 있었다. 학습의 전략과 방법은 아이들 밖으로 드러난 증상일 뿐, 그 내면을 진심으로 들여다볼 수 있어야 그들의 진정한 학습을 도울 수 있다는 생각이 들었다. 그 이후로, 난 아이들의 속도를 믿기로 했다. 그들의 속도만이 그들을 앞으로 나아갈 수 있게 하기 때문이다. 사교육에 가까웠던 인지학습상담사로의 첫 여정은 그렇게 채워지고 있었다.

나는 초고령사회와 저출산의 문제를 안고 있는 사회 속에서 학교에 다니는 학습자를 위한 수업의 차원을 넘어서, 다양한 학습자를 도울 수 있는 프로그램에 관심이 많았다. 첫째 아이로 인해 뇌과학, 인지 학습 등의 키워드에 관심이 많았던 나는 관심의 범위를 확장해 뇌의 노화와 필연적으로 연결된 치매에 관해 연구해보고 싶었다. 후일 치매와 관련된 인지학습프로그램이 이 사회에 꼭 필요할 거라는 믿음이 있었다. 서점에 가서 치매 예방 관련 책을 읽으며, 유아적 인지프로그램으로 노인의 치매 예방에 접근하고 있음을 알 수 있었다. 숫자세기, 기억력 테스트 등의 지남력에 관련된 문제들이 유아의 교재와 다를 바 없었다. 전문적인 배움의 과정이 필요하다고 생각했다. 이렇게 나는 OO대 학교의 인문융합치료학과에 입학하게 되었다.

나의 박사과정은 순탄치 않았다. 박사과정을 위해 다른 일들을 모두 정리하고, 오로지 호기심 하나로 시작한 나의 열정은 금방 사그라졌다. 첫 수업부터 모르는 용어들, 낯선 사람들 앞에서 내 소개를 하는 것부터 난항이었다. 반갑게 환영식이라도 해줄 것이라 기대했던 마음은, 아무도 보지 않을 오래된 책장 속에 조용히 접어 둔 책의 한 페이지처럼, 나만이 느껴야 하는 축하로 남았다. 80명 남짓한 원생들이 ZOOM(온라인) 화면을 가득 채우고 연구를 위해 늦은 저녁에도 마음의 등불을 밝히고 있었다. 그 이후에도 다양한 수업 프로젝트와 학술대회 등의 학습경험은 나의 박사과정 생활 중에 쏜살같이 지나갔지만, 정작 나의 것은 없는 느낌이었다.

'나는 아직도 누군가가 먼저 도와주기를 바라고 있구나.' 수업 중에 어느 교수님의 피드백에서 교수님이 피드백을 주시면 나는 연신 '죄송합니다. 제가 부족해서 몰랐습니다.'라는 말을 자주 사용했다. '선생님 이제 그만 미안해하세요. 다음에 더 잘해오면 되지요. 더 잘해오시려면 도서관에서 사실 생각으로 연구하셔야 해요.' 그도 그럴 것이 다른 연구자들은 이미 소논문을 완성해가는 단계였고, 난 아직 연구 주제도 못 잡아가고 있는 형편이었다. 아니 연구 주제를 어떻게 설정해야 하는지 방법조차 알 수 없었다. '모르면 물어봐야 한다. 모르는 데 그냥 시간만 보내면 절대 실력은 나아지지 않는다'라고 내가 가르치는 학습자에겐 누누이 강조했지만 정작 나는 내가 뱉은 말들을 실천하지 못하고 있었다. 한꺼번에 밀려드는 과제, 연구자로서의 철학적 기반의 부재, 생활 속에서 연구 시간을 확보하지 못한 부분 등의 문제는 현실적인 것들이었지만, 더 근본적인 문제는 나는 이 공동체에 적응하지 못하고 있다는 점이었다. 연구자는 독립적인 연구체로서 각자 길만 잘 닦으면 되는 줄 알았던 나에게 집단지성은 생소한 것이었다. 연구는 절대 혼자 할 수 없다는 지도교수님의 말씀이 뼈아프게 다가오는 날이 있었다. 나는 누가 다가와 주기를 원했고, 모든 상황이 맞춰지기를 바라고 있었던 건 아닌지... 이러한 마음들을 찬찬히 들여다보고 싶었다.

얼마나 더 해야할까? 오늘도 다들 아는 걸 나만 모르는 것 같아 창피해서 아무에게도 묻지 못했다. 앞으로 어떻게 또 발표를 준비해야 하지? 알면 알수록 이상하게 더 혼자 되는 느낌... 이래서 내가 끝까지 잘 버틸 수 있을까? 막막한 날이다. 지친다. 난 무엇을 위해 하루하루를 보내야 하지?(2023. 1월. 성찰일지)

매 수업 시간 후 작성해야 하는 성찰일지를 통해 교수님은 우리들의 마음 상태 뿐만 아니라 의식과 지식의 깊이까지 헤아리려 노력하셨다. 이것이 교수님이 제자들을 돌보는 방식이었다. 그리고 제자들에게도 이것은 자양분이 되고 있었다. 박사과정 초반에 썼던 성찰일지와 현재의 성찰일지는 확연히 다른 의식의 흐름을 보이고 있었다. 나를 성찰하는 과정은 쉽지 않았다. 외부적인 요인에 의한 성찰은 이미 성찰이 아니므로 그것을 기술하긴 쉽다. 하지만 나의 부족함과 수치스러운 부분까지 스스로 자각하여 성찰하는 것은 나를 온전히 내려놓고, 다시 새롭게 하는 과정으로 그 자체로 힘든 과정이다. 그러나 이것은 질적연구자로 성장하기 위한 기본적인 토양이었다. 이러한 토양 없이 나는 눈에 보이는 연구의 업적만을 생각했었다. 연구의 토양을 비옥하게 하는 일은 매일의 연구의 '업(業)'을 수행하지 않으면 금방 잡초가 자라나고, 연구의 씨앗이 뿌려져도 뿌리내리지 못하고 금방 죽어버린다. 그런 토양에서 열매 맺기란 기적에 가까운 것이었다. 진정한 배움은 힘듦 뒤에 온다.

적지 않은 나이 40대 초반을 넘어서는 나이에 더 성장할 수 있다는 것은 축복이었다. 대학원에 입학하여 박사과정을 경험하지 않았더라면 어떻게 살아가고 있었을까? 나의 의식과 삶을 보는 혜안은 깊어지지 않았으리라. 나의 삶은 박사과정을 통해 더욱 단단해지고 있었다. 내 삶의 터전을, 나의 연구의 토양을, 내가 만나는 연구참여자들의 터전을 가꾸는 일은 내가 부단히 노력하여, 부지런해져야 하는 이유였다. 인지학습상담사는 내담자의 이야기를 끝까지 경청하고, 그들의 인지적, 심리적, 정서적 상황을 고려하여 그들이 호소하는 문제에 대해 함께 고민하는 사람이다. 나는 학습자의 학습과 관련된 문제를 들으며, 좀 더 검증된 방법들을 제시하고 싶었다. 그러기 위해서는 그들을 연구해야 하며, 인지학습과 관련된 공부를 더 해야겠다고 생각했다.

처음에는 인지 향상을 위해서는 인지적 측면에서만 접근해야 한다고 생각했지만, 인문융합치료학을 배우면서 인간의 영, 육, 혼은 모두 연결되어 있으며 공존하는 존재 내 존재임으로 총체적인 관점으로 바라봐야 한다는 점을 알게 되었다. 또한 지도교수님은 질적연구자가 세상을 바라보는 눈은 그들의 철학적 배경에서 오기 때문에, 자신의 연구에 이론적 렌즈는 매우 중요한 측면이라고 강조하셨다. '이론적 렌즈?' 철학적 기반이 없었던 나는 철학자와 심리학자조차 구별이 안 되는 상황이었다. '프로이트는 철학자인가 정신분석학자인가 심리학자인가?'. '레비나스, 들뢰즈, 가타리, 하이데거, 푸코 등' 모두 처음 들어보는 철학자들이었다. 혼돈의 시간이었다. 박사학위 논문을 쓰기 위한 이론적 렌즈가 아닌 내 삶의 중심을 어디에 놓아야 하는가라는 매우 중요한 문제였다. 질적연구자는 그 자체로 연구의 도구가 되므로 이론적 틀은 나의 삶의 틀과 맞닿아 있는 것이어야 했다. 그 후, 이론적 렌즈를 찾으러 도서관을 매일 드나드는 일상이 되었다.

2) 의미를 찾기 위해 연구하는 실천가

햇볕이 도서관 창문 사이로 밝게 비추던 그날, 논문에 쓸 이론적 배경을 찾다가 우연히 프랭클은 실존철학과 '죽음의 수용소에서'라는 책이 눈에 들어왔다. 실존철학과 심리치료를 체계화하여 '의미치료'를 창시했다. 나는 그날 프랭클과 관련된 서적을 모두 찾아 읽기 시작했다. 그가 쓴 「로고테라피의 이론과 실제」는 1980년에 번역서로 발행되었는데, 보존서고에서 나를 기다리고 있었다. 사서에게 요청 후, 보존서고에서 이 책을 만나기 전까지 군대 간 남자친구를 면회 갔다가 기다리는 그 설렘의 시간처럼 길기도 짧기도 한 시간이었다.

오래된 표지는 마치 그가 나에게 들려줄 세상의 거대한 비밀이 담겨있는 것 같은 느낌이었다. 그 책을 받아들고 거침없이 읽어 내려가는 순간 세상의 모든 것들이 부질없어 보일 만큼(논문 작성을 포함하여) 시공간이 느껴지지 않았다. 조심스럽게 한 장 한 장 넘기는 내 손길에 오래되어 누렇게 떠버린 책의 결들이 다칠까 조심스러운 것 말고는 나는 아무것도 개의치 않았다. 그러고는 오래지 않아 나는 책의 마지막 장을 덮고 있었다. 마지막 장을 덮고 나의 로고스(Logos)의 첫 장이 시작되었다. 나를 괴롭혀오던 많은 감정들, 가족들로 인한 상처, 가족에게 입힌 상처, 지금 나의 상황... 이런 장황한 것들을 차치하더라도 온전히 나의 힘듦은 사라지고, 나는 존재 그 자체로 남아 있었다. '나의 삶은 그 자체로 너무 소중한 것이었구나.' 나는 처음으로 내 자신을 알아보며 이런 감정을 느꼈다. 프랭클은 이미 알고 있었으리라 그의 책이 얼마나 다른 이에게 존재의 위로가 되는지를... 비록 그의 육신은 사라졌지만, 영혼은 여전히 이 세상을 의미롭게 하고 있음을... 정말 지혜롭고 영리한, 그리고 따뜻하기까지 한 그의 마음을 오롯이 선물로 받으면서 난 정말 귀한 대접을 그에게 받았다. 그리고 프랭클의 영혼이 또 한번 나를 살리고 있다.

수줍음이 많던 내가 운명적인 이끌림으로 인문융합치료학과에 발길을 옮기고, 의미치료를 만나 타인을 위한 사명을 다할 수 있도록 이끌고 있음을... 이 책을 읽은 후, 나는 시련이 오는 것이 더는 두렵지 않았다. 시련 너머에 내게 주어진 사명이 또 한번 나의 의미를 짙어지게 할 것이므로... 감사란 다른 말로 인간만이 느낄 수 있는 '사랑'의 감정이다. 사랑할 수 있어 감사하다. 소중한 존재들을 이곳에서 만날 수 있어 감사하다. 나는 정말 소중한 사람이었구나.. 정말 사랑이었구나.. 그 이후로 지도교수님의 날카로운 담금질을 위한 말씀들도 모두 소중했다. 그건 지도교수님의 제자 사랑의 방식이었으며, 난 더 이상 속으로 울지 않는다. 대신 내가 무엇을 할 수 있는지를 생각했다.

프랭클의 '죽음의 수용소'를 읽은 후로 세상이 예전처럼 보이지 않는다. 어떤 순간부터 나는 사건을 '왜'가 아니라 '어떤 의미로' 마주하고 있는지 스스로에게 묻고 있다. 답이 바로 떠오르진 않지만,

그 질문을 붙들고 있는 동안 내 삶이 조금은 다르게 흐르고 있다는 걸 느낀다. 그냥 하루를 버티며 살아가는 줄 알았는데, 어쩌면 나는 보이지 않는 손길에 의해 계속 '살려지고' 있었는지도 모른다. 그래서인지 요즘은 사소한 일상조차도 내게 무언가 말을 걸어오는 듯한 느낌이 든다. 나도 다른 이들의 삶이 궁금해지기 시작했다. 좋은 변화다. 감사한 변화다. (2023. 3월. 성찰일지)

두려웠던 소논문 작업도 한 줄 한 줄 채워나가며 그렇게 나의 박사과정의 의미를 채워나가고 있었다. 상담사로만 활동하던 시기에는 수동적인 입장으로 그들의 삶을 들여다보고 그들과 함께 이야기하는 것이었다면, 연구자의 삶은 그들을 둘러싸고 있는 모든 것을 관찰하여 그들의 존재를 귀하게 드러내는 일일 것이다. 그렇게 의미치료는 내 삶의 중심에 자리했다. 이 과정에서, 프랭클의 실존철학과 의미치료 이론은 나의 박사논문의 이론적 렌즈가 되어주었으며, 이는 곧 나의 세계관을 바꿔놓았다.

이처럼 프랭클의 사상은 나의 삶의 힘듦을 새로운 시각으로 바라볼 수 있게 해주었고, 내가 직면한 다양한 도전들을 의미 있는 과정으로 전환시켰다. 삶의 힘듦은 여전하지만, 이 힘듦을 바라보는 나는 예전과는 다른 사람이었다. 내게 일어나는 모든 일과 그 일에 관계된 존재들은 모두 나의 삶의 의미를 발견하게 해주는 소중한 존재들이다.

타자에게 향해 있는 타자지향성이 결국 나를 돌보는 길임을... 그래서 우리는 서로 다른 존재 같지만 결국 함께하는 존재였음을 알게 되었다. 나는 타자를 이해하고 지원하는 과정에서 나 자신의 존재를 발견하게 되었다. 타자를 지향하는 태도는 단순히 다른 사람들의 요구를 충족시키는 것이 아니라, 그들과의 상호작용을 통해 나 자신을 돌보고 성장시키는 과정임을 깨달았다. 이 상호의존성은 내가 연구와 상담을 통해 얻은 중요한 통찰로, 나와 연구참여자, 동료들 간의 관계를 깊이 이해하는 데 이바지했다. 박사과정의 소논문 작업을 통해, 나는 연구자로서 해야 할 역할을 재정립하고, 인간 존재에 대한 깊은 이해를 추구하게 되었다. 공동체 내에서의 상호 연결성은 나의 연구와 삶의 의미를 형성하는 중요한 요소가 되었다.

레비나스는 타자의 얼굴을 '살해하지 말라'는 무언의 윤리적 요청이자, 나를 절대적 책임으로 부르는 현현이라고 보았다(강영안, 2005). 이에 타자의 얼굴은 대상화될 수 없는 고유성을 지니며, 그 앞에서 나는 응답할 수밖에 없는 존재가 된다. 이러한 관점에서 타자지향성은 단순한 친절이나 배려의 차원을 넘어, 타자의 고유성을 인정하고 그 존재 앞에서 나의 책임을 자각하는 윤리적 태도이다. 나는 박사과정의 소논문 작업을 통해, 이러한 윤리적 관계가 단순히 외부의 도움을 주고받는 상호작용이 아니라, 서로의 존재를 귀하게 여기며 공동체 속에서 진정한 연결을 형성하는 과정임을 확인했다. 결국 연구 공동체 내에서의 상호 연결성은 나의 연구와 삶의 의미를 형성하는 핵심 요소로 작용했다.

우리는 타자를 향해 있음으로써 나를 발견하고, 나를 돌보는 과정 안에서 다시 타자와 연결된다. 이 경험은 타자지향성이 곧 나와 타자가 함께 성장하는 실존적·윤리적 실천임을 깨닫게 해주었다. 또한 이러한 경험은 나에게 타자지향성이 단순히 외부의 도움을 주고받는 것을 넘어, 서로의 존재를 귀하게 여기며 공동체 속에서의 진정한 연결을 형성하는 과정임을 깨닫게 해주었다.

3. 의미 발견 : 경험의 범주화

1) 질적자료에서 캐낸 '의미'라는 보석

질적연구에서 '의미를 찾는 과정'은 마치 채광(採鑛)과 같다. 땅속 깊이 묻혀 있는 광석을 캐내듯, 질적연구자는 연구참여자의 삶 속 깊은 이야기 속에서 빛나는 조각들을 하나하나 찾아낸다. 그 빛은 처음에는 흐릿하고, 흙과 먼지에 덮여 있어서 눈에 잘 띄지 않는다. 그러나 반복해서 보고, 다른 각도에서 비춰보고, 맥락과 맥락을 이어 붙이면, 어느 순간 그 속에 숨은 결과 무늬가 드러난다. 그것이 바로 의미의 원석이다.

나는 질적연구의 이 과정을 '채굴과 세공'의 연속이라고 생각한다. 채굴은 연구참여자의 말과 행동, 침묵과 눈빛을 있는 그대로 기록하고 모으는 단계다. 세공은 그 자료를 다시 꺼내어 면밀히 들여다보고, 서로 다른 조각들이 어떤 연결 고리를 가지는지 탐색하며, 연구참여자의 내러티브를 통해 연구자의 선입견을 걷어내는 과정이다. 이 두 과정은 서로를 상호보완하는 과정을 통해 완성된다. 채굴이 없으면 세공할 재료가 없고, 세공이 없으면 원석은 빛을 발하지 못한다. 이러한 측면에서 질적연구에서는 연구 주제에 관련된 대상을 '연구 대상'이라 칭하지 않고, '연구참여자'라고 한다. 이러한 의미에서 '연구참여자'는 연구를 함께 만들어가는 참여자로서 연구자보다 어쩌면 더 귀한 존재일지 모른다.

질적연구로 수집된 자료에서 도출된 '의미'는 숫자나 비율로는 쉽게 포착되지 않는다. 그것은 언어 속의 어조, 문장 사이의 숨 고르기, 한참을 망설이다가 내뱉은 한 마디, 갑자기 눈시울이 붉어지는 표정 같은 곳에 숨겨져 있다. 연구자는 이 미세한 단서를 놓치지 않기 위해 온전히 연구참여자에게 공감하고 경청하며, 몰입해야 한다. 즉, 연구참여자의 목소리를 '듣는' 것이 아니라 '경청하는' 자세, 그리고 그들의 내러티브 너머의 의미를 '추측하는' 것이 아니라 '함께 찾아가는' 태도가 필요하다.

처음에는 나 역시 자료 속에서 표면적인 사건과 사실만을 읽었다. '이런 일이 있었다'라는 시간 순서의 나열을 열심히 메모하며, 전사하는 것이 질적연구라고 생각했던 시절이 있었다. 그러나 시간이 지날수록, 자료를 다시 읽고 다시 듣는 반복 속에서, 그 이야기들 사이에 흐르는 '보이지 않는 맥락들'이 보이기 시작했다. 한 연구참여자가 자신의 아버지 이야기를 할 때, 원망

가득한 분노의 말들을 쏟아냈지만, 목소리는 미묘하게 떨리고 있었다. 그는 분명 분노를 말하고 있었지만, 그 밑바닥에는 깊은 애정과 그리움이 깔려 있었다.

이런 순간은 녹취록만으로는 잡히지 않는다. 현장에서의 공기, 그 사람의 몸짓, 그리고 그 이야기를 듣는 나의 심장이 반응하는 그 '공명(共鳴)'이 함께 기억되어야 비로소 연구참여자가 그의 의미를 스스로 발견할 수 있도록 도울 수 있다. 그 의미는 단순한 의미가 아닌 '치유적 의미[1]'로 전환될 수 있는 씨앗을 품고 있다.

박사과정 중 만났던 연구참여자들은 모두 나의 '질적연구'의 훌륭한 스승이었다. 이에 나는 점점 깨닫게 되었다. 질적연구의 해석은 '객관적인 관찰자'의 자리에 서는 것이 아니라, '공감하는 동행자'로서 연구참여자의 세계에 들어가는 것이라는 사실을... 이에 연구자는 연구참여자를 초대하는 자리가 아닌, 그들에게 소중한 그들의 서사에 초대받는 귀한 손님임을 깨달았다. 또한 연구자는 더 이상 '그들의 이야기'를 해석하는 사람이 아니라, '그들의 이야기 속에서 나의 이야기'를 발견하는 사람으로 변한다. 즉, 연구참여자의 삶을 통해 연구자의 경험이 재구성되고, 연구자의 경험이 연구참여자의 삶을 더 깊이 이해하게 만드는 '치유적' 상호작용이 일어난다.

이러한 측면에서 의미는 한 번에 완성되지 않는다. 마치 빛이 각도에 따라 달라지듯, 같은 이야기라도 연구자의 경험과 시선, 그리고 분석의 시점에 따라 다른 결을 드러낸다. 오늘 발견한 의미가 내일은 또 다른 빛깔로 다가오기도 한다. 이 변화 가능성은 연구자인 내게 질적연구의 매력으로 다가오기도 하였으나, 연구를 거듭할수록 더욱 크게 느껴지는 어려움이기도 했다.

---

1) 치유적 의미는 개인이 자신의 삶의 사건과 경험을 단순히 재해석하는 수준을 넘어, 그것들을 새로운 맥락에서 재구성하고 통합함으로써 자기 정체성과 삶의 서사 속에 내면화한 상태를 의미한다. 이러한 과정은 단순한 회상이나 인지적 재구성이 아니라, 실존적 차원에서 자신과 세계를 새롭게 이해하는 전환을 통해 '자기 치유'로 나아가게 한다(정연주, 2025).

성실히 준비해 간 질문들을 하나하나 연구참여자에게 건네며 질문들이 바닥을 보일 때, 나는 연구가 막바지에 이르렀다고 생각했다. 근데 다시 인생 서사의 끝자락을 지나 다시 아기 때의 '나'로 돌아가 이야기를 시작하셨다. 연구참여자의 서사를 따라가다 보면, 연구자인 나도 지구 반바퀴를 도는 즐거움을 느낀다. 삶에 관한 이야기는 듣고 있으면 이렇게 시간 가는 줄 모른다. 다음에 만날 약속을 정하며, 돌아오는 길. 재미있는 이야기를 기대하며, 기대를 한가득 품고 걸음을 옮긴다. 연구참여자와의 눈 마주침. 존재로서의 만남. 그리고 그의 서사. 모든 것이 행복한 순간이다. (2025. 2월. 성찰일지)

이런 과정을 거치며 나는 '의미의 발견'이 단순히 과거를 재구성하는 작업이 아님을 깨달았다. 그것은 연구참여자의 현재와 미래를, 그리고 연구자인 나의 현재와 미래까지도 변화시키는 창조적 행위다. 이에 연구참여자를 통해 연구자가 발견한 의미는 책 속의 결론으로만 머무르지 않는다. 그것은 연구참여자의 삶에 반향을 일으키고, 연구자의 삶에도 새로운 방향을 제시한다. 그렇게 의미는 살아 있는 보석처럼, 시간이 지날수록 다른 빛을 발하며, 우리 모두를 조금씩 변모시킨다. 그렇게 나는 귀한 연구참여자들로 인해 연구자로 익어가고 있었다.

2) 아들의 ADHD와 그 고유한 의미

누군가 말했다. '폭풍우 속에서 춤추는 법을 배우는 것이 인생'이라고... 유명한 광고카피로 자주 등장하는 이 철학적 문구는 내 삶을 위로하기엔 충분하지 않았다. 내 삶에 폭풍우가 몰아칠 때, 난 그냥 그렇게 다 쏟아지는 비를 맞이하고 싶었다. 비에 젖어 무거워진 옷의 잔인한 무게만큼은 버틸 수 있을 거라 생각해서였을까... 그런 나의 자만은 아들로 인해 얼마 지나지 않아 무너졌다. 생전 처음 첫 아이를 임신하고, 출산하고 그렇게 아이를 키우면서 두발로 걸어다니기 전까지 그렇게 평온한 날들이 전부인 줄로 알았던 철부지 엄마. 아이가 3살로 접어들면서 나의 하루는 온통 아이를 따라다니기에 바빴다. 어린이집에 처음 가던 날, 울고불고 생난리를 치는 아들이 그저 엄마가 너무 보고 싶어서 떨어지기 싫어서였는 줄만 알았다.

그 생난리의 강도가 다른 아이들의 칭얼거림과는 정말 다른 차원이었다. 그때 알아차렸더라면, 자꾸 도망다니고 눈을 마주치기 힘들어했던 아이의 속사정을 미리 알았더라면... 아이도 나도 정신없고 힘든 하루하루는 아니었을 텐데... 어린이집 선생님의 매일 지속되는 전화와 또래 친구들과의 잦은 다툼은 나를 소아정신과로 향하게 했다. '우리 아이가 정신과에 가야한다니...' 늘 개방적이고 수용적이었던 나의 큰 장점은 아이문제 앞에서는 빛을 발하지 못했다. '아닐거야... 그냥 투정일 거야... 그냥 유난스러운 것 뿐일거야...' 아이의 진료 차례를 기다리면서 부산한 아들 또래의 아이들이 이리저리 뛰어다녔다. 그중에 우리 아이도 있었다. 그 공간에서의 아이의 움직임은 그들과 잘 어울렸다. 마치 어울리는 옷을 찾은 것처럼 자연스러웠다.

그 이후 나는 '문제를 해결하는' 관점에서 '함께 존재하는' 관점으로 전환했다. 아들을 변화시키는 것이 목표가 아니라, 그의 리듬에 맞춰 나의 삶을 조율하는 일이 필요했다. 아들의 시선에서 세상을 바라보고, 그가 느끼는 혼란과 즐거움을 함께 경험하는 것... 이러한 생각의 선환은 나의 연구 태도에도 깊이 스며들었다. 나는 더 이상 연구참여자의 '호소문제'를 단순한 결함이나 교정 대상이 아니라, 그 사람의 세계를 구성하는 독특한 질서로 이해하게 되었다.

아들의 ADHD는 내게 의미 발견의 본질을 가르쳐주었다. 의미는 완벽함 속에서 생겨나지 않는다. 오히려 불완전함, 혼란, 예측 불가능함 속에서, 그 상황을 함께 견디고 살아내는 과정에서 서서히 모습을 드러낸다. 폭풍우는 여전히 몰아치지만, 이제 나는 그 앞에서 무기력하게 서 있지 않는다. 대신 그 빗속에서 아들과 같은 속도로 걸으며, 때로는 그 속도를 즐길 수 있게 되었다. 또한 아들은 내게 '정답이 없는 삶'을 인정하는 법을 가르쳐주었다. 매일의 예측 불가능함 속에서 나는 계획을 수정하는 법을 배웠고, 완벽하게 준비된 하루보다 불완전하지만, 진실한 마음으로 함께 '존재하는' 하루가 더 가치 있음을 깨달았다. 이전의 나는 모든 상황을 통제하려 애쓰는 사람이었지만, 이제는 흐름에 몸을 맡기고 그 안에서 새로운 질서를 발견하는 사람이 되었다.

이러한 변화는 연구자로서의 나를 근본적으로 바꾸었다. 연구참여자를 대할 때, 나는 더이상 문제 해결자나 전문가의 위치에서 부담감을 느끼지 않는다. 대신 그 사람의 세계 속으로 발을 들여놓아, 그들의 시선에서 사물과 관계를 바라본다. 그렇게 할 때 비로소 이들의 표면적인 '문제' 너머에 있는 복잡하고도 고유한 삶의 결을 볼 수 있게 된다. 이렇게 아들은 연구자로서의 엄마에게 연구 현장에서의 인터뷰 한 줄, 침묵 한 순간, 눈빛 한 번을 놓치지 않게 하는 힘이 되었다. 또한 아들의 ADHD는 나에게 '다름'을 결핍이 아니라 가능성으로 바라보는 시각을 심어주었다. 다름은 관계를 어렵게 만들기도 하지만, 동시에 관계의 지평을 넓히는 힘이 있다. 우리가 서로의 차이를 인정하고, 그 차이 속에서 연결될 때, '치유적 의미'를 발견할 수 있다. 폭풍우 속을 나란히 걸으며 서로의 속도와 방향을 맞추는 일, 그것이야말로 삶의 의미를 함께 발견해 가는 과정임을 나는 아들과의 날들 속에서 배웠다.

4. 삶과 연구의 융합

인간의 정체성은 단순히 유전자와 물리적 신체 조건으로 환원될 수 없다. 살아가며 겪는 수많은 경험과 사회·문화적 상호작용 속에서 우리는 자신만의 문화적 정체성을 형성한다(Bieri, 2015: 73). 이러한 정체성은 자기 자신에 대한 이해뿐 아니라 타인과의 관계 설정, 경계 짓기, 구별하기의 구조 속에서 생성된다. 다시 말해, 한 인간의 삶은 본질적으로 관계적이며, 의미는 그 관계의 장면들 속에서 발견된다. 이러한 맥락에서 질적연구는 인간을 '의미를 추구하는 존재'로 전제하는 의미치료와 깊은 공명을 이룬다. 질적 접근은 의미가 언제, 어디서, 누구와 함께, 어떻게 구체화 되는지를 드러내고, 이를 통해 삶과 연구가 서로를 비추는 과정을 가능하게 한다.

1) 질적연구로 수행하는 의미치료

질적연구는 단순히 사실을 수집·정리하는 절차적 작업이 아니다. 그것은 한 사람의 삶 속에서 의미가 생성·성숙하는 과정을 서사적으로 추적하는 행위다. 의미치료의 관점에서 보면, 치료는 상담실 안에서만 발생하는 고립된 사건이 아니라, 말하기-경청-재서술이 얽힌 일상적 상호작용의 산물이며, 연구자는 그 상호작용을 경험하여 기록한다. 특히 분석의 기본 단위를 '문장'이 아닌 '장면'으로 전환하는 것은 의미를 개념이 아니라 체험으로 경험하게 한다. 즉, 연구참여자의 말 뒤에 숨은 시선 회피와 침묵, 목소리의 떨림은 언어 바깥의 정동을 드러내며, 그 순간의 시간성과 맥락이 함께 고려될 때 비로소 의미가 입체화된다.

선술한 바와 같이, 질적연구에서의 자료 수집과 해석은 '채굴-세공'의 과정으로 비유할 수 있다. 채굴 단계에서는 연구참여자와의 면담, 참여관찰, 사진, 문자 기록, 연구참여자의 일기 등의 질적 자료가 있는 그대로 모으고, 세공 단계에서는 개방 코딩과 의미 도출, 핵심 범주화 과정을 거쳐 자료 간의 맥락을 엮어낸다. 이때 의미치료에서 제시하는 삶의 의미 탐색 방법인 세 가지가치 즉, 창조적 가치, 체험적 가치, 태도적 가치가 해석의 좌표 역할을 하며, 같은 진술도 어떤 가치 틀에서 비추느냐에 따라 전혀 다른 의미 지층이 나타난다.

질적연구의 분석의 깊이를 더하기 위해 연구자는 의미치료의 세 가지 가치 탐색 축을 포착하고, 이러한 가치 안에서 인물·사건·감정 등의 관계망을 그려간다. 또한 연구자는 연구참여자의 사례 내·사례 간 비교를 통해 이들의 고유성과 유일성을 뚜렷하게 드러낸다(정연주, 2025). 이는 연구참가자의 세계를 왜곡하지 않으면서도, 그 속에서 발견되는 공유된 가치의 축을 드러내는 작업이다.

2) 실존적 연구자로 살아가기

실존적 연구자는 단순히 연구 결과를 기술하는 사람이 아니라, 응답하는 사람이다. 연구는 객체를 해부하는 작업이 아니라, 자신의 삶을 매개로 타인의 삶에 응답하는 행위이다. 이러한 응답은 연구자가 '나는 누구이며, 누구의 목소리로 쓰는가'를 인정하고 선언하는 데서 시작된다. 이에 연구자는 무색무취로 존재할 수 없으며, 자신의 배경, 신념, 불안, 잠재적 위험 요소까지 투명하게 드러낼 때 오히려 연구에 대한 해석은 정직해진다. 이러한 측면에서 질적연구에서 연구자 자체는 '질적 도구'로 여겨진다. 이에 질적연구는 실존하는 존재에 관한 연구이며, 동시에 연구자도 실존하는 존재여야 가능하다. 이에 연구자는 연구참여자의 삶보다 앞서 달리지 않고, 멈춰야 할 순간에는 함께 멈추어야 한다. 또한 연구자와 연구참여자 간 심리·정서적 거리는 너무 멀지도, 과도하게 가깝지도 않게 유지하며, 경계를 차갑게 구획하기보다 따뜻한 울타리가 되어 연구참여자를 보호할 의무를 가진다. 이는 연구자가 연구 현장에서 맞닥뜨리는 한계상황에 함께 머물며 연구참여자의 기억과 경험을 함께 공유하는 것 또한 포함한다. 이러한 연구참여자를 중심에 둔 연구는 그가 지닌 '치유적 의미'를 더욱 명확히 드러낼 수 있는 중요한 과정이 된다.

연구자로서, ADHD를 가진 아들의 어머니로서 살며 배운 것은 '정답'이 아니라 '존재'였다. 빠르게 판단하지 않고, 고치려 서두르지 않고, 함께 걷는 '존재'로서의 인식은 면담에서 침묵과 질문 사이의 간격을 조율하게 했다. 이렇게 살아낸 시간이 연구의 기술이 되는 순간, 삶과 연구는 분리된 두 영역이 아니라 서로에게 호흡을 건네는 공동의 장이 된다.

5. 여정의 끝에서, 다시 쓰는 시작

박사과정의 시간은 나를 연구자로만 세운 것이 아니라, 나의 삶에 소중한 경험이 되었다. 처음 그 길 위에 섰을 때, 나는 삶의 의미를 찾아 헤매는 길 잃은 여행자였다. 매번 거센 파도에 휩쓸리듯, 흔들리고 길을 잃었다. 그러나 그 파도 속에서 나는 깨달았다. 의미란 연구실과 논문 속에만 존재하지 않는다는 것을... 의미는 내가 매일 부엌에서 밥을 짓고, 거실에서 아이와 몸으로 부딪치며 웃고, 연구참여자의 이야기에 귀 기울이는 그 모든 순간에 스며들어 있었다.

아들의 ADHD는 내 삶에 뜻밖의 물결을 일으켰고, 그 물결은 나에게 가장 귀한 배움을 건넨 스승이었다. 그것은 불완전함과 혼란 속에서도 서두르지 않고 시선을 맞춰 걷는 법을 가르쳐준 존재였다. 연구실과 집 사이, 교수님의 피드백 속 날카로운 문장과 아이의 순진하고 해맑은 웃음소리 사이에서 나는 '나의 이야기'를 발견했다. 의미는 책상 위에서 완성되는 개념이 아니었다. 그것은 눈물과 웃음, 기다림과 동행이 켜켜이 쌓여 빚어진 '살아 있는 보석'이었다. 그리고 그 빛은 언제나 타자와의 관계 속에서, 서로의 이야기를 들려주고 들어주는 자리에서 더욱, 반짝였다.

이제 나는 안다. 삶과 연구는 두 개의 길이 아니라 하나의 의미라는 것을... 내가 어떻게 살아내는지가 내가 어떤 연구를 하는지를 결정하고, 내가 연구 속에서 발견한 것은 다시 나의 삶을 변화시킨다. 앞으로 또 다른 파도가 다가올지 모르지만, 나는 두렵지 않다. 삶과 연구, 고통과 기쁨, 나와 타자가 맞물린 이 여정의 끝에서, 나는 마지막으로 이렇게 말하고 싶다.

"살아 있는 모든 순간이, 이미 의미였다."고...

학문수행의 길위에 선 '나'

11

호모 비아토르, 상담사에서 연구자로의 학문적 여정*

《그리스 신화와 함께》

호모 비아토르, 길 위에서 신을 만났습니다.
그 신은 나의 무지를 깨우고,
지혜와 견디는 힘을 주었습니다.
그리고 긴 여정의 끝에
또다시, 새로운 나와 마주하는 길 위에 서 있습니다.

1. 출발, 나를 깨우는 여정 — 아폴론과 함께

1) 무지에 대한 깨달음: 다시, 시작

20여 년 전 어느 날 전화벨이 울렸다. 그리고 그 전화는 나의 여정의 출발을 알리는 신호탄과 같았다. 결혼을 하고 두 아이의 엄마가 되었다. 엄마와 30년 차이의 작은 아이가 다섯 살이 되었을 때, 나는 떠날 준비를 했다.

그리고 호모 비아토르(Home Viator), 여행하는 인간으로서 학문을 탐험하는 여정이 20여 년이라는 긴 세월로 오늘도 이어지고 있다.

---

* 11장은 최영미(2025). 중년 상담사의 학문적 여정과 자기성찰: 인문융합치료학 박사과정을 중심으로. 문화교류와 다문화교육, 14(1), 473-500. 에 게재된 내용을 수정하고 보완했음.

초등학교 6학년 때부터 고등학교 3학년 때까지 의상 디자이너라는 꿈을 안고 살았다. 꿈을 이루기 위해서 의상학과를 목표로 공부했지만, 1986년 고3이 되던 해에 입시제도가 바뀌면서 의상학과가 미술 실기를 보게 되었다. 사교육의 혜택을 한 번도 받지 못했던 터라, 미술 실기 시험에 대한 어떤 대책을 세워야 하는지 부모님도 나도 몰랐다. 입시의 정보도 풍부하게 접하지 못했던 시절에 유일하게 할 수 있었던 것은 포기였다. 재수는 안 된다는 아버지의 말씀에 나는 차선책으로 불어불문학과에 입학하게 되었다.

고등학교 시절 불어 과목을 좋아했고 열정이 있었기에 주저 없이 선택한 전공이었지만, 1987년 대학교 1학년 때부터 불어온 민주화 운동은 면학적인 분위기를 기대하기 힘들었고, 최루탄에 쫓기면서 학문에 대한 열정도 시들었다. 대학교에 레벨이 있는 것이 아니라 대학생이 레벨로 나뉜다는 말을 빌린다면 나는 삼류 대학생이었다. 물론, 대학교도 평범한 대학이었지만, 나는 대학보다도 더 낮은 수준의 대학생이었다. 그렇게 아무것도 이룬 것 없이, 아무 준비도 없이 두 아이의 엄마가 되었다.

어느 날, 유치원에 다니는 다섯 살 아이의 담임교사로부터 한 통의 전화가 걸려 왔다. 영어 특강반을 5명 정원으로 시작할 건데, 작은 아이를 그 반에 합류시키라는 권유였다. 아이가 영어에 재능이 있다는 소식은 분명 기쁜 소식이나, 그보다 더 반가웠던 건 내가 하고자 했던 공부를 할 수 있게 될 거라는 기대였다. 그쯤에 나는 다시 공부를 시작해야겠다는 생각으로 공부하기에 교통이 더 편리한 도시로 이사를 하고 어떤 공부를 할 것인지 정해 놓은 상태였다. 그러나 작은 아이의 유치원 하원 시간이 발목을 잡고 있었다. 그 잡힌 발목이 한 통의 전화로 풀려난 것이다. 아이의 특강반과 공부하러 가는 이틀은 요일까지 딱 맞아떨어졌다.

엄마인 나에겐 행운이었다. 이러한 행운으로 시작한 공부는 E여대 평생교육원에서 카운슬러전문과 2년 과정과 심리학 학점은행제를 병행하는 거였다.

1999년 개설된 평생교육법에 따라, 2000년도에 생긴 평생교육원이 막 출발하여 활성화 되어 가던 시점이었다. 평생교육원은 학점은행제로 학사학위를 받으려는 학생들과 나 같은 주부들이 새롭게 학문을 하고자 모이면서, 분주하게 활기를 띠었다. 그리고 교수님들도 가정에 갇힌 똑똑한 여성들이 이렇게 나와야 한다고 우리를 응원해 주셨다.

이러한 반응은 사회적 제도의 확장 속에서, 가정의 울타리를 넘어 학문의 장으로 진입한 여성들의 삶의 전환이 사회적 으로 쟁점화되던 당시의 분위기를 보여 준다. 나는 평생교육원의 추천으로 이러한 사회적 이슈의 대표적인 모델이 되어 잡지사와 인터뷰를 하고 사진을 찍으며, 그 시절을 박제했다. 그리고 평생교육원 측으로부터 공부를 잘하는 법에 대한 유료 강의 제안을 받고 학생들 앞에서 나의 학습 팁을 전수하기도 했다. 이렇게 삼류 레벨의 대학생이었던 나는 어느새 평생교육원의 성인 학습자들 사이에서는 일류가 되어 있었다.

이 학문적 여정은 시작은 무지의 자각으로부터 시작되었다.

고대 그리스의 도시 아폴론의 신전에는 "너 자신을 알라"라는 경구가 새겨져 있다. 존재를 비추는 빛과 예언의 신인 아폴론은 델포이의 신탁을 통해 인간에게 존재를 묻는다. "너 자신을 알라"라는 명령은 단순한 지식이 아니라 존재 자체를 향한 각성을 촉구한다. 이 말이 내포하는 뜻은 자기돌봄으로서의 자기 인식으로, 무지에 대한 자각도 포함된다고 생각한다. 나의 무지의 깨달음은 나의 유아적인 자기중심적 생각, 즉 '용관규천(用管窺天)' 대롱을 통해 하늘을 엿본다는 장자의 말과 상통한다(김태관, 2015). 시야가 붓 대롱처럼 좁은 사람이 보는 하늘이 일부분으로 한정되듯이, 우물 안 개구리식 사고에서 나는 인간적인 한계를 느낄 수밖에 없었다. 나의 인간관계는 삐거덕거렸고 나는 행복한 사람으로 살아가지 못했다. 나의 시야의 확장은 이 세계를 살아가기 위한 선택이 아닌 필수였고, 그 수단으로서 나는 학문을 선택했다.

2) 더함으로 비우기

> 지식을 쌓으려면 매일 하나씩 쌓아야 하고, 도를 얻으려면 매일 하나씩 버려야 한다. (노자)

결혼을 통해 타자와의 동거, 가족의 탄생 안에서 나의 존재에 대한 고찰이 시작되었다. 결혼생활이 주는 안정감과 소속감 그리고 경제적 보호 안에서도 채워지지 않는 그 무엇은 나의 존재에 대한 오롯한 정의였다. "지금의 나는 누구인가, 무엇을 하며 살아가고 있는가?"

칸트는 인간은 자신을 직접 지각할 수 없지만, 세계 내 무엇을 지각하는 행위는 지각할 수 있고, 그런 방식으로 자아에 대한 정보를 얻는다고 했다(신은영, 2021). 나는 나에 대한 배움의 과정을 통해 나를 새롭게 정의할 필요가 있었다. 심리학과 상담학을 통해서 나를 지각하고 타자와의 관계를 알아가면서 나의 정체성을 재정립해나갔다. 그것은 고유하고 주체적인 타자의 존재를 인정함으로 시작하여, 나로부터 타자를 분리함으로써 동일시에서 벗어날 수 있었다. 동일시에서 벗어난다는 것은 나와 같지 않음이 더 이상 고통이 되지 않음을 뜻한다.

사르트르(Sartre)의 '실존은 본질에 앞선다'는 인간이 본질적인 것들에 의해 앞서 정의되는 것이 아니라, 자신의 개체적인 현재의 기능 속에서 정의됨을 말하고 있다(Sartre, 1981/2023). 이는 나의 선택에 대한 자유와 책임을 강조하며 그 안에서 성장하는 인간의 실존을 말한다. 나는 새로운 학문을 통해 현실에서의 나의 다각적인 위치를 파악하고 그 각각의 위치에 맞는 나의 역할을 더욱 뚜렷하게 구분하며, 실존적 나의 정체성을 찾아가고 있었다. 그리고 결혼생활에서 느꼈던 인식된 짐스러움에서 벗어날 수 있었다. 인식된 짐스러움이라는 개념은 자신의 효과성 또는 능력에 관한 것으로 타자의 복지를 충족시킬 수 없을 때 발생한다(하정미 외, 2010). 전업주부가 엄마로서 자녀를 돌보는 행위는 사회적으로 경제 활동을 하는 것과 같이 충분히 가치 있는 일이다.

그러나 제한된 활동의 반경이 주는 열등의식과 인식된 짐스러움은 투사의 형태로 나타나, 부부관계의 부정적 요소로 작용했다. 이러한 긴장 속에서 학문을 통한 지식이 쌓이면서, 나에게 불필요한 것들을 버리는 작업이 연동되어 나타났다. 이때의 비움은 단순한 포기가 아니라 존재의 본질에 다가서는 적극적 선택이었다. 나는 비움 속에서 본질을 비추는 아폴론 신의 명료함을 배울 수 있었으며, 비로소 마음의 고요함을 느낄 수 있었다.

3) 더불어 사는 삶에 대한 지향

> 코키토로써 자신을 파악하는 사람은 또한 모든 타인을 발견하고 그들을 자기 존재의 조건으로 보게 된다.(Sartre, 1965/1981)

내 안의 첫 타자지향성과의 만남은 초등학교 저학년 때였다. 어린 나는 잠들기 전에 이런저런 생각이 많은 아이였다. 하루는 나는 앞으로 어떤 사람으로 살 것인가? 라는 질문에 대해 생각했다. 그리고 털장갑을 가난한 사람들에게 선물하는 사람이 되고 싶었다. '봉사'라는 단어를 떠올리며. 그때의 나는 특별히 봉사 활동을 해 본 경험은 없었기에, 타자성이 본질적인지 아니면 무의식 속에 학습된 결과로 남아 있었던 것인지는 모르겠다.

후에 타자성을 본격적으로 실천하게 된 것은 평생교육원에서 공부하던 시절이었다. 교수님 중에 한 분이셨던 분이 이사로 계시는 보육원에 봉사를 다니게 되었다. 한 달에 한 번, 초등학생이었던 나의 두 자녀도 함께 6년 동안 보육원 봉사를 다녔다. 보육원에서 비슷한 또래의 아이들과 목욕하고 어울려 놀며, 생일파티도 하면서 즐거운 추억을 쌓았다. 이런 경험은 아이들이 자라면서 약한 사람들을 배려하고 사회에 대한 봉사 정신은 당위성이 되어, 물질적이든 노동적이든 지속적인 형태로 지금까지 이어지고 있다.

나는 평생교육원에서 2년의 카운슬러 과정을 끝내고, 심리학 학사학위를 마치기까지는 다시 2년이 더 걸려서 총 4년의 세월이 흘렀다. 학창 시절부터 친한 친구들 외에도 두루두루 친하면서 친구들의 생활에 관심이 많았던 나는 반 친구들의 이야기를 듣는 것을 좋아했다. 그리고 사람의 심리와 타인의 삶의 내용에 관심이 많았다. 이런 나의 면모는 상담을 통한 봉사에 대한 지향으로 자연스럽게 연결되었다. 상담사가 되기 위해서는 대학원의 학위과정이 중요하다는 사실을 몰랐던 나는 2년의 카운슬러 과정을 마치고, 상담 봉사를 할 수 있는 곳을 알아보았다.

그러나 돌아온 대답은 석사학위 이상이 되어야 봉사 자격이 주어진다는 대답이었다. 나는 학문을 통한 성장의 욕심을 더 내었고 상담을 통한 봉사를 위해 전문적인 자격을 갖추어야겠다고 결심했다. 그리고 나는 성인 상담을 하고 싶었던 나의 욕구를 반영하여, 상담대학원에서 가족 상담을 전공하게 되었다. 개체는 홀로 완성될 수 없다. 상담이라는 타자와의 만남 속에서 나의 경계와 가능성을 배웠고 이러한 인식은 스스로를 다시 발견하게 만들었다. 그리고 더불어 살아가는 관계성을 알아가며, 아폴론의 부름 — '너 자신을 알라'는 오래된 신탁 — 은 여전히 내 안에 살아 숨 쉬고 있었다.

2. 타자와의 동행 — 헤라클레스와 함께

1) 내 앞에 타자: 시지프들과의 동행

시지프가 나의 관심을 끄는 것은 바로 저 산꼭대기에서 되돌아 내려올 때, 그 잠시 휴지의 시간이다. 마치 호흡과도 같은 이 시간, 불행처럼 어김없이 되찾아 오는 이 시간은 바로 의식의 시간이다.(Camus, 1982/2016)

상담자의 통합적인 자기 발달의 촉진은 상담 수련 과정에서의 전문적인 기술과 자기 탐색과 자기 성찰을 통한 개인적 자기 발달이 병행되어야 한다

(이미정, 박승민. 2015). 이처럼 상담대학원에서의 가족 상담 공부는 학문적인 이론과 함께 오랜 시간의 개인 분석과 집단상담, 그리고 많은 시간의 상담수련의 시간을 거치면서 상담사로서의 역량을 키워나가는 시간이었다. 심리학과 상담학은 내 삶에 직접적인 적용으로 나의 성찰과 성장을 돕는다는 면에서 실천적인 학문이다. 나는 한 개체로서, 사회적인 나로서, 그리고 상담사로서의 나를 성장시키기 위해 끊임없이 성찰과 탐색의 시간을 가졌다.

상담사로서의 시작은, 상담대학원 재학 중에 시작되었다. 가족 상담에서 만나는 내담자의 연령대는 8살부터 80대까지이다. 그들은 저마다의 삶의 고충과 갈등으로 상담실을 찾는다. 마치 카뮈의 시지프의 신화에서 돌덩이를 끌어 올리는 형벌을 수행하는 시지프처럼, 그들도 무거운 삶의 돌덩이를 지고 반복적인 고통 속을 걷는다. 상담사 역시 타자의 무거운 돌덩이를 대신 들어줄 수는 없지만, 그 무게를 함께 느끼며 끝까지 동행하는 길 위에 서 있다.

상담을 시작했던 초기에 소극적인 성격의 한 내담자가 상담 이후 팔을 조금씩 움직이며 걸었던 초등학생 아들이 이제는 팔을 크게 활기차게 움직이면서 걷는다고 조용히 웃으면서 말했다. 부모의 사랑을 받지 못하고 자란 내담자들이 자녀들에게 어떻게 사랑을 전하고, 관계를 형성할지에 대한 고민은 상담의 주제로 드물지 않다. 이 내담자 역시 같은 주제로 상담했었고, 이 상담 케이스가 기억에 남는 것은 상징적으로 가족 상담의 의미를 마음속에 새기게 되었기 때문이다. 나의 상담이 내담자뿐만이 아니라 가족을 활기차게 날갯짓 하게 도와줄 수 있다는 것을. 이렇게 상담사로서의 수련을 몇 년간 쌓아오던 시절, 나는 상담을 멈추게 되는 상황에 마주하게 되었다.

나는 공부를 시작할 때 한 가지 나만의 원칙을 세웠다. 그것은 나의 공부가 가족의 평화에 걸림돌이 된다면 언제든지 그만둔다는 것이었다. 그러나 나의 공부는 한 번도 가족의 평화를 방해한 적이 없었고, 도리어 가족의 전폭적인 지지와 응원을 받았다. 그 이유는 가족 구성원으로서의 내가 긍정적으로 변해가면서, 가정에도 긍정적인 효과를 주었기 때문이다. 그럼에도 불구하고 상담을 멈출 수밖에 없었던 이유는, 상담사는 사적으로도 완벽해야 한다는 강박과 수치심에 있었다. 가족 상담사인 내가 가족 간의 갈등을 조정하지 못하면서 내담자를 상담한다는 것은, 나로서는 내담자에게 부끄러운 일이고 떳떳하지 못한 행동이었다.

이러한 선택은 남편과의 갈등이 초래한 결과였다. 한 가지 사안을 두고, 40대 중반의 나이에 남편과 나는 타협점을 찾기 위한 소통보다는 지금까지의 인생을 건 싸움을 하고 있었다. 그만큼 치열했고, 팽팽한 대립이었다. 나는 소진된 마음과 수치심으로 상담을 포기하고, 고3이었던 딸을 위해 엄마로서 역할의 충실함을 선택했다.

2) 죽음이 가르쳐 주는 삶의 의미

삶, 죽음에게 길을 묻다.(오진탁, 2010)

융은 그림자(shadow)를 자아가 외부 세계에 적응하는 과정에서 자아에 의해 수용되지 못하고 억압되어 온 심리적 내용으로 설명한다. 그는 이러한 그림자가 자아의 발달로 인해 필연적으로 형성된다고 말한다(박철안, 2016). 남편과의 싸움은 이러한 그림자 간의 싸움으로 원초적이었고, 이 안에는 40대의 나이까지 외부의 가치에 자신을 맞추며 달려온 삶의 노고에 대한 서로의 보상심리가 개입되어 있었다. 그리고 하나의 사안은 양보할 수 없는 마지막 보류가 되어 힘겨루기의 포로가 되었다.

우리 부부가 서로의 그림자를 자아로 통합하는 과정이 여전히 개인의 몫으로 남아 있는 동안에도, 두 아이는 각자가 원하는 대학에 입학했다. 그동안 나는 엄마로서 할 수 있는 역할의 범위를 최대한으로 늘려 감당하려고 노력했다. 그러나 나는 내가 상담사였음을, 그리고 다시 내담자를 만나는 상담사가 될 것임을 잊지 않았다. 그러기 위해서 상담을 쉬는 동안에도, 나는 나의 그림자를 자아에 통합하는 작업, 그리고 한 개체로서의 성숙과 상담사로서의 성장을 위한 공부를 쉬지 않았다.

나는 갈등과 방황의 시기에도 학문에서 그 답을 찾고자 했다. 상담대학원의 공부로 만족할 수 없었던 나는 대학원을 졸업함과 동시에 또 다른 학문과의 만남을 준비하기 위해 여러 대학원을 기웃거리고 있었다. 그러던 중에 춘천의 H 대학교 대학원에 생사학과가 있다는 것을 우연한 기회에 알게 되었다. 나는 상담대학원에 다닐 때도 생명의전화에서 사이버 상담원 교육받고, 사이버 상담을 했을 정도로 생사학적인 주제에 관심이 많았다.

특히, 중년기의 부부 갈등은 나에게 굳건하게 유지되었던 가족의 안정되고 평화로운 관계를 와해하는 가장 큰 위협적인 사건으로 다가왔다. 그때 나는 이 고통에서 벗어나는 쉬운 길이 있다는 유혹을 받았다. 그것은 죽음이었다. 죽음의 유혹은 마력과 같았고, 나는 정신을 부여잡고 이 죽음의 유혹을 이겨내야 했다. 그리고 이처럼 유혹적인 죽음이 무엇인지 알고 싶었다. 50대 초반의 나이에 따뜻하고 착했던 형부가 갑자기 말기 암 판정으로 투병 끝에 돌아가셨을 때도, 죽음 앞에서 아무것도 할 수 없는 인간의 무능력 앞에 절망했다.

이렇게 나는 죽음에 대한 개인적인 경험을 안고, H 대학교 대학원의 생명교육 융합학과 생사학 전공에 석사과정생으로 입학하게 되었다. 상남대학원의 석사학위 논문이 없었던 나는 다시 석사과정부터 시작해야 했다. 나는 생사학을 공부하며, 나의 상담의 영역을 생사학 쪽으로 넓히고 싶었고 죽음 앞에 무능력한 인간과 죽음의 관계를 알고 싶었다.

생사학은 융합 학문으로 인문학과 간호학, 그리고 서양의 실존철학과 동양의 생사 철학을 바탕으로 생명 존중 교육과 웰다잉, 자살 예방, 그리고 상담 등에 관해 연구하는 학문이다. 나는 생사학을 공부하며 나는 7살 때 인어공주가 물방울로 사라지는 최초의 상실 경험과 어린 나이에 죽음을 생각하며, 엄마를 영원히 볼 수 없다는 생각에 눈물짓던 죽음 불안을 극복할 수 있었다.

그리고 삶이 죽음으로 끝나는 것이 아니라, 삶과 죽음이 하나의 연속선상에 있다는 사실을 받아들이게 되었다. 고인과의 이별 또한 절대적 단절이 아니라, 이승과 저승에서 서로 연결된 채 이 삶을 함께 살아간다는 이해로 확장될 수 있었다. 이처럼 죽음을 통과하며 삶의 의미를 다시 새긴다는 점에서, 그리스의 신인 헤라클레스의 여정은 이 깨달음과 맞닿아 있다. 헤라클레스는 열두 과업 중 지하세계를 직접 통과하는 시련을 수행했다. 그는 죽음이라는 극한의 경계를 넘나들며, 단순한 생존을 넘어 존재의 심화를 이루었다. 결국 죽음을 견디고 삶으로 돌아온 그는 신격화되어 불사의 존재로 거듭났다. 이는 생사학에서 말하는 죽음을 직시함으로써 더욱 깊이 삶을 자각하는 죽음명상과 실존 각성의 핵심적 구조와 연결될 수 있다.

그런데 모든 인간이 이처럼 상징적 영웅의 길을 걸을 수는 없다. 많은 이들에게 죽음은 여전히 두려움과 불안으로 다가오며, 때로는 삶의 도피처로서 여겨지기도 한다. 철학자 까뮈는 "참으로 진지한 철학적 문제는 오직 하나뿐이다. 그것은 바로 자살이다. 인생이 살 가치가 있느냐 없느냐를 판단하는 것이야말로 철학의 근본 문제에 답하는 것이다."(Camus, 1982/2024)라고 말하고 있다. 생사학에서 자살은 인간 존재에 대한 가장 치열한 물음으로 다루어진다. 그리고 나 역시 개인적 경험 속에서, 죽음과 삶의 의미를 가장 본질적으로 고민하는 이 문제에 깊은 관심을 가지고 연구하고자 한다. 그리고 죽음 앞에서도 삶의 의미를 묻는 사유를 포기하지 않고, 오히려 그 너머를 향해 나아간 헤라클레스처럼, 나는 생사학을 통해 죽음을 직시하며 삶을 더욱 깊이 이해하고 확장하려 한다.

3) 쉬지 않고 걷는 자만의 갈증

세상은 강자와 약자, 또는 승자와 패자로 구분되지 않는다. 다만 배우려는 자와 배우지 않으려는 자로 나뉠 뿐이다.(Dweck, 2006/2023)

나는 생사학을 공부하며 5년의 시간을 보냈다. 그 과정에서 일반대학원은 기존의 이론을 배우기보다는 이론을 세우고 연구하는 곳이라는 것을 알게 되었다. 입학 초기에는 압도적인 과제의 양과 생소한 사회과학 분야의 양적 논문 등을 접하면서, 버거움에 눈물짓기도 했다. 그럼에도 생사학 공부에 몰두하며 쇼핑몰에서도 비행기에서도 소논문을 손에서 놓지 않은 채, 대학원에서 받은 혜택만큼 연구성과를 내기 위해 노력했다. 그러나 투병 중이셨던 친정어머님은 마음의 불안 요소로 작용하여 집중과 몰입을 방해했고, 연구에 대한 자신감도 떨어졌다. 결국 연구 방법이 바뀌면서 지도 교수님도 바뀌고 연구 주제가 바뀌는 시행착오를 겪어야 했지만, 학위 논문으로 연결되지는 못했다. 그 시점에 나는 그만 멈추어야 할 때가 왔다는 것을 느꼈다. 제자리 걸음으로 계속 맴도는 이 시간이 언제 끝날지 모른다는 위기감이었다. 나는 춘천 대학원에서 수행했던 학문의 시간에 대한 감사함과 따뜻함의 여운을 간직하며, 연구를 중단하기로 마음먹었다.

그리고 갑작스러운 나의 결정은 나를 소속도 학문도 없는 고립의 상태로 만들었다. 그때 나는 상담을 다시 시작해야겠다는 생각을 했다. 4년 전, 투병 중이셨던 친정어머님이 돌아가신 지 5개월쯤 되는 시기였다. 유한한 인간의 삶 앞에서 뭔가 유의미한 일을 하고 싶었고, 잠시도 잊지 않았던 상담사로서의 나를 찾고 싶었다. 나는 다시 내담자를 만나기 시작했다.

7년의 공백 기간을 보낸 후였다. 7년의 공백 기간은 상담 계에도 큰 변화를 가져왔다. 내담자들의 주 호소 문제는 더 복합적으로 되었고 내담자들의 층도 다양해졌다. 더불어 다문화 상담사의 역할도 새로운 과제가 되었다. 나는 내담자로 아동부터 노인층을 만나 가족 상담을 하고 다문화상담을 하면서, 상담자로서 더 큰 역량이 필요함을 절감했다. 그리고 결핍을 채우려는 내적 욕구와 학문에 대한 꺼지지 않는 불씨는 나를 진학을 하여 더 다양한 상담의 매체를 배우고, 상담사로서의 나를 더 성장시키라고 말하고 있었다.

그리스 로마 신화에서 고난과 인내의 상징인 헤라클레스는 신들의 시련을 부여받은 인간이었다. 그의 12 과업은 단순한 힘의 과시가 아니라, 끊임없이 무너지는 순간들을 견디며 다시 걷는 실존적 여정이었다. 끝없이 반복되는 고난 앞에서도 멈추지 않는 지속이 그의 진정한 힘이었다. 그런 의미에서 학문의 길 또한 마찬가지이리라. 넘어지고 흔들리고, 때로는 좌절하더라도, 그때마다 다시 일어서는 끈질긴 의지가 있어야만 비로소 다음 걸음을 내디딜 수 있다. 쉬지 않고 걷는 자만이, 그 갈증을 풀 수 있는 삶과 학문의 깊은 샘에 다다를 수 있다.

3. 흔들림 속에 피는 지혜와 수용의 꽃 — 아테나와 함께

1) 끝과 시작의 교차로: 박사과정의 의미

이것이 삶이던가, 그렇다면 다시 한번 니체에게 있어서 살면서 일어나는 모든 일에는 연결 고리가 존재한다. 삶은 모든 게 필연이라는 뜻이다.(사이토다카시, 2018)

나는 상담대학원을 졸업하고, 바로 박사과정 진학을 꿈꾸었다. 자아 초월 심리학에 관심이 있었던 나는 자아 초월 상담학 쪽으로 공부를 더 하고 싶었으나, 뜻대로 되지 않았다. 그러던 중에 춘천의 H 대학교 대학원의 생사학 전공을 알게 되었고, 철학과에 재직하셨던 교수님께 조언을 구했다. 교수님께서는 대학원 공부는 혼자 하는 것이니 굳이 석사과정을 또 하지 말고, 철학과 박사과정에 진학하라고 말씀하셨다. 나는 생사학과에 대한 강한 미련이 있었지만, 철학 상담 쪽에도 관심이 있었기에 결정하지 못하고 있었다. 그때 H 대학원에서 전액 장학금을 준다는 연락이 왔고, 나는 망설임 없이 다시 한 번의 석사과정을 선택했다.

두 차례 박사과정 진학의 기회를 놓치고, 다시 한번 박사과정 진학에 대한 고민이 시작되었다. 5년 만에 생사학에 대한 석사논문을 포기하고 스스로 드는 자괴감과 앞으로 상담사로서 나는 어떻게 살아야 할까? 혼란스러운 마음이 들었다. 지금의 마음을 다스리고, 내가 진정으로 원하는 것이 무엇인지를 알아야 했다. D 대학교에서 운영하는 명상 지도자과정에 등록하고 명상을 통해 나를 알아가는 시간을 갖고, 내담자들이 홀로 있는 시간에도 스스로 명상을 통해 자신을 돌볼 수 있도록 도움을 주어야겠다고 마음먹었다. 그런데 나의 이 선택은 내 인생에 큰 변화를 가져오게 된다.

명상 지도자과정 수업을 위해 D 대학에 다니던 어느 날, 대학원생 모집공고를 보았다. 다문화교육학과였다. 나는 물끄러미 박사과정 모집을 보면서, 다시 한번 진학에 대한 내 열정이 꿈틀됨을 느꼈다. 그러다 I 대 대학원에 상담학 관련 학과가 있음을 떠올렸다. 바로 인문융합치료학과였던 것이다. 마침 추가모집 기간이었고 나는 원서를 냈다. 그리고 나는 상담대학원 졸업 후에 가졌던 진학의 꿈을 10여 년이 지난 시점에서 이룰 수 있었다.

상담대학원 졸업 후, 10여 년 만에 이루어진 박사과정으로의 진학은 나를 충만한 감사함에 머무르게 했다. 학문을 통한 지속적인 성장은 나의 삶이었기에, 학문을 그만둔다는 것은 나에게 죽은 삶과 마찬가지였다. 박사과정의 시작은 나에게 다시 활기를 수혈했고, 앞으로 만나게 될 학문과 공동체에 대한 기대감이 상승했다.

우리는 일정한 존재의 방식을 통해 존재하지만, 다른 삶, 다른 존재의 방식, 지금의 나를 규정한 울타리 밖의 나를 꿈꾸게 된다. 내가 나로서 존재하고 있는 그 배치를 바꾸고 싶은 욕망은 우리의 삶을 지탱해 주는 생명이다. 다른 삶으로의, 바깥으로의 이행을 들뢰즈는 '되기'라 부른다(이정우, 2008). 나 역시 박사과정이라는 연구자 되기의 여정을 통해, 나의 존재 방식을 새롭게 확장하고 성장시키고 싶었다. 그리고 상담사인 나를 만나는 내담자들에게 박사학위가 주는 공인 된 전문성으로 신뢰를 얻고 싶었다.

중년의 상담사는 중년기 연령대가 주는 삶의 경험과 그동안의 상담 경험으로 자신을 제한할 수 있다. 상담은 나를 초월하는 세계의 사람들과 만나는 것이다. 상담이 쌓일수록 초월해야 하는 세계의 담도 높아진다. 그래서 상담사는 끝없는 자기 인식과 자기 성찰을 통해 나의 세계를 확장해야 한다. 그것은 나의 잠재적인 가능성을 포함하는 세계이다. 그 잠재력과 가능성을 만날 수 있는 곳이, 나는 나의 학업을 이어주는 박사과정이라고 생각했다. 내가 원하는 것은 에너지가 되어 끌어당김의 법칙을 만든다는 의미에서, 나는 이 자리에 놓였다고 생각한다. 그리고 이 자리에 서 있는 의미에 대해서 하나씩 알아가는 것, 또한 나에게 박사과정이라는 학위과정의 의미이다. 나는 대학원이라는 연구공동체에 대한 이해를 바탕으로, 상담사에서 연구자로 전환되는 기회를 통해 나의 가능성을 확장하고 싶다. 또한 박사과정은 단지 지식의 습득이 아니기에, 나라는 존재의 방식을 새롭게 빚어가는 치열한 여정이 되고 있다. 그리고 이러한 박사과정의 여정은, 지혜와 전략의 여신 아테나로 대변될 수 있다. 아테나는 단순한 힘이 아니라 깊은 통찰과 실천적 사고를 통해 세상을 변화시켰다. 나 역시 학문과 상담이라는 실천의 장 속에서, 끊임없는 반성과 성찰, 그리고 공동체 속에서의 공존을 추구하고자 한다. 박사과정은 결국, 아테나처럼 지혜를 삶 속에 새겨 넣으며, 나 자신을 새롭게 빚어가는 '되기(becoming)'의 여정이다

2) 공존을 빚는 치유의 인문융합치료

> 존재한다는 것은 교류한다는 것이다. 존재한다는 것은 다른 사람을 위해 다른 사람을 통해, 자신을 위해 있다는 것이다.(김영순 외, 2022)

상담사로서 떳떳하지 못한 부끄러움은 나의 사적인 영역이었다. 그러나

사회적인 나를 이루는 바탕엔 사적인 나의 모습이 있다. 일치되지 않는 나의 모습에, 나는 다시 나를 채우는 작업으로 시간을 보냈다. 그리고 다시 상담을 시작하면서, 새로운 학문을 통한 성장의 필요성을 절감했다. 인문융합치료학은 인문학에 예술치료를 융합하는 심리치료로 매체를 활용하여 내담자들의 방어를 쉽게 허물고, 라포를 형성하며 자연스러운 교감과 탐색을 가능하게 한다는 면에서 새로운 상담기법으로 적절하다고 생각되었다.

인문융합치료학은 인문학의 기본 요소인 내러티브에 인문학의 다양한 분야들을 융합하여 인간에게 나타난 심리적 문제를 다루는 학문으로, 이념적 토대는 공존인문학이다. 공존인문학은 타자성과 상호성에 대한 학문으로, 타자를 통해 나를 이해하는 방법으로 상호 문화적 입장을 지니게 된다. 또한 인문융합치료는 자기 내러티브를 중심으로 구성되며, 자기 내러티브를 발견하여 자기 이해와 성찰에 이르게 된다. 그리고 자기 내러티브에 대한 변화를 시도하며 재구성된다. 이것이 바로 자기 치유의 핵심 과정이다(김영순 외, 2022).

기존의 상담학에서는 타자를 향한 학문적 이론을 구성한다. 물론, 상담사로서의 자기 성찰은 필수적이지만 그 비중 면에서 인문융합치료에서 말하는 연구자의 성찰은 더 큰 부분을 차지한다고 생각한다. 연구자의 자기 이해는 상담과 연구의 출발점이다. 이런 면에서 지도 교수님과의 수업 후에 쓰는 성찰일지는 상담사에서 연구자로의 전환적 마인드에 대한 생생한 자료가 됨을 느끼고 있다. 그리고 나와 타자와의 관계, 교류하는 방식에 대한 관계적인 성찰 역시 타자 지향적인 마음에서 우러나오는 깨달음이다. 나 자신만의 성찰로 끝나는 것이 아닌, 나와 타자, 그 관계 안에서 이루어지는 성찰. 나 자신의 성찰로 인한 마음과 행동의 변화와 반성적 깨달음이 타자와의 관계 안에서 이루어짐은, 타자와 함께 살아가는 공존의 기본적인 자세가 되어야 함을 알아가고 있다. 그리고 공존을 이루는 치유는, 타자의 상처와 다름을 인정하고 함께 살아가려는 지혜로운 의지에서 출발한다. 이는 지혜와 질서의 여신 아테나가 삶 속에서 보여주었던 통합의 정신과 연결된다. 아테나는 무력으로 상대를 제압하는 대신, 깊은 통찰과 전략적 사고를 통해 다양한 존재들이 공존할 수 있는 질서를 세워나갔다. 인문융합치료 역시, 존재의 다름을 존중하며 상처 입은 서사들을 함께 생성해 가는 과정을 통해, 인간 사이의 새로운 공존을 모색하는 실천이다.

3) 흔들리며 피는 꽃의 반성적 성찰

> 자유란 자기 자신을 성찰의 대상으로 하는 반성적 사고의 토대
> 위에서만 가능하다.(조수경, 2019)

인문융합학의 박사과정을 시작하고 나는 새로운 학문공동체에 어울리는 사람인가? 라는 생각을 자주 하게 되었다. 연구자에 대한 마음의 준비시간이 없었던 이유가 컸다. 나는 무조건적인 환대를 받는 타자로서의 나를 기대했지만, 현실은 기대에 부응하지 못했다. 인문융합이라는 새로운 학문은 나의 심장을 다시 뛰게 하기에 충분했지만, 나의 심장은 그 두근거림을 감당하기엔 유연성이 부족했다. 학문의 낯섦 보다 공동체의 일원으로서의 낯섦이 더 크게 느껴졌다. 나는 머리부터 발끝까지 학문과 연구로 무장 된 부대 안에서 엄격한 지휘관의 지휘 아래 모두가 한마음으로 움직이는데, 나 홀로 전투 장비도 없이 멀뚱히 세워져 있는 기분이 들었다. 거기에 차갑고 황량한 바람까지 불어오는 듯했다.

이렇게 나의 연구자로서의 첫 관문은 차가움이었다고 기억된다. 큰 기대와 설렘으로 새로운 학문을 접하던 첫날 수업에서의 나의 모습과는 상반된 모습이 그려지고 있었다. 그러나 머지않아 나의 회복 탄력성은 발현 되어 음지의 꽃처럼 피어났다. 환대받지 못하던 타자에게도 손을 내밀어 주시던 선배이자 교수님, 그리고 한 동료가 있었기 때문이다. 심폐소생술과 같은 인연으로 나

는 서서히 회복되며 학문공동체의 일원이 되는 용기를 얻을 수 있었다. 그 용기는 연구자로서의 나에 대한 수락과 환대로 시작되었다.

치료사에서 연구자가 되는 것은 무엇일까?

> 교수님의 말씀을 들으며 생각하고, 생각하고, 또 생각하게 된 다.(2024. 1월 25일. 성찰일지)

새로운 학문공동체에는 그들만의 언어와 의례가 있었다. K 교수를 중심으로 질적연구의 선두에서 그 전통을 이어가는 학문공동체의 연구에 대한 열정은 뜨거웠다. 그러나 준비 없이 연구의 바다에 뛰어든 나는 숨을 쉬기에도 버거운 형편이었다. 인문융합치료학과의 질적연구방법론의 수업은 학문공동체 안에서 한 사람의 연구를 공유하고, 교수님과 선배 박사님들의 코멘트 그리고 과정생들의 질의로 채워진다. 학문의 이방인처럼 살아왔던 나의 학문 여정에서 이 같은 수업 방식은 새로웠고 학문에 대한 뜨거운 열정이 전해졌지만, 공동체의 일원으로서 수행해야 하는 역할에 대한 부담감도 동시에 느낄 수 있었다. 그리고 열과 성의를 다하시는 교수님과 묵묵히 자신의 길을 가는 선배님들의 큰 그림자가 자유로운 기질의 나에겐 조금 버겁게 느껴지기도 했다. 내가 따라갈 수 있을까? 따라가지 못한다면 내가 존중받을 수 있을까? 이러한 나의 부정적 생각은 나의 학문적 열정에 비해서, 따라주지 않는 나의 노력에 있었다.

> 나의 학문과 삶에 대한 열정을 묻는다면, 아직은 대답할 자신이 없다. 학문을 하는 사람으로서, 연구자가 되고자 하는 사람으로서, 부끄러움이 밀려왔다. 막연히 아직도 부족한 나를 채워보고자 했던 학문의 시작은, 나 자신의 부족함을 확인하는 길이 되었다.(2024. 4월 11일. 성찰일지)

나의 흔들림을 부정하지 않고 수용하는 것, 그리고 그 흔들림 속에서 스스로를 다시 세워나가는 과정은 지혜와 학문의 여신 아테나가 보여주었던 반성적 성찰의 힘으로 동일시된다. 아테나는 단순한 힘이 아니라 지혜롭게 반성하고 새롭게 길을 모색하는 존재였다. 흔들리고 넘어지는 순간에도, 아테나는 상황을 다시 바라보고 전략적 통찰을 통해 새로운 길을 열어나갔다. 나 또한 박사과정이라는 새로운 여정 속에서 흔들림을 외면하지 않고, 그 안에서 스스로를 성찰하고 재구성하며, 조금씩 더 깊고 유의미한 존재로 성장해가고자 한다.

4. 실존적 존재로서의 다시, 출발 – 오디세우스와 함께

1) 해체와 재구성을 통한 수용적 성찰

> 존재하는 모든 것은 변화 속에서 자기동일성을 유지하는 것이 아니라, 변화로 항상 달라짐으로써 자기를 차이화 해 나가는 것이다.
> (서동욱, 2000)

듀이(1916/2007)는 성장에 대해 우리의 본능이나 이미 형성된 습관으로 해결할 수 없는 새로운 상황에 직면했을 때, 우리 자신을 돌아보며 우리의 태도를 재조직하는 것으로, 개인적 재조정의 과정으로 설명한다. 그리고 성장과 되기는 사고, 사유, 분석, 실천의 과정을 모두 포함한다고 말한다. 인문융합치료학과의 박사과정의 시작은 내가 지금 있는 이곳의 의미를 되새기는 과정이 되었다. 나는 내가 머무르는 이곳이 나의 선택이라는 것을 알았고, 이곳에서 나의 자유를 구속하며 힘들게 하였던 것은 그 누구도 아닌, 바로 나 자신이라는 것을 깨달았다. 그리고 이 깨달음은 현재의 부족한 나에 대한 수용으로 이어졌으며, 기존의 나를 해체하는 용기로 나를 재조정해 나갔다.

> 박사과정에 입학해서도 나는 새로운 연구자로서의 나에 대해서 두려운 마음이 컸다. 나 자신을 한정 짓는 사고 때문이었다. 그러나

이제 나는 나를 한정 짓지 않으려 한다. 세상의 그 누구도 나를 한정 짓지 않는다. 나를 한정 짓는 것은 바로 나다. 그러나 나에게 무한한 자유를 주는 것 역시 나다. 나는 나에게 자유를 주고 싶다.(2024. 8월 15일. 성찰일지)

그러나, 구조가 바뀌었다 해도 변화와 성장으로 가는 것은 아니다. 즉 유연한 구조 속에 놓인다 해도 자아가 변하려는 의지가 없다면 성장은 이루어질 수 없다(이수경, 2013). 연구자에 대한 어떠한 준비도 없이 시작된 박사과정은, 중년으로서 보여지는 나이 듦에 대한 의식으로 더 큰 부담이 되기도 했다. 그러나 초보 연구자로서 연구에 대한 자세와 열정의 부족함을 스스로 인정하고 나의 생물학적인 나이까지 수용하는 단계를 거치면서, 나는 나의 상황 안에서 최대한의 노력을 해야 한다는 실천적이고 타협적인 결과에 이르게 되었다.

부족하다고 말하면서, 노력하지 않는다면 그 부족함에서 벗어날 수 없다. 그래도 다행인 것은 내가 부족하다는 것을 안다는 것이다. 그러나 실천이 없다면, 자신의 부족함을 모르는 사람과 무엇이 다르겠는가? 내가 부족하다는 것을 알았다면, 하나라도 실천으로 이어져야 한다는 것을 마음에 새겨본다.(2024. 9월 10일. 성찰일지)

나를 수용하는 성찰은 비로소 주변의 보이지 않던 것을 볼 수 있고 느끼게 하는 힘이 되었고, 학문공동체의 일원으로서의 자리매김을 가능하게 했다. 또한 박사과정생은 지도교수 및 동료와의 학문적 교류와 협력, 상호작용을 통해서 각 단계에서 요구되는 과업을 수행하고, 박사과정의 삶에 통합되며, 독립적인 연구자로서 성장한다(김승정, 2017). 이처럼 박사과정은 학문공동체 안에서의 나를 학문적인'관계'라는 측면에 놓이게 하면서, 새로운 학문적 인간관계가 형성됨을 이해하게 했다.

또한 나 자신의 해체를 두려워하지 않고, 해체 이후에도 남겨진 본질을 수용하며, 새로운 자신을 구성해 가는 과정은 오디세우스가 걸어간 실존적 여정과 떠올리게 한다. 트로이 전쟁의 영웅이었던 오디세우스는 귀향길에서 수많은 좌절과 상실을 겪었지만, 그 흔들림을 통과하며 지혜와 인내로서 자신의 본질을 지키고 더 깊은 자아로 거듭났다. 나 또한 박사과정이라는 긴 여정 속에서 끊임없이 스스로 되묻고 해체하며, 다시 재구성하여 통합해나가는 과정에 있다. 이는 학문의 길에서 마주하는 실존적인 나를 찾아가는 과정이기도 하다.

2) 실존적 존재로서의 질적연구자

> 실존주의는 인간을 무한히 자유로운 존재이며 선택을 통해 자신
> 을 형성, 발전시켜 나가는 존재로 파악한다.(김철, 2009)

사르트르(Sartre, 1965/1981)에 의하면, "인간은 자기를 만들어 가는 것 이외의 다른 아무것도 아니다." 이것이 실존주의의 첫 번째 원칙이다. 개체가 스스로 자기를 새롭게 만들어 나가는 것이 실존적인 인간이다. 인문융합치료학의 박사과정은 나에게 완성된 인간이 아닌, 완성되어 가는 인간으로서의 나를 만나게 해주었다. 그것은 나에 대한 실망감 끝에 찾아온 반성적 성찰의 결과였다.

> 그러나 완성된 인간이 아닌, 완성되어 가는 인간이 실존적인 인
> 간이다. 나는 실존적인 인간으로서 나의 경험을 통해 더 나은 방향,
> 그리고 필요한 방향으로 나아갈 것에 대한 자신감을 채워나가고 있
> 다. 그것은 학문을 통한 실천이 하나씩 일어나기 때문이다.(2024. 7
> 월 16일. 성찰일지)

인간은 무엇보다도 먼저 현재라는 순간에 처해 있는 자신의 존재이며, 자연법칙적 결정론 바깥에 있다. 그는 자기 자신에 앞서 정의되는 것이 아니라

자신의 현재 기능 속에서 정의되기 때문이다. 즉, 중년의 상담사인 나는 연구자로의 도약을 위하여 이 자리에 있다. 그리고 나는 과거도 미래도 아닌 현재의 나로서 정의된다.

박사과정에 입학하여 이미 완성된 나를 보여주어야 한다는 부담감이 있었다. 나는 나이가 가장 많은 사람에 속했고, 질적연구자로서는 초보이기에 무엇인가를 보여주지 않으면 이 학문공동체의 일원이 될 수 없을 것 같은 불안감이었다. 그러나 나의 이런 부담감과 불안감은 나 스스로 만든 것이라는 것을 알았고, 나를 자유롭게 해주는 것이 완성으로 가는 길이라는 걸 깨달았다. 그러나 완성의 의미는 완성하기 위해 노력하는 과정이라고 생각한다. '-되기'의 과정에서 무엇으로 되는지가 중요한 것이 아닌 어떠한 '-되기'의 과정을 거치는지 과정에서의 질을 중요하게 생각하는 것(Sellers, 2013)이기 때문이다.

상담사로서 질적연구를 하는 것은 질적연구 과정에서 내 앞의 타자에 대한 책임을 자신의 것으로 받아 '타자-되기'를 결단하고 새로운 관계 맺음을 통한 '윤리적 주체-되기'를 실천해야 한다(김소연, 2018). 인문융합치료학에서 윤리적 주체-되기는 자기돌봄과 타자 돌봄의 태도이다. 자기돌봄은 자기 자신과 타인 그리고 세계에 대한 태도이다.

상담사에서 연구자가 되기 위해선 연구자로서의 자신에 대한 재정립의 필요성을 배우면서, 나는 연구자로서의 나의 정체성을 형성해 가고 있다. 그것은 나를 바라보는 시각, 나와 타자를 바라보는 방식, 그리고 사고하는 방식의 변화를 가져왔다. 상담사로서의 나는 타자를 중심으로 이해하고 수용하려고 노력했다. 그러나 연구자로서의 나를 형성하는 건 상담사를 떠나, '나'라는 한 개체를 바라보고 이해하는 시각에서 출발한다. 그리고 이러한 출발선에서 고려되는 건 타자이다. 즉, 타자와의 관계성이다. 이러한 타자와의 관계성을 바탕으로 자기돌봄과 타자 돌봄의 윤리가 실천된다고 생각한다.

레비나스는 인간은 고통 없이는 진정한 사람이 될 수 없다는 관점을 갖는다. 고통은 주체의 주체성에 핵심 요소로, 주체의 모습은 고통받는 사람으로 타인을 위해 고통받을 수 있다는 사실이 곧 주체의 주체성을 구성한다. 레비나스가 말하는 타인을 위해 고통받는 주체로서의 상담사는 내담자와의 관계 안에서 책임을 느끼며 타자의 삶을 공유한다. 그리고 상담사로서의 연구자는 더 큰 시각에서 공유된 삶을 바라보며, 타자에 대한 책임을 느낀다. 인문융합치료에서 이 책임은 내담자의 자기 치유 능력의 향상과 맞물려 있기에, 나는 내담자를 더 기다려주는 상담사가 되어 가고 있다.

이처럼 나는 완성되어 가는 존재로서, 타자와의 관계 속에서 끊임없이 자신을 재정립하고 성장하는 실존적 질적연구자로 길 위에 서 있다. 이는 이타카의 왕 오디세우스가 바다를 건너 끊임없이 자신의 본질과 마주하며 귀향을 향해 나아갔던 여정과도 상통한다. 그의 여정 속에 방향은 낯선 것과 만나 계속 새롭게 방향을 잡아야 하는 상황이 어떤 것인지 잘 보여준다(Reinhard, 2011). 이처럼 오디세우스가 거친 파도와 낯선 세계 속에서 자신을 해체하고 다시 조립하며 '귀환'을 실현했듯, 나 역시 무수한 실존적 물음과 성찰의 항해를 통해 연구자로서의 나를 '되기(becoming)'로 완성해가고 있다. 결국, 이 여정은 단순한 학문이 아니라 존재 그 자체를 찾아가는 길이며, 나는 지금 그 길 위에 있다.

3) 상담사로서의 연구자가 갖는 사회적 비전

인간은 학습을 통해 자기실현을 이루고, 이는 나만을 위한 자기 실현을 넘어 공생하는 사회적 자기실현에까지 이르게 될 때 진정한 자기실현이 구현되는 것이라고 할 수 있다.(김윤정, 2017)

인문융합치료학이라는 타자지향적 학문을 통해서 나는 상담사에서 연구자가 되는 과정은 단순히 역할의 전환이 아니라, 자신의 경험을 새롭게 이해하고 새로운 정체성을 형성하는 과정임을 알게 되었다. 또한 상담사로서의 경험은 연구자가 되어 더 깊이 이해되고, 이를 통해 상담과 연구가 서로 도움을 주는 관계가 됨을 알아가고 있다. 또한, 연구자가 되는 과정은 상담사로서의 한계를 넘어 새로운 가능성을 열어준다. 이는 상담에서 얻은 실천적 지식을 학문적으로 체계화하면서, 상담사로서 느꼈던 어려움을 더 넓은 시각으로 볼 수 있는 관점을 갖게 됨을 의미한다. 그리고 상담사로서의 연구자는 실천의 현장인 상담 분야의 발전에도 기여할 수 있는 소중한 기회를 만들 수 있다. 결국, 상담사에서 연구자로의 전환은 상담사와 연구자라는 역할을 결합함으로써 인간에 대한 더 깊은 이해와 학문적 기여를 끌어낼 수 있다고 생각한다.

질적연구는 그동안 양적 연구에서 주목받지 못한 개인, 작은 이야기들을 대변해 줄 수 있는 연구 방법으로, 상담 현장에서 내담자의 이야기를 듣는 것과는 다른 좀 더 큰 차원에서 연구참여자의 삶을 조망한다고 보인다. 이때 소외된 타자 돌봄에서 타자에 대한 책임과 윤리의식은 더 중요하다고 생각한다. 또한 타자성의 실천은 공존 인문학을 이념으로 갖는 인문융합치료학의 핵심이다. 상담사로서의 연구자를 수련하는 나 역시 이러한 공존의 가치를 가지고 타자성을 실천하는 실존적인 인간으로서 나아갈 것이다.

들뢰즈와 가타리가 공동 저술한 『천 개의 고원』에 등장하는 리좀(Rhizom)은 식물의 뿌리줄기에서 유래한 개념으로, 하나의 중심에서 가지를 치는 구조가 아닌, 중심 뿌리 없이도 각각의 줄기들이 자율적으로 뻗어나가며 서로 접속하고 연결되는 확산적 구조를 의미한다. 이러한 리좀은 접속을 통해 새로운 것을 생성하는 특성을 지닌다(강주희·이진화, 2021). 나에게 학문의 여정에서 만난 심리학과 상담학, 생사학 그리고 인문융합치료학과의 만남은 학문적 여정 속에서 리좀적 사고를 가능하게 했다. 즉, 개별 학문과의 연결-접속-생성을 만드는 리좀적 사고는 나에게 그동안의 학습 경험에 새로운 학문의 접속을 통한 창의적 사고를 가능하게 하고, 나를 성장하게 하는 새로운 성찰에 도달하게 했다.

나는 이제 이러한 리좀적 사고를 바탕으로 완성되어 가는 질적연구자로서,

타자 돌봄에 있어 자신감과 신뢰감을 바탕으로 실천하려고 한다. 이는 상담사보다는 더 큰 차원에서의 사회적인 돌봄을 의미한다. 이를 실천하기 위해서 인간적인 성장이 학문 수행 과정 안에서 이루어지길 바란다. 그리고 나의 삶이 재구조화되어 연구자로서 이론을 실천하는 면에서 더욱 기능적인 사람이 되고, 상담사로서 타인의 삶을 재구조화하는 데에도 전문가적인 면모로 개입하고 싶다.

> 박사과정에 입학해서 방황했던 시간 속에서도 나의 성장을 조금씩 느낄 수 있음에 감사한다. 경험에 비추어 한쪽에 치우치는 사고와 감정을 균형 있게 다루면, 현재가 조금 더 선명하게 다가온다. 그리고 해석도 달라진다. 나는 지금 그 미묘한 변화를 즐기고 있다. 이제 연구자로 전환되는 나와 만나는 시간이 지속될 것 같다. 그 안에서 지금 이 공동체와 이 만남에서 정의되는 나를 새롭게 만나려 한다.(2024. 9월 26일. 성찰일지)

나의 학문적 여정 속에서 만난 그리스 신화의 인물들은 내 삶의 이정표가 되어 주었다. 아폴론은 '너 자신을 알라'라는 말로 내 안의 자각을 일깨웠고, 헤라클레스는 고통 속에서도 함께 걸어가는 용기를 가르쳤으며, 아테나는 흔들림 속에서도 지혜를 키우게 하는 방법을 전해주었다. 그리고 인간 영웅 오디세우스는 끝나지 않는 여정 속에서도 자신을 잃지 않고 나아가는 존재의 본질과 마주하게 했다.

지금 나는 상담사로서 타자의 고통을 안고, 연구자로서 그 고통의 의미를 성찰하는 길 위에 서 있다. 그리고 인문융합치료의 핵심인 공존의 정신으로 자기돌봄을 통해 나를 돌보며, 타자 돌봄을 통해 함께 살아가는 길을 모색하고 있다. 상담사의 따뜻함과 연구자의 절실한 질문이 만나는 곳, 그 공존의 자리에서 나는 실존적 존재로서, 끊임없이 배움을 통한 성찰 속에서도 흔들리며, 다시 걸어간다. 나는 여전히 완성되어 가는 존재이다.

광고쟁이에서 질적연구자로: 나의 색 이야기

인간은 성장하고 성숙함에 따라 자신을 표현하는 방식을 더욱 정교하게 다듬어 간다. 나이에 맞춰 은유적이거나 상징적인 언어는 물론, 때로는 구체적인 말로 자신의 내면을 드러낸다. 나아가 음악의 리듬과 무용의 몸짓, 미술의 색채와 공예의 형태로도 생각과 심리를 다채롭게 표현할 수 있게 된다. 이처럼 나양한 방식으로 자신을 나타내는 능력이 발전하는 것 자체가 인간의 성장을 의미한다. 성장한 인간은 자신만의 상징 체계를 구축하며 내면의 의미를 탐색하는데(Hall & Nordby, 2004), 이는 융(Jung)의 개성화 과정과 맞닿아 있다. 어린아이가 주로 구체적인 언어로 자신을 표현하는 반면, 성인은 더 은유적이거나 상징적인 방식을 사용한다. 나는 자신을 표출하는 매체로 색채에 주목하고 연구하고 있다.

색채는 시각적 요소로만 머물지 않고 개인의 사고와 감정, 정체성을 담아내는 중요한 상징적 도구로 작용한다. 샤프(Sharpe, 1972)는 색채심리에 관한 연구에서 색에 반응하는 사람들이 더 감성적이고 개방적인 성향을 보이지만, 형태에 반응하는 사람들은 내향적이며 통제력이 강한 특성을 보인다고 설명했다. 또한, 난색을 선호하는 사람은 외향적이며 감정 표현이 풍부했지만, 한색을 선호하는 사람은 내향적이고 논리적인 성향이 강하다고 분석했다. 노랑, 빨강, 파랑, 초록 등의 색채에 따라 내 기분이 열정적이 되기도 하고 명랑해지기도 하는 것을 비추어 보면, 색채와 심리연구를 연결지어 연구하는 나의 행보는 자연스러운 것 같기도 하다. 이어지는 장에서는 연구자가 되기까지의 내 인생의 주름들을 펼쳐보고자 한다.

1. 노랑 이야기: 행복을 주고 자존감을 높이는 색

노랑은 태양의 색으로 태양이 존재함으로써 우리는 세상을 보게 되고 알게 된다. 나의 이야기는 노랑에서 출발한다. 존 러스킨(John Ruskin, 1819)은 색을 인지하는 감각이 개인의 건강 상태와 정신적 균형에 따라 달라진다고 주장하였으며, 피로나 질병, 감정적 변화는 색채 지각과 선택에 영향을 미친다고 설명한다. 이는 색채가 인간의 심리 상태를 반영하는 중요한 요소임을 시사한다.

노랑을 좋아한다면 지적인 것을 선호하는 사람일 수 있다. 아는 것을 매우 중요하게 여기며 깊이 아는 것도 좋지만 넓게 아는 것을 더 중요하게 생각하고 있을 것이다. 사람을 만나도 즐거움을 위해 만나는 것보다는 정보를 얻기 위해 만나는 것을 좋아한다. 노랑의 마음은 사고적이기에 분석적이고 논리적인 태도를 보이며 그렇지 못한 대상에 대해 무의식적으로 편견을 가질 수도 있다. 아는 것이 많으면 그것을 표현하기를 좋아하고 사람들에게 가르치는 것을 좋아한다. 지적인 것을 추구하다 보니 몸이 나약해질 수 있다. 그래도 개의치 않고 책을 읽고 있거나 새로운 정보를 찾고 있을 것이다. 노랑이 좋아졌다면 배우는 것에 흥미가 생겼을 수 있다. 해처럼 따스함이 필요할 수도 있다. 노랑 병아리의 아이들처럼 가벼운 마음을 원할 수도 있다(정은주, 김정훈, 2015).

자기 소개해 볼래요라는 질문에 대부분 초등학생은 저는 ○○초등학교에 다니는 ○학년 ○반 ○○○입니다. 춤을 잘 추는 ○○○입니다라고 말하며, 유치원생들에게는 커서 뭐가 되고 싶으냐고 물었더니 초록 개구리요. 노란 병아리요라고 답했다.

우리는 살다 보면 타인에게 내가 '나'인 것을 인증해야 할 때가 있다. '나'는 언제나 '나'임에도 불구하고, 우리는 끊임없이 자신을 다른 이들에게 확인받고 보여주면서 살아간다. 어쩌면 이 존재 증명은 내가 세상에서 존재하는 한 계속될 것이다. 나를 설명하는 방법에는 여러 가지가 있는데, 얼굴이나 목소리, 주민등록증이나 공문서, 이력서나 약력, 메신저나 SNS의 사진과 글 같은 것들이다.

어른이 된다는 것은 춤을 잘 추고 노란 개구리가 되고 싶은 ○○○라고 말하는 그 천진함의 자리에 신분증과 이력서가 대체되는 순간이 아닐까? 어느 땐, 내 외모와 내가 소유한 것이 나를 대신해 주기도 하니 과연, 이러한 것들이 '나'라고 할 수 있는지 물어진다. '나'다움이란 어디에서 어떻게 찾을 수 있을까? 나 답게 잘 살고 있을까?

나는 오랫동안 광고 기획자이자 디자이너, 그리고 색채 전문가로 살아왔다. 시각디자인을 전공한 후 처음 맡았던 일은 물에 뜨는 수영복의 신문 광고였다. 이후 동대문 유명 쇼핑몰인 ○○오레 로고 제작을 비롯해, 꼬치구이로 잘 알려진 ○○리를 포함한 수많은 기업의 제품광고와 CI 작업을 25년간 작업해왔다. 광고 기획자로서 나는 언제나 창의성과 전략을 무기로 사람들의 시선을 끌고, 제품이나 서비스를 효과적으로 알리는 데 집중했다. 이 일은 빠르게 변화하는 트렌드와 소비자의 심리를 읽어내야 했고, 그에 맞는 새로운 캠페인을 기획해내야 했다. 성공적인 광고를 통해 얻는 성취감은 컸지만, 동시에 치열한 경쟁과 끝없는 긴장 속에서 살아야 하는 직업이기도 했다. 나의 정체성은 결국 성과와 결과물, 그리고 그것이 시장과 클라이언트에게 얼마나 주목을 받는지로 정의되곤 했다.

그러던 내 삶은 스무 살의 끝자락에서 커다란 전환점을 맞았다. 교통사고와 회사에서의 사고는 나를 죽음의 문턱까지 몰아넣었다. 그 순간 나는 결심했다. 더 이상 방황할 수 없다. 이제는 어른답게 살아야 한다. 그 다짐은 나의 삶을 다시 세우는 기점이 되었다. 대학 편입을 준비하며 배움의 길로 나아갔고, 기도원의 고요 속에서 삶의 의미를 붙잡으려 애썼다. 그리고 결혼이라는 중요한 결정을 통해 새로운 여정을 시작했다. 하지만 결혼 이후의 삶은 생각보다 무거웠다. 가정의 불화와 장인어른의 죽음은 나를 깊은 우울과 공황 속으로 몰아넣었다. 그럼에도 교회와 사회적 위치 때문에 나는 오랜 시간 겉으로만 평온해 보이는, 이른바 '쇼윈도우의 삶'을 살아야 했다. 15년이라는 긴 세월이 흘렀지만, 그 안에서 나는 진정한 만족과 평안을 찾지 못했다. 어린 시절부터 내 안에 자리했던 공허와 허탈감은 결국 한부모 가정이라는 현실로 이어졌다.

돌아보면 그 시절은 분명 고통이었다. 하지만 시간이 흐른 지금, 그 모든 아픔은 내 삶을 단단하게 만든 배움의 시간이었음을 깨닫는다. 쓰라린 기억들은 이제 내 안에서 거름이 되어, 앞으로 맺을 열매를 더욱 풍성하게 할 것이다. 과거는 단순한 후회의 잔상이 아니라, 성장의 토양으로 단단히 자리 잡았다.

어린 시절, 아버지의 부재는 내가 선택할 수 없었던 운명이었다. 그러나 지금 내 아이가 겪는 혼란은 부모인 나의 선택과 실수에서 비롯된 것이기에 그 무게는 더욱 깊게 다가왔다. 나는 스스로에게 물었다. "혹시 내가 아이에게도 나의 상처를 그대로 물려주고 있는 것은 아닐까?" 그 질문은 나를 멈추게 했고, 불안과 두려움 속에서도 나 자신을 마주하게 했다.

그때, H 교수의 권유로 처음 미술치료를 접하게 되었다. 처음엔 단순히 아이와 아내를 이해하기 위한 방법이라고 생각했다. 그러나 점차 나는 알게 되었다. 치유는 멀리 있지 않다는 것을. 색과 선, 형태와 질감 속에서 마음이 말을 하기 시작했고 색채로 감정을 풀며, 그림으로 내면을 표현하는 그 과정 속에서 나는 조금씩 회복되고 있었다.

미술치료는 단순한 치료 기법이 아니었다. 그것은 '나'를 다시 발견하게 하는 여정이었고, 멈춰 있던 내 안의 시간이 다시 흐르기 시작하는 경험이었다. 그 길 위에서 나는 다짐했다. 과거의 상처를 두려워하지 않고, 그것을 나와 타인을 이해하는 힘으로 전환하겠다고. 그리고 언젠가 나처럼 아픔 속에서 길을 잃은 사람들에게 색채와 예술을 통해 스스로를 회복할 수 있는 길을 보여주는 안내자가 되겠다고. 내 아이에게는 내가 물려받았던 상처의 고리를 더 이상 이어주지 않겠다고. 대신 더 건강하고 자유로운 미래를 함께 걸어가겠다고.

행복하고 만족스러운 삶을 살기 위해서는 과거의 경험을 다르게 바라보는 시선이 필요하다. 새로운 공동체에 적응하는 것이 힘든 시간이라기보다는, 다름 속에서 공동체와 닮아가는 자신을 발견하는 성숙의 시간으로 인식해야 한다. 또한, 과거부터 현재까지 자신이 존재했던 모든 순간, 즉 '지금 그리고 여기'에 담긴 의미를 발견하고 삶의 가치를 깨닫는 자기 성찰의 과정이 중요하다(김영순 외. 2023). 내 삶을 제대로 들여다보고, 그곳에서 나와의 만남을 통해 자신을 깊이 이해하면, '나' 다움을 발견할 수 있을까? 나는 매일 시시때때로 생각과 감성이 변하는데, 어떻게 '나'다움을 찾지? 이러한 질문들만 무성하게 자라고 있을 당시, 나는 직업적으로나 사회적 위치에서 부족함이 없었다. 그런데, 학업에 대한 갈증이 있었고, 개인적 문제를 해결하기 위해 지인의 추천으로 백석대학원에서 미술치료를 공부했다. 수련 후에는 본업인 광고기획과 병행하며 발달장애 아동, 우울증 여성들을 대상으로 미술 및 음악 심리치료를 했다. 심리상담사라는 타이틀로 치료의 길을 걷기 시작한 것이다.

우여곡절 가운데 미술치료 관련 공부를 시작했지만 공부를 하면 할수록 나 스스로가 먼저 치료되고, 내 안에 방어기제가 생기면서 억눌려 있던 감정들이 서서히 해소되고 있다. 그러나 여전히 남은 가장 중요한 과제는 '내가 살아야 하는 이유'를 찾는 일이다. 그 이유를 붙잡기 위해, 그리고 그 삶을 이어가기 위해, 나는 앞으로의 목표를 향해 사다리를 한 칸 한 칸 그려가고 있다.

지도교수님은 항상 학문의 주체로서 연구자는 자신 안의 '노예-자기'를 통해 '주인-자기'로 나아가야 한다고 했다. 이를 위해서는 학문에 헌신하고 스스로를 도야해야 한다는 점을 강조했다. 이 말씀은 학문적 성찰과 실천적 행동을 연결하고, 연구자로서의 자기 정체성과 사회적 책임에 대해 고민하는 모든 이들에게 중요한 메시지였다. 그는 타자와의 관계는 나를 비추는 거울이자 함께 성장하기 위한 출발점이라는 점도 강조했다.

미술치료사로의 전환은 내 삶의 방향과 목표를 근본적으로 바꾸는 선택이었다. 광고 기획자 시절에는 외부의 인정을 받기 위한 작업이 중심이었다면, 미술치료사는 타자의 내면을 치유하고, 그들의 감정을 이해하고 돕는 데 초점을 맞춘다. 이 직업은 타인의 고통과 기쁨을 공감하고, 예술을 통해 그들의 마음을 표현하고 풀어내는 과정을 지원하는 역할을 맡는다. 미술치료사로서의 나는 다른 사람들 내면의 이야기를 듣고, 그들이 자신을 이해하고 성장할 수 있도록 돕는 조력자로서 해야 할 역할을 수행 하고 있다. 지도교수님의 말씀처럼 '주인-자기'가 되기 위해 한 발 한 발 길을 걷고 있다.

나에게 '노랑'은 전환과 새로운 시작을 상징하며, 새로운 출발과 희망을 의미한다. 따스한 햇볕처럼 다른 이들의 마음을 비추고, 그들의 상처를 치유하는 것이 나의 새로운 목표가 되었다. 광고 기획자에서 미술치료사로의 변화는 나의 정체성을 새롭게 정의하고 삶의 깊은 의미를 찾아가는 여정이었다. 이제 나는 외적 성공보다 내적 성장을 우선시하며, 타인의 삶에 긍정적인 영향을 주는 일을 목표로 삼는다. 이러한 과정은 나에게 새로운 희망과 활력을 불어넣었고, 인생의 또 다른 장을 여는 계기가 되었다. 그래서 나는 이 변화를

'노랑'이라 부르고자 한다.

노랑은 시작

광고 속 반짝이는 불빛 아래,
나는 빛나는 메시지의 사냥꾼이었다.
아이디어의 황금빛 물결 속에서
사람들의 마음을 흔들고자 했던 나.

그러나 이제 나는
다른 빛을 찾고자 한다.
캔버스에 쏟아지는 따스한 햇볕처럼
영혼을 치유하는 손길로 변신하려 한다.

노랑, 새로운 시작의 상징.
어둠 속에서도 길을 밝히는 등불처럼
나는 이 길을 걷기로 결심했다.
미술의 언어로 마음을 그려내는
새로운 세상의 문을 열었다.

붓끝에 맺힌 노랑은 희망의 색.
붉게 물든 감정들 속에서
평화를 찾고자 하는 마음을 담아,
상처를 감싸는 따뜻한 손길로,
나는 다시 태어난다.

노랑은 단지 색이 아닌,
내 안의 새로운 이야기.
광고의 소음을 뒤로하고,

조용히 흐르는 마음의 강을 건넌다.

이제 나는 미술치료사,
노란빛으로 마음을 치유하는
노랑색의 약속 속에서
새로운 길을 걷는다.

색채전문가 캐런 할러(Karean Haller. 2019)는 그의 책 『컬러의 힘』에서 노랑의 의미를 다양하게 소개한다. 그에 따르면, 중국에서 노랑은 포르노그래피를 연상시키는 반면 황제의 색이기도 하다. 이집트에서 노랑은 망자에 대한 애도와 슬픔을 나타낸다. 노랑이 영원한 삶의 상징인 황금에 가까운 색이기 때문이라고 한다. 일본에서의 노랑은 배신의 색이지만, 용기를 나타내기도 한다. 유럽에서 노랑은 겁, 나약함, 배신을 상징한다. 특히 독일과 프랑스에서 노랑은 질투의 색이다. 하지만 그 많은 의미부여와 해석을 뒤로하고, 나는 노랑을 '시작의 색'이라 정의 내리고 싶다.

2. 초록 이야기: 균형과 조화의 색

250시간의 임상실습을 마친 후, 처음으로 의뢰받은 상담은 발달장애 아동이었다. 실습에서 이미 여러 경험을 쌓았기에 큰 부담은 없을 거라 생각했지만, 막상 혼자서 모든 것을 책임져야 하는 상황에 직면하자 자신감은 쉽게 꺾였다. 현장에 나와 보니 장애아동 돌봄서비스의 여건은 생각보다 매우 미흡했고, 국가의 지원 또한 충분하지 않았다. 시간이 흐르면서 나의 내담자는 주로 장애아동과 그 부모들이었으며, 그 과정에서 내가 할 수 있는 영역의 한계를 절실히 느끼기 시작했다.

이때 나는 '도움을 줄 수 있는가, 없는가'라는 실천적 질문보다, '타자의 고통 앞에서 나는 어떤 책임을 감당해야 하는가'라는 더 근본적인 물음을 마주했던 것 같다. 레비나스(1974/2018)는 『전체성과 무한』에서 타자를 만나는 경험을 "타자의 얼굴"로 설명한다. 얼굴은 외형이 아니라, "살해하지 말라"라는 무언의 명령으로 나를 부르는 윤리적 현현이다. 다시 말해, 타자는 나의 자유로운 선택을 기다리지 않고, 이미 나에게 선행적으로 무한한 책임을 부여한다. 장애아동과 부모를 대면하면서, 나는 바로 그 얼굴 앞에 서 있었다고 생각된다. 그래서 발달재활서비스 바우처 자격을 비롯해 음악·색채·미술·부모교육 등 다양한 상담 자격을 갖추었다. 돌아보면, 이러한 선택들은 내가 해야만 한다는 하나의 목소리에 이끌렸것 같다. 나는 레비나스가 타자의 부름에 응답하기 위한 윤리적 결단이란 어떤 것인지를 머리보다 몸으로 먼저 알아버린 듯 하다.

그 후 2년여 동안 20여 명의 아이와 부모를 상담하며 치료 성과를 거두었지만, 내 안의 깊은 곳에서는 여전히 '나는 충분히 잘하고 있는가?'라는 의문이 사라지지 않았다. 그리고 그 의문은 상담과 치료과정에서 적지 않은 어려움으로 이어졌다. '내가 과연 이 아이들에게 치료를 잘하고 있는 건가? 이 아이들의 시간만 빼앗고 있는 건 아니겠지?', '내가 지금 미술치료사로서 이 공간에 있는 것이 맞는 것일까? 누굴 위해 여기에 이 공간에 있는 것일까?', '자! 그럼 지금 내가 필요한 건 무엇일까?'라는 질문을 내게 던져 놓고 방법을 찾아 고민하고 기도하는 가운데 인문학의 필요성과 문학치료 분야에 관심을 가지게 되었고 미술치료사에게 인문학과 철학의 필요성을 알게 되었다.

학문은 물음표에서 시작된다고 볼 수 있다. 우리는 태어나면서 죽을 때까지 의도하든 그렇지 않든 배울 '학'과 묻는 '문'의 과정을 거친다. 연구자의 고민은 선행 연구자들이 기존에 제시한 가정을 탐구하거나 문제 탐색만 하는 것에 머물러서는 안 되며, 세계관이 자신의 연구수행에 어떠한 의미가 있는지를 찾아야 한다(김영순, 2021).

나는 기독교인이다. 어렸을 적부터 다니던 교회의 영향으로 성경과 찬송가에 내포된 사상이나 철학이 나에게 많은 영향을 주었다. 어릴 적 기억과 추억을 가지고 담임목사님과 상담 후 처음 철학을 배우러 갔던 곳이 감리교신학대학원의 M.Div.과정이었다. 한 학기를 다니는 동안 기독교철학이라는 학문을 알게 되었지만, 나에게는 크게 와닿지 않고 인문학에 대한 갈증만 더 늘어나게 되었다. 그래도 다시 시작한 학업이기에 포기한다는 건 내 자존심이 허락하지 않았으므로 젊었을 적 꿈이었던 선교사 인준을 받기로 결심하고 1년이라는 시간을 선교사 공부에 전념했다.

> 우리는 인간으로 태어나 학문이라는 것을 통해 이 진리의 공간에서 만났다. 학문이 나를 화려하게 만드는 장식품이 아니라 자기 이해를 하는 도구이며, 나아가 사회변화를 추동하는 계기를 만들어 준다. 우리는 엄청나게 성스러운 일을 하고 있다. 학문수호자로서 진리 추구의 길을 걷고 있으니 말이다. 이런 수행의 길에 만나는 수많은 타자는 인간종만은 아니다. 자연도, AI도, 기계도 타자임이 분명하다. 당장 여러분의 PC가 작동하지 않는다면 어떻게 할 것인가? 이미 비 인간종들은 학문 수행의 반려 종이자 동반 연구자들인 셈이다. 그래서 적어도 인간 타자들과 연대하는 연습은 매우 중요하다. 동종인 인간들과 연대를 하지 못하면서 인간종을 넘어서는 비 인간종들과 어떻게 연대할 것인가!(김영순, 2024b)

이 대목은 심리상담사로서, 그리고 색채·미술치료사로서의 나의 자리와 깊이 연결된다. 상담 장면에서 만나는 타자는 단지 개인적 문제를 가진 '한 사람'이 아니다. 그 타자는 가족, 사회적 맥락, 문화적 배경까지 끌어안고 나타난다. 때로는 장애나 질병과 같은 몸의 조건이, 때로는 기술과 미디어 환경이 그 사람의 삶을 형성하는 중요한 배경이 된다. 결국 인간 타자와 마주한다

는 것은 동시에 그를 둘러싼 비인간 타자들, 이를테면 환경, 제도, 도구 등과
도 조우하는 일이다. 색채와 미술치료의 과정도 다르지 않다. 내담자가 선택
한 색, 그리는 방식, 사용하는 도구들은 내담자가 세계와 맺는 관계의 반영이
다. 이를 읽어내고 해석할 수 있으려면, 나는 내담자의 '얼굴'뿐 아니라 그가
불러들이는 수많은 타자의 목소리에 귀 기울여야 한다.

학문은 인간과 비인간 타자의 얽힘을 이해하고, 그 속에서 내가 어떤 책임
과 연대를 감당할 것인지 성찰하게 하는 도구다. 그래서 나는 인문학을 심리
상담과 미술치료의 현장에 끊임없이 접속시키려 노력했다.

중년의 초록 나무

중년의 남자, 그의 눈빛에는 오랜 나무의 기억이 서려 있다
어릴 적 마을 언덕에 서 있던 키 큰 소나무, 초록 가지
바람에 흔들리던 그 날의 노래

무성한 잎을 잃은 채 세월의 흔적을 지닌 나무
가지마다 깊은 주름이 새겨져 그의 삶과 닮은 모습

열매 맺는 시간도 지나 한결같은 땅의 품속에서
뿌리를 깊게 박아 마음을 가라앉힌다.

노을이 물든 하늘 아래
나무는 여전히 굳건하게 서 있다.
중년의 남자, 그의 마음도 그렇게 깊고 단단해지리

시간이 흘러도 변하지 않는 자연의 소리를 닮은 채
그의 마음에 나무의 숨결이 스며든다.
삶의 무게를 견디는 그의 어깨에

나무처럼 묵묵히 서 있는 그의 존재가 빛난다.
나무의 힘을 닮은 중년의 남자
오늘도 그의 삶은 초록 나무처럼 강하다.

중년이라는 시간은 나 자신을 두고 던져지는 질문이 쌓이는 자리 같다. 이 중 하나는 '아이가 커 갈수록 나는 늙어가는데 앞으로 무엇을 하며 살아야 하나?'라는 질문일 것이다. 중년이라는 시간은 마치 한 그루 오래된 나무와 같다. 어릴 적 언덕 위에서 흔들리던 초록의 기억을 간직한 채, 이제는 무성한 잎을 잃고 세월의 주름을 가지마다 새겨 넣은 나무처럼 내 삶에도 흔적이 깊게 새겨졌다. 열매 맺는 시기를 지나 뿌리를 더 깊게 내리는 시점, 나 역시 더 이상 화려함보다는 묵묵히 버티며 존재의 무게를 지탱하는 법을 배워가고 있다. 노을 지는 하늘 아래 여전히 굳건히 서 있는 나무처럼, 나의 마음도 삶의 무게를 견디며 조금씩 단단해지고 있음을 느낀다.

삶은 늘 질문을 던진다. "나는 잘하고 있는가?", "나는 지금 어디에 서 있는가?"라는 물음은 중년의 무게와 더불어 깊어졌고, 그 물음 속에서 나는 다시 학문을 만났다. 심리상담과 미술치료의 경험이 내 안에서 인문학의 갈급함과 철학적 사유와 결합하면서, 나는 결국 인문융합치료라는 길로 나아오게 되었다.

돌아보면 나의 여정은 나무처럼 균형과 조화를 찾아가는 과정이었다. 색채와 미술치료가 감각과 표현의 뿌리를 지탱해 주었다면, 인문학과 철학은 그 뿌리에 영양을 공급하는 토양이 되어주었다. 그리고 신앙은 언제나 하늘을 향해 곧게 뻗을 수 있도록 기둥이 되어주었다.

나무가 초록으로 세상을 지탱하듯, 학문과 상담, 인문융합치료는 사람들의 삶에 균형과 회복의 색을 입혀주는 일이 되리라 생각한다. 중년의 내가 이 길 위에 서 있는 이유도 바로 여기에 있다. 묵묵히, 그러나 단단하게 초록 나무처럼 강한 삶으로 타자와 함께 서기 위함이다.

3. 빨강 이야기: 에너지와 용기를 주는 색

박사 1학차 수강 신청 당시, 이번 학기는 큰 욕심 내지 않고 조심스레 지내야겠다는 생각을 했다. 그래서 그림 심리진단 및 평가, 음악심리학, 인문융합치료 프로그램 개발 및 평가 과목을 신청했다. 그러나 한 학기를 그렇게 흘려보낸 것은 지금 돌아보면 나의 가장 큰 실수였다. 아마도 그때의 나는 아직 연구자가 되는 일에 두려움을 느끼고 있었던 것 같다.

> 선생님은 왜 이 수업을 들으신 건가요? 수업료가 아깝지 않으신가요? 박사과정은 연구자가 되려는 분들이 하시는 겁니다. 아직 안 늦었으니 다시 잘 생각해 보시고 결정하세요.(그림 심리진단 마지막 수업 중 교수님께서)

그때 나는 이해하지 못했다. '아니, 성적은 A+를 주시면서 왜 이런 말씀을 하시는 걸까? 내가 진단을 더 잘했나? 수업 내내 잘난 척하지 않고 성실히 참여했는데…' 서운함이 먼저 밀려왔다. 당시 수강생 중 인문융합치료 전공자는 나와 몇몇 박사 동기뿐이었고, 대부분은 교양과목으로 듣는 학생들이었다. 그래서 나는 도움이 될까 싶어 학생들의 그림을 진단해 주었는데, 혹시 그것이 잘난 척으로 비쳤던 건 아닐까 마음이 불편했다. 지도교수님께 말씀을 드려볼까 고민하다가 결국 하지 않기로 했다.

하지만 정말 몰랐다. 교수님의 말씀은 내 마음을 상하게 하려는 것이 아니라, 상담사에서 연구자로 나아가는 과정에서 반드시 필요한 태도를 일깨워주신 것이었다는 걸. 나는 석사 과정처럼 수업만 잘 듣고 과제를 성실히 하면 박사 학위도 자연스럽게 이어질 것이라 착각하고 있었다. 그것이 나의 오만함이었다. 이 장에서는 바로 그 '건방진 예비 연구자'였던 내가, 문학과 철학, 그리고 지도 교수님과의 학문적 만남을 통해 어떻게 사회과학자로 첫발을 내딛게 되었는지를 이야기하고자 한다. 나는 '빨간색'의 색채 에너지를 가진 사람을 떠올리며 글을 전개 할 것이다. 빨간색은 강한 실행력과 활력을 상징하며, 추진력과 리더십을 발휘하는 성향을 지닌다.

1) 마종기라는 시인과의 만남

미술치료를 하면서 문학치료의 필요성을 절실히 느끼게 되었고, 그 결과 인문융합치료라는 학문을 공부하기로 결심했다. 그러나 한 학기를 마쳤을 당시에는 마치 나와 잘 맞지 않는 옷을 입은 듯한 이질감을 경험하기도 했다. 하지만 시간이 흐르면서 학문을 깊이 배워갈수록, 오히려 그것이 지금의 나에게 꼭 필요한 부분을 채워 주는 배움이라는 확신이 점점 커지고 있다. 특히 여러 과목들 가운데서도 문학치료는 나와 더욱 잘 맞는 분야라는 생각이 들어, 앞으로의 학문적 여정에서 중요한 의미를 가질 것임을 느끼게 되었다.

> '문학치료를 배우러 왔으니, 문학치료 수업을 수강해야 하는 것이 맞겠지!'

문학치료는 문학과 치료의 결합을 통해 참가자들에게 감정적 지원과 심리적 치유를 제공하는 심리치료의 한 형태이다. 다양한 문학 작품을 활용하여 인간의 내면세계와 감정을 탐구하며, 정서적·심리적 문제를 치료하는 데 이바지한다. 이를 통해 환자는 자신의 감정과 경험을 이해하고, 새로운 관점과 자아 인식을 발전시킬 수 있다(최현식, 2022). 나는 마종기 시인의 작품이 문학치료에서 강력한 도구가 될 수 있다는 점에 깊이 공감하며, 이를 바탕으로 외국인 유학생들의 심리·정서적 지원 프로그램을 구상하고 싶다는 생각을 했다. 디아스포라적 경험과 고유한 감정 탐구라는 관점에서, 마종기 시인의 시와 외국인 유학생들의 상황이 닮아 있다는 사실은 나에게 큰 울림을 주었다.

나는 그의 시가 독자에게 정서적 지지와 삶의 의미를 탐색할 기회를 제공한다는 점에 매료되었다. 특히 익숙한 환경을 떠나 새로운 문화와 언어 속에서 정체성을 찾아가는 고뇌와 불안은, 내가 외국인 유학생들에게서 목격하는 감정과 크게 다르지 않다는 생각이 들었다. 낯선 환경에서 소외감과 문화적 충격, 언어 장벽 때문에 자신을 '패자'처럼 느끼는 그들을 보면서, 나는 시를 통해 그들의 감정을 이해하고 공감할 수 있는 통로가 필요하다는 깨달음을 얻었다.

나는 또한 후설의 현상학적 글쓰기 중심 문학치료에 주목했다. 글쓰기는 내담자가 자신의 주관적 경험을 언어로 탐구하고 표현하도록 돕는 과정이다. 외국인 유학생에게 글쓰기는 복잡한 감정을 정리하고 안전하게 표출하는 통로가 된다. 나는 그들이 모국어나 한국어로 자신의 의식과 감정을 종이에 풀어내도록 도와주면서, 자기 이해와 정서적 치유, 창의적 자기표현, 삶의 재구성을 경험하도록 이끌 수 있음을 깨달았다. 내가 구상하는 프로그램에서는 색채를 중심으로 글쓰기와 연결하고자 한다.

언어로 감정을 충분히 표현하기 어려운 학생들에게 색채는 강력한 비언어적 소통 도구가 된다. 나는 그들에게 시를 읽고 떠오르는 색을 선택하게 하거나, 현재 느끼는 감정을 색으로 표현하게 함으로써, 내면의 정서를 인식하고 탐색하도록 돕고 싶다. 또한 색채와 연결된 글쓰기 활동을 통해, 왜 그 색을 선택했는지, 그 색이 불러일으키는 감정과 유학생활 경험과의 연결점을 글로 표현하게 하면서 자기 이해를 심화시키고자 한다. 나는 이 과정에서 유학생 공동체 내 공감과 연결을 강화할 수 있으리라 믿는다. 학생들이 서로의 색과 글을 공유하며 경험에 귀 기울이는 과정에서, '나만 힘든 것이 아니다'라는 위안과 연대감을 느끼며 고립감이 줄고, 새로운 환경에 적응할 힘을 얻을 것이라 생각한다.

2) '라캉'이라는 철학자와의 만남

2학차에 접어들며, 나는 이번에는 정말 열심히 해보겠다는 마음을 군혔다. 동기들과 선배들에게 조언을 구하며 수업을 신청했고, 그 과정에서 나에게 철학의 세계가 단순히 데카르트(Descartes)와 칸트(Kant)만으로 이루어진 것이 아님을 깨닫게 해준 「치료사의 자기 이해와 윤리」와 「질적 사례연구」 수업을 경험하게 되었다.

처음 오프라인 수업에 참여했을 때, 지도교수님께서 "이 수업은 타자 철학자들과 종교 윤리학자, 교육학자 등의 사상을 인문융합치료학 영역에 도입하는 시도입니다"라고 말씀하셨다. 그 순간, 나는 당혹스러움을 느꼈다.

> 첫 시간은 참으로 낯설고 막막했습니다. 교수님의 말씀을 따라가고 싶은데, 도무지 무슨 의미인지 잘 잡히지 않았고, 마치 나만 뒤처져 있는 듯한 불안감이 마음을 짓눌렀습니다. '과연 이 수업을 계속 들어야 하는 걸까' 하는 고민이 들면서, 딸아이에게 속내를 털어놓고 돌아와서는 무지한 나 자신을 탓하며 눈물을 흘렸습니다. 그러나 곧 포기하기에는 아직 이르다는 생각이 들었습니다. 마음을 다잡고 자료를 찾아 읽어보고 교재를 다시 펼쳐보며, 두 번째 수업에 임했을 때 비로소 '수업에 집중하다 보면 조금씩 적응할 수 있겠구나' 하는 희망이 생겼습니다. 물론 여전히 잘 해낼 수 있을지 자신은 없지만, 그래도 할 수 있는 만큼 최선을 다해 열심히 해 보리라 마음을 다잡게 되었습니다.(2023. 9월 7일. 성찰일지)

두 번째 수업에서는 자기 인식, 대립과 통합, 대화, 도덕적 선택과 책임 같은 주제를 다루며, 치료사의 자기 이해와 윤리적 성찰에 대한 핵심 개념을 배우게 되었다. 나는 처음으로 헤겔의 변증법 철학, 타자를 나와 대비되는 존재로 보며 윤리적 의무와 책임의 근원을 탐구한 레비나스, 차이와 창조, 연결성을 강조한 들뢰즈, 그리고 라캉의 이론을 접했다.

라캉은 무의식이 언어와 상징을 통해 드러나며, 주체가 자신의 욕망과 경험을 이해하기 위해서는 상상계, 상징계, 실재계라는 층위를 탐색해야 한다고 보았다(Lacan, 2006). 특히 그는 무의식의 상징화를 통해 개인이 내적 경험을 색채, 이미지, 이야기 등으로 의식적으로 표현할 수 있으며, 이를 통해 주체는 자기 자신과 타자를 동시에 이해할 수 있다고 설명했다. 나는 상담과 색채 중심 인문융합치료 프로그램에서 바로 이 지점을 경험적으로 적용할 수 있다고 느꼈다. 내담자가 선택한 색과 이미지, 감정과 이야기는 단순한 표현이 아니라, 무의식과 상징계가 교차하는 자리에서 생성되는 주체의 메시지이며, 이를 읽고 해석하는 과정에서 나는 내담자와 깊이 연결될 수 있다.

라캉과의 만남을 통해 나는, 상담 현장에서 타자와의 관계가 단순한 상호작용을 넘어, 내담자의 내적 세계와 무의식, 그리고 그가 속한 사회적·문화적 맥락까지 포괄하는 복합적 탐색임을 깨달았다. 동시에 나는 색채와 글쓰기, 시와 문학을 매개로 한 치료적 실천의 의미를 더 분명히 이해하게 되었다. 2학차 수업을 통해 비로소 라캉의 사상을 내 삶과 실천 속으로 가져올 수 있었고, 이 만남은 나의 상담사이자 연구자로서의 여정에 중요한 이성표가 되었다.

3) 학문적 글쓰기 & 지도교수님과의 만남

마종기와 라캉과의 만남을 통해 알게 된 학문적 글쓰기는 초보 연구자가 사고력과 표현력을 기르고 학문적으로 성장하는 데 필수적인 과정이다. 이를 통해 연구자는 자기 아이디어와 연구 결과를 체계적이고 명확하게 전달할 수 있으며, 연구자로서의 정체성을 다음과 같이 확립할 수 있다.

첫째로, 학문적 글쓰기는 연구자의 아이디어를 논리적으로 정리하고 체계적으로 표현하는 능력을 길러주어 이를 통해 연구자는 자신의 연구 의도를 명확하게 전달할 수 있다.

둘째로, 글쓰기 과정에서 연구자는 비판적 사고를 발전시키며, 자신의 논리를 검토하고 반론을 고려하는 능력을 키운다.

셋째로, 연구 성과는 글쓰기를 통해 공식적인 학문적 결과물로 전환되며, 이를 통해 학문공동체와 연구 결과를 공유할 수 있다.

넷째로, 학문적 글쓰기는 자료를 정리하고 지식을 통합하는 기회를 제공한다. 연구자는 글을 쓰면서 정보를 단순히 나열하는 것이 아니라, 이를 분석하고 학문적 맥락에서 해석하는 능력을 기르게 된다.

다섯째로, 학문적 글쓰기는 연구자가 명확하고 객관적인 학문적 언어와 스타일을 익힐 수 있는 과정이 되며, 이를 통해 학문적 커뮤니케이션 능력이 향상된다.

여섯째로, 글쓰기는 연구자가 자신의 연구 과정을 반성하고, 연구 윤리를 점검하는 계기가 된다. 문헌 인용의 정확성을 검토하고 논리의 타당성을 평가하는 과정에서 연구 윤리와 성실성이 강화된다.

일곱째로, 학문적 글쓰기는 창의성을 계발하고 새로운 아이디어를 발견하는 데 이바지한다. 연구자는 글을 쓰면서 연구 질문을 재정립하고 새로운 연구 주제를 탐색할 수 있다.

여덟째로, 논문 작성과 출판을 통해 연구자는 자신의 학문적 경험을 형성하고, 연구자로서의 신뢰성과 가치를 인정받을 수 있다. 결론적으로, 학문적 글쓰기는 단순한 글쓰기 기술을 넘어 연구자로서 사고력과 표현력을 길러주고, 학문적 정체성을 형성하는 데 중요한 역할을 한다.

초보 연구자는 이를 통해 자신의 연구를 발전시키고, 학문공동체와의 소통을 통해 성장할 수 있는 기반을 마련할 수 있다(김영순, 2023). 또한, 사람들은 '인생은 만남이다'라고 말하곤 한다. 수많은 만남 중에 부모와의 만남, 스승과의 만남, 배우자와의 만남은 특별히 중요한 만남으로 손꼽힌다. 아마도 그 영향이 비교적 더 크기 때문일 것이다.

학문을 하는 학생에게 지도교수님과 만남은 대단히 중요하다. 왜냐하면 그 만남이 앞으로의 연구자의 길을 결정하고 학문 수행의 성장과 철학을 이어 나가는 것에 큰 영향을 주기 때문이다.

내가 지금의 지도교수님을 만나게 된 계기는 '치료사의 자기 이해와 윤리, 공간 텍스트의 사회문화적 재구성과 공간 스토리텔링'이라는 수업이었다. 이 수업에서 다룬 공간 텍스트는 특정 공간이나 장소를 물리적 배경으로 한정하지 않고, 사회문화적 맥락 속에서 해석되는 개념임을 강조했다. 즉, 공간은 단순히 존재하는 것이 아니라 사회적 의미를 지닌다. 이러한 관점은 인문학, 사회학, 문화학 등 다양한 분야와 맞닿아 있으며, 공간 스토리텔링과 함께 공간의 역사와 문화를 재구성하고 전달하는 중요한 역할을 수행한다. 예를 들어, 한때 산업화의 중심지였던 지역이 시가이 흐르며 예술과 문화의 중심지로 변화하는 것은 공간 텍스트의 사회문화적 재구성의 사례라 할 수 있다.

나는 이것을 미술치료에 공명시켜 보았다. 미술치료의 관점에서 바라보면, 공간과 환경이 개인의 내적 경험과 감정에 미치는 영향을 탐구하는 것이 중요하다. 미술치료에서는 창작 활동을 통해 개인의 정서적, 정신적, 신체적 향상을 촉진하는데, 공간적 경험을 표현하고 공유하는 과정이 치료적 개입으로 작용할 수 있다. 특정 장소나 환경은 개인의 과거 경험, 문화적 배경, 사회적 상황 등을 반영하며, 미술치료에서는 이를 그림, 조각, 설치 미술 등을 통해 시각적으로 표현하도록 돕는다. 이를 통해 내담자는 자신의 공간적 경험을 이해하고 재구성하며, 치료사는 이를 바탕으로 정서적 치유와 성장을 지원한다.

이처럼 공간을 통한 자기 이해와 표현은 개인이 자신의 이야기를 수용하고 내적 변화를 이루는 중요한 과정이 될 수 있다.

빨강의 약속

붉게 물든 저녁 하늘 아래
바람은 열정의 숨을 몰아쉬고
햇살은 마지막 불꽃을 피운다.
빨강은 말한다,
나는 멈추지 않는 심장의 고동,
두려움에 맞서는 용기의 불빛.

언덕 위 작은 꽃잎에도,
도시의 분주한 길모퉁이에도,
우리는 빨강을 본다.
삶을 향해 내딛는 첫 발걸음처럼,
용감하게 살아가는 모든 존재의 색.

넘어진 자리에서 다시 일어서라며
손을 내미는 빨강,
깊은 밤 속에서도 꺼지지 않는 반딧불

어느 날 지친 마음이
바람처럼 흔들릴 때
빨강은 속삭인다,

다시 시작하라. 너의 열정은 아직 타오르고 있다.

　나는 지도교수님의 이미지와 빨강이 중첩된다고 생각된다. 이 색채 에너지
를 가진 이들은 적극적이고 진취적이며, 감정 표현이 솔직하지만, 자기중심적
이고 충동적인 면도 있다. 또한, 빨간색은 신호등에서 위험과 중단을 나타내
거나, 마케팅에서 시선을 끄는 용도로 활용된다. 빨간색을 좋아하는 사람은
힘이 넘치고, 활동적이지만, 고집스럽고 완고한 면이 있을 수 있다.
　건강 측면에서는 빨간색이 기운을 북돋우는 효과가 있어 감기나 빈혈 등에

긍정적인 영향을 줄 수 있다. 빨간색은 예술과 디자인에서도 강렬한 효과를 발휘하는 색으로 활용되지만(Howard & Sun, 2006), 나는 색을 통해 개인의 성격과 필요한 점을 파악하는데 적용하고 있다.

한 예로, 지도교수님의 경우는 빨강이다. 나의 지도교수님은 늘 내 앞에서 손짓하며 나를 앞으로 전진하게 한다. 그런가 하면, 옆에서 나란히 걸으면서 연구자가 가야 할 길을 고집스레 보여주신다.

내가 지쳐서 포기할라치면, 어느새 손을 내밀고, 내 이름을 부르신다. 그분의 속삼임이 있어 나도 빨강으로 물드는 중이다.

4. 파랑, 외국인 유학생과의 만남

논문 연구참여자를 찾고 있던 무렵, 인하대학교 정석학술정보관으로부터 대학혁신지원사업의 일환으로 외국인 유학생을 대상으로 하는 국제화 인문융합 프로그램을 한 학기 동안 진행해 달라는 요청을 받았다. 이 계기를 통해 지도교수님의 환대에 대한 조언을 바탕으로 색채 중심 인문융합치료 프로그램을 구상하고 실행할 수 있었다.

내가 구상하는 외국인 유학생 심리 · 정서 지원 프로그램은 타자를 환대하고 그 경험에 공명하는 장으로 설계하고자 한다. 환대는 인간 역사와 철학 속에서 오랫동안 핵심 가치로 다뤄져 왔다. 성경에서는 아브라함이 낯선 이를 극진히 대접하였을 때 하나님의 축복을 받는 사례가 기록되어 있으며(창세기 18장), 모세의 아들 이름에도 타국에서 객으로 살아가는 존재와 신적 도움의 상징이 담겨 있다(출애굽기 2:22; 18:4). 이것은 타자의 존재를 온전히 인정하고 그들과 함께 살아가는 사회적 · 윤리적 행위로 이해될 수 있다.

학문적으로도, 질적연구에서 연구자는 관찰 대상과의 관계 속에서 의미를 구성하며, 연구 과정 자체가 사회적 변화를 촉진하는 실천임이 강조된다(김영순, 2024). 나는 이러한 학문적 통찰을 바탕으로, 외국인 유학생이 느끼는 문화적 충격, 소외감, 언어 장벽을 이해하고, 그들의 경험을 온전히 수용하며 심리적 회복을 돕는 프로그램을 설계했다.

프로그램에서는 글쓰기와 색채 표현을 결합한 치료적 활동을 통해, 학생들이 자신의 경험과 감정을 언어와 시각적 상징으로 탐색하게 한다. 후설의 현상학적 글쓰기 접근(Husserl, 2006)에 따르면, 주관적 경험을 언어화하는 과정은 자기 이해와 정서적 치유를 촉진하며, 색채는 감정의 비언어적 매개체로 작용한다(Howard & Sun, 2006). 나는 파랑색을 통해 고요와 집중을 경험하게 하고, 빨강색을 통해 활력과 용기를 체험하게 하는 등 색채와 글쓰기를 연결하여, 학생들이 자신을 있는 그대로 표현하도록 지도했다.

이 그림을 보면서 어떤 느낌이 드셨나요? 색감이나 형태 중 특별히 눈에 들어오는 부분이 있으신가요? 어쩌면 이 색이 지금의 당신 마음과 비슷하다는 느낌이 들 수도 있고, 혹은 전혀 다르게 느껴질 수도 있어요. 어떤 느낌이 든 괜찮습니다. 오늘은 어떤 것도 틀리거나 평가받지 않는 시간이에요. 지금, 이 순간 당신이 느끼는 것을 있는 그대로 받아들이고 이야기해 보실 수 있으면 좋겠습니다. 혹시 이 색이나 모양을 보며 떠오르는 기억이나 감정이 있다면 천천히 말씀해 주셔도 되고 글로 표현해도 괜찮아요. 또는 지금 말과 글로 표현하기 어려운 감정이 있다면, 그 자체로도 의미가 있습니다. 우리가 함께 이 시간을 통해 조금씩 그 감정을 풀어나가 보도록 해요.

파랑은 언제나 나에게 깊은 호흡을 가능하게 하고, 마음의 소음을 가라앉히는 색이었다. 바다는 언제나 넓고 깊어서, 그 속으로 시선을 두는 순간 생각의 파편들이 가라앉는다. 하늘은 끝없이 펼쳐져 있어, 그 아래 서 있는 나는 작지만 동시에 무한한 가능성을 품고 있음을 느낀다. 그래서 나는 학생들에게 가장 먼저 이 색을 건네주고 싶었다.

외국인 유학생들에게 낯선 환경은 곧 한겨울 눈보라와 같았다. 익숙한 언어와 문화가 아닌 낯선 세계 속에서, 그들의 마음은 언제든 흔들릴 수 있다. 나는 파랑을 통해 그들에게 잠시 머무를 수 있는 평온함을 선물하고 싶었다. 동시에, 파랑은 차분하게 집중을 돕는 색

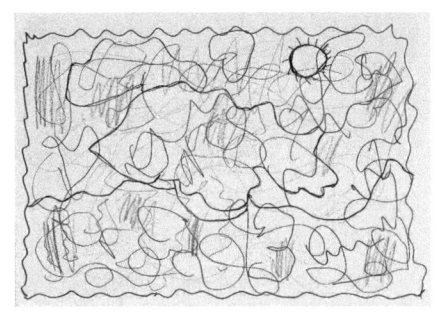

파랑색 난화

이다. 배움의 길 위에 서 있는 그들에게 가장 필요한 것이 바로 내적 고요와 몰입이라고 생각했다. 하지만, 파랑은 단순한 안정의 색만은 아니며, 그 속에는 깊이와 성장의 상징이 숨어 있다.

이 수업에서 나는 학생들에게 자존감과 희망을 심어 주려고 파랑색을 선택했다. 한 학생의 파랑색 난화 작업 속에서 작은 물고기를 발견했고, 그 물고기는 곧 파도를 헤치며 돌고래로 성장했다. 나는 그 그림을 보며 파랑이 우리에게 말하는 바를 다시 확인했다. 작은 존재라 할지라도, 지식을 쌓고 삶의 경험을 더해가면 큰 바다를 누비는 고래가 될 수 있다는 것. 파랑은 바로 그 길을 향한 희망의 색이었다.

또한 파랑은 나에게 신앙적 환대를 떠올리게 한다. 낯선 자를 맞이하고, 작고 연약한 이웃을 돌보라는 가르침은 내 삶의 중심이자 학문을 이어가는 이유였다. 파랑의 고요한 울림은 단지 개인의 집중을 돕는 데 그치지 않고, 타자를 향한 시선을 넓히게 한다. 파랑은 나로 하여금, 사회과학자로서 지켜야 할 환대의 윤리를 다시금 일깨웠다.

오늘 와서 파랑색 그림을 보고 낙서하듯이 그림을 그렸다. 아무거나 그리라고 하셨는데 막상 그리고 시작했지만, 못 그렸다. 그냥 파랑색을 가지고 낙서하기 시작했다. 그리고 나서 자세히 봤는데 맨

처음에 물고기 같은 그림이 보였다. 그 뒤에는 왼쪽 위에 구름이 보였고, 물고기 밑에 바다의 파도 모양이 보였다. 마지막에는 오른쪽에 태양의 모양을 찾았다. 그래서 나의 그림은 맑은 날씨에 바다 위로 뛰어나온 돌고래 그림이라고 이야기해도 될 것 같다. 선생님께서는 작은 물고기가 바다처럼 큰 지식을 쌓아서 큰 고래로 성장하길 바라는 마음속의 소리를 잊지 말라고 하셨다. 또 고향으로 돌아가서 주변 사람들에게 배운 지식을 나눠주라고 하셨다.(연구참여자 D, 키르키스탄)

많은 사람이 화분에 다양한 반려 식물을 키우고 있다. 일주일에 한두 차례 물을 주고 잡초가 보일 때마다 뽑아 준다. 채송화와 나팔꽃이 흙을 비집고 얼굴을 내밀더니 어느새 자라서 꽃을 피운다. 작은 화분에도 여러 꽃을 수시로 가위로 다듬고, 시절을 다한 줄기는 잘라 준다. 이렇게 꽃을 가꾸면서 자연스레 마음도 잘 가꾸고 있는지 돌아보게 된다. 성경에서 솔로몬은 아들에게 당부한다. "그 무엇보다도 너는 네 마음을 지켜라. 그 마음이 바로 생명의 근원이기 때문이다(잠 4:23, 새 번역)." 라틴어 성경에는 '부지런히 정성을 다해 네 마음을 지키라'로 번역되어 있다. 마음은 인격적 활동의 중심지이며, 지(知), 의(意), 정(情)의 근거이다. 따라서 사람이 마음을 지키고 가꾸는 것은 삶의 기본 과제이다.

연구참여자 D는 프로그램에 참여하여 파랑색에서 자신의 마음속 정원을 만난 것 같았다. 파랑색을 통해 자신의 내면을 바라보고, 감정을 관찰하며, 무의식 속 메시지를 의식화하는 과정이었다. 연구참여자들은 대체로 시간이 갈수록 마치 화분에 심은 꽃을 돌보듯, 자신의 마음을 정성껏 들여다보고 가꾸며, 내적 성장을 경험하고 있었다. 나는 마음을 정원처럼 가꾸는 것과 색채를 통한 자기 탐색은 다르지 않다고 본다. 모두 자신의 내면을 돌보고, 잠재력을 깨우며, 삶의 풍요로운 열매로 이어지는 실천적 행위인 것이다.

파랑은 고요
깊은 바다의 속삭임처럼
파랑은 조용히 나를 감싼다.
하늘 끝없이 펼쳐진 평온 속에
생각의 물결이 잔잔히 흐른다.

파랑은 말한다,
나는 집중의 창, 너의 마음을 맑게 비추는 거울.
책장 위를 미끄러지는 햇빛,
그 모든 순간에 머물러 있는
파랑의 은은한 울림.

혼란의 소음을 잠재우고
사유의 나래를 펼쳐주는 색,
질문의 문을 열고
진리의 길로 안내하는 파랑.

한 줄의 깨달음 속에서
세상이 열리고,
파랑은 부드럽게 속삭인다.

탐구하라, 멈추지 마라.
지식은 너를 더 높은 곳으로 데려갈 것이다.

파랑이 보여주는 고요와 평온은 내적 성찰과 자기돌봄의 장으로 확장된다. 마음을 정원처럼 가꾸듯, 연구자는 자기 자신을 돌보고 성찰하는 시간을 통해 지적 성숙과 정서적 균형을 동시에 얻는다. 기독교적 관점에서 이는 신앙을 통한 영적 치유와 회복, 그리고 타인을 향한 사랑과 돌봄과도 연결된다. 자기 돌봄을 실천하는 질적연구자는 자신의 내면을 돌봄으로써 학문적 수행에 집중하고, 동료와 연구참여자에게 공명하며 사회적 환대를 실천할 수 있다(김영순, 2024; 정연수, 2019).

파랑의 고요 속에서 나는 마음의 물결을 바라보며, 자기성찰과 치유가 학문과 삶의 깊이를 더하는 길임을 깨닫는다. 이처럼 색채 경험과 글쓰기, 그리고 내적 탐구는 서로 얽히며 연구자로서, 한 인간으로서 성장할 수 있는 통합적 장이 된다. 나는 내 마음의 정원에서 파랑이 속삭이는 "탐구하라, 멈추지마라. 자기 자신을 돌보며 지혜와 사랑을 세상에 흘려보내라."라는 말을 묵묵히 듣고 있다.

5. 보라 이야기: 사색과 명상 · 고차원적 진리 탐구의 색

인문융합치료학 박사과정생의 학습생애사는 인문학적 지식과 치료적 접근을 융합하여 새로운 학문적 경계를 탐구하는 과정에서의 학습경험을 기록하고 분석하는 연구이다. 질적연구자의 관점에서 이러한 학습생애사의 의의는 다음과 같이 기술될 수 있다.

질적연구자는 인문융합치료 박사과정생의 학습생애사를 통해 이러한 다양한 측면을 심도 있게 탐구함으로써, 학문적 융합의 과정과 그 결과를 더 잘 이해하고, 이를 통해 교육 및 연구의 질을 향상하는 데 이바지할 수 있다.(김영순. 2024. 질적연구방법 세미나)

질적연구자는 자신을 성찰하며 삶을 살아감에 있어서, 어떠한 자세를 가지고 있는가는 매우 중요하다. 그렇다면 나는 질적연구자의 자세로 나의 시간과 삶을 살고 있는가? 더 나아가 연구자로서의 기준은 무엇일까? 그럼 나는 어떤 자세로 임하고 있을까? 판단하려고 했을까? 아니면 이해하려고 했을까? (정화정, 김영순, 2023). 하지만 난 대부분은 판단하려 했다. 그것도 아주 빠르게,

때론 그 판단을 정확하게 했다고, 잘한 거라고 스스로 모자란 줄도 모르고 착각한 적도 있었다.

본인 스스로가 판단하면, 이미 정해버렸기 때문에 다른 대안이나 열려 있는 결말로 나아갈 수 없다. 왜냐하면 내 머릿속에선 이미 맞는다고 고정되어버렸기 때문에 다른 의견이나 질책의 말을 듣는 순간이 되면 마음속으로는 불평과 불만이 쌓이고, 더 나아가서는 불신까지 갖게 된다. 상담사에서 초보 연구자로 나아가려 하는 지금, 나는 앞으로 어떤 삶을 살아야 하는가를 생각하게 하는 시간이다. 질적연구자로서 이론과 실천을 결합하여 연구를 수행하기 위해서는 몇 가지 중요한 덕목과 절차가 필요하다. 이를 7가지로 정리하면 다음과 같다.

첫째, 통찰력과 호기심이다. 연구자는 연구주제에 대한 깊은 이해와 끊임없는 탐구 정신을 가져야 하며, 새로운 관점과 아이디어를 발견하는 데 열정적이어야 한다.

둘째, 문제 정의와 연구 설계이다. 연구자는 연구주제를 명확히 정의하고, 연구 목표, 방법론, 자료 수집 및 분석 방법 등을 포함한 연구 설계를 체계적으로 수립해야 한다.

셋째, 인터뷰 및 관찰 기술이다. 질적연구에서는 인터뷰와 관찰이 수요 자료 수집 방법이므로, 연구자는 적절한 기술을 익혀 연구 대상자와의 상호작용을 통해 중요한 정보를 효과적으로 수집해야 한다.

넷째, 분석 능력이다. 수집한 데이터를 체계적으로 분석하여 의미 있는 결과를 도출하는 것이 필수적이며, 연구자는 다양한 분석 기법을 이해하고 활용할 수 있어야 한다.

다섯째, 비판적 사고이다. 연구자는 자료와 분석 결과를 비판적으로 검토하고, 연구의 타당성과 신뢰성을 평가하며, 연구의 한계와 제한점을 고려해야 한다.

여섯째, 윤리적 고려이다. 연구 대상자의 권리와 안전을 도모하기 위해 연구자는 윤리적 가이드라인을 철저히 준수해야 한다.

일곱째, 결과 보고와 소통이다. 연구 결과를 명확하고 효과적으로 보고하는 능력이 중요하며, 이를 위해 적절한 학술지나 학회에서 발표하고, 연구 결과를 다양한 관계자들과 공유해야 한다.

이러한 덕목을 갖추고 연구를 수행함으로써 질적연구자는 더욱 깊이 있는 이해와 지식을 확보할 수 있다. 또한, 성숙한 연구자가 되기 위해서는 성찰일지를 작성하는 습관이 중요하다. 반복되는 말과 행동이 한 사람의 사상이 되고, 이는 습관이 되어 인생을 좌우하기 때문이다. 따라서 거룩한 습관을 형성하는 것은 연구자로서 반드시 도전해야 할 과제이다.

'여러분들은 인문융합치료사가 아니라 인문융합치료 연구자입니다. 자기돌봄은 자신의 생애사를 세상에 꺼내 놓는 데서 시작합니다. 일반적인 에세이 글에 학문적 개념을 조금 얹어보도록 합시다. 여러분들이 생애사를 발화할 때 스스로 자기 이해, 자기 만짐과 자기돌봄을 느끼기를 바랍니다. 우리는 모두 출생의 비밀을 어떻든 간에 가지고 있습니다. 비밀의 문을 여는 순간 우리는 다른 세계로 진입할 수 있습니다. 공간과 장소가 바뀌면 변화가 되는 것 같습니다. 부모의 부재로 인한 공허함을 전환 시키는 방법을 학업으로 전환 시키려는 부분이 제일 공감됩니다.'(김영순, 2024. 이야기 채록과 분석 수업 중)

이탈리아의 심리학자 마리오 폰조(Mario Ponzo, 1982~1960)가 발견한 '폰조 착시'(Ponzo illusion)는 같은 물체라도 사다리꼴 구조의 위에 두느냐 아래에 두느냐에 따라 크기가 다르게 느껴진다는 이론이다. 이는 물체의 크기를 반드시 그 배경 구조와 연관을 지어 인식하려는 뇌의 특성 때문에 생기는 착시 현상이다. 사사 기드온도 그랬다. 그는 하나님의 큰 일꾼으로 선택되었지만, 스스로 보잘 것 없는 존재로 여겨 그 사실을 받아들이지 못했다. 엄혹한 시대적 배경에 자신을 비추어 본 탓이기 때문이다.

우리는 모두 저마다 인생의 질고를 짊어지고 살아간다. 육체의 질병뿐 아니라 마음의 상처와 억울함, 좌절감, 두려움 이 모두 치료가 필요하다. 그냥 방치했다가는 나중에 돌이킬 수 없는 상태가 되고 만다. 그런 문제가 있을 때마다 나는, 늦지 않게 찾아가 상처와 아픔을 또한 고통을 근본적으로 해결할 수 있는 그런 이가 되길 소망한다. 그래야지만 내 주변 사람들과 내 아이에게 쉼이 필요할 때 쉬었다 갈 수 있는 의자가 되고 뜨거운 태양을 피할 수 있는 나무가 될 수 있기 때문이다. 또한 시냇가에 심은 나무처럼 늘 푸르고 철을 따라 풍성한 열매를 맺고 싶다.

고흐(Gogh)는 "만약 당신의 내면에서 '당신은 그림을 그릴 수 없을 것이다'라는 목소리가 들려와도 그냥 계속해서 그림을 그려라. 그러면 그 목소리가 자연스럽게 사라지게 될 것이다."라고 말했다. 또 그는 "인생은 너무나 짧다. 특히 모든 것에 용감히 맞설 수 있을 만큼의 힘을 유지할 수 있는 시간은 몇 년이 되지 않는다."라고도 말했다. 같은 일을 반복하는 것은 누구에게나 지루하다. 그러나 그 지루함을 이겨내는 사람이 결국 성공한다. 오래 지속되기 위해 필요한 것은 탁월한 재능이 아니라, 성실하게 살아가는 자세다.

시간은 빠르다. 앞으로의 30년은 지금까지보다 더 빠르게 흘러갈 것이다. 그래서 더욱 꼼꼼하고 성실하게 살아야 한다. 쓸데없는 상념에 잠겨 허비하기에는 남은 시간이 너무 아깝다. 매 순간 감사와 행복을 온전히 느끼며 최선을 다해 살아야 한다. 누군가 말하길, "중년이 되면 울다 죽는 것이 아니라, 울지 못해서 죽는 것이다."라 했다. 나는 적당한 때에 웃고, 또 적당한 때에 울 줄 아는 사람이 되고 싶다. 그렇게 기도하며 살고 싶다. 오늘은 앞으로 내 인생에서 가장 젊은 날이자, 새로운 첫날이다. 나무처럼 쓰임 받는 사람이 되고 싶다. 누군가에게 그늘과 쉼을 주는 나무가 되고 싶다. 우리 모두 서로의 나무가 되자.(이야기 채록과 분석, 성찰 일지 중, 2024)

지금은 힘든 시기이지만, 이 안에도 반드시 긍정적인 의미가 숨어 있을 것이다. 특히 나만의 관점을 정립한다면, 그 순간부터 더 행복한 인생을 살아갈 수 있을 것이다. 잘해서 성공하는 것이 아니라 오래 해왔기에 잘할 수 있는 법이라고 생각한다.

한 그루의 나무가 되어

중년의 남자, 그의 발걸음이 낡은 오솔길을 따라 걷는다.
키 큰 은행나무의 그림자가 따스하게 그의 길을 밝혀준다.

가을의 노란 잎이 쌓여 발끝에 부드럽게 속삭인다.
시간의 흐름 속에서 나무는 그의 동반자가 된다.

나무의 향기가 그의 기억을 불러일으켜
옛날의 웃음소리, 추억의 바람
그의 마음에 뿌리내린 지나간 시절의 조각들

잔잔한 호수처럼 평온한 마음
나무와 함께 걷는 그의 여정 중년의 지혜와 함께 찾아온
나무와의 교감
나무처럼 그의 마음도 자라나 강인함과 평온함을 함께 담고 있다.
중년의 남자, 그의 눈빛은 나무의 깊은 이야기로 가득하다.

나에게 나무는 잠시 쉬었다 가는 쉼터이다.

나무가 나에게 주는 선물
삶의 연륜과 따뜻한 위로
중년의 남자와 나무의 만남

나의 마음에 아름답게 피어난다.

최근 들어 주변의 동년배와 지인들 중 병환으로 생을 마감하는 분들이 잇따르는 것을 보며, 살아온 날보다 앞으로 살아갈 날이 더 적을 수 있다는 생각에 우울감과 아쉬움이 자주 찾아오곤 한다. 이러한 사유 속에서 나는 쉼 없이 학문을 수련하는 질적연구자로서, 세상과 인간을 보다 깊이 이해하고 이를 바탕으로 더 나은 사회를 만들어 가는 것을 삶의 목표로 삼고자 다짐했다.

질적연구는 현상과 인간의 본질을 탐구하는 과정이며, 그 길은 끊임없는 학습과 성찰을 필요로 한다. 나는 독서, 학술 세미나 참석, 다양한 학문적 담론에 적극적으로 참여함으로써 지적 성장을 멈추지 않을 것이며, 나의 연구가 단순히 학문적 성과에 머무르지 않고 현실과 연결된 문제 해결에 기여할 수 있도록 실천적 지향을 유지할 것이다. 현장에서의 경험과 실제 사례를 바탕으로 구체적이고 의미 있는 결론을 도출하는 연구를 수행하는 것이 나의 중요한 과제이다.

이를 위해 나는 스스로의 연구 철학을 확립하는 것을 또 다른 다짐으로 삼고 있다. 인간에 대한 존중, 다양성의 이해, 진리 추구라는 근본 가치를 바탕으로 학문적 일관성을 견지하면서도, 기존의 틀에 얽매이지 않고 창의적인 접근을 모색할 것이다. 새로운 질문을 던지고 비판적 사고를 실천함으로써 연구의 신뢰성과 타당성을 확보하는 데 주력할 것이다. 비판적 사고는 깊이 있는 분석과 정확한 결과를 가능하게 하

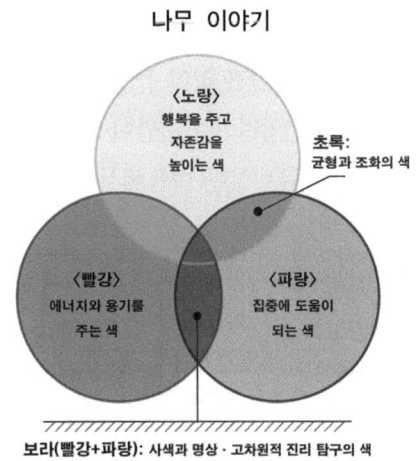

나무 이야기

〈노랑〉
행복을 주고
자존감을
높이는 색

초록:
균형과 조화의 색

〈빨강〉
에너지와 용기를
주는 색

〈파랑〉
집중에 도움이
되는 색

보라(빨강+파랑): 사색과 명상 · 고차원적 진리 탐구의 색

는 핵심적 방법론이며, 나의 연구 과정에서 반드시 견지해야 할 학문적 태도이다.

아울러 학문과 삶의 균형을 이루는 것 또한 중요한 과제이다. 학문적 열정에 몰두하되, 나 자신과 주변 사람들의 행복을 소중히 여김으로써 학문적 여정을 지속 가능하게 할 것이다. 이는 곧 삶의 본질을 이해하는 길과도 맞닿아 있다.

끝으로, 나는 질적연구의 가치는 개인적 성취에 머물지 않고, 연구의 결과를 나누고 동료 연구자와 협력하며 지식의 공유를 통해 더 큰 진리를 발견하는 데 있다고 믿는다. 따라서 나의 연구는 끊임없는 협력과 나눔을 바탕으로 이루어질 것이며, 이러한 과정 속에서 질적연구자로서 꾸준히 성장하고 자기 성찰을 거듭하면서, 세상과 인간에 대한 보다 깊은 이해로 나아갈 것이다.

나는 세상에서 가장 아름다운 것들을 마음으로 느끼고, 그것을 연구로 표현하는 진정한 질적연구자가 되고 싶다. 이를 위해 나는 자신에게 몇 가지 약속하기로 한다.

첫째, 나는 항상 겸손한 자세를 유지할 것이다. 연구자는 모든 것을 아는 전문가가 아니라, 배우는 학생이다. 내가 접하는 모든 사람은 나에게 새로운 시각과 통찰을 제공할 수 있는 스승이다.

둘째, 나는 편견 없이 들으려 노력할 것이다. 사람들의 이야기를 들을 때, 내가 가진 선입견이나 판단이 그들의 목소리를 왜곡하지 않도록 주의하겠다. 진정한 이해는 열린 마음에서 비롯된다.

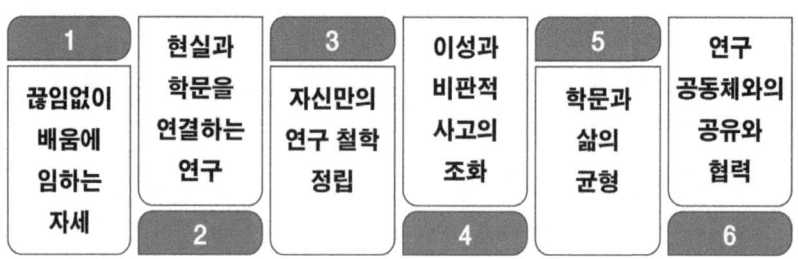

셋째, 나는 연구의 과정을 단순히 결과를 얻기 위한 수단으로 보지 않을 것이다. 연구 과정 자체가 중요한 이유는, 그것이 사람들과의 진정성 있는 관계를 형성하는 기회이기 때문이다.

마지막으로, 나는 마음으로 느끼는 것을 두려워하지 않을 것이다. 사람들의 이야기를 듣다 보면, 때로는 감정적으로 힘든 순간도 있을 것이다. 그러나 그것이야말로 내가 진정으로 그들의 삶에 공감하고 있음을 의미한다. 이 과정을 통해 나는 사색과 명상·고차원적 진리를 탐구하는 연구자로서, 그리고 사회 구성원 중 중요한 한 사람으로서 더욱 성장할 것이다.

　　보라는 사색, 진리의 바다

　　고요히 퍼지는 새벽의 푸른 빛,
　　그 아래 세상은 깊은숨을 고른다.
　　보라는 질문이다.

　　끝없는 하늘처럼 넓고
　　바다의 깊음처럼 알 수 없는
　　책장을 넘길 때마다
　　지혜의 강물이 흘러들고,
　　생각의 물결은 보라의 결을 따라
　　저 멀리 뻗어나간다.
　　보라는 침묵 속의 노래,
　　집중의 맑은 호흡이다.
　　산들바람이 창을 흔들어도
　　흔들리지 않는 마음의 중심.
　　여백 위에 흘러가는 잉크의 선처럼
　　의미를 찾아가는 여정의 색.
　　보라는 우리에게 속삭인다,

깊게 들여다보라. 그 안에 답이 있다.

침착한 파랑과 열정의 빨강 품 안에서
학문은 나래를 펴고
끝없는 진리를 향해 나아간다.

내게 보라는 끝없는 하늘과 깊은 바다처럼 알 수 없는 사유의 공간을 상징
한다. 색채의 관점에서 보라는 내면의 혼란을 가라앉히고 집중과 통찰을 돕
는 색이다. 질적연구자로서 나는 데이터와 경험을 관찰하고 해석하며, 내적
감정과 경험을 안전하게 탐색할 필요가 있다. 이때 보라는 마음의 중심을
잡고, 사유와 성찰을 촉진하는 내적 도구로 기능한다.

파랑과 빨강이라는 색채적 요소와 보라가 함께 존재하는 시에서 파랑은
마음의 평온과 집중을, 빨강은 실행력과 열정을 나타낸다. 보라는 이 두 색
사이에서 성찰과 내적 탐구를 가능하게 하며, 연구자가 학문적 몰입을 지속하
고 창의적 아이디어를 탐색하는 데 필수적인 내적 환경을 제공한다. 연구자
가 마음의 중심을 유지하고 자기 성찰을 실천할 때, 타인의 경험에 더 깊이
공명할 수 있으며, 이를 토대로 질적연구의 사회적 환대와 연결된다. 자기
내면의 평정과 감정적 회복은 학문적 탐구를 지속하게 하고, 더 나아가 사회
와 타인을 향한 이해와 연대를 실천하는 기반이 된다. 나는 보라, 파랑, 빨강
을 나의 내적 성장과 학문적 성취, 타자에 대한 환대와 연결되는 상징적 장치
라고 해석한다.

헬렌 켈러(Helen Keller)는 "세상에서 가장 아름다운 것은 눈으로 볼 수
있거나 손으로 만질 수 없습니다. 그것들은 오로지 마음으로 느껴야 합니다."
라는 말을 남겼다. 그녀의 말은 나에게 미술치료사에서 질적연구자가 되는
길을 다시 한번 상기시켜 주었다. 앞으로 나는 타자를 향한 진심과 마음의
문제를 고민하며 연구참여자들의 목소리를 듣고, 그들의 삶을 이해하며, 그것

이 세상에 전해질 수 있도록 최선을 다할 것이다.

진정한 질적연구자란 마음으로 느끼고, 이야기로 세상을 비추며, 사람들의 삶에 공감하는 동반자라고 생각한다. 나는 이 깨달음을 가슴에 품고, 앞으로 마음으로 느끼고 이야기로 빛을 내는 진정한 질적연구자의 모습으로 사회에 봉사하는 길을 걸어갈 것이다. 내 연구가 사람들의 삶을 풍요롭게 하고, 세상에 작지만 의미 있는 변화를 일으킬 수 있기를 바란다.

13

타로: 타자에게로 가는 길에 서 있는 학교 밖 청소년 상담사[*]

머리에 하얀 꽃이 피었다.

부름이 꽃망울을 틔우고
의미들이 담겼다.
향기는 비스듬히
타자에게로 가는 길을 내었다.
지식은 겨자 씨앗,
작은 시작으로
지혜의 꽃을 피워
발끝이 닿는 자리에
길이 열리고 바람이 머문다.
나는 그의 초대에 따라
학문공동체의 공간에 서고,
서로의 언어로 손을 맞잡는다.
우리의 손길이 다리를 놓고,
낯선 이의 마음 위에 꽃으로 앉는다.

---

[*] 13장은 황상희·김영순(2025). 학교 밖 청소년 상담사의 상호주관적 돌봄 경험이 반영된 호돌로지적 공간 (Hodologische Raum) 의 의미 탐색: 자문화기술지. Journal of Multiculture and Education, 27-45.에 게재된 내용을 수정하고 보완했음.

그가 건넨 따뜻한 시선 속에서
나는 누군가의 경로가 된다.

1. 기억의 서사를 그리다.

1) 노을에 담긴 그리움

일과를 마치고 귀가하는 길에 저녁노을을 마주하면 어김없이 '오늘 하루는 잘 살았니?'라고 나 자신에게 묻는다. 노을은 하루의 경험을 정리하고 성찰하는 도구로 작용하며, 나의 과거와 현재를 연결해 준다. 다양한 요소에 의해 매일 다른 모습을 보여주는 노을은 자연의 경이로움을 느끼게 한다. 노을은 나의 오랜 벗이자 거울이 되어 나의 삶을 비추고 그리움을 담아낸다.

어린 시절에 나는 엄마로부터 분리되어 외갓집에서 지냈다. 엄마 말에 따르면 긴 시간은 아니었다고 하지만, 나에게는 그 시간이 정서적 결핍으로 남아 있다. 외갓집에는 외조부모님과 삼촌, 이모가 살았으며, 외양간에는 소와 돼지가 있었다. 그리고 멀리서 기차가 지나가는 시골 풍경이 펼쳐져 있었다. 그들은 새벽부터 분주하게 움직였지만 나는 마치 그 공간에 없는 사람처럼 느껴졌다. 작두로 여물을 자르는 소리와 여물 삶는 냄새가 코끝을 스치고, 가마솥에서 나는 구수한 밥 냄새가 퍼지는데도 마치 공기처럼 그것들과 얽혀있지만 존재하지 않은 듯했다.

저녁 무렵 노을 사이로 기차가 소리를 내며 지나가면 어느새 눈물이 흐른다. 저 기차를 타면 엄마가 있는 집으로 갈 수 있을 것만 같았다. 딱히 누라 뭐라 하지도 않는 데 어린 마음에 다른 가족에게 눈물을 보이기 싫었다. 앙탈이라도 부리지. 집에 가고 싶다고, 어린 나에게 그리고 어른 된 나에게 코끝이 찡해지는 이야기다.

노을과 기차 소리는 그렇게 나의 정서와 기억에 자리 잡았다. 아직도 노을은 왠지 모를 그리움으로, 기차 소리는 서글픔으로 남아 있다. 노을과 기차 소리의 정서적 반응은 시각과 청각적 자극과 감정적 기억의 상호작용을 통해 형성되었다.

감정적 기억은 감정적으로 강렬한 사건이나 자극이 일반적인 중립적 사건보다 더 잘 기억되는 현상이다. 특정 경험 또는 사건에 강한 감정적 경험은 생생하고 오래 기억되며 이는 감정의 두 가지 기본 차원인 각성과 가치에 의해 크게 영향을 받는다(Mather. M, 2015). 이런 경험은 상담사로서의 길을 걸으며 매일 다른 사람들의 이야기를 듣고, 그들의 과거와 현재를 연결하는 과정은 어린 시절의 외로움과 결핍을 이해하는 데서 출발했다. 노을 속에서 나 자신을 성찰하는 순간들이 타자의 이야기를 이해하고 공감하는 힘을 길러줬다. 또한 나의 삶을 이해하며 타인의 삶을 더 깊이 이해하는 힘이 됐다.

나의 학습 여정은 노을과 같은 자연스러운 성찰의 순간들을 통해 완성되어 간다. 노을에 담긴 그리움은 나의 과거와 현재를 잇는 다리가 되어 학습과 성장을 지속해 이끌어준다.

2) 계획된 우연

학교 부적응이나 학교 밖 청소년들과 상담하면서, 그들이 미래에 대한 불안과 진로 선택의 어려움에 직면해 있다는 사실을 알게 되었다. 청소년들이 자신의 끼와 능력을 제대로 파악하지 못하거나 다양한 경험이 부족하기 때문이다.

진로는 우리 삶에서 얼마나 중요한 역할을 할까?

진로는 인간의 전반적인 발달에 있어 핵심적인 역할을 한다.

계획된 우연 이론에 따르면, 예기치 않은 사건들이 진로 결정에 긍정적인 영향을 미칠 수 있으며, 상담사가 내담자들이 이러한 기회를 인식하고 효과적으로 활용할 수 있도록 돕는 것이 중요하다(Mitchell, Levin, & Krumboltz, 1999). 우연한 만남을 기회로 삼는다면 빠르게 변화하는 진로 환경에서 긍정적인 방향으로 진로 결정을 이끌 수 있다. 그래서 우린 상담사로서 중요한 역할을 한다.

한때 아버지는 미국 시민권자인 형제의 초청으로 이민을 준비하셨다. 이민의 주된 목적은 자녀 교육이었다. 집안 곳곳에는 영어 회화를 배우기 위한 레코드판과 책이 가득했다. 난 그때 레코드판의 표지를 아직도 생생하게 기억하고 있다. 아버지는 자녀 교육에 대한 열망으로 학습 환경을 조성하셨지만, 공부를 강요하지 않으셨다. 주말마다 가족과 함께 바다낚시나 캠핑하러 다니며 다양한 생활 기술을 가르쳐 주셨다. 10살 때 다른 아이들이 질색하는 낚시 미끼를 끼우는 건 나만의 특기였다. 갯지렁이를 그때 어떻게 끼웠을까? 지금 생각하면 온몸에 소름이 돋는다.

비 오는 날엔 텐트 주변에 물길을 만드는 것도 내가 즐기던 모험 중 하나였다. 이러한 활동들은 단순한 놀이를 넘어 문제 해결 능력과 창의성을 키우는 데 큰 도움이 되었고, 삶을 살아가는 데 필요한 용기와 담대함을 길러주었다.

1980년대 교육열과 입시 경쟁은 실로 대단했다. '행복은 성적순이 아니잖아요'라는 영화는 입시에 지쳐 꿈을 잃어가는 수많은 입시생의 마음을 흔들어 놓았다. 나 역시 그 당시 학생으로서 그 분위기를 느끼며 자랐다. 하지만 나는 친구들이 열정적으로 공부에 매달릴 때 학업보다 다른 것에 매달렸다. YMCA 동아리에 들어가 대학생들과 함께 마당놀이와 사물놀이를 배우며 공연에 열중하다 보니, 공부는 자연히 뒷전이 되었다. 그래도 수학을 좋아해 이과를 선택했고 성적은 그리 좋지 않았다. 동아리 활동하는 다른 친구들은 공부에 신경을 덜 썼다고 하는데도 성적이 나보다 더 좋았다.

그들은 천재였을까, 아니면 영재였을까? 그렇게 이과로 편성된 두 개의 반에서는 경쟁이 치열했다. 쉬는 시간도 수업 시간처럼 조용했고 밤새워 공부한 아이들은 쉬는 시간에 잠을 잤다. 그런 분위기를 전환하고 지친 친구들을 잠시라도 웃게 해주고 싶었다. 그래서 자율학습 시간에 시를 쓰거나 응원 메시지로 친구들을 격려하곤 했다. 나의 펜과 글은 친구들에게 작은 위로와 힘이 되었고 잠시나마 함께 웃을 수 있었다. 내가 해줄 수 있는 최선의 방식으로 친구들을 응원하며 그들과 함께 그 힘든 시기를 버텨나갔다. 성적 때문에 부모와의 갈등으로 우울해하는 친구들과 달리 요동치는 사춘기를 건강하게 보낼 수 있었던 이유는 부모님의 기다림 덕분이었다. 그렇게 난 무엇이든 호기심이 생기면 직접 체험하거나 경험하며 신나는 청소년기를 보냈다. 가족 초청 이민비자 인터뷰가 끝난 후, 이민 절차가 거의 완료된 것처럼 보였지만 다양한 사정으로 포기하게 되었고 유학도 보류되었다.

낯선 세상과 다른 언어를 사용하며 살아야 하는 두려움은 있었지만, 그보다 더 큰 용기가 있었다. '나중에 가면 되지'하고 자신을 스스로 위로했지만 아쉬움이 컸다. 아버지가 계획하신 대로 미국에서 학업을 마치고 멋지게 귀국할 줄 알았는데 엉망이 됐다. 성적에 맞춰 진학했던 학교는 정리하고 주변인의 소개로 수학 과외를 시작하게 되었다. 그러다 학생들의 고민을 듣고 가끔 상담도 하게 되었다. 비록 전문가는 아니었지만, 성적 고민과 가족 갈등에 관해 이야기를 나누고 해결 방안을 함께 모색하면서 행복을 느꼈다. 그 후 청소년들을 가르치는 데 흥미를 느껴 아동 청소년 교육회사에 입사하게 되었고, 창의교육 매뉴얼을 담당하게 되었다. 나는 누구보다 열정적이고 재미있게 일했고 그 결과 많은 성과를 거두었다.

우연히 연구자료에서 가정환경 요인에 따라 청소년의 진로 발달에 중대한 영향을 미치는 결과를 봤다. 그때 문득 열악한 가정환경의 아이들에게 경험의 기회를 주고 싶어졌다. 이런 현실에 관심을 두지 않았던 나에게 이 깨달음은 충격적이었고, 나의 인생관을 완전히 뒤바꾸는 계기가 되었다. 서둘러 미혼모자 가정 자립시설을 찾아냈고 청소년 부모의 검정고시 학습지도를 시작하면서 이들과의 인연을 맺게 되었다. 청소년 나이에 출산하여 아이를 키우겠다고 양육을 결심한 그들이 존경스러웠다. 이 경험을 통해 나는 청소년들의 꿈을 지원하는 일에 대한 열정을 더욱 키우게 되었다

3) 삶의 의미로의 전환

각자의 삶은 수많은 경험과 선택을 통해 만들어지는 하나의 경로와 같다. 강점과 약점은 이 경로를 따라가는 중요한 이정표들로, 두 가지는 서로 상호작용하면서 삶의 의미를 찾아가는 길을 이끌어준다. 내 삶에서 이 과정은 결핍에서 시작되었다. 내 안의 결핍은 나를 타자에게로 이끌었고, 이를 통해 타자성에 대한 깊은 인식을 얻었다. 결핍은 나의 부족함을 의미하는 것이 아니라, 내가 세상과 관계를 맺는 방식, 그리고 다른 사람들의 존재를 어떻게 바라보는지를 결정하는 중요한 요소가 되었다. 결핍은 타자와의 연대와 돌봄의 필요성을 깨닫게 했고, 그들의 복지와 기능을 위한 노력을 해야 한다는 책임감을 내게 부여했다.

직장 내에서 여러 번 아픔을 경험했다. 시기와 질투 속에서 상처받았고, 그 상처는 나 자신을 짓누르고 쓸모없는 인간처럼 찢어놨다. 그 상처들이 내 존재를 무너뜨리고, 내가 아무것도 아닌 사람처럼 느껴지게 만들었다. 치열한 경쟁과 끊임없는 비교 속에서, 내가 어떻게 살아가야 할지 모른 채 방황했다. 이 모든 감정이 나를 억누르며, 더 이상 나 자신을 믿을 수 없게 만들었던 순간들이 있었다.

그런데도 나를 믿어주고 기다려준 타자들이 있었다. 그들은 내가 내면에서 무너져가고 있을 때도 변함없이 내 곁을 지켜주었다. 그들의 신뢰와 기다림

은 나에게 다시 일어설 힘을 주었다. 비록 세상은 치열하고 냉정했지만, 그들이 나에게 보여준 믿음은 내가 다시 일어설 수 있는 밑거름이 되었다. 그들이 있었기에 나는 상처를 극복하고, 그 속에서 성장할 수 있었다. 그들의 존재가 내게는 끝없는 버팀목이었고, 그들의 지지가 나를 이겨낼 수 있게 만들었다.

사람들은 때로 서로를 경쟁자로 여기는 이 치열한 세계에서 '화이팅'이라는 단어를 사용한다. 겉으로는 격려처럼 들리지만, 그 속에는 끊임없이 싸우고 이겨야 한다는 메시지가 담겨 있다. 일상에서 사용하는 단어들이 무의식중에 공격성을 자극한다(차동엽, 2014). 이 언어가 주는 긴장과 강박을 인식했고, 회복과 돌봄은 경쟁이 아닌 관계 속에서 가능하다는 사실을 깨달았다. 이 깨달음은 사람과 삶을 바라보는 내 시각에 큰 영향을 주었다. 강점과 약점은 대립이 아니라 서로를 감싸 안으며 삶의 의미를 함께 만드는 요소임을 배웠다.

결국, 사람에 대한 욕심과 사랑을 통해, 치열한 세상 속에서도 회복하고 성장하며, 나와 타인 삶의 의미를 더 풍성하게 만들어가고 있다. 상처와 회복의 반복 속에서, 나는 내 자신과 다른 사람들을 이해하고 돕는 진정한 돌봄의 의미를 되새기며 살아가고 있다. 이 과정은 나를 상담사에서 연구자로 나아가게 만든 중요한 전환점을 만들어 주었다. 상담 현장에서 겪은 상처와 회복의 경험은 내가 연구자로서 사람들의 관계와 상호작용을 이해하는 데 중요한 기초가 되었다. 내 경험이 연구의 씨앗이 되고, 이 씨앗은 나를 인간의 마음을 이해하고, 다양한 관계적 문제를 해결하기 위한 이론과 실천으로 확장해 나가는 길로 이끌어 갈 것이다.

이제 나는 상담사로서 경험한 것을 연구자로서 체계적으로 풀어내고, 그것이 청소년들의 관계 회복과 사회적 돌봄을 끌어내는 데 중요한 역할을 할 수 있도록 하려 한다. 연구의 목적은 이론을 창출하는 데 그치지 않고, 실제 현장에서 나와 같은 경험을 가진 사람들이 겪는 고통과 회복의 과정이 어떻게 사회적으로 의미 있는 변화로 이어질 수 있는지를 탐구하는 것이다. 내가 경험한 경로는 그 자체로 하나의 연구 주제가 될 것이다.

2. 환대의 공간을 경험하며

1) 결핍을 채운 엄마의 고백

부정적인 감정은 학습된 것이라고 한다. 브라이언 트레이시(Brian Tracy)는 이러한 부정적인 감정이 어린 시절 겪는 두 가지 경험에서 비롯된다고 말했는데, 그중 하나가 바로 사랑의 결핍이다. 어린 시절에 사랑과 관심을 충분히 받지 못한 경험은 아이에게 깊은 상처를 남기고, 부정적인 자아개념과 감정이 형성될 수 있다.

나 역시 어린 시절에 사랑의 결핍을 경험했다. 엄마는 항상 나를 돌볼 여유가 없었다. 병약한 몸으로 연년생의 자녀들을 키우며 아버지에게 기술을 배우러 온 청년들의 식사를 챙기느라 늘 바쁘셨기 때문에 나에게 따뜻한 시선을 주기 어려웠다. 그래도 나의 유전적 요인은 긍정적이었는지 밝게 잘 웃고 착한 아이였다고 가족들이 전해준 사실적 기억이다. 난 엄마로부터 충분한 사랑과 관심을 받지 못한다는 생각에 사로잡혔고, 그 감정은 나의 잠재의식에 깊이 자리 잡게 되었다. 그래서일까 난 집에 있는 시간보다 밖에서 아이들과 해 질 무렵까지 뛰어노는 데 집중했고 그러다 보니 달리기를 무척 잘하는 아이가 되어 있었다. 달리면서 행복했다. 만화영화 '달려라 하니'에 주인공처럼 "엄마가 보고 싶음, 달릴 거야~"

따라 부르면서 들판에 말처럼 뛰었다.

달리면 머리가 맑아졌다. 그리고 엄마를 향한 서운함도 잠시나마 사라졌다. 브라이언 트레이시는 부정적인 감정이 자아개념에 영향을 미쳐 우리의 생각과 행동을 지배하게 된다고 설명한다. 또한 긍정적인 생각을 통해 자아개념을 변화시킬 수 있으며 이것이 결국 우리의 삶을 변화시키는 핵심이라고 말했다. 사랑의 결핍으로 인해 형성된 부정적인 자아개념을 극복하기 위해서였을까? 나 스스로 긍정적인 메시지를 주입하고 자기 격려의 노력을 지속해 기울였다. 누군가가 그렇게 하라고 제시한 것도 아니었지만, 부정적인 감정에 압도된 삶에서 벗어나기 위해 자발적으로 선택한 전략이지 않았을까? 엄마를 향한 양가감정으로부터 나는 벗어나고 싶었다. 친구들과 지인들은 나를 항상 긍정 에너지가 충만한 사람으로 알고 있다. 그러나 텅 빈 무언가가 나를 감싸고 있었다. 친구들과 함께 시간을 보내고 귀가하는 길에는 여러 감정이 뒤섞였다. 왜 그럴까? 이게 무슨 감정이지? 분명 즐거웠는데 마음 한구석에는 여전히 채워지지 않는 공허함과 아쉬움이 남아 있었다.

헤어짐이 아쉬운 것일까? 아니면 다른 이유일까?

한 아이의 엄마가 된 지금의 내게 감정이 복잡한 형태로 나타났다. 그 감정은 엄마를 향한 미움과 사랑이 뒤섞여 터져 나왔고 퉁명스러운 말투와 못된 행동으로 표출되었다. 결국 내가 느끼는 감정은 엄마를 향한 깊은 애정과 동시에 억눌려 있던 서운함이나 미움이 함께 터진 것이었다. 그렇게 엄마와 감정의 골이 생기고 있을 때 엄마의 구술 생애사 인터뷰를 들을 기회가 있었다. 그 인터뷰에서 엄마는 어린 시절부터 자신의 건강이 좋지 않아 결혼 후 아이를 낳는 것이 불가능하겠다고 생각했지만, 첫 아이인 나를 출산하고 나서 큰 행복과 기쁨을 느꼈다는 이야기였다.

그 인터뷰로 인해 나의 내면 깊숙이 잠재된 감정이 촉발했고 억제할 수 없는 눈물을 계속해서 흘렀다. 또한 엄마의 깊은 내면의 감정과 기대 그리고 나에 대한 진심 어린 사랑을 엿 볼 수 있었다.

'나 사랑받고 있었구나!!'

> 왜 자꾸 눈물이 나는 걸까. 다른 사람들의 생애를 듣고 있자니 만감이 복잡하게 교차한다. 잠시 그대로 두기로 했다. 나를 더 이상 숨기지 않고 자신을 드러내는 이 수업에서 눈물은 억눌러야 할 감정이 아니었다. 타인의 생애를 듣는 시간은 언제나 나 자신의 삶을 불러온다. 그저 잠시 멈춰 서게 된다. 그 멈춤의 시간 속에서 나는 살아온 시간들을 다시 바라본다.(2024. 5월 9일. 성찰일지)

그 이후 엄마에 대한 나의 마음은 새로운 장을 여는 서사로 변모했다. 엄마가 어린 시절부터 자신이 아이를 가질 수 없으리라 생각했던 그 마음속에 담긴 불안과 고통 그리고 첫 아이인 나를 출산하고 느낀 행복과 기쁨이 고스란히 전해졌고 나도 모르게 엄마에 대한 연민과 사랑이 더 깊어졌다.

이러한 감정은 나의 양가감정을 해소하는 데 중요한 역할을 했으며, 엄마와의 관계를 새롭게 정의하고 서로에 대한 이해를 더욱 풍부하게 만들어 주었다. 비로소 엄마에게 환대받고 있다는 확신이 들었다. 나는 어릴 적의 결핍을 서서히 치유할 수 있었다. 엄마의 고백과 그로 인해 느껴진 감정들은 나에게 깊은 이해와 감동을 주었고, 우리가 함께 공유한 시간은 나의 내면에서 결핍을 채우는 중요한 과정이 되었다. 이제 엄마의 환대와 사랑 속에서 나 자신의 자리와 의미를 찾을 수 있었으며, 그것은 나의 인생에서 소중한 경험 중 하나로 남았다.

2) 죽음 행위자와의 만남

삶은 누구에게나 버텨내야 할 과제이지만, 그 과정에서 누구나 똑같이 일어설 수 있는 것은 아니라는 사실을 알게 되었다. 사람들은 어려움이 닥치면 그저 버티고 이겨내며 살아간다고 생각했던 내 사고방식이 어느새 편견과 오만으로 굳어져 있었다. 그러나 내가 상담사로서 만난 아이들의 삶을 들여다보며 이러한 당연한 삶의 방식에 대한 믿음은 완전히 무너졌다. 부모의 돌봄 없이 홀로 버티며 살아온 아이들, 관계를 끊어내고 싶어 하는 아이들, 고통을 이겨내지 못해 자해하는 아이들, 타인에 의해 상처받고 그 흔적을 몸에 새기며 살아온 아이들, 그리고 자신의 존재를 스스로 증명하려고 애쓰던 그들의 삶은 내가 한 번도 상상해보지 못한 현실이었다. 한 개인이 복잡한 환경적 요소와의 상호작용 안에서 어떻게 행위자성을 발휘하며(최수안 외, 2021) 살아가는지를 보여준다. 내담자는 각기 다른 환경과 상황 속에서 자신만의 방식으로 삶을 살아냈다.

내담자로 만난 아이들은 상담의 대상이 아니라 나에게는 죽음의 행위자와도 같은 존재로 다가왔다. 그들은 자기 삶 속에서 죽음과 같은 극한의 고통을 경험하고 그 속에서 끊임없이 싸워야 했던 존재들이었다. 이러한 만남은 나에게 깊은 충격과 깨달음을 안겨주었다. 상담사로서가 아닌 인간으로서도 내가 가진 가치관과 신념이 크게 흔들리는 순간들이었다. 그 아이들이 겪는 고통은 지나가는 시련이 아니라 그들의 삶 전체였다. 내가 상담사가 아니었다면 그냥 듣고 지나쳤을 이야기들. 그 아이들은 죽음보다 더 아프고 견디기 힘든 것은 바로 지금의 고통이었다.

학교 교문을 넘는 것조차 힘겨워하던 아이가 상담 후 용기를 내어 교문을 넘어섰다. 그러나 교실 안으로 들어가지 못하고 한참을 서성이다가 그만 주저앉았다. 교실 안에서 느껴지는 따가운 시선을 뒤로한 채 무거운 발걸음을 억지로 이끌며 결국 달려 집으로 돌아왔다고 보고한 아이가 있었다. 그 아이는 결국 학교를 중단했다.

내담자와의 상담을 통해 나는 삶의 무게와 복잡함을 다시금 생각하게 되었다. 버텨내는 것만으로는 설명할 수 없는 삶의 깊이를 이해하게 되었고, 그들의 몸에 남은 고통의 흔적들은 아직도 선명하게 기억 속에 남아 있다. 이러한 경험은 내가 상담사로서 해야 할 역할뿐만 아니라 인간으로서의 인식도 크게 바꾸어 놓았다.

청소년 내담자들이 겪은 상처와 고통 그리고 그 속에서도 계속해서 살아내려는 의지는 나의 어리석은 생각을 완전히 뒤집어 놓았다. 내담자 삶의 이야기는 나에게 삶의 이면을 가르쳐 주었고 그들이야말로 죽음과 삶의 경계에서 끊임없이 싸우며 자신의 존재를 증명해온 진정한 행위자임을 깨닫게 되었다.

이러한 경험을 통해 나는 어떻게 하면 이 아이들에게 진정한 돌봄의 공간을 제공할 수 있을지를 고민하게 되었다. 상담을 제공하는 것을 넘어 그들이 있는 그대로의 자신을 받아들이고 치유할 수 있는 공간을 만들어 주는 것이 필요했다. 그들이 자신의 고통을 표현할 수 있는 안전한 공간, 그리고 조건 없는 이해와 지지를 받을 수 있는 관계를 구축하는 것이 내가 할 수 있는 중요한 역할임을 깨달았다.

돌봄과 환대의 경험이야말로 이 아이들이 다시금 삶의 희망을 찾을 수 있도록 돕는 첫걸음이 될 수 있다. 그 작은 따뜻함이 선사되어 아이들의 가슴속에 큰 용기로 피어나길 바라며.

3) 버둥거리며 질적연구 세계로

질적연구자로서 첫걸음을 내딛으며 'The Fool' 타로와 마주했다. 메이저 아르카나 0번인 이 카드는 가벼운 짐을 메고 낭떠러지 끝에 선 순수한 인물로, 발밑에는 동행하는 개가 있다. 그가 향하는 길은 예측할 수 없고 위험해 보인다. 그 모습은 낯선 연구 세계로 발을 들여놓던 나의 심리 상태와 놀랍도록 닮아 있었다. 기존의 익숙한 틀을 벗어나 새로운 길에 들어서는 것은 이성보다는 직관과 용기에 기대는 선택이었다. 타자의 삶에 다가가려는 시도는 언제나 불확실하고 경계 위에 선 여정이었다. 이 길은 쉽지 않았다. '버둥거리다'라는 말 그대로 나는 끊임없이 몸부림쳤다. 그 여정은 결코 나 혼자의 힘으로 가능했던 것이 아니었다. 그것은 타자와의 응답 적 관계 속에서 서로를 지지하고 변화시키는 과정이었다.

계획대로 흘러가지 않는 현실 속에서 나는 종종 예상치 못한 길을 걸어야 했고, 그 과정은 도전과 배움의 연속이었다. 박사과정은 단순한 학문 수행이 아니라, 사회와 타자를 새롭게 바라보는 시각을 갖게 하는 변화의 시간이었다. '타자'라는 단어를 처음 접했을 때, 내 안에서 불꽃이 튀듯 새로운 세계가 열리는 설렘을 느꼈다. 인문 융합 치료학과에서 K 교수의 지혜와 가르침을 품은 학문공동체는 나의 중요한 자기 대상이 되었다. 코후트(Kohut)는 자기 대상을 '자기의 일부로 경험되는 대상'이라고 정의했는데, 나에게 이 학문공동체는 지속해서 상호작용하며 나를 성장시키는 기반이다(곽인희 외, 2023).

내 연구자의 길은 버둥거림에서 시작했지만, 타자와의 만남을 통해 존엄한 삶의 의미를 발견하는 초석이 되었다. 박사과정의 학문적 도전과 자기 성찰은 내 가치관과 타자와의 관계를 새롭게 정립하게 했다.

처음 질적연구방법론 세미나에서의 나는 긴장과 불안으로 가득했다. 눈동자가 이리저리 움직이고, 손은 빠르게 필기했으며, K 교수의 질문을 기다리며 심장이 크게 뛰던 순간도 있었다. 1인 1질 과제에 대한 책임감은 나를 더욱 소급하게 만났었다. 그러나 한 농료 연구자가 자신의 성찰일지를 기꺼이 나누어주며 배려와 환대의 마음을 보여주었다. 그 경험은 내게 큰 위로와 용기를 주었다.

환대의 공간 속에서 버둥거리며 질적연구 세계에 들어서던 그 시간은 나의 학문적 성장과 타자에 대한 깊은 이해를 가능하게 했다. 그 버둥거림이 있기에 오늘의 내가 있음을 믿는다.

3. 타자를 지향하는 존엄한 가르침

1) 상호주관성의 프레임을 씌우다

앎은 나에게 세계를 여는 문이었다. 질적연구의 세계는 복잡한 미로처럼 느껴졌고, 그 안에서 길을 잃지 않기 위해서는 타자와의 관계, 즉 상호작용과 공감의 틀이 필요했다. 내가 속한 학문공동체는 바로 그러한 탐색의 출발점이자 방향을 제시해 주는 나침반이 되어주었다.

인문융합치료학과의 공동체는 다양한 배경의 연구자들이 모여 서로의 경계를 넘나드는 과정에서 지식과 통찰을 공유하는 역동적인 장이었다. 마치 단단한 호두 껍질을 깨고 나오는 귀한 내용물처럼, 서로의 경험은 충돌이 아니라 이해의 기반이 되었고, 그 과정에서 나는 새로운 시야를 갖게 되었다.

초기 박사과정은 나에게 쉽지 않은 시기였다. 공동체 안으로 충분히 들어가지 못했다는 아쉬움과, 당시 담당 교수에 대한 서운함이 있었다. 그러나 시간이 흐르며 그것이 오히려 나를 위한 길이었음을 깨닫게 되었다. '무지자 무외(無知者無畏)'라는 말처럼, 당시에는 몰라서 두려움도 없었다. 적절한 시기를 기다려주신 담당 교수의 배려였음을 지금은 고마운 마음으로 되새긴다.

K 교수를 중심으로 한 학문공동체는 경쟁보다 지지와 보살핌이 중심이었고, 그 안에서 나의 학문적 감수성과 자기 성찰의 깊이가 자라났다. 수업에서 접한 후설(Husserl)의 상호주관성 개념은 이러한 공동체 안에서 실천적으로

구현되었다. 각자의 고유한 경험이 타자의 시선 속에서 재조명되고, 공감의 장 안에서 새로운 의미가 생성되었다. 타자의 경험과 맥락을 진지하게 수용하는 자세는 단순한 학문적 태도를 넘어 연구자 자신이 타자와 더 깊이 연결되는 윤리적 감수성으로 이어졌다. 이러한 태도는 연구를 바라보는 시야를 넓혀주었고, 상호주관성은 그 과정을 가능하게 하는 중요한 인식의 렌즈가 되었다. 상담 현장에서 만난 위기 청소년들은 단순한 연구 대상이 아니라, 나의 시야를 넓히고 내 연구의 방향을 바꾸게 한 타자들이었다.

이들과의 만남은 '이해'의 차원을 넘어, 그들의 내면을 존중하는 존재론적 응시를 가능하게 했다. 감정과 삶의 맥락을 함께 읽어내려는 시도는 실천적 연구로 이어졌다. 내가 그들을 관찰한 것이 아니라, 그들이 나를 연구자로 다시 태어나게 한 것이었다.

> 발표와 논평을 통해 학교밖 청소년 상담사들의 특수성을 더 잘 드러내고, 그들의 목소리를 사회적 담론으로 연결시키는 데 기여해야 한다는 책임감을 느꼈다. 특히 "호돌로지적 공간"과 "상호주관적 돌봄"이라는 개념들이 다른 연구자들에게도 유의미한 통찰을 제공할 수 있도록 구체적이고 체계적으로 서술해야 한다는 지적은 나의 연구 방향을 더욱 명확히 잡아주었다.(2024. 12월 14일. 성찰일지)

또한, 공동체 내에서 반복된 토론과 비판적 피드백은 내가 타자의 언어에 민감해지는 훈련이 되었고, 이는 청소년을 주체로 인정하고 그들의 시선에서 바라보게 했다. 그렇게 연구는 관계로부터 태어나고, 그 관계는 존엄의 윤리를 담지하게 되었다.

2) 타자로서 자기 자신을 보다

"어떻게 저럴 수 있지? 왜 그러는 걸까?" 성인이 되어 사회적 역할을 수행하면서 나는 무의식중에 타자를 나와 동일시하며, 그들의 행동을 나의 기준으로 판단했다. 수많은 편견과 선입견에 묶여 타자를 온전히 이해하지 못했다. 그러나 학문수행 과정에서 '타자성'에 대한 철학적 탐구는 내 의식에 근본적인 변화를 가져왔다. 타자성 개념을 처음 접했을 때, 지금까지 무시했던 또 다른 세계가 갑자기 선명히 드러나면서 깊은 당혹감과 부끄러움을 느꼈다. 사회적 소수자의 목소리를 대변하려 노력했지만, 진정한 타자성을 온전히 이해하지 못한 반쪽짜리 시각에 머물렀음을 깨달았기 때문이다.

K 교수는 헤겔, 후설, 하이데거, 사르트르, 레비나스, 리쾨르 등 여러 철학자의 타자 철학을 강의하며, 타자와의 관계를 새롭게 조명했다. 타자는 질적 연구자가 조심스럽게 탐색하며 만나야 하는 존재이며, 그와의 관계 형성은 고정된 길이 아니라 The Fool처럼 걸어가며 만들어가는 '관계의 궤적'이다. 타자의 목소리에 귀 기울이며 내 연구자의 길을 되짚어 본다.

헤겔의 변증법은 자아와 타자의 상호 충돌과 화해를 통해 새로운 이해가 형성되는 과정을 설명한다. '즉자대자'(즉각적인 자아와 타자)와 '주인과 노예' 변증법은 나의 의식 변화를 구체적 경로로 이해하게 했다. 사회구조는 타자를 특정 역할에 가두어 개별성을 억압하기도 한다. 레비나스는 '고통받는 타자'에 대한 무한한 책임을 강조하며, 주체가 타자와의 관계를 통해 자기 자신을 완성한다고 주장한다(강영안, 2005). 이러한 '무한 책임'에 대해 현실적 한계를 느끼기도 했지만, 이해와 존중의 실천은 가능하다고 믿는다. 위기 청소년 상담에서 나는 그들의 목소리를 재단하거나 편견을 갖지 않았는지 반성하며, 연구참여자를 존중하는 태도를 다짐한다. 레비나스의 철학은 타자와 만날 때마다 윤리적 성찰의 기준이 된다.

K 교수는 특히 사회적 소수자와 같은 타자에 대한 윤리적 책임을 강조했다. 이러한 철학적 탐구는 선배 연구자들의 연구에도 깊은 영향을 미쳤다. 예를 들어, 배경임(2018)은 타자 지향적인 정체성과 주체성이 진정성과 윤리성을 바탕으로 실천되어야 함을 강조하며, 타자와의 관계에서 윤리적 실천의

중요성을 역설했다. 이로 인해 나는 타자로서 자기 자신을 성찰하며, 나의 정체성이 본질적으로 타자 지향적으로 형성되었음을 더욱 깊이 인식하게 되었다.

또한 윤현희(2019)는 주체와 타자의 관계에서 자기 인식이 타자 인식의 근간이 되며, 이는 곧 존중과 성찰의 태도로 이어진다고 보았다. 상담실에서는 내담자를 단순한 분석 대상이 아닌, 고유한 개성과 주체성을 지닌 존재로 존중하는 상호작용을 통해 진정한 이해를 추구하게 되었다(김영순 외, 2022). 더 나아가 박옥현, 김영순(2023)은 삶에서 경험하는 타자성이 구체적인 일상적 행동으로 실천될 수 있음을 제시했다.

이러한 관점은 연구자로서 내 역할을 명확히 하며, 사회적 소수자가 소외되지 않도록 존중하는 태도를 실천하는 데 중요한 기반이 된다. 최근 포토텔링 발표에서 감정이 북받쳐 눈물을 흘린 경험은, 그 순간의 감정이 타자와의 연결을 심화하는 매개임을 깨닫게 했다. '타자성'과의 만남은 나와 타자의 경계를 부드럽게 하며 서로에게 깊이 다가가도록 이끈다.

질적연구 학습과 선배 연구자들의 연구는 타자를 존중하고 성찰하는 태도를 자연스레 습득하게 했다. 비록 주차선을 벗어난 타자의 자동차를 보며 그 행동을 이해하기 어려울 때도 있지만, 타자성의 내면화는 나의 태도 변화를 촉진했다.

3) 윤리적 사건과 새로운 주체

질적연구자로서의 여정은 데이터를 수집하고 분석하는 과정이 아니라, 매 순간 윤리적 사건을 통해 스스로를 새롭게 정의하는 실천이었다. 나는 연구자로서 타자와 관계를 맺으며 그 관계 안에서 발생하는 예기치 못한 만남과 상호작용을 통해 나 자신이 끊임없이 변화하고 있음을 깨달았다. 이러한 변화는 연구를 수행하는 공간, 즉 호돌로지적 공간(Hodologischer Raum)에서 비롯되었다. 호돌로지적 공간은 물리적 장소를 의미하지 않는다. 그것은 연구자가 연구 대상을 만나는 순간마다 열리고, 그 속에서 새로운 길과 가능성을 창출하는 살아 있는 공간이다. 이러한 공간은 연구자와 연구 대상이 상호주관적으로 연결되며, 그 관계의 흐름 속에서 서로 영향을 주고받는 다층적이고 역동적인 장(field)으로 작동한다.

들뢰즈와 가타리의 '리좀' 개념은 이러한 호돌로지적 공간의 특성을 이해하는 데 중요한 단서를 제공한다. 리좀은 고정된 뿌리 구조를 넘어, 언제 어디서든 새로운 연결과 흐름을 만들어내는 비선형적 네트워크를 지칭한다. 내가 연구자로서 경험한 호돌로지적 공간 역시 리좀처럼 고정된 경계나 방향 없이 끊임없이 확장되는 관계의 공간이었다. 이 공간 안에서 대상과의 만남을 통해 새로운 연결망을 발견하고, 이를 통해 학문적 통찰과 윤리적 실천의 가능성을 탐구하게 된다.

헤겔의 변증법과 호네트(Honneth)의 인정투쟁 이론은 이러한 호돌로지적 공간을 윤리적으로 더욱 심화시켜 준 철학적 틀이었다. 이 공간은 사람과 환경이 이루는 심리적 관계를 호도그래프를 써서 나타낸 일종의 기하학적 체계이다. 이 개념은 독일의 심리학자 레빈(Lewin)이 주창한 것으로. 사람과 환경이 이루는 생활 공간 속에서 개인의 행동이 어 떤 방향으로 일어날 것인지를 알아보기 위하여 이를 적용했다. 호네트는 인간의 자아정체성이 타자와의 상호 인정 속에서 형성된다고 보았다. 연구자로서 이러한 관점을 통해, 연구 대상과의 만남을 정보나 데이터를 얻는 도구적 관계가 아닌, 서로의 존재를 인정하고 이해하는 윤리적 관계로 바라보게 되었다. 이는 연구 대상이 가진 목소리와 경험을 있는 그대로 존중하며, 그들과 함께 새로운 지식을 공동 생산하는 과정으로 이어졌다.

호돌로지적 공간은 연구자에게 끊임없는 자기 성찰과 윤리적 책임을 요구한다. 이 공간은 고정된 지식 체계나 방법론적 규범에 의존하기보다는, 타자와의 관계 속에서 새로운 지식이 생성되는 가능성을 열어두는 공간이다. 연구자로서 나는 이 공간 안에서 연구 대상과 상호작용하며, 그들의 삶의 맥락과 이야기를 이해하려는 노력을 통해 나 자신 또한 변화하고 성장할 수 있음을 깨달았다.

결국, 윤리적 사건은 연구자가 호돌로지적 공간 안에서 타자와 마주하며, 새로운 경로를 열어가는 과정이었다. 이 과정에서 연구자는 관찰자나 기록자가 아니라, 연구 대상과의 관계를 통해 스스로를 재구성하고, 끊임없이 새로운 주체로 거듭나는 존재로 이해된다. 호돌로지적 공간은 질적연구가 윤리적이고 관계적인 실천이라는 점을 명확히 보여준다. 이 공간은 연구자가 연구 대상과 함께 새로운 경로를 만들어 가는 역동적 장이며, 연구자로서의 나 자신을 끊임없이 성찰하고, 새로운 주체성을 발견하도록 이끌어주는 배움의 공간이었다.

4. 이제부터 수행자의 길이다

1) 합당한 결정

박사과정에 막 들어섰을 때 나의 의식과 인식은 이전과 크게 다르지 않았다. 여전히 학교 밖 청소년 상담사로서의 경험은 나의 핵심적인 존재 기반이었고, 그것이 내가 연구를 시작한 주된 동기이기도 했다. 상담 현장에서 만나는 청소년들의 삶을 더 깊이 이해하고 싶었고, 그들이 마주한 어려움을 사회적·학문적 차원에서 풀어보고 싶었다. 하지만 연구는 내가 '이해하고 싶은' 대상에 대한 호기심으로 접근할 수 없다는 것을 곧 깨달았다. 연구는 객관적 관찰과 비판적 사고를 요구했으며, 내가 알고 있던 기존의 사고방식과는 다른 차원의 관점이 필요했다.

질적연구자 수행은 내 경험과 기존 지식에 대한 도전이었고, 그것이 어떻게 다시 형성될 수 있을지에 대한 깊은 질문을 던지는 과정이었다. 내가 알고 있던 것들이 다양한 관점에서 재검토되고 재구성될 수 있다는 사실을 깨닫는 여정이기도 하다. 이 과정에서 나는 비판적 사고와 자기 성찰의 중요성을 깊이 체감했다. 특히, 기존의 경험에 의존한 한정된 시각이 연구자로서의 성장에 걸림돌이 될 수 있다는 것을 깨달았고, 이를 극복하기 위해 새로운 관점과 방법을 모색하기 시작했다. 성찰은 더 이상 과제로 끝나는 활동이 아니라, 나의 일상과 연구를 이어주는 중요한 과정이 되었다.

인간은 본능적으로 변화를 원하지 않는다. 익숙한 환경과 사고방식이 안정감을 제공하기 때문이다. 이를 현상유지편향[2](status-quo bias)이라 하는데, 인간은 불확실성에 대한 두려움과 안정성을 유지하려는 본능 때문에 변화를 거부하는 경우가 많다(이한슬, 2021). 예컨대 뇌과학 연구는 변화를 시도할 때 우리의 뇌가 새로운 경로를 형성하기 위해 더 많은 에너지를 소모한다는 사실을 보여준다. 이는 새로운 행동이나 사고방식을 학습하기보다는 기존의 익숙한 방식을 고수하는 것이 더 편안하다는 것을 설명한다. 하지만 나는 이러한 본능적인 저항에도 불구하고 질적연구자로서 성장을 위해 변화를 갖게 되었다.

따라서 연구는 새로운 가능성을 탐구하고, 이를 통해 스스로를 끊임없이 변화시켜 나가는 여정이 되었다. 질적연구에서 철학적 틀은 연구자의 관점과 태도를 형성하는 핵심 요소다. 비록 초보 연구자이지만, 박사과정 중 수강한 치료사의 자기 이해와 윤리 수업을 통해 인간을 바라보는 자세가 완전히 새롭게 재구성되는 깊은 경험을 했다. 이 수업은 연구자이자 치료사로서 나 자신

---

2) 사람들이 이전 혹은 현재의 결정을 바꾸지 않고 그대로 유지하려는 경향성을 말한다 (Samuelson & Zeckhauser, 1988; 이한슬, 2021 재인용)

과 타인을 어떻게 이해하고 대해야 하는지 근본적 질문을 던져주었다.

처음에는 추상적으로 느껴졌던 학문공동체의 이론적 개념들도 점차 철학적 패러다임에 대한 이해가 깊어지면서, 인간을 이해하고 돌보는 실천적 도구로 자리 잡았다. 이러한 철학적 기반은 연구와 실천을 잇는 중요한 길잡이가 되며, 책임감 있는 선택과 결정을 가능하게 한다.

2) 집단 지성의 매력

타로 The Fool이 상징하는 바는 질적연구에서 요구되는 '모름'과 '열림'의 태도를 은유적으로 드러낸다. 그는 지도를 지니지 않은 채, 예측할 수 없는 길을 걷는다. 이러한 불확실성은 때로 두려움을 주지만, 동시에 자유로움도 함께 선사한다. 이 모습은 내가 연구자의 위치에서 내담자 혹은 참여자의 이야기를 마주할 때 느끼는 두려움과 기대, 그리고 책임감과도 맞닿아 있다.

연구자는 결코 확정된 진리를 향해 일방적으로 나아가는 존재가 아니라, 타자와의 만남 속에서 의미를 함께 구성해 나가는 존재다. 이러한 '열린 태도'는 혼자의 성찰에서 완성되지 않고, 타자들과의 상호작용과 만남을 통해 구체화된다. 바로 이 지점에서 집단 지성의 힘이 빛을 발한다.

학문공동체에서 얻은 피드백과 다른 연구자들의 연구 발표 및 논평을 통해 연구자로서의 역량을 꾸준히 성장시키고 있다. 연구는 결코 혼자의 힘으로 이루어지는 것이 아니라, 집단 지성의 힘을 통해 더 깊이 있는 결과를 도출한다는 사실을 실감하고 있다. 이 과정은 다양한 연구자들이 리좀적 상호연결을 바탕으로 지식의 흐름을 생성하고 퍼져 나가는 구조를 형성한다(김영순 외, 2022). 각기 다른 관점과 배경을 가진 연구자들이 함께 교류하면서 그들의 연구는 나에게 '돌다리'가 되어 내가 가야 할 길을 연결해 주고, 다른 분야 간의 경계를 넘나드는 중요한 연결 고리가 되어준다.

또한, 이 연구들은 내 연구의 지반이 되어, 내가 진행하는 연구가 탄탄하고 견고한 기초 위에서 이루어질 수 있도록 돕는다. 집단 지성이란 개별적인 지식과 경험들이 결합하여 새로운 통찰을 제공하는 과정이며, 학문공동체에서의 경험은 내가 이 힘을 실감할 수 있는 기회를 제공했고 지금도 진행 중이다. 선배 박사들과의 상호작용, 다양한 연구 주제에 대한 논의는 내 연구에 새로운 시각과 접근법을 더해주었다. 집단 지성의 매력은 서로 다른 배경과 전문성을 가진 사람들이 함께 문제를 해결해 나가는 과정에서 진정으로 발휘된다.

이 과정에서 나는 공동체의 일원으로서 다양한 의견과 시각을 수용하며, 내 연구를 더욱 깊고 풍부하게 만들어가는 법을 배우게 되었다. 이러한 경험들은 연구자로서 나의 성장뿐만 아니라, 연구 결과가 실질적인 사회적 변화를 끌어낼 수 있는 기반이 되어줄 것이다. 학교 밖 청소년 상담사로서 바라본 환경은 개별적인 문제 해결에 집중하던 현실적이고 실천적인 공간이었다. 그러나 연구자로서 그 환경을 다시 바라보게 되니 그것은 몇몇 청소년의 문제를 넘어서 사회적, 경제적, 문화적 요인들이 얽혀있는 복잡한 시스템 속에서 발생하는 여러 상호작용의 결과로 이해되었다.

비록 아직 질적연구자로서 수련받고 있지만, 이러한 복잡한 구조 속에서 발생하는 현상들을 면밀히 분석하며, 환경이 사회적 맥락과 문화적 흐름 속에서 형성되는 복합적인 네트워크의 일부임을 인식하게 되었다. 이러한 인식은 연구자가 현장 문제를 해결하는 데 중요한 통찰을 제공하며, 사회적 변화를 위한 구체적인 실천으로 향해야 한다. 궁극적으로, 나는 질적연구자로서 사회적 약자들의 환경과 복잡한 현실을 깊이 이해하고, 이를 통해 그들의 삶의 질을 향상시키는 방향으로 사회적 변화를 끌어내는 것을 목표로 한다.

연구의 힘은 그 지식이 현실에서 실질적인 변화를 일으킬 수 있도록 하는 데에 있다. 이를 위해 나는 연구를 통해 현장의 목소리를 반영하고, 사회적 약자들에게 실질적인 도움이 되는 정책과 프로그램을 제안하는 데 지속해서 발전하고자 한다. 연구는 실제 사회변화를 끌어낼 수 있다는 믿음을 가지고,

나는 그 과정에서 사회적 약자들이 직면한 현실을 변화시킬 수 있는 구체적인 방안을 제시할 수 있도록 노력할 것이다.

3) 울림, 또 다른 시작

여전히 연구자로서 수련의 길을 걷고 있다. 이 여정은 거친 원석이 조심스럽게 다듬어져 빛을 발하기까지의 과정과도 같다. 상담사로서 인간의 삶과 고통을 가까이에서 마주하며 쌓아온 경험들은, 연구자로 나아가는 과정에서 철학적 사유와 결합되며 내 삶에 새로운 지평을 열어주었다. 요즘 나는 스피노자(Spinoza)의 『에티카』를 읽고, 푸코의 『주체의 해석학』과 『감시와 처벌』을 공부하고 있다. 연구자 수련의 길을 걷지 않았다면 결코 만나지 못했을 철학들이다. 이 철학들은 단순한 지적 호기심을 넘어, 나의 사고방식과 태도를 근본적으로 흔들어 놓았다.

스피노자의 윤리학은 인간과 세계를 바라보는 내 시야를 넓혀주었고, 푸코의 통찰은 권력과 구조를 읽어내는 감각을 길러주었다. 이러한 과정은 나의 삶과 연구가 더 큰 의미를 지니도록 성찰하며 나 자신을 변화시키고 있다. K 교수와 학문공동체는 나를 새로운 사유의 길로 초대해 주었고, 그 안에서 진정한 환대와 공존의 의미를 배울 수 있었다. 이들은 학문적 성장을 돕는 멘토에 그치지 않고, 서로 다른 존재들이 함께 살아가는 삶의 가치를 깨닫게 해주었다. 학문공동체에서의 경험은 나를 더 나은 연구자로, 그리고 무엇보다도 서로를 존중하고 이해하는 더 나은 인간으로 변화시키는 힘이 되었다.

연구자로서의 길은 지식을 쌓는 일이 아니다. 그것은 삶의 깊이를 더해가는 과정이며, 개인적인 깨달음이 사회적 변화를 만들어낼 수 있다는 희망을 품는 것이다. 연구자로서 수련을 쌓으며, 나는 타자를 대하는 태도에서부터 나 자신을 성찰하는 방식에 이르기까지 많은 변화를 경험했다. 사회적 선입견에 대해 스스로 질문하게 되었고, 타인을 대하는 방식에도 더 큰 공감과 열린 마음을 지니게 되었다. 무엇보다 이 여정은 큰 변화를 불러왔다.

그 결과 상담사로서 나의 태도와 자세 역시 자연스럽게 변화했다. 이제 나는 내담자와의 관계 속에서 그들의 경험과 삶을 함께 나누는 경이로운 공간을 만들어가고 있다. 상담사인 '나'가 주도하는 공간이 아니라, 내담자와 '함께 만들어가는' 공간으로서 말이다. 동시에 나는 연구자로서 새로운 시작점에 서 있다. 이 길은 끝없이 배우고 실천하는 연속이며, 만나는 사람들과 그들의 이야기를 통해 끊임없이 울림을 받는 과정이다.

K 교수와 함께하는 학문공동체와 철학적 사유를 통해 확장된 삶의 지평 위에서 더 나은 상담사로, 더 깊이 있는 연구자로, 그리고 무엇보다 인간다운 인간으로 나아가고자 한다. 나의 연구와 실천이 누군가에게 작은 희망이 되고, 변화를 일으키는 씨앗이 되기를 간절히 바란다. 이 울림은 나를 또 다른 시작으로 나아가게 한다. 상담사로서, 연구자로서, 그리고 한 인간으로서 나는 내일의 가능성을 믿으며 새로운 경로를 설정한다.

참고문헌

강갑회(2002). 야스퍼스에 있어서 한계상황을 통한 실존개명. 철학논총, 3(29), 23-44.

강대중(2009). 평생학습 연구 방법으로 학습생애사의 의의와 가능성 탐색. 평생교육학연구, 15(1), 201-223.

강영안(2005). 타인의 얼굴. 문학과지성사.

강주희, 이진화(2021). 들뢰즈(Deleuze)와 가타리(Guattari)의 리좀(Rhizome) 특성으로 살펴본 유아 상상놀이 경험. 교육과학연구, 52(2), 104-130.

고민경(2020). IRB 연구윤리 심의의 한계: 연구자-연구대상자의 관계와 연구대상자 보호에 대하여. 공간과 사회, 30(2), 110-140.

고영준(2012). 교육적 경험의 의미: 오우크쇼트와 듀이의 관점. 교육철학연구, 34(1), 23-43.

고정임, 김명찬(2024). 부모와의 관계에서 겪은 차별 경험에 대한 자문화기술지. 학습자중심교과교육연구, 24(33), 377-393.

곽인희, 조용주(2025). 초기 성인의 자기대상경험과 건강한 자기애의 관계에서 공감지각과 자기위로능력의 매개효과. 학습자중심교과교육연구, 23(2), 325-343.

곽은혜, 오영섭(2024). 국내 이주민 밀집 지역에 관한 질적 메타분석: 이해관계자들의 문제의식과 실태, 대안을 중심으로. 다문화사회연구, 17(3), 5-38.

기관생명윤리위원회 정보포털(2025). https://www.irb.or.kr/MAIN.aspx.

권서만(2022). 현대 이상심리학. 학지사.

권요셉(2022). Lacan을 둘러싼 인문학. Yeondoo.

김관성(2014). 살아 봐야 알게 되는 것. 넥서스.

김다롱, 임지연, 김동민(2021). 상실을 경험한 음악치료사의 애도과정에 대한 예술기반 자문화기술지. 질적탐구, 7(1), 317-351.

김대용(2024). 주자철학에서의 자기성찰 문제에 관한 연구: 찰식설 비판을 중심으로. 철학논집, 79, 29-57.

김도경, 김영순(2025). 도제식 질적연구방법 수업 참여 대학원생의 성장 경험에 관한 질적사례연구. 교육문화연구, 31(1), 575-596.

김도경, 김영순, 강석태, 황윤아(2025). 리틀 박수근 프로젝트 참여 초등학생의 공존 경험에 관한 질적사례연구. 문화교류와 다문화교육, 14(1), 239-265.

김명찬(2015). '상처 입은 아버지와 아들'의 회복에 대한 자문화기술지. 교육인류학연구, 18(4), 85-120.

김명찬(2025). 자문화기술지의 이해와 실제. 솔과학.

김미라(2025). 로고테라피 고급과정 매뉴얼: 빅터프랑클 Logotherapeutic Approaches to Understanding and Treating Neurotic Disorder.

김민정, 김명찬(2017). 가정폭력 목격경험이 있는 기혼여성의 삶에 대한 협력적 자문화기술지. 재활심리연구, 24(1), 151-169.

김보연(2016). 한 여성공무원의 경력전환 경험에 관한 자문화기술지. 교육인류학연구, 19(3), 121-151.

김선기, 이상길(2014). 어떻게 '문화연구자'가 되는가? 문화연구 전공 대학원생들의 정체화 과정에 대한 탐구. 언론과 사회, 22(4), 95-156.

김세훈(2024). VR을 활용한 초등 역사수업 교수 경험에 관한 자문화기술지. 학습자중심교과교육연구, 24(21), 193-212.

김소연(2018). 상담자의 질적연구 윤리로서의 윤리적 주체-되기. 질적탐구, 4(2), 57-95.

김수안, 김명찬(2019). 새로운 인식론으로서의 상담자 자기성찰. 한국 질적 탐구학회 학술대회 자료집, 102-107.

김수진(2024). 한 학생 목소리 연구자의 테크놀로지 기반 초등교사교육 수업 경험. 질적탐구, 10(3), 493-522.

김승정(2017). 인문사회과학 전공 박사과정생의 학문적 정체성 발달에 관한 연구. 교육행정학 연구, 35(4), 317-345.

김영건(2013). 양지의 자가 치유 메커니즘. 동양철학 연구, 73, 345-373.

김영걸(2020). 레비나스 : 윤리적 관계 안에서의 타자의 얼굴과 무한책임. 대동철학, 90, 53-78.

김영순(2010). 다문화 사회와 시민교육: '다문화 역량'을 중심으로. 시민인문학, 18, 33-59.

김영순(2013). 다문화 사회에서 공존하는 방법: 민주주의와 학교 다문화교육의 관계. 2013년 한국 사회 교과교육학회 추계학술발표회 발표집.

김영순(2017). 다문화교육의 이론과 이론가들. 북코리아.

김영순(2021). 시민을 위한 사회·문화 리터러시. 박이정.

김영순(2022). 질적연구와 문화기술지의 이해. 패러다임북.

김영순(2023). 타자의 경험: 결혼이주여성의 생활 세계담. 패러다임북.

김영순(2024a). 양구일지: 어느 사회과학자의 귀촌 이야기. 북코리아.

김영순(2024b). 타자와 연대. 패러다임북.

김영순(2025). 공존의 사회학: 다문화사회에서 함께 살아가기. 패러다임북.

김영순, 김진희, 강진숙, 정경희, 정소민, 조진경, 조현영, 최승은, 정지현, 오세경, 김창아, 김민규, 김기화, 임한나(2018). 질적연구의 즐거움. 창지사.

김영순, 오영섭, 권요셉, 김진선, 지성용, 오정미, 황해영, 왕금미, 김의연, 이정섭, 정화정, 윤수진(2022). 호모내러티쿠스: 인문융합치료의 이해. 패러다임북.

김영순, 오영훈, 정지현, 김창아, 최영은, 정소민, 최승은, 조영철(2017). 처음 만나는 다문화교육. 북코리아.

김영순, 임재해, 최병두, 박충구, 장성민, 홍은영, 김진희, 오정미, 김진선, 황해영, 장현정, 김도경, 문희진(2024). 너와 나의 대화: 상호문화 실천. 북코리아.

김영순, 염지숙, 김기홍, 남혜경, 박봉수, 박옥현, 배경임, 신희정, 정경희, 허숙, 황해영(2023). 이야기 사회과학: 생애사와 줄거리 연구. 패러다임북.

김영순, 오영섭, 김도경, 정연주, 황해영(2024). 정체성의 흔적: 고려인 결혼이주여성의 이주 스토리텔링. 북코리아.

김영순, 최수안(2022). '생성'으로서의 자조모임에 참여한 결혼이주여성의 경험에 관한 연구. 아시아여성연구, 61(1), 127-174.

김영순, 최희(2018). 교양수업에 참여한 대학생의 협동학습 경험에 관한 연구. 열린교육연구, 26(1), 145-164.

김영천(2013). 질적연구방법론 Ⅱ: Methods. 아카데미프레스.

김영천(2016). 질적연구방법론 Ⅰ: Bricoleur. 아카데미프레스.

김영천, 김경식, 이현철(2011). 교육연구에서 통합연구방법: 개념과 시사점. 초등교육연구, 24(1), 305-328.

김영천, 이동성(2011). 자문화기술지의 이론적 관점과 방법론적 특성에 대한 고찰. 열린교육연구, 19(4), 1-27.

김옥경, 윤은숙(2018). 성차별사회에서 자란 50대 어린이집 원장의 자문화기술지: 에릭에릭슨의 심리 사회발달단계를 중심으로. 중소기업융합학회, 8(4), 189-197.

김옥희, 김명찬(2017). 상담대학원생의 '배움 경험'에 대한 협력적 자문화기술지. 질적탐구, 3(2), 271-297.

김용현(2013). 성격유형에 따른 색채 선호도와 그림의 색채분석을 통한 심리유형. 차의과학대학교 석사학위논문.

김윤정(2017). 고등교육 맥락에서 본 중년기 여성 학습자의 자아실현 과정 탐구.

단국대학교 박사학위논문.

김윤정(2024). 박인환의 미국 체험 시에 나타난 여행자의 정동(情動) 양상 연구. 어문연구, 122, 361-390.

김이정, 박승민(2015). 상담수련과정에서 상담자의 자기 발달 경험에 대한 현상학적 연구. 상담학연구, 16(1), 1-29.

김재윤(2023). 초등학교 초임교사의 직업적 삶에서 능력주의 담론에 대한 자문화기술지. 상담학연구, 2023(1), 95-116.

김재윤(2024). 학교-마을 연계 교육 실천 경험에 대한 비판적 자문화기술지: 교육과정 정치학적 접근. 질적탐구, 10(1), 41-76.

김재윤, 이동성(2020). 초등 예비교사들의 학습문화 형성에 대한 자문화기술지. 한국교원교육연구, 37(3), 161~187.

김재순, 김명찬(2020). 유아기 자살생존자의 심리적 고통과 애도에 대한 자문화기술지. 상담학연구, 21(3), 137-160.

김정숙, 김명찬(2021). 트랜스젠더 자녀를 둔 어머니의 자문화기술지: 무지에서 인식의 확장으로의 자기성찰. 질적탐구, 7(1), 433-467.

김종임, 채선기(2024). 가정폭력을 경험한 상담사의 자문화기술지. 질적탐구, 10(2), 169-198.

김진희, 김영순, 김지영(2015). 질적 연구 여행. 북코리아.

김진희, 오세나(2022). 부부폭력을 목격한 자녀의 외상 후 성장경험에 대한 협력적 자문화기술지. 인간발달연구, 28(2), 135-164.

김채원, 김명찬(2023). 한 상담자의 자기 수용 경험에 대한 자문화기술지. 학습자중심교과교육연구, 23(14), 877-879.

김철(2009). Buber와 Bollnow의 인간관과 교육관: 실존적 만남으로서의 교육을 중심으로. 교육사상연구, 23(3), 149-171.

김태관(2015). 곁에 두고 읽는 장자. 홍익출판사.

김태관(2017). 곁에 두고 읽는 그리스신화. 홍익출판사.

김태균, 정문경(2025). 부모 간 폭력을 목격하며 성장한 가정폭력상담원의 외상 후 성장 경험에 관한 자문화기술지. 한국과 국제사회, 9(3), 1145-1183.

김태훈, 김영순(2019). 다문화교육론 수업 참여 대학원생의 학습 경험에 대한 자문화기술지 연구. 교육문화연구, 25(3), 795-812.

김하늬, 고은숙, 손은령, 문정욱(2022). 상담자의 자기돌봄(self-care) 연구 동향과 관련 변인 탐색. 교육상담연구, 3(1), 49-63.

김해정, 김명찬(2021). 가부장적 환경에서 성장한 여성의 수치심 극복 경험에 대한 협력적 자문화기술지. 질적탐구, 7(3), 601-638.

김현경(2015). 사람, 장소, 환대. 문학과지성사.

김혜란(2017). 공간 형태와 표현적 요소의 적용에 따른 움직임 시각화의 양상과 의미-라반 공간 조화 이론과 움직임의 현상학적 해석을 기반으로. 한국영상학회논문집, 15(5), 37-48.

김혜미, 김영순(2022). 비대면 다문화교육질적연구방법론 수업의 학습자 경험에 관한 자문화기술지. 인문과학연구, 73(_), 227-255.

김혜은, 김동민(2017). 목회자 자녀인 음악치료사의 자기정체성 형성 과정에 관한 자문화기술지. 질적탐구, 3(2), 181-219.

김혜인, 최한나(2017). 내담자의 상담에 대한 부정 반응에서의 상담자 자기대화: 상담자 경력에 따른 차이 분석. 상담학연구, 18(4), 65-80.

김희정, 유형근, 정여주, 선혜연(2015). 전문상담교사 양성 및 역량개발을 위한 표준 교육과정 개발연구. 교육부.

김홍, 김현진(2022). 아동학대 트라우마 성인의 성장 경험에 관한 자문화기술지. 학습자중심교과교육연구, 22(22), 865-881.

남수경, 김명찬(2016). '부모화된 자녀' 경험에 관한 협력적 자문화기술지. 가족과 가족치료, 24(3), 315-338.

남수경, 김명한(2022). 아동기 부(父) 사별 및 애도 지연 경험에 관한 자문화기술지. 학습자중심교과교육연구, 22(23), 1027-1044.

남설영(2024). 중국인 한국어 학습자의 한국어 학습과 정체성 형성에 대한 자문화기술지. 외국어로서의 한국어교육, 73(_), 51-78.

남정아(2019). 내담자의 상담 경험에 대한 현상학적 연구. 평택대학교 박사학위논문.

노안영, 송현종(2020). 상담실습자를 위한 상담의 원리와 기술. 학지사.

동풀잎(2019). 유아 교실 속 디지털 사진이 구성하는 다양하고 예측 불가능한 관계와 의미: 행위자-네트워크 이론 중심으로. 교육인류학연구, 22(3), 173-198.

류영휘, 강지영, 소경희(2023). 포스트휴먼 시대의 교육과정 연구 방법: '후기질적탐구'(post-qualitative inquiry)를 중심으로. 교육과정연구, 41(1), 53-78.

류인미(2019). 아동상담자의 촉발사건 체험에 관한 현상학적 연구. 숙명여자대학교 박사학위논문.

모경환, 황혜원(2007). 사회과교사의 다문화교육에 대한 인식과 교사교육의 과제. 한국교원교육연구, 24(2), 199-219.

문경숙(2024). 현화와 은희가 바꾼 나: 연구참여자와 연구자의 변화에 관한 질적 연구자의 성찰일지. 교육인류학연구, 27(3), 37-58.

문지윤(2019). 나는 어떻게 연구자가 되는가?: 교육학 박사과정 대학원생의 자문화기 술지. 학습자중심교과교육연구, 19(24), 1073-1101.

민두식, 조성식(2016). 스포츠 사회통합정책과 이주민의 문화변용 스트레스, 사회문 화적응. 한국체육학회지, 55(5), 17-28.

박근영, 임은미(2014). 전문상담교사의 소진 경험에 관한 개념도 연구. 중등교육연구, 62(1), 171-198.

박경태(2008). 소수자와 한국 사회. 후마니타스.

박두제, 신나리(2017). 아이스하키 선수출신 미국 유학생의 자문화기술지. 질적탐구, 3(2), 159-179.

박미리(2018). 연극적 몸의 자기인식 기여에 관한 고찰. 연극예술치료연구, (9), 5-31.

박미옥, 김명찬(2015). 사별 후 재혼 가정에서 자란 한 어머니의 자녀 양육 경험: 협력적 자문화기술지. 질적탐구, 1(2), 25-56.

박봉수, 임지혜, 오선영(2023). 고려인 자녀 돌봄 공동체 사례 연구-인천 함박마을 '고려인 엄마들 모임'을 중심으로. 재외한인연구, 63, 29-51.

박순용(2010). 교육현장 연구를 위한 질적 연구 방법. 국제이해교육연구, 5(1), 97-117.

박순용, 장희원, 조민아(2010). 자문화기술지: 방법론적 특징을 통해 본 교육인류학적 가치의 탐색. 교육인류학연구, 13(2), 55-79.

박성미(2023). '고통을 통한 성장'과 '증상 경험 글쓰기'에 대한 자문화기술지. 문학치 료연구, 66(_), 153-195.

박옥현, 김영순(2022). 중년여성 다문화가정 방문교육지도사의 직업 생애사 연구. 문화예술교육연구, 17(3), 149~173.

박옥현, 김영순(2023). 다문화가정 방문 교육지도사의 타자성에 관한 생애사적 내러 티브연구. 다문화와 평화, 17(2), 21-47.

박에스더(2020). 한 성폭력 피해자의 성폭력 예방교육 교수 경험에 관한 자문화기술 지: '쭈구리'에서 '원더우먼'으로. 교육인류학연구, 23(2), 67-96.

박철안(2016). 중년기 우울증의 문제와 그 극복의 방안: 칼 융의 이론을 중심으로. 신학과 실천, 49, 533-554.

박태화, 김명찬(2025). 가부장제 사회에서 내면화한 여성 역할에 대한 중년 여성의 극복 경험: 자문화기술지. 질적탐구, 11(2), 157-180.

박휴용(2019). 포스트휴머니즘적 존재인식론에 기반 한 질적 연구의 성격과 방법. 교육혁신연구, 29(2).

반혜림, 진명일, 김성(2022). 아버지의 외도를 경험한 성인자녀의 성찰경험에 대한 자문화기술지. 질적탐구, 8(3), 423-452.

배경임(2018). 이주민 봉사 기관 재직 개신교 성직자의 타자성 실천에 관한 생애사 연구. 인하대학교 박사학위논문.

배경임, 김영순(2019). 이주민지원센터 재직 개신교 성직자의 타자성 형성에 관한 생애사 연구. 교육문화연구, 25(5), 1053-1073.

백우인(2024). 생태적 공존을 향한 '번역':영화 〈가디언즈 오브 갤럭시 3〉 을 중심으로. 국제언어·문학, (57), 199-219.

백주진(2018). 데카르트 「둘째 성찰」에서 자아의식의 감정적 독특성. 철학연구, 123, 91-113.

서경혜(2023). 질적연구방법론. 학지사.

서동욱(2000). 차이와 타자. 문학과지성사.

서세안, 박보람(2017). 미술을 전공한 미술치료 석사과정생의 자기작업 훈련에 관한 자문화기술지. 질적탐구, 3(2), 221-269.

성용구(2013). 혼합연구 설계의 타당성을 높이기 위한 단계별 전략. 열린교육연구, 21(3), 129-151.

손고은, 김명찬(2017). 부모화된 자녀의 정서회복과정에 대한 협력적 자문화기술지. 가족과 가족치료, 25(3), 595-691.

손소정(2023). 올리비에 메시앙(Olivier Messiaen)의 〈정원휘파람새〉와 〈새들의 작은 스케치〉에 나타난 후기 피아노 음악 양식 연구. 이화여자대학교 박사학위논문.

손영민, 정숙희(2023). 접촉즉흥의 치유적 기능 및 활용방안 연구. 예술과 과학기술, 19(1), 9-37.

손정음, 진명일, 김성지(2021). 한 성인남성의 부모이혼 수용경험에 대한 자문화기술지. 동서정신과학, 24(1), 79-97.

송승익, 김정환(2022). 군 위탁교육생의 대학원에서의 교육적 삶과 체험에 관한 협력적 자문화기술지. 교육인류학연구, 25(1), 109-135.

송효준, 김두섭, 함승환(2018). 지역사회의 이주민 밀집도가 이주배경 학생 및 비이주배경 학생의 학업성취도에 미치는 영향. 다문화교육연구, 11(1), 133-150.

송형석(2013). 스포츠철학의 방법으로서 "관찰자의 관찰". 움직임의 철학: 한국체육

철학회지, 21(1), 143-158.

신경림, 조명옥, 양진향(2004). 질적 연구 방법론. 서울: 이화여자대학교출판부.

신수정, 한재희(2021). 비 자살적 자해 청소년의 자해 중단 경험연구. 상담학연구, 22(5), 185-221.

신은영, 한영주(2021). 고학력 경력단절 여성의 결혼생활 경험에 대한 해석학적 현상 학연구. 질적탐구, 7(4), 257-298.

양경은(2019). 이주민 밀집지역 학교의 면학 분위기는 정말 나쁜가? 비이주배경 학생 이 인식하는 학습저해 분위기를 중심으로. 인문사회 21, 10(3), 565-580.

양명수(2017). 폴 리쾨르의 『해석의 갈등』 읽기. 세창미디어.

양미경(2011). 학회지 인용 분석을 통한 우리나라 교육학 학문공동체의 특성 탐색. 교육학연구, 49(3), 1-31.

양영순, 안경옥, 김은정, 서민정(2024). 생태해설 경험의 상호작용성과 참여자의 사고 에 관한 탐색: 수정된 합의적 질적 연구(CQR-Modified)를 중심으로. 관광학연 구, 48(8), 97-119.

양영자(2018). 노부모 돌봄 경험에 대한 자문화기술지. 한국사회복지질적연구, 12(2), 5-37.

여은정, 이요바(2021). 왼손잡이 차별에 대한 비판적 자문화기술지. 질적탐구, 7(3), 563-599.

오명숙(2025). 간호조무사 '태움'문화의 공격성에 대한 자문화기술지. 성인계속교육 연구, 16(1), 31-55.

오세경(2024). 예비 연구자의 전문성 발달 모형 탐구: 대학원 생활세계를 중심으로. 인하대학교 박사학위논문.

오신택(2015). 칼 로저스의 인간중심 상담에서 키에르케고어 철학의 수용. 해석학연 구, 36, 159-183.

오진탁(2010). 삶, 죽음에게 길을 묻다. 종이거울.

와타나베 가즈코(渡辺和子)(2012). 당신이 선 자리에서 꽃을 피우세요. 작은 씨앗.

유기웅, 정종원, 김영석, 김한별(2018). 질적연구의 이해. 박영스토리

윤성우(2001). 폴 리쾨르에게서의 주체 물음. 철학과 현상학 연구, 18(_), 291-320.

윤소영(2016). 아들러와 노자로 읽는 영화 〈더 기버〉에 투영된 공동체감각과 주체성. 동서 비교문학저널, 37, 183-205.

윤상흠(2024). 명리 운명론과 자유의지의 상호작용에 관한 고찰. 문화와융합, 45(1), 1533-1546.

윤운영, 유금란(2018). 청소년기 상실 경험에 대한 합의적 질적연구. 재활심리연구, 25(3), 479-501.

윤현희(2019). 초등교사의 탈북 학생 교육 경험에 관한 상호문화 교육적 의미 탐구. 인하대학교 박사학위논문.

이강순(2022). 초등학교 예비교사 대상 비대면 온라인 동영상 '신체표현활동' 강의에 대한 자문화기술지. 무용역사논총, 35(1), 1-20.

이경란(2021). 사라 아메드: 행복은 무슨 일을 하는가?. 여/성이론, (44), 127-142.

이기문(2007). 동아 새국어 사전. 두산동아.

이대용(2024). 주자철학에서의 자기성찰 문제에 관한 연구-찰식설 비판을 중심으로. 철학논집, 79, 29-57.

이동성(2008). 학문적 전통에 따른 담화분석의 이론적 특성 분석. 교육인류학연구, 11(2), 29-52.

이동성(2012). 질적 연구와 자문화기술지. 아카데미프레스.

이동성(2015). 생애사 연구방법과 글쓰기 전략. 한국질적탐구학회, 1, 1-50.

이동성(2020). 질적연구와 자문화기술지. 아카데미프레스.

이동주, 김미숙(2020). 코로나19 상황에서의 대학 온라인 원격교육 실태와 개선 방안. 멀티미디어 언어교육, 23(3), 359-377.

이명선, 고문희, 손행미, 김주현, 강성례, 오상은, 박은영, 오세은, 장혜영(2018). 질적 연구 수행하기. 수문사.

이명화, 김명찬(2021). 코로나19로 인하여 실시한 비대면 대학강의 경험에 대한 자문화기술지. 학습자중심교과교육연구, 21(24), 969-989.

이보라(2015). 차이와 반복, 운동성으로 드러내는 인간 삶의 진실: 허먼 멜빌의 「필경사 바틀비」와 19세기 미국 사회. 국제언어 · 문학회, 32, 395-419.

이서현(2025). 전통 재회의 다름과 같음, 그리고 어울림의 철학: 아랫녘 수륙재와 진관사 수륙재를 중심으로. 세계불학, 6(0), 39-68.

이소민, 김경리(2021). 대학생의 비대면 수업 만족도에 영향을 미치는 요인. 교육방법연구, 33(2), 341-361.

이수경(2013). 들뢰즈와 가타리의 '동물-되기' 연구. 철학논총, 72(2), 409-441.

이수인(2009). 지속 가능 공동체의 사회적 가치로서 '상호 관용'과 '상호 보살핌'. 문화와 사회, 7, 87-114.

이세희, 이윤선(2022). 성찰일지가 학업성취도와 학습태도에 미치는 영향에 관한 메타분석. 교육방법연구, 34(4), 873-900.

이시형, 박상미(2020). 내 삶의 의미는 무엇인가. 특별한 서재.

이옥희, 이재창, 백란(2022). 두 여성 상담자가 상담실에서 경험한 차별과 억압에 대한 협력적 자문화기술지. 동서정신과학, 25(1), 89-109.

이윤정, 김병석(2021). 동료지지모임에 참여한 상담자의 자기성찰 경험에 대한 내러티브 탐구. 상담학연구, 22(6), 271-299.

이유리(2021). 몸의 현상학과 문화예술교육: 메를로 퐁티 이론을 중심으로. 문화와 융합, 43(1), 247-259.

이은경, 정선영(2014). 간호대학생의 교수 신뢰와 학업적 자기효능감. 의료커뮤니케이션, 9(2), 133-142.

이의재, 유정애(2020). 코로나 19 상황에서 체육교사교육자의 온라인 강의 경험에 대한 자문화기술지 연구. 한국체육교육학회지, 25(3), 89-103.

이지연, 윤인화, 김지은, 장윤정(2021). 연구공동체를 통한 미술교육 박사과정 연구자들의 연구역량 형성과정. 미술과교육, 22(4), 73-102.

이정우(2008). 천하나의 고원: 소수자 윤리학을 위하여. 돌베개.

이지영, 은혁기(2022). 아들러(Adler) 개인심리학에 기반한 초등학교 중학년 교육과정 내용분석: 공동체 감각 향상을 중심으로. 한국초등상담교육학회 학술대회, 2022(01), 314-342.

이창근, 이동성(2020). 한 교육대학교에서의 비대면 교수경험에 대한 협력적 자문화기술지. 질적탐구, 6(4), 105-144.

이태영, 김명찬(2018). 한 여성상담자의 아버지 상실과 유예된 애도경험에 대한 협력적 자문화기술지. 가족과 가족치료, 26(4), 523-548.

이한슬(2021). 자기해석과 불확실성이 구독 선택에서 현상유지 편향에 미치는 영향. 한국심리학회지, 22(1), 25-47.

이현명, 심영택, 김남균, 김민조(2019). 활동체계이론에 기반한 A대학 연구자 학습공동체 활동사례 연구. 학교와 수업연구, 4(1), 1-24.

이현진, 김명한(2017). 복합외상 경험자의 자녀양육 경험에 대한 자문화기술지. 질적탐구, 3(2), 329-353.

이효원(2019). 연극치료에서 이야기를 어떻게 쓸 것인가. 박영사.

이화도(2011). 상호문화성에 근거한 다문화교육의 이해. 비교교육연구, 21(5), 171-193.

임이랑, 김주연, 황지원, 박다솜(2020). 대학에서의 효과적인 비대면 수업운영을 위한 교수전략 탐색: 학습자 경험분석을 중심으로. 교육혁신연구, 30(4), 23-64.

임진성, 류무희(2020). 니체의 텍스트를 활용한 문학상담 교수경험에 대한 자문화기술지. 교류인류학연구, 23(3), 47-87.

장은숙(2012). 성인여성학습자의 학습성과에 대한 학습자특성, 평생교육기관여건, 학습몰입 및 학습 만족도간의 구조 분석. 충남대학교 박사학위논문.

장소정(2024). 발레 교육자의 러시아 심층 발레교육프로그램 기획 및 진행 경험에 관한 자문화 기술지: 캐릭터 댄스를 중심으로. 무용예술학연구, 95(2), 167-180.

장유진, 김경미(2024). 상담전공 학부생들의 성찰일지 내용에 따른 성찰수준 탐색: 프로젝트 수업을 중심으로. 교육치료연구, 16(3), 519-539.

전가일(2021). 질적연구, 계획에서 글쓰기까지. 학이시습.

전주람, 최경(2021). 코로나 19시대 비대면 수업 참여경험이 있는 대학생에 관한 포토보이스 연구. 문화와 융합, 43(5), 65-85.

정명희, 김명찬(2018). 애착외상 생존자의 자기표상과 정서경험에 대한 협력적 자문화기술지. 상담학연구, 19(6), 337-357.

정승민(2021). 코로나19로 시행된 원격수업에 대한 2년제 대학생과 4년제 대학생의 만족도 차이 분석. 한국콘텐츠학회논문지, 21(5), 276-284.

정연수(2015). 장애학생 취업지도를 위한 지역사회 연계과정에서 나타나는 특수교사 인식과 경험에 대한 자문화기술지. 지적장애연구, 17(1), 219-246.

정연수(2019). 수건을 벗어 던져라. 샘솟는 기쁨.

정연주(2006). 공공 갈등 관리 교육을 위한 사회과 수업 모형연구. 인하대학교 석사학위논문.

정연주(2025). 전문직 은퇴 노인의 삶의 의미 발견을 위한 인문융합치료 프로그램 참여경험에 관한 질적 연구: Frankl의 실존분석을 중심으로. 인하대학교 박사학위논문.

정예진, 소혜진(2024). 다문화가정에서 성장한 음악치료사의 성찰에 대한 자문화기술지. 질적탐구, 10(1), 243-268.

정영선, 고유정(2021). 코로나19 시대 초등학교 교사의 수업 경험에 관한 현상학적 연구: 비대면 수업을 중심으로. 교사교육연구, 60(3), 463-478.

정재임(2021). 무용동작치료에서의 라반 움직임 분석(LMA)을 통한 활용방안 탐색. 무용동작심리치료연구, 5(1), 5-21.

정지은, 강기수(2021). 메를로-퐁티의 [지각의 현상학]에 나타난 몸철학의 교육적 의의. 교육사상연구, 35(2), 73-100.

정현철(2021). 교내 온라인 체육 한마당 운영 경험에 관한 협력적 자문화기술지. 교원교육, 37(2), 329-347.

정혜인(2022). 상담자 연구 수행과 상담실무 간의 관련 경험에 대한 탐색적연구: 박사학위논문 작성 경험을 중심으로. 상담심리교육복지, 9(1), 95-120.

정화정, 김영순(2023). 인문융합치료학 박사과정생의 학문적 성장에 관한 자문화기술지 연구. 인문사회과학연구, 65(4), 85-130.

정훈, 전미경(2025). 교사다움의 무게를 견디며: 신규교사의 감정소진과 정체성 위기에 대한 자문화기술지. 교육인류학연구, 28(2), 1-34.

정희성, 조규혜(2020). 지리학계에 보내는 편지: 지리학과를 떠난 두 여성 연구자의 이야기. 공간과 사회, 30(2), 13-79.

정희정(2024). 발달장애 대학생의 장애무용 수업 실천적 지식 형성 과정에 관한 자문화기술지. 무용역사논총, 37(1), 1-24.

조성남, 이현주, 주영주, 김나영(2011). 질적연구방법과 실제. 그린.

조수경(2019). 미셸 푸코, 도덕적 주체와 삶의 기술. 윤리교육연구, 0(53), 213-242.

조영달(2015). 질적 연구방법론(이론편). 근사.

조용환(1999). 질적 연구: 방법과 사례. 교육과학사.

조우관(2024). 상처 입은 치유자로서의 성장 경험에 관한 자문화기술지. 질적탐구, 10(3), 163-190.

조하영(2024). 등록외국인의 지역분포(1): 지역별 집단 이질성 분석. 이민정책연구원, 01-010.

지은, 신윤정, 김태영, 이성욱, 이정례(2021). COVID-19 이후 비대면 심리교육 프로그램에 참여한 대학생의 경험과 인식에 대한 합의적 질적 연구: 스트레스 및 감정관리 프로그램을 중심으로. 아시아교육연구, 22(2).

진보교육연구소 비고츠키 교육학 실천 연구모임(2015). 관계의 교육학, 비고츠키. 살림터.

진은영, 김경희(2019). 한 시인의 문학상담 교수 경험을 통한 문학 관념의 변화. 교류인류학연구, 22(3), 75-107.

차동엽(2014). 천금말씨. 교보문고.

차세진, 황순영(2017). 발달장애 성인을 위한 장애인평생학교 교육과정 구성경험에 대한 자문화기술지. 평생교육학연구, 23(4), 163-199.

차혜진, 김명찬(2021). 중년 여성의 성차별 경험과 분투에 대한 자문화기술지. 학습자중심교과교육연구, 21(24), 39-59.

최수안(2024). 한국 다문화교육의 질적연구 지식 패러다임 분석: Lather의 분류방법을 중심으로. 다문화교육연구, 17(4), 47-73.

최수안, 김영순(2021). 경기꿈의대학 수업실행 과정의 교수자 행위자성에 관한 질적 연구. 교육문화연구, 27(6), 187-207.

최욱(2014). 질적연구 핸드북. 아카데미프레스.

최종렬, 김성경, 김귀옥, 김은정(2018). 문화사회학의 관점으로 본 질적 연구방법론. 한국문화사회학회. 휴머니스트.

최현덕(2009). 경계와 상호문화성: 상호문화 철학의 기본 과제. 코기토, 66, 301-329.

편지원, 김선희(2022). 순수미술을 전공한 미술치료 박사 과정생의 미술작업 경험에 관한 자문화기술지. 미술치료연구, 29(2), 443-468.

하정미, 설연욱, 좌문경(2010). '인식된 짐스러움'과 '좌절된 소속감'이 청소년 자살생각에 미치는 영향. 사회과학연구, 26(4), 223-246.

한국생명존중희망재단(2025). 데이터 줌. https://kfsp-datazoom.or.kr/korea04.do.

한서진, 홍재영(2021). 지적장애 특수학교에서 수학 교과를 가르치는 저경력 교사의 실천적 지식 형성에 대한 자문화기술지. 특수교육논집, 26(1), 89-119.

한정아, 선우현(2019). 아동상담자의 좌절경험 성찰에 대한 자문화기술지. 인문사회21, 10(3), 967-982.

한지혜, 김명찬(2017). 가정폭력 외상 후 성장에 대한 협력적 자문화기술지: 대인관계 신경생물학을 중심으로. 상담학연구, 18(6), 523-541.

행정안전부(2024). 정책자료, 통계연보 · 주제별 통계. https://jumin.mois.go.kr.

허송이, 김성원, 유정숙(2021). COVID-19 상황에서 과학관 교육기획자의 비대면 운영경험에 대한 자문화기술지. 학습자중심교과교육연구, 21(7), 739-757.

허양순, 김원경(2002). 변화를 위한 교사교육에 관한 탐색. 수학교육논문집, 14, 71-83.

황인숙, 김명찬(2016). 부모와의 친밀감에 대한 협력적 자문화기술지. 질적탐구, 2(2), 131-160.

Adams, T. E. (2008). A review of narrative ethics. *Qualitative Inquiry*, 14(2), 175–191.

Adams, T. E. (2011). *Narrating the closet: An autoethnography of same-sex attraction*. Walnut Creek, CA: Left Coast Press.

Adams, T. E., Ellis, C., & Jones, S. H. (2017). *Handbook of autoethnography* (2nd ed.). Routledge.

Adams, T. E., Jones, S. H., & Ellis, C. (2015). *Autoethnography: Understanding qualitative research.* New York, NY: Oxford University Press.

Adler, P., & Adler, P. (1987). *Membership roles in field research.* Thousand Oaks, CA: SAGE.

Anderson, L. (2006). Analytic autoethnography. *Journal of Contemporary Ethnography*, 35(4), 373-395.

Anderson, L., & Glass-Coffin, B. (2013). I learn by going: Autoethnographic modes of inquiry. In T. E. Adams, S. H. Jones, & C. Ellis (Eds.), *Handbook of autoethnography* (pp. 57-83). Walnut Creek, CA: Left Coast Press.

Atkinson, P. (1997). Narrative turn or blind alley. *Qualitative Health Research*, 7(3), 339.

Atkinson, P., & Delamont, S. (2011). SAGE *qualitative research methods.* Los Angeles, CA: SAGE.

Banks, J. A. (2008). *An introduction to multicultural education*(4th ed.). Seattle: University of Washington.

Banks, J. A. (2013). Multicultural education: Characteristics and goals. In J. A. Banks & C. A. M. Banks (Eds.), *Multicultural education: Issues and perspectives* (8th ed.). 3-23. Hoboken. NJ: Wiley.

Beattie, L. (2022). *Symbiotic autoethnography: Moving beyond the boundaries of qualitative methodologies.* London: Bloomsbury Publishing.

Bennett. C. I. (1993). Towards Ethnorelativism: A Development Model of Intercultural Sensitivity. In R. M. Paige (Ed.), *Education for the intercultural experience.* Yarmouth, ME: Intercultural Press.

Berry, J. W. (2006). Mutual attitudes among immigrants and ethnocultural groups in Canada. *International Journal of Intercultural Relations*, 30(6), 719-734.

Bieri, P. (2015). *Wie Wollen Wir Leben?* 문항심 (역). 자기 결정. 은행나무.

Bochner, A. P. (2000). Criteria against ourselves. *Qualitative Inquiry*, 6(2), 266-272.

Bochner, A. P. (2001). Narrative's virtues. *Qualitative Inquiry*, 7(2), 131-157.

Bochner, A. P., & Ellis, C. (2016). Evocative *autoethnography: Writing lives and telling stories.* New York, NY: Routledge.

Bolton, G. (2010). *Reflective Practice: Writing and Professional Development*

(2nd ed.). London UK: SAGE Publications.

Butler, J. (1990). *Gender Trouble: Feminism and the Subversion of Identity*. 조현준 (역)(2008). 젠더 트러블. 문학동네.

Camus, A. (1982). *Le Mythe de Sisyphe*. ≪*Idées*≫. Paris, France: Gallimard. 김화영 (역)(2016). 시지프 신화. 민음사.

Chang, H. (2008). *Autoethnography as method. Walnut Creek*. CA: Left Coast Press.

Chang, H. (2013). *Autoethnography as method: Developing qualitative inquiry*. Walnut Creek CA: Left Coast Press.

Coffey, A. (1999). *The ethnographic self: Fieldwork and the representation of identity*. London, UK: SAGE.

Cooper, R., & Lilyea, B. (2022). I'm interested in autoethnography, but how do I do it? *The Qualitative Report*, 27(1), 197–208.

Creswell, J. W., & Creswell, J. D. (2018). *Qualitative, Quantitative, and Mixed Methods Approaches, Fifth Edition*. 정종진, 김영숙 외 (역) (2022). 연구방법: 질적·양적 및 혼합적 연구의 설계, 제 5판. 시그마프레스.

Creswell, J. W., & Poth, C. N. (2018). *Qualitative inquiry and research design: Choosing among five approaches* (3rd ed.). SAGE Publications. 조흥식, 정선욱 외 (역)(2021). 질적 연구방법론: 다섯 가지 접근. 학지사.

Danahay, R. (1997). *Auto/Ethnography: Rewriting the Self and the Social*. New York, NY: Berg.

Dauphinee, E. (2010). The ethics of autoethnography. *Review of International Studies*, 36(3), 799–818.

Davies, C. A. (1999). Reflexive ethnography: *A guide to researching selves and others*. London, UK: Routledge.

Deborah, R.-D. (1997). *Auto/ethnography : rewriting the self and the social*. Oxford: Berg.

De Jong, M. (2014). Always becoming: (De-) (Re-)territorializing: A social studies autoethnography as "minor literature".

Deleuze, G., & Guattari, F. (1994). *What is philosophy?* (H. Tomlinson & G. Burchell, Trans.). New York, NY: Columbia University Press.

Denshire, S. (2014). On auto-ethnography. *Current Sociology Review*, 62(6),

831-850.

Denzin, N. K. (2000). Aesthetics and qualitative inquiry. *Qualitative Inquiry*, 6(2), 256-260.

Denzin, N. K. (2008). *Evolution of qualitative research*. In L. M. Given (Ed.), The SAGE encyclopedia of qualitative research methods (pp. 311-318). SAGE.

Denzin, N. K., & Lincoln, Y. S. (2018). *The SAGE handbook of qualitative research* (5th ed.). Thousand Oaks, CA : Sage.

Dewey, J. (1916). *Democracy and education*. 이홍우 (역)(2007). 민주주의와 교육. 교육과학사.

Dewey, J. (1916). *Essay sin Experimental Logic*. New York, NY: Dover Publication Inc.

Dewey, J. (1938). *Experience and education*. New York, NY: Collier Books. 박철홍 (역)(2002). 아동과 교육과정 경험과 교육. 경기: 문음사.

Dewey, J. (1938). *Experience and Education*. 엄태동 (역)(2019). 존 듀이의 경험과 교육. 박영스토리.

Devault, M. L. (1997). *Personal writing in social research: Issues of production and interpretation*. In R. Hertz (Ed.), Reflexivity & voice (pp. 216-228). Thousand Oaks, CA: SAGE.

Dweck, C. S. (2006). Mindset: *The new psychology of success*. New York, NY: Random House. 김윤재 (역) (2023). 마인드셋: 스탠퍼드 인강성장 프로젝트. 스몰빅라이프.

Ellingson, L. L., & Ellis, C. (2008). Autoethnography as constructionist project. In J. A. Holstein & J. F. Gubrium (Eds.), *Handbook of constructionist research* (pp. 445-465). Guilford Press.

Ellis, C. (2001). With Mother / With Child: A True Story. *Qualitative Inquiry*, 7(5), 598-616.

Ellis, C. (2004). *The ethnographic I: A methodological novel about autoethnography*. Walnut Creek, CA: AltaMira Press.

Ellis, C. (2009). *Revision: Autoethnographic reflections on life and work*. Walnut Creek, CA: Left Coast Press.

Ellis, C., & Bochner, A. P. (2000). Autoethnography, personal narrative, and personal reflexivity. In N. Denzin & Y. Lincoln (Eds.), *Handbook of qualitative research* (2nd ed.). Thousand Oaks, CA: SAGE Publications.

Ellis, C., Adams, T. E., & Bochner, A. P. (2011). Autoethnography: An overview. *Forum Qualitative Sozialforschung / Forum: Qualitative Social Research*, 12(1), Article 10.

Flick, U. (2009). *An Introduction to Qualitative Research*. 임은미, 최금진, 최인호, 허문경, 홍경화(역)(2011). 질적연구방법. 한울아카데미.

Foucault, M. (1982). *L'hermeneutique du sujet : Cours au College de France*. 심세광 (역)(2007). 주체의 해석학. 동문선.

Frankl, V. E. (2021). *The Feeling of Meaninglessness*. 김미라 (역)(2021). 무의미의 의미. M31.

Frankl, V. E. (2020). *Man's Search for Meaning*. 이시형 (역)(2020). 빅터 프랑클의 죽음의 수용소에서. 청아출판사.

Freire, P. (1998). *Teachers as Cultural Workers: Letters to those who dare teach*. 김하별 (역)(2020). 프레이리의 교사론. 오트르랩.

Garratt, D., & Hodkinson, P. (1999). Can there be criteria for selecting research criteria? A hermeneutical analysis of an inescapable dilemma. *Qualitative Inquiry*, 5(3), 515-539.

Glesne, C. (2017). *Becoming Qualitative Researchers*. 안혜준 (역)(2017). 질적 연구자 되기. 아카데미프레스.

Goldschmidt, W. (1977). Anthropology and the coming crisis: An autoethnographic appraisal. *American Anthropologist*, 79(2), 293-308.

Grant C. A. & Sleeter, C. E. (1986). Race, class and gender in education research. *Review of Educational Research*. 56(2). 195-211.

Greenberg, L. S., & Paivio, S. C. (2003). *Working with Emotions in Psychotherapy*. *New York: Guilford Press*.

Haller, K. (2018). *The Little Book of Colour*. London, UK: Penguin Life. 안진이 (역)(2019). 컬러의 힘: 내 삶을 바꾸는 가장 강력한 언어. 월북.

Haraway, D. (2016). Staying with the Trouble: Making Kin in the Chthulucene. *Duke University Press*, Feminist Review, 117(1), 208-209.

Hayano, D. M. (1979). *Auto-ethnography: Paradigms, problems, and prospects*. Human Organization, 38(1), 99-104.

Heider, K. G. (1975). What do people do? Dani auto-ethnography. *Journal of Anthropological Research*, 31(1), 3-17.

Husserl. E. (2006). *Ideen Zu Einer Reinen Phanomenologie Und Phanomenologischen Philosophie.* 이종훈 (역)(2021). 순수현상학과 현상학적 철학의 이념들 1. 한길사.

Ingold, T. (2000). *The perception of the environment: Essays in livelihood, dwelling and skill.* London, UK: Routledge.

Jarvis, P. (2006). *Towards a comprehensive theory of human learning.* London, UK: Routledge.

Johnson. D, W., & Johnson, R. T. (2002). *Multicultural Education and Human Relation.* 김영순 외 (역)(2010). 다문화교육과 인간관계. 교육과학사.

Keinhorst, C. W., De Wilde, E. J., & Diekstra, R. F. W. (1995). Suicide and suicidal behavior among adolescent. In Rutter, M., & Smith, D. J. (Eds.), *Psycho-social disorders in young people: Time, trends and their causes.* London: Wiley.

Krizek, R. (2003). *Ethnography as the excavation of personal narrative. In R. P. Clair* (Ed.), Expressions of ethnography: Novel approaches to qualitative methods (pp. 141-152). New York, NY: SUNY Press.

Landy, R. J. (1993). *Persona and performance : the meaning of role in drama, therapy, and everyday life* 이효원 (역)(2010). 페르소나와 퍼포먼스: 역할 접근법이 이론과 실제. 학지사.

Latour, B. (1987). *Science in Action: How to Follow Scientists and Engineers Through Society.* Cambridge, MA: Harvard University Press.

Latour, B. (1988). *The Pasteurization of France.* (Original work published 1984). Cambridge, MA: Harvard University Press.

Latour, B. (1990). *Drawing Things Together. In Lynch, M. & Woolgar*, S. (Eds.), *Representation in Scientific Practice.* Cambridge, MA: MIT Press.

Latour, B. (1999). *On Recalling ANT. In Law, J. & Hassard, J.* (Eds.), *Actor Network Theory and After.* UK: Blackwell.

Latour, B. (2005). *Reassembling the Social: An Introduction to Actor-Network-Theory.* UK: Oxford University Press.

Law, J. (2008). *Actor network theory and material semiotics. In B. S. Turner*

(Ed.), *The new Blackwell companion to social theory* (pp. 141-158, 3rd ed.). Oxford: Wiley-Blackwell.

Leavy, P. (2020). *Method meets art: Arts-based research practice* (3rd ed.). Guilford Press.

Levinas, E. (1961). *Totalite et infini. Essai sur l'exteriorite.* 김도형, 문성원, 손영창 (역)(2018). 전체성과 무한. 그린비.

Levinas, E. (1982). *Totalite et infini. Essai sur l'exteriorite.* 김도영, 문성원, 손영창 (역)(2020). 전체성과 무한: 외재성에 대한 에세이. 그린비.

Levinas, E. (1996) *Le Temps Et L'Autre.* 강영안, 강지하 (역)(2024). 시간과 타자. 문예출판사.

Levinas, E. (2005). *Ethique et infini :dialogues avec Philippe Nemo.* 김동규 (역)(2020). 윤리와 무한: 필립 네모와의 대화. 다산글방.

Levinas, E. (2007). *Otherwise than being or beyond essence* (M. sungwon, Trans.). Seoul: Greenbet.

Lévi-Strauss, C. (1962). *La pensée sauvage.* 안정남 (역)(1996). 야생의 사고. 한길사.

Lévi-Strauss, C. (1966). The culinary triangle. The Partisan Review, 33(4), 586-596. Abridged and translated by P. Brooks in C. Counihan & P. Van Esterik (Eds. 2008), *Food and culture: A reader* (2nd ed., pp. 36-43). New York, NY: Routledge.

Lévi-Strauss, C. (1992). *Tristes tropiques* (J. & D. Weightman, Trans.). New York, NY: Penguin Classics. (Original work published 1955).

Lippitz, W., & Rittelmeyer, C. (1990). *Phänomene des Kinderlebens: Beispiele und methodische Probleme einer pädagogischen Phänomenologie.* Klinkhardt. Weinheim, Germany: Klinkhardt.

Mather, M. (2015). *Emotional Memory.* In The encyclopedia of adulthood and aging , 1-4.

Maréchal, G. (2010). Autoethnography. In A. J. Mills, G. Durepos, & E. Wiebe (Eds.), *Encyclopedia of case study research* (Vol. 2, pp. 43-45). Los Angeles, CA: SAGE.

Mezirow, J. (1991). *Transformative Dimensions of Adult Learning.* San Francisco, CA: Jossey-Bass.

Mitchell, K. E., Levin, S., & Krumboltz, J. D. (1999). Planned happenstance: Constructing unexpected career opportunities. *Journal of Counseling & Development*, 77(2), 115-124.

Mol, A. (2010). Actor-Network Theory: sensitive terms and enduring tensions. *Kölner Zeitschrift für Soziologie und Sozialpsychologie*. Sonderheft, 50, 253-269.

Moreno, J. L. (1960). *The Sociometry Reader. Glencoe*, IL: Free Press.

Nieto. S. (2009). *Language, Culture & Teaching*. 김영순 외 (역)(2016). 언어, 문화 그리고 비판적 다문화교육. 북코리아.

Oliver, M. (2002). *Thousand mornings*. Boston, MA: Beacon Press. 민승남 (역)(2020). 천 개의 아침. 마음산책.

Oliver, M. (2005). *The geese*. Boston, MA: Beacon Press. 민승남 (역)(2021). 기러기. 마음산책.

Patton, M. Q. (2015). *Qualitative Research & Evaluation Methods: Integrating Theory and Practice* (4th ed.). Thousand Oaks, CA: SAGE Publications.

Paulo, F. (1998). *Teachers as Cultural Workers: Letters to those who dare teach*. 김하별 (역)(2020). 프레이리의 교사론. 오트르랩.

Pierre, E. A. (2021). Post qualitative inquiry, the refusal of method, and the risk of the new. *Qualitative Inquiry*, 27(1), 3-9.

Quignard, P. (1991). *Tous les matins du monde*. Paris: Éditions Gallimard. 류시화 (역)(2013). 세상의 모든 아침. 문학과 지성사.

Reed-Danahay, D.(Ed.). (1997). *Auto/Ethnography: Rewriting the Self and the Social*. New York: Berg.

Reinhard, R. (2011). *Odysseus oder die Kunst des Irrens : philosophische Anstiftung zur Neugie*. 장혜경 (역)(2011). 방황의 기술. 웅진씽크빅.

Ricoeur, P. (1986). Du texte à l'action: Essais d'herméneutique II. Paris, France: Seuil. 박병수, 남기영 (역)(2002). 텍스트에서 행동으로. 아카넷.

Ricoeur, P. (1986). *Life: A story in search of a narrator. In Facts and Values: Philosophical Reflections from Western and Non-Western Perspectives*. Edited by Marinus Doeser and John Kray. Translated by John Kray, and A. J. Scholten. Dordrecht: Martinus NijhoffPublishers, pp. 121-32.

Rogers, C. R. (2007). *A Way of Being*. 오제은 (역)(2007). 칼 로저스의 사람-중심

상담. 학지사.

Ruskin, J. (2011). *Elements of Drawing: In Three Letters to Beginners*. New York: Wiley & Halsted, 전용기 역, 존 러스킨의 드로잉. 다산북스.

Ryle, G.(1968), "Thinking and Reflection", *Royale Institute of Philosophy, Lectures*. 1: 210-226.

Sartre, J. P. (1965). *L'existentialisme est unhumanisme*. Paris : Nagel. 방곤 (역)(1981). 실존주의는 휴머니즘이다. 문예출판사.

Schön, D. A. (1983). *The Reflective Practitioner: How Professionals Think in Action.* New York: Basic Books.

Schön, D. A. (1983). *The reflective practitioner: How professionals think in action.* New York, NY: Basic Books.

Schouwenberg, L., & Kaethler, M. (Eds.). (2021). *The auto-ethnographic turn in design.* Amsterdam: Valiz.

Sellers, M. (2013). *Young children becoming curriculum: Deleuze, Te Whariki & curricular understanding.* London, UK: Routledge. 손유진, 안효진, 유혜 령 (역)(2018). 어린이의 교육과정 되기. 창지사.

Skovholt, T. M. (2003). *The resilient practitioner.* 유성경, 유정이, 이윤주, 김선경 (역)(2003). 건강한 상담자만이 남을 도울 수 있다. 학지사.

Sparkes, A. C. (2000). Autoethnography and narratives of self: Reflections on criteria in action. *Sociology of Sport Journal, 17(1)*, 21-43.

Spradley, J. P. (2006). *Participant Observation.* 신재영 (역). 참여관찰법. 시그마프 레스.

Stake, R. E. (1994). Case studies. In N. K. Denzin & Y. S. Lincoln (Eds.), *Handbook of qualitative research* (2nd ed., pp. 236-247). Thousand Oaks, CA: Sage Publications.

Sun, H. & Sun, D. (2003). *Colour Your Life: How to use the right colours to achieve balance, health and happiness.* 나선숙 (역)(2003). 내 삶에 색을 입히자. 예경.

Thorne, B. (2003). *Carl Rogers.* London, UK: Sage. 이영희, 박외숙, 고향자 (역). 칼 로저스. 학지사.

Thrift, N.(1996). *Spatial formations.* London, UK: Sage.

Trinh, T. M. (1992). *Framer framed.* New York, NY:Routledge.

Tsing, A. L. (2015). *The mushroom at the end of the world: On the possibility of life in capitalist ruins.* Princeton, NJ: Princeton University Press.

Van Maanen, J. (2011). *Tales of the field: On writing ethnography* (2nd ed.). Chicago, IL: University of Chicago Press.

Walford, G. (2004). Finding the limits: Authoethnography and being an Oxford University proctor. *Qualitative Research, 4*(3), 403-417.

Wall, S. (2006). An Autoethnography on Learning About Autoethnography. *International Journal of Qualitative Methods, 5*(2), 146-160.

Whitehead, A. N. (2004). *Alfred North Whitehead.* 오영환 (역)(2004). 교육의 목적. 궁리출판사.

Witkin, S. L. (2022). Autoethnography and social work: Strange bedfellows or complementary partners? *Social Work and Social Sciences Review, 23*(3), 19-35.

에필로그

편집을 마치며, 타자로서 나의 경험을 만나다

공동으로 집필된 한 권의 책이 만들어지기까지는 편집 담당자들의 수고가 필요하다. 동료들의 글을 꼼꼼하게 읽고, 이 책의 공동집필 의도에 맞추어 일부 수정하고 보완하는 작업을 행해야 한다. 우리는 이 공동 작업을 통해 동료 연구자들의 다양한 경험을 읽을 수 있었고, 이를 본 서 『질적연구자-되기와 자문화기술지』의 맥락에 맞추는 작업을 행했다. 다른 연구자의 글을 매만지는 작업은 이렇게 '전체성-개별성' 간의 긴장을 느낄 수 밖에 없었고, 매우 신중한 작업이었다. 아울러 함께 논의하는 협동 작업을 충분히 체험할 수 있는 또 다른 질적연구의 수련 과정이었다. 마치 공동으로 수행한 하나의 질적 연구를 마무리하며 느끼는 벅찬 감정을 함께 나누는 듯하다.

▶ '연구자-되기'의 크로노토프_백우인

만약 질적연구 속에 길이 있다면, 그것은 매끈하게 정리된 데이터의 숫자나 그래프가 아니라, 우묵하게 파인 깊이를 가진 성찰의 공간일 것입니다. 우연히 들은 뉴스 한마디, 이주 노동자가 담긴 사진 한 장, 신문의 제목 한 줄, 혹은 연구참여자의 '되돌아 봄' 속에서 질문과 성찰은 시작됩니다. 겉으로 평범해 보이던 사건과 사물, 인물 속에서 질적연구자는 미묘한 관계와 내적 풍경, 의미의 얼개를 상상하고 발견합니다. 삶의 모든 시공간이 연구의 현장이 되는 순간, 연구에 몰입한 연구자의 내면에는 생명의 전류가 흐르며 새로

380 참고문헌

운 통찰과 태도가 생겨납니다.

이 책은 상담사와 교사, 활동가 등 실천의 현장에서 출발한 이들이 어떻게 질적연구자로 성장해 가는지를 담고 있습니다. 대학원 강의실, 연구 모임, 연구참여자와의 대화, 그리고 늦은 밤 성찰일지 속에서 연구자들은 그들의 윤곽을 그려나가고 있습니다. 그러면서 연구자들은 나비의 우화를 겪은 기분이 되곤 했던 것 같습니다. 존재와 인식이 변형되는 '연구자-되기'의 크로노토프(chronotope)를 경험했다고 할까요? 여기서 크로노토프란, 바흐친이 말한 것처럼 시간과 공간이 서로 얽혀 인물이나 사건의 삶을 구성하는 '장(場)'입니다. 즉, 질적연구자가 되기 위해서는 특정 시공간 속에 놓이는 경험이 필수적임을 보여줍니다.

'질적연구자가 된다'는 것은 그 '장'에서 하나의 현상을 바라보며 두리번거리고, 때로는 어리둥절하거나 놀라며, 감탄하고 질문하고 분석하며 해석하는 과정을 겪는 일입니다. 그 과정을 통과하면서 연구자는 그것을 '글로 쓰는 존재'가 됩니다. 동시에 자신의 위치성을 분명히 드러내야 하는 스피커가 아닐까 싶기도 합니다. 왜냐하면, 글을 쓴다는 것은 하나의 실천에 이르는 윤리적 행위이기 때문입니다. 질적연구자로서의 여정은 자신이 위치한 사회적 자리, 사용하는 언어, 타자를 바라보는 방식, 글쓰기의 윤리까지 끊임없이 묻고 재구성하는 과정일 것입니다. 한 마디로 질적연구자의 길은 곧 자신을 해체하고 다시 쓰는 여정이겠습니다. 이 책의 장들에 담긴 글들은 바로 이러한 크로노토프 안에서 몸과 마음의 부침과 재생이 생생하게 드러나 있어서 한여름의 태양을 삼킨 듯 심장을 불타게 합니다.

▶ 저서는 세상과의 '대화'입니다_추미현

한 편의 글을 완성한다는 것은 단순히 종이에 글자를 빼곡히 채우는 일만을 의미하지 않습니다. 그것은 제 삶과 생각, 그리고 수많은 시간을 한데 묶어 누군가에게 건네는 용기 있는 행위라 생각합니다. 이 저서는 원래 소논문이었습니다. 형식과 규범, 엄격한 심사와 인용의 울타리 안에서 자라난 글이었지요. 하지만 저서로 나오기까지 저는 그 울타리의 문을 열고 바깥 공기를 들이마셨습니다. 문장을 조금 느슨하게 풀었고, 학문적 개념에 숨을 불어넣었으며, 무엇보다 저의 목소리를 조금 더 또렷하게 담으려 했습니다.

이 저서는 저 혼자만의 것이 아닙니다. 여러 연구자께서 각자의 목소리로 한 장씩 써 내려가 주셨고, 저는 저자이면서 동시에 편집위원으로 그 여정을 함께했습니다. 원고를 받고, 수정 의견을 나누고, 서로의 글을 읽고 다듬는 과정은 마치 공동연구와도 같았습니다. 각기 다른 배경과 시선을 지녔지만, 한 권의 저서라는 목표를 향해 의견을 모으고 조율해 나가며 우리는 동료이자 협력자가 될 수 있었습니다. 그 과정에서 쌓인 신뢰와 연대는 글 속의 문장만큼이나 소중한 성과였습니다.

논문이 학문공동체를 향한 '보고서'라면, 저서는 세상과의 '대화'입니다. 독자가 심사위원에서 생활인으로 바뀌는 순간, 글도 달라졌습니다. 학문적 정확성 못지않게 전달력과 공감이 중요해졌습니다. 그래서 저는 논문의 문장 속에서 숨죽이고 있던 이야기들을 꺼내 보았습니다. 연구자로서의 저, 사회인으로서의 저, 그리고 그 경계를 넘나들며 겪었던 혼란과 기쁨을 보다 솔직하게 풀어놓고자 했습니다.

이 글을 쓰는 동안 저는 다시 한번 저 자신을 공부했습니다. '나는 왜 이 길을 걷고 있는가', '연구는 내 삶과 어떻게 맞닿아 있는가'라는 질문을 반복했습니다. 글은 그 질문에 명확한 답을 주지는 않았습니다. 다만 질문을 조금 더 오래 붙잡을 수 있게 해 주었습니다. 그 질문 속에서 저는 연구를 직업이 아니라, 삶의 방식으로 받아들이게 되었습니다.

이 저서가 누군가에게 작은 자극이 되기를 바랍니다. 꼭 연구자의 길을 걷지 않으셔도 괜찮습니다. 각자의 자리에서 자기만의 질문을 붙잡고, 흔들리면서도 한 발씩 나아가시는 모든 분께 이 이야기를 드립니다. 저 역시 여전히 배우는 중이고, 여전히 흔들립니다. 그러나 이제는 압니다. 그 흔들림이 바로 성장이라는 것을.

마지막 장을 덮는 이 순간, 저는 다음 장을 준비합니다. 저서를 완성하는 일은 끝이 아니라 또 다른 시작이기 때문입니다. 그리고 이 글을 읽고 계신 귀하께서도 사회와 함께 성장하시며, 학문과 함께 걷는 여정을 이어가시기를 진심으로 바랍니다. 언젠가 그 길 위에서 귀하와 마주할 대화를 기대하며, 오늘의 에필로그를 맺습니다.

▶ 나의 이야기, 우리의 서사_최영미

호모 비아토르, 길 위의 여행자로서 저는 이번 책을 통해 또 다른 동행자들을 만날 수 있었습니다. 학문의 여정은 여행자마다 서로 다른 출발점에서 시작되며, 그 출발을 위해 준비해 온 시간은, 마치 제각기 다른 온기로 알을 품은 새가 보낸 시간과도 같습니다. 저마다 품어온 알은 자기만의 이야기이자, 타자와의 관계 속에서 길러진 사유의 언어입니다. 그 이야기 속에는 그들이 홀로 걸어온 발자취와 더불어, 삶을 나눈 타자의 목소리가 배어 있습니다. 알이 부화하는 순간은 단순히 새로운 여정의 시작이 아니라, 타자와 나 사이의 경계를 넘어 공존의 날갯짓을 시도하는 출발점입니다.

연구자로서의 첫걸음을 내딛는 이 순간, 우리는 비로소 자신이 오랫동안 품어온 이야기와 마주합니다. 그 이야기는 변주와 합주를 통해서 더 넓게 울려 퍼집니다. 자문화기술지는 단순한 글쓰기가 아니라, 연구자가 자기 삶을 성찰하고 학문적 언어로 전환하는 고유한 작업이라 할 수 있습니다. '나'의 이야기는 기록되는 동시에, 타자와의 관계 속에서 '우리'의 서사로 확장됩니다. 저는 질적연구자를 향한 그들의 이야기와 깨어나는 아픔을 접하며, 같은 여행자의 경험과 고뇌에 공감했습니다. 그리고 그들의 이야기를 통해 타자와의 관계 속에서 새로운 의미를 찾아내어 내면화하는 과정에 공명했습니다. 그 공명 속에서 저는 자신의 경계를 조정하며 해석을 확장할 수 있음을 다시 한번 깨달을 수 있었습니다.

이번 책의 편집자로 참여한 저는, 이 과정을 함께하는 협업 속에서 연구자와 편집자가 서로의 이야기에 귀 기울이고, 그 차이를 조율하며 연구자의 시선과 관찰자의 시선을 통합하는 경험을 할 수 있었습니다. 이러한 경험은 초보 질적연구자가 반드시 길러야 할 균형감과 통합적 시각을 배우는 소중한 기회가 되었습니다. 편집자로서 타자의 삶을 공유하고 그 안으로 깊숙이 발을 들이는 시간을 통해, 우리가 결국 함께 공존하고 있음을 온전히 느낄 수 있었습니다. 이제 책을 통해 전해지는 이야기들이 단지 우리들의 이야기로 머무르지 않고, 또 다른 질적연구자의 여정을 열어 주는 첫걸음이 되기를 바랍니다.

▶ De Colores, 함께 빚은 일곱 색의 서사,
  그리고 하나의 무지개_한영배

질적연구는 단 하나의 색으로 그려지지 않습니다. 어떤 서사는 짙은 파랑처럼 깊은 사유의 시간을 담고, 또 어떤 이야기는 노랑처럼 밝고 생기 있게 삶의 희망을 품습니다. 또 다른 이의 이야기는 빨강처럼 열정적이고 강렬한 감정의 결을 드러내며, 초록처럼 균형과 회복의 경험을 담기도 하고, 보라처럼 존재의 의미를 탐구하는 고요한 시선을 머금기도 합니다. 이 책에 실린 이야기들은 그렇게 각기 다른 색을 지닌 삶의 조각들이며, 각 연구자는 자기만의 색으로 질적연구라는 커다란 캔버스 위에 흔적을 남기셨습니다.

편집자의 자리에서 원고들을 처음 마주했을 때, 마치 색색의 유리 조각을 들여다보는 듯했습니다. 각자의 서사에는 살아온 삶의 결이 촘촘히 묻어 있었고, 그 삶은 연구라는 렌즈를 통과하며 새로운 빛을 품게 되었음을 알 수 있었습니다. 색은 서로 달랐으나 어느 하나도 과하거나 모자라지 않았습니다. 오히려 그 다름이 모여 하나의 무지개를 이루었습니다. 색채 기반 인문융합치료를 연구하는 저에게, 우리가 연구 속에서 만나는 이야기는 단순한 자료가 아니라 살아 숨 쉬는 '사람' 그 자체임을 다시금 일깨워주었습니다. 빨강의 용기, 주황의 창조성, 노랑의 따뜻함, 초록의 균형, 파랑의 깊이, 남색의 침묵 속 통찰, 보라의 자기 성찰까지 모두가 저마다의 빛을 내고 있었습니다.

이 책은 일곱 가지 색이 어우러져 하나의 무지개를 이루듯, 다양한 마음의 풍경을 한데 모아 엮은 결과물입니다. 색채가 함께할 때 더욱 빛나듯, 이야기도 홀로 하는 독백이 아니라 타자와의 대화 속에서 의미를 얻습니다. 따라서 이 총서는 단지 한 권의 책이 아니라, 서로 다른 시선과 경험이 모여 새로운 빛과 결을 만들어 가는 이야기의 장(場)입니다. 다양한 삶의 배경을 지닌 사람들이 서로를 이해하고 존중하며, 그 다름 속에서 더 깊은 성찰과 배움으로 나아갈 가능성을 품고 있습니다.

마치 색채 중심 인문융합치료가 언어를 넘어 마음과 마음을 잇듯, 이 책 또한 독자 여러분의 마음속에서 공명하며 각자의 삶과 연구, 그리고 실천의 자리에서 새로운 변화를 만들어 내는 씨앗이 되기를 바랍니다. 질적연구는 끝을 향해 달려가는 수련이 아니라, 열린 마음과 환대를 통해 확장되는 삶이며, 삶은 곧 이야기이고, 이야기는 누군가에게 닿아 마음을 여는 빛이 됩니다. 이 책을 덮는 순간이 끝이 아니라, 또 다른 이야기를 향해 문을 여는 시작이 되기를 소망합니다. 끝으로 함께 이 무지개를 만들어 주신 모든 학문적 동료 여러분께 깊은 감사를 드립니다.

여러분의 이야기가 바로, 이 빛을 가능하게 하였습니다.

▶ 타로, 타자의 다양한 길을 경험하다_황상희

지도를 펼치면 수많은 경로가 눈앞에 펼쳐집니다. 사람마다 향하는 목적지는 같을 수 있지만, 그 여정의 길은 모두 다릅니다. 어떤 길은 부드럽고 평탄하여 걷기에 편안하지만, 또 어떤 길은 험난한 바윗길처럼 가파른 오르막과 돌무더기로 가득 차 있습니다. 때로는 예상치 못한 순간에 방향을 급격히 틀거나, 전혀 새로운 길로 접어드는 전환점을 만나기도 합니다.

이 책에 담긴 여정들은 매우 다양했습니다. 각기 다른 풍경과 속도, 그리고 한 걸음 한 걸음마다 저마다의 사연이 담겨 있었습니다. 연구자들은 엄격하면서도 따뜻한 K 교수의 지도 아래 여정을 다시 기록하고 되짚어보는 과정을 거쳤습니다. 그 여정은 자기 자신을 돌보는 데 그치지 않고, 타인을 향한 깊은 성찰과 실천적인 방향을 함께 모색하는 끊임없는 과정이었습니다. 그 길을 걸어간 연구자들은 마치 타로 카드 속 인물들처럼 각자의 이야기를 품고 있었습니다. 어떤 연구자는 1번 '마법사' 카드처럼 자신 안의 가능성과 자원을 끌어내며, 새로운 여정을 주도적으로 열어가고 있었고, 또 어떤 연구자는 2번 '여사제' 카드처럼 조용한 직관과 지혜 속에서 보이지 않는 현상을 탐색하고 있었습니다. 그리고 또 다른 이는 14번 '절제' 카드처럼 연구와 삶 사이에서 중요한 선택의 기로에 서 있었습니다. 편집의 과정은 그 여정의 길 위에서 서로에게 건네는 이정표이자, 작은 나침반이 되어 주었습니다. 각기 다른 길과 선택들이 한 권의 책 안에서 만나 하나의 거대한 지도가 완성되었습니다. 하지만 이 지도는 닫힌 공간이 아니라 여러분께서 다시 발걸음을 내딛도록 초대하는 열린 문과도 같습니다.

편집을 마치는 순간 마치 '세계' 카드 앞에 서 있는 듯한 기분이 듭니다. 완성의 기쁨 속에서도, 여전히 다음 여정을 향한 문은 활짝 열려 있습니다. 이 책은 수많은 연구자가 걸어온 발자취이자 앞으로 이어질 무수한 길의 시작점이기도 합니다.

| 저자소개 |

김영순 kimysoon@inha.ac.kr 서문, 총론 집필
베를린자유대학교에서 문화변동에 관한 연구로 철학박사 학위를 취득하고, 현재 인하대학교 사회
교육과 교수 겸 다문화융합연구소 소장을 맡고 있다. 또한 전국 대학원생 질적연구방법 캠프의
촌장으로 활동하고 있다. 저서로는『질적연구의 즐거움』,『질적연구 여행』,『질적연구와 문화기
술지의 이해』,『이야기의 사회과학: 생애사와 내러티브 연구』등이 있다.

백우인 pwooin@.inha.ac.kr 4장 집필
인하대학교에서 인문융합치료 전공으로 문학 박사를 받았으며, 현재 인하대학교 인문융합치료학
과 초빙교수이자 다문화융합연구소 인문학술연구교수로 재직 중이다. 포스트휴먼 이론과 돌봄,
청소년 자살 및 행위자-연결망이론 주제로 연구와 저술을 이어가고 있다. 저서로는『청소년자살
블랙박스』가 있으며 다수의 연구 논문이 있다.

추미현 chu5212@outlook.kr 6장 집필
인하대학교에서「정치인의 이주민 사회통합정책 인식에 관한 질적연구」로 교육학 석사학위를 취
득하고, 동대학원 같은 학과에서 박사과정을 수료했다. 현재 다문화 전문 기자로 활동하고 있으며,
사회적 소수자와 취약계층의 삶과 건강, 복지를 위해 활발히 연구를 진행하고 있다. 논문으로
「참관자에서 참여자로 되어가는 학습경험에 관한 자문화기술지」가 있다.

최영미 hootwo@daum.net 11장 집필
인하대학교 인문융합치료학과 박사과정을 수료하였으며, 인문융합치료와 긍정심리 치료를 융합
한 자살예방 프로그램 참여 경험에 관한 질적연구로 박사논문을 작성 중이다. 가족센터에서 가족
상담사로 활동했다.「중년 상담사의 학문적 여정과 자기성찰: 인문융합치료학 박사과정을 중심으
로」논문을 발표했다.

한영배 hyb123@korea.com 12장 집필
인하대학교 인문융합치료학 박사과정을 수료했다. 미술치료교육학 석사를 취득한 후, 발달장애
아동과 부모를 대상으로 심리상담과 색채, 음악, 미술치료를 진행했다. 현재는 광고기획사의 대표
로서의 경력을 이어가는 한편, 외국인 유학생의 학교 적응을 위한 색채 기반 인문융합치료 프로그
램 참여 경험에 대한 질적 사례연구를 진행하고 있다.

황상희 lisol9942@naver.com 13장 집필
인하대학교 인문융합치료학 박사과정을 수료하였고, 현재 미추홀구 평생학습과에 재직하고 있다.
취약한 아동·청소년의 정서적 회복과 진로 탐색을 지원하고, 이들이 자신의 가능성과 미래를
발견할 수 있도록 돕는 통합적 치유를 연구하고 있다. 최근 학교 밖 청소년 상담사의 상호주관적
돌봄 경험을 연구 중이다.

김태훈 hooni0320@hanmail.net 1장 집필
인하대학교 다문화교육학과에서 교육학 박사를 취득하고, 동 대학교 교육효과성센터 연구원, 인천
연구원 연구원을 거쳤다. 현재 전북교육청 미래교육정책연구소 연구위원으로 재직 중이다. 논문
으로는「〈사랑의 불시착〉에 나타난 상호문화역량과 통일교육적 시사점」,「토픽모델링(LDA)을
활용한 다문화가족지원센터 연구동향 분석」등 다수가 있다.

정화정 junghwajung@naver.com 3장 집필
인하대학교 대학원 인문융합치료학과에서 문학 박사를 받았다. 현재 인문학을 기반으로 집단상담 전문가로 일하며 인하대학교 초빙교수로 재직하고 있다. 정신과 환자들과 범죄자들을 주로 만나면서 상담 현장에서 다양한 인문융합치료학적 접근을 연구하는 중이다. 박사학위 논문「숙련된 상담가의 비행청소년 상담 경험에 대한 내러티브 탐구」를 집필했다.

김혜미 onyou21@gmail.com 2장 집필
인하대학교에서 다문화교육학과에서 교육학 박사를 받고, 현재 서울여자대학교 SI 교육센터 진임 연구원으로 재직 중이며 기독교반성폭력 센터 프로젝트 연구위원으로 차별과 배제의 폭력에서 자유로운 교회 생태계 조성에 힘쓰고 있다. 박사학위 논문은 「이주민과 공생하는 여성 목회자의 사이보그-되기 과정 탐색」이다.

정연주 watersky99@naver.com 9장 집필
인하대학교 인문융합치료학 전공에서 문학박사 학위를 취득했다. 박사논문은 「전문직 은퇴 노인의 삶의 의미 발견을 위한 인문융합치료 프로그램 참여 경험에 관한 질적 연구-Frankl의 실존분석을 중심으로」이다. 주요 논문으로는 「휴머니튜드 실천으로 나타난 중증치매노인과 돌봄종사자의 변화 탐색」, 「전문직 은퇴 노인을 위한 인문융합치료 프로그램 개발 방향 탐색」 연구 등이 있다.

강번영 8911bunny@daum.net 8장 집필
인하대학교 대학원 인문융합치료학전공에서 박사과정을 수료하였고, 자기 성찰을 중심으로 한 자문화기술지 접근을 기반으로 박사학위논문을 준비하고 있다. 논문은 「요양보호사의 돌봄노인 임종경험에 관한 질적 메타분석」이 있으며 『스승과의 길 위에서, 삶을 성찰하다』(가제)라는 제목으로, 양구에서 지도교수와 나눈 대화를 바탕으로 한 저서를 집필하고 있다.

김란휘 edulinekrh@daum.net 5장 집필
인하대학교 다문화교육학과 박사과정을 수료했다. 현재 이주배경 가정의 부모교육과 돌봄 프로그램 강사 양성을 위한 교육과정 개발과 아울로 이주민 밀집지역 연구팀의 공동연구원으로 활동하고 있다. 저서로는 『초등수학지도사』, 『자녀학습관리』, 논문으로는 「실천가에서 연구자 되기: 다문화교육학 박사과정생의 학문수행에 관한 자문화기술지 연구」가 있다.

최은하 nzeunice@naver.com 7장 집필
인하대학교 다문화교육학과 박사과정을 수료했다. 오클랜드대학교에서 작곡 전공으로 음악학 석사를 취득하고, 감리교신학대학교에서 기독교 윤리 전공에서 목회학 석사를 취득했다. 현재, 인하대학교 다문화융합연구소 연구원으로 이주민 밀집지역의 융합예술교육 프로그램을 구상하며 관련 연구를 성실하게 수행하고 있다.

송춘희 arg007@hanmail.net 10장 집필
인하대학교 인문융합치료학과 박사과정에서 수련 중이다. 가족센터에서 가족상담사로 자원봉사를 하였고, 청소년과 성인의 개인 상담, 부부, 가족을 수행해 왔다. 현재 초등학교 전문상담사로 근무하면서 아동 상담의 중요성과 교육적 필요성을 절감하고 박사과정에 진학하여 학문수행의 길을 걷고 있다.